· 中国物流与采购联合会系列报告 ·

物流行业企业管理现代化创新成果报告

2012—2013

中国物流与采购联合会
China Federation of Logistics & Purchasing

中国物流学会
China Society of Logistics

China Logistics Management Innovation
Achievement Report (2012–2013)

中国财富出版社

图书在版编目（CIP）数据

物流行业企业管理现代化创新成果报告.2012—2013 / 中国物流与采购联合会，中国物流学会编著 . —北京：中国财富出版社，2013.6

ISBN 978 - 7 - 5047 - 4699 - 3

Ⅰ.①物…　Ⅱ.①中…②中…　Ⅲ.①物资企业—企业管理—现代化管理—研究报告—中国—2012~2013　Ⅳ.①F259.23

中国版本图书馆 CIP 数据核字（2013）第 103248 号

策划编辑	葛晓雯		**责任印制**	何崇杭　王　洁
责任编辑	邢有涛　葛晓雯		**责任校对**	饶莉莉

出版发行	中国财富出版社（原中国物资出版社）	
社　　址	北京市丰台区南四环西路 188 号 5 区 20 楼	**邮政编码**　100070
电　　话	010 - 52227568（发行部）	010 - 52227588 转 307（总编室）
	010 - 68589540（读者服务部）	010 - 52227588 转 305（质检部）
网　　址	http://www.cfpress.com.cn	
经　　销	新华书店	
印　　刷	北京京都六环印刷厂	
书　　号	ISBN 978 - 7 - 5047 - 4699 - 3/F·1968	
开　　本	787mm×1092mm　1/16	**版　次**　2013 年 6 月第 1 版
印　　张	24	**印　次**　2013 年 6 月第 1 次印刷
字　　数	512 千字	**定　价**　120.00 元

《物流行业企业管理现代化创新成果报告（2012—2013）》编辑人员

编辑单位：中国物流与采购联合会

中国物流学会

主　　编：贺登才　中国物流与采购联合会副会长、中国物流学会副会长

副 主 编：刘伟华　博士，天津大学管理与经济学部副教授、中国物流学会常务理事

周志成　中国物流与采购联合会研究室副主任

编辑人员：杨　怡　天津大学管理与经济学部硕士生、中国物流学会会员

徐海涛　天津大学管理与经济学部硕士生、中国物流学会会员

王一家　天津大学管理与经济学部硕士生、中国物流学会会员

梁志成　天津大学管理与经济学部硕士生、中国物流学会会员

承办部门：中国物流与采购联合会研究室

联 系 人：周志成

电　　话：010 – 58566588 转 135

传　　真：010 – 58566580

电子邮箱：yanjiushibj@ vip. 163. com

打造中国物流的升级版

（代序）

二〇一三年，又是一个春天。我国新一代领导集体全新亮相。习近平总书记号召："继续为实现中华民族伟大复兴的中国梦而努力奋斗。"李克强总理提出："打造中国经济的升级版。"

我们深知，"物流梦"一定是"中国梦"的一部分，中国经济升级版离不开"物流升级版"。呈现给各位的《物流行业企业管理现代化创新成果报告（2012—2013）》一书，力求为"物流升级版"探索基本的方法与路径。

"物流升级版"是我国物流业自身发展的客观需要。中国的现代物流业概念引进30多年，21世纪以来加快发展十几年，产业地位确立才几年工夫，已经取得举世瞩目的成就。但是，我们必须清醒地看到，我国物流业仍然处于初级发展阶段。社会化的物流需求不足与专业化的供给能力不够相互交织；社会物流总费用与GDP的比率居高不下和物流企业利润率每况愈下的问题同时存在；各类物流基础设施单项突进与整体效能发挥不够的矛盾远未解决；产业之间、地区之间、城乡之间、各类物流要素之间发展不平衡、不协调、不匹配的问题依然严峻；粗放运作和无序竞争对资源、能源以及环境的负担仍然较重；物流业管理体制、运行机制以及市场环境、政策环境亟待进一步改善。一句话，我国物流业发展必须突破"天花板"，打造"升级版"。

中国经济升级版对"物流升级版"提出了新的要求。一是经济发展阶段的新要求。今后一个时期，我国经济将会进入一个相对平稳的"中速增长"阶段，转变发展方式的任务尤为迫切。这就要求物流业从规模扩张、速度优先转向质量和效益的提升。二是结构调整的新要求。制造业淘汰落后产能，流通业创新经营模式，农业物流深度变革，以及优化产业结构布局，统筹城乡和区域协调发展，在扩大开放中扩大内需等，都要求物流业调整结构，转变运行方式。三是"新四化"的新要求。促进工业化、信息化、城镇化和农业现代化同步发展，离不开现代物流服务体系的建立和完善，必然要求相应的物流服务来配套。四是"美丽中国"的新要求。打造"升级版"，绝对不允许以资源环境为代价换取片面增长。这就要求大力发展"绿色物流"，最大限度减少物流运行的资源消耗，减轻环境负担。一句话，"物流升级版"是中国经济升级版的基础和保障，必须适应中国经济升级版的需要。

　　"物流升级版"需要物流业全面转型提升，也需要学习借鉴先行者的成功经验。这是脱胎换骨的改造，是转轨变型的提升，离不开战略定位、规划设计，也需要科学运作、技术创新。本书以上述四个方面为篇章，收集整理了34个创新成果。这些成果从"2012年度物流行业企业管理现代化创新成果奖"参评的近100个成果报告中精选而来，具有较强的代表性。它们既有来自中央、地方的国有企业，也有民营企业、外资企业；既有独立的专业物流企业，也有制造企业所属的物流公司；既有综合型物流管理模式，也有汽车、化工、钢铁、日用消费品等行业的物流解决方案；既有公路、铁路、仓储领域转型升级的案例，也有供应链一体化物流服务的创新成果。本书所选创新成果经过了实践检验并取得明显成效，也是产学研结合产生的精华。他们的经验虽各具特色，但都具有行业的先进性、内容的创新性、效益的显著性和经验的可推广性。在编辑过程中，我们设计了相对统一的框架结构，从企业基本情况、成果名称、产生背景、主要内容、主要创新点、应用效果和推广价值等方面进行了梳理、归纳、总结和提炼。本书可供类似企业参考借鉴，也可作为物流类院校的教学参考用书和物流职业培训的备选资料。

　　"物流升级版"须由业内人士共同打造。这是一项极其浩大的系统工程，也是一个长期艰苦奋斗的过程。本书的出版发行，试图为此提供一些样板指引，力求起到典型引路的作用。既给物流企业以参考借鉴，在实际运作中加以推广；更希望提供一种思路和视角，引导更多的企业在实践中创造，不断积累新的经验。我们真诚地期待，在全体物流人共同努力下，打造中国物流升级版，携手同圆中国物流梦！

　　本书得以完成，得益于所有参评单位积极提供创新成果；得益于各地行业协会协助成果推荐工作；得益于中国物流学会各位评委慧眼识珠，使得优秀成果脱颖而出；得益于天津大学刘伟华教授和他的团队的辛勤劳动，使本书能够连续三年按期出版，质量不断提升。借此机会，我向所有参与这项工作的业界同人表示衷心的感谢。同时，也真诚地希望读者对本书的编辑出版以至于创新成果的征集、选编提出宝贵意见。

贺登才

二〇一三年清明节于北京

（本文作者贺登才为中国物流与采购联合会副会长、中国物流学会副会长）

目 录 CONTENTS

物流技术篇

附 录

物流战略篇

鞍钢股份沿海钢厂生态物流模式①

【摘要】 鞍钢股份鲅鱼圈钢铁分公司的鲅鱼圈钢铁项目的建设是鞍钢落实国家钢铁产业发展政策，适应经济全球化，实现科学、绿色、可持续发展，走向国际市场的一个具有划时代意义的重大项目，是鞍钢全流程自主设计、集成、施工建设的一座现代化精品钢材生产基地。该项目的建成投产，优化了鞍钢产品结构和产业布局，对国家振兴东北老工业基地和辽宁实施"五点一线"发展战略具有重大意义和影响。自鲅鱼圈项目筹建开始，从打造最具国际竞争力沿海钢厂生态物流模式目标出发，公司在系统规划、工艺布局、设施布置、绿色运作、信息技术、企业管理等方面实施总体策划、系统创新和持续改进。经过两年的项目建设和两年的生产实践，已初步打造出一个现代化沿海钢厂实践循环经济的样板物流运作模式，且取得了较好的创新应用成果。该创新成果为钢铁企业的物流运作模式升级和创新提供了较好的借鉴思路，而且，这种系统集成创新的技术和方法也可以为我国的钢铁企业和物流企业提供很好的借鉴。

【关键词】 生态物流模式；低碳运作；技术创新；物流模式创新
【适用领域】 钢铁生产领域；生态物流模式创新；企业物流功能整合

一、企业基本情况

鞍钢股份鲅鱼圈钢铁分公司坐落于辽宁省营口市鲅鱼圈经济技术开发区工业园区。营口鲅鱼圈濒临渤海，拥有我国最好的天然深水良港，具有得天独厚的资源优势和运输吞吐能力。公司是一家联合型钢铁企业，装备及工艺均居于世界先进水平，主要装备的设计年产为生铁650万吨、钢650万吨、钢材620万吨、冶金焦255万吨。产品定位于高附加值、高技术含量的产品。其中，厚板、热轧带钢产品广泛应用于造船、大跨度桥梁、锅炉、压力容器、机械制造、海洋平台、石油化工、建筑、汽车、家电、铁路、集装箱等领域。

鞍钢股份鲅鱼圈钢铁分公司于2008年9月10日投产，公司的入炉焦比、喷煤比、

---

① 本成果由鞍钢股份有限公司鲅鱼圈钢铁分公司提供，成果主要创造人：王义栋、徐世帅，参与创造人：何玉章、刘志武、侯海云、魏继刚、马宝民，获2012年度物流行业企业管理现代化创新成果奖一等奖。

全焦耗洗煤、钢铁料消耗指标居国内同行业前三名。公司定位为实践循环经济与可持续发展的绿色钢铁概念型工厂。自投产以来，公司实践了"减量化、再循环、再利用、绿色能源"的"3R＋G"绿色制造原则，成为国内钢铁行业中的"绿色"样板工厂，构建了引领行业发展的绿色制造模式。公司与营口华能电厂合作，建立合作利用煤气区域循环经济链。绿色能源开发利用成果显著，风电、海水淡化装置平稳运行，年总发电量达到 4320 万千瓦时。吨钢二氧化硫、COD、烟粉尘排放量等环保指标全部达标并达到同行业先进水平。

二、创新成果的名称

该创新成果名称为：鞍钢股份沿海钢厂生态物流模式。自鲅鱼圈项目筹建开始，以打造最具国际竞争力沿海钢厂生态物流模式为目标，鲅鱼圈钢铁分公司在系统规划、工艺布局、设施布置、绿色运作、信息技术、企业管理等方面实施总体策划、系统创新和持续改进。经过两年的项目建设和两年的生产实践，已初步实现工艺布局合理、技术装备一流、技经指标先进、服务高端优质、绿色生态运行、管理科学高效，打造出一个现代化沿海钢厂实践循环经济的样板物流运作模式。

三、创新成果的产生背景

鞍钢股份鲅鱼圈钢铁分公司的生态物流模式创新是多个方面因素共同推进的结果。总的来看，该创新成果有以下几个方面的背景：

（一）需要谋求与供应链各方共御风险、合作共赢的战略伙伴关系

随着社会经济的发展和科学技术的不断进步，一方面，实施沿海布局、构筑全球产业链，已成为钢铁企业做大做强的重要途径；另一方面，企业的竞争日益演变为供应链之间的竞争。钢铁生产所需原燃材料短缺、企业物流成本居高不下等因素迫切需要钢铁生产企业通过采取供应链运作方式，使得供应链各方形成长期稳定的战略合作伙伴关系，形成利益共同体，共同抵御市场风险。

（二）需要寻求资源、环境约束下的钢铁企业经济效益增长的新模式

目前，全球越来越严重的环境问题、资源短缺问题，都直接威胁着企业的生存与发展。传统钢铁行业存在着高消耗、高排放的弊端，既不符合当前国家建立资源节约型、环境友好型社会的基本国策，也不利于钢铁企业可持续发展。建立鲅鱼圈钢铁项目就是要遵循经济增长、社会进步、环境保护三者协调与和谐发展的循环经济理念，

应用绿色低碳先进装备工艺，改变高污染、高消耗的传统生产过程，通过源头控制、过程监控、三废循环利用，建设厂内循环链、社会循环链，建成集钢铁产品制造功能、能源转换功能、社会大宗废弃物处理与消纳功能于一体的世界一流清洁钢铁企业。因此，公司在物流管理方面通过先进的物流技术和面向环境管理的"生态物流"理念，进行物流系统的规划、控制、管理和实施过程。这是减少资源利用、最大限度降低物流过程对环境影响的一种经济运行模式。

（三）需要适应现代物流的集约化发展模式与外延式管理要求

目前钢铁企业的仓储、运输、包装、物流加工、信息服务等不同环节、不同功能的物流活动是由多个物流主体承担的，经常出现系统的某一个环节产出能力不强，整个系统以及系统内各个主体的产出都受到限制的情况。这种情况下，采用综合性物流中心的集约创新发展模式就成为钢铁企业发展现代物流的一条有效途径。另外，企业的发展还要受外部条件的制约，企业利用外部资源的能力极大地影响着企业发展速度。这也需要建立适应现代物流集约化发展的新型管理模式。

（四）需要构建科学高效管理体系，树立物流管理样板模式

在目前的钢铁企业管理机制上，多数企业的物流管理是承接了原有分权制下的多极管理模式，从而难免产生机构臃肿和人浮于事等管理体制上的问题。在劳动生产率上，目前鞍钢的人均产钢与世界先进水平还有差距。因此，体制改革成为公司建设最具国际竞争力钢铁企业的一个主要任务。公司肩负着鞍钢创建管理样板型工厂，实现技术输出、管理输出、文化输出的目标任务，因此要在继承和发展鞍钢本部企业管理成功经验基础上，从组织架构设计入手，优化物流业务流程，创新制度，打造科学规范、富有活力、贴近市场、精干高效的物流管理体制与管理文化。

四、创新成果的主要内容

通过全面科学的分析、定位，鞍钢股份鲅鱼圈钢铁分公司建立了最具国际竞争力沿海钢厂生态物流模式的总体框架，如图1所示。

（一）创新成果具体实施方法

物流工艺技术的自主集成与创新表现在：

（1）简约独特的物流工艺布局

鞍钢股份鲅鱼圈钢铁分公司厂区总占地面积为8.32平方千米，其中陆域面积为5.05平方千米，水域面积（填海造地）3.27平方千米，填海面积占总占地面积的

追求卓越理念	最具国际竞争力沿海钢厂生态物流模式	世界一流装备	高起点、少投入、快产出、高效益
低碳循环经济		世界一流技术	系统创新、整体优化、加强知识管理
人本和谐企业		世界一流服务	关注顾客、精益生产、持续改进
社会责任楷模		世界一流环保	能源清洁化、生产低碳化、服务绿色化、环境生态化
		世界一流管理	体制创新、制度创新、科学高效、精细管理

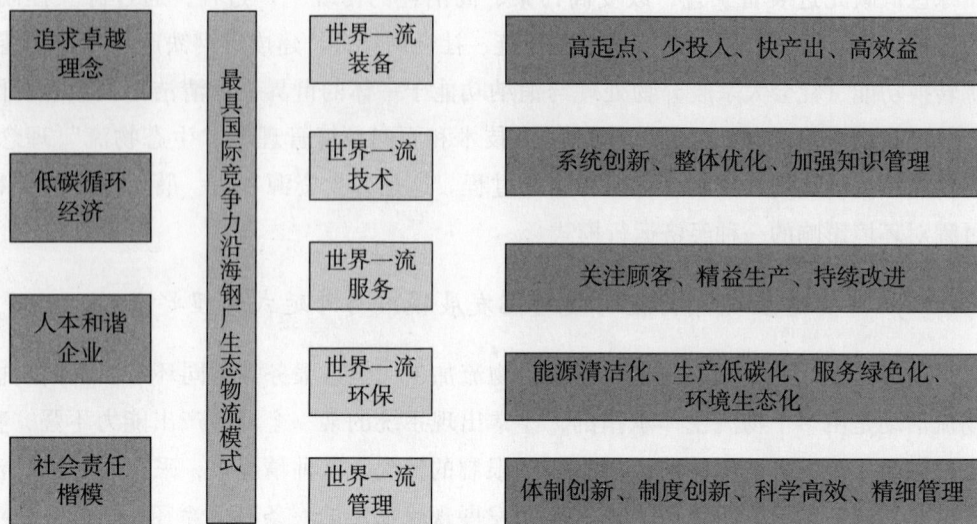

图1　最具国际竞争力沿海钢厂生态物流模式的总体框架

39.3%。根据厂址区域地势东高西低、北高南低，长年主导风向为西南风的自然状况，从保证工艺流畅、物流短捷的要求出发，既要根据地形设置不同标高的台阶，考虑挖方和填方保持基本平衡，又要考虑因天气原因产生的粉尘进入市内而污染城市环境厂区。工厂布局采用当今世界上新建工厂最为先进的"一线型"总图布置形式，以营口港和新建成品码头为依托，建立大宗原料和成品的海运物流，以物料流程为核心，按照物料流向顺行、工艺流程合理、功能分区明确的原则，进行统一规划、分步实施、滚动发展。总图布置保证了物料流程顺畅、短捷，物料没有无功折返与迂回，充分利用工艺的加工过程完成物料的搬运，科学、合理地利用土地，使项目吨钢占地指标降至0.665平方米，达到国际领先水平。

（2）集成创新的物流工艺技术

鞍钢鲅鱼圈钢铁项目按主要生产流程划分，由原料场、烧结、焦化、炼铁、炼钢、连铸、厚板、热轧、成品码头及能源、动力等配套设施组成。按照"流程紧凑化、装备大型化、操作自动化、废物减量化、管理信息化"原则，公司集国内外先进技术之总成，点菜式引进国外先进技术和设备，最大限度地利用国内物流新工艺、新技术、新设备、新材料进行自主创新、自主集成，开创多项物流行业新纪录。

①海运工艺技术

采用当今世界先进技术与装备，实现船载海运大宗原燃料直接用皮带运输进入钢厂大型综合原料储备场工艺，此工艺是国内首家建成投产并一次试车成功的海运受料系统。

海运大宗原燃料的受料技术直接涉及钢铁企业物流成本、节能减排等重大事项。公司在海运受料工艺技术上的研究是对现有理论研究的反思与积极的探索两者有机结合的产物，填补了国内空白。公司运用现代物流学、系统工程学、生态物流、网络理论等相关学科的理论，从生产技术、节能技术、环保技术三方面入手，给出了相应的具体应用体系与模型结构。无论是对于沿海钢厂研究海运受料技术理论研究人员还是对方案开发者而言，都具有普遍的实践指导意义。

②板坯库、成品库仓储工艺技术

板坯库主要接收来自连铸工序的板坯，并向轧钢工序提供符合轧制计划要求的合格板坯。其进出库作业量大、物流时间性强，与生产系统中的作业环节密切相关。第一，为实现高效仓储的目的，公司设立了一个独立的板坯库 MES 系统（制造执行管理系统），该系统与连铸一级、吊车定位系统、化检验系统、炼钢连铸 MES 系统、厚板 MES 系统、热轧 MES 系统以及 ERP 系统等之间都设有数据接口，实现在多极计算机生产控制系统及信息网络化下对板坯物流进行动态跟踪；第二，板坯库建立了物流垂直管理结构和一体化（信息交互处理平台）运作模式，合理布置物流设施，能够保证板坯水平物流和质量控制满足要求，防止板坯发生混淆，库存控制满足平衡连铸生产计划与轧钢用户需求的有机衔接；第三，板坯库还采用了吊车定位系统等先进的物流技术和设备设施，实现行车的位置检测、无线数据传送和完整的库管理，以保证仓储管理的高效率、高效益。

③大型综合原料场的仓储工艺技术

鞍钢股份鲅鱼圈钢铁分公司自主研发的适用于特大型综合原料设施的过程计算机控制系统，在系统配置、硬件选择、软件编译方面均具有国际一流的水平，可满足原料场运行、管理、控制的要求。原料场采用先进清洁生产技术和高效环保治理措施，实现各种污染物零排放；充分发挥沿海高效物流优势，减少资源、能源消耗，实现低成本、高效率；最大限度利用再生资源，实现高效率、低成本和绿色环保的原料系统。上述均属国内先进水平。

④智能装卸技术

智能装卸技术包括板坯库智能垛板台、智能卸板台的应用与管理，以及原料场铁路翻车与配车调配系统的开发与应用。

⑤固体废弃物回收物流工艺与技术

公司建立由回收控制执行、运输网络构建、检测/分类系统管理、报废系统生成四大块组成的固体废弃物回收物流管理系统。

"回收控制执行"强调制定明确并切实可行的产品回收标准，以对公司回收物流的动态有所控制。产品一旦回收，选择何种运输方式非常重要，所以公司就回收物流的特点及内在复杂性，构建了内部配送部门、供方和第三方物流分类专项负责的回收物流运输网络。对回收物资进行检测、分类和评级是一项费时的劳动密集型工作，公司以质量为标准制定了严格的检测/分类系统规定，使之变得相对简单。公司对检测/分类后的物资处理也分别制定了符合 GB/T 19001—2008、GB/T 24001—2004、GB/T 28001—2001 的管理特性文件，形成了完善的再销/报废系统。技术开发方面实施了新型环保燃料替代现运送铁水机车使用柴油的开发和利用，粉粒罐车防粉尘污染的改造与应用，合金库粉尘回收系统的构建与实施，以及原料场固废回收系统。

（3）自主研发的物流信息化系统

按照"异地生产，集中管控"的原则，建立鞍钢本部与鲅鱼圈公司采购、销售、物流、办公自动化同步管理信息化平台，实现鞍钢整体资源配置、产能平衡、物流平衡、过程优化的集中管控，从而把信息化应用扩展到鞍钢的战略管理层，进一步提升鞍钢的企业协同水平与战略决策水平，加速从"信息化支撑企业战略"向"信息化引领企业战略"的转变。鲅鱼圈项目采用自主研发的产销系统 ERP，通过定制开发的产销系统与套装软件的自主集成，创新性地构建小型机集群系统平台；采用先进的能源管理模式和理念，自主研发建设集自动化技术、计算机与信息技术、网络技术为一体的能源管理系统；构建数字网络监控系统、视频会议系统、数字化一卡通综合管理系统、多功能管理驾驶仓等管理信息系统，实现了信息流与实物流同步受控、优化管理。

（二）先进生态物流理念的导入与实践

1. 公司生态物流系统遵循的基本原理

（1）共生原理；

（2）循环原理；

（3）有效极限原理；

（4）协同进化原理。

2. 公司生态物流系统运行的主要做法

公司遵循经济增长、社会进步、环境保护三者协调与和谐发展的理念，全面贯彻"3R＋G"（减量化、再循环、再利用、绿色能源）原则，按照能源清洁化、生产低碳化、环境生态化、服务绿色化的定位，全面打造实践循环经济的样板物流运作模式。

（1）能源清洁化

公司充分利用沿海建厂的区位优势，开发利用可再生自然资源，大力开发利用风能、太阳能和海水资源，应用清洁能源，降低资源消耗，减少污染物排放。在利用风能方面，风力发电装机容量 1.5 万千瓦时，年发电量 4320 万千瓦时，发电量占自发电量 2.5%。发电用于厂区办公楼、综合楼及路灯照明，开创钢铁业尝试用于拖动平整机组运行的先河。现已取得初步成果，并将拓展至轧机。同时根据厂区地貌，建设三期陆上 1250 千瓦风电机组，开展海上风场建设研究，全面推进风能高品质、大规模利用。在利用太阳能方面，建设 6 台光伏热水装置，用于提供厂区员工洗浴用水、噪声监测等环保检测装置，并取得良好效果，年节约标煤 5800 吨，减排 CO_2 1.2 万吨；同时，二期将建设 100 千瓦光伏，扩大光伏应用领域，尝试用于支撑库房吊车运行，提高光伏利用品质。在海水淡化方面，一期建设日产淡水 120 吨海水淡化装置，年产 5 万吨淡水，用于厂区生活用水；同时，研究论证技术先进性、经济成本性，二期、三期将建设日产淡水 1.2 万吨、4 万吨海水淡化装置，将为一期、二期鲅鱼圈钢铁项目分别提供生产用水，并满足二期 50% 生产用水，为生产安全提供备用水源。

公司同时开发利用风能、太阳能、海水资源，以及高品质利用风电与光伏，成为钢铁行业的开创者和引领者。

（2）生产低碳化

公司充分发挥沿海建厂区位优势、工艺流程紧凑优势、先进技术装备优势、管理信息化优势，实现资源、能源高效利用。

充分发挥沿海国际化采购优势，进口低硫的铁精矿、粉矿与低灰分、低硫炼焦洗精煤，实施原料海运低碳输入。公司充分发挥临海建厂优势，构建绿色物流，海运输入大宗原燃料和输出产品的运输比例分别达 80%，实现了物流最大限度低碳化。充分发挥"一线性"工艺布局的优势，上下工序紧密衔接，高炉铁水运输及时，入炉温度达 1380℃，厚板、热轧坯料直装热输送分别达 21%、17% 等，实现生产工艺低碳。建立梯级供水、串级利用的污水深度处理体系，吨钢耗新水达到 2.4t/t；构筑水资源综合利用体系，实现"0"排放，实现生产过程低碳化。建设 15 万千瓦时 CCPP、1.5 万千瓦时 CDQ、1.5 万千瓦时 TRT 发电系统，回收利用炼焦、烧结、炼铁、炼钢、连铸生产全过程的余热、蒸汽和煤气，CCPP 转换效率达 52%，年发电 11.8 亿千瓦时，CDQ 年发电 1.34 亿千瓦时，TRT 年发电 8400 万千瓦时，余能余热发电自给比例达 75%。在全国率先采用了液态钢渣热焖工艺技术，建设钢渣磁选线，实现钢渣铁素资源全部再利用；同时，回收利用除尘灰、尘泥等次生资源，用于烧结、炼铁，实现资源深度利用低碳化。建立能源信息管理中心与生产管控，通过数字化信息，实时在线系统优化能流与物流资源，系统节能 1.5%，实现管理低碳化。现拟建设高炉煤气锅炉发电、余热蒸汽发电、高炉鼓风脱湿项目等，届时生产低碳化将有质的提高，达到世界领先水平。

（3）环境生态化

公司充分发挥生活污水与生产污水小时处理 1200 吨的效能，采用污水膜法除盐等技术，使 COD 指标达到 20 毫克/升。水渣、钢渣等固体废弃物，分别采用新英巴法水渣工艺、热闷磁选工艺处理，用作水泥等原料，实现再资源化，使固体废弃物回收利用达 99.8% 以上。公司 2011 年水、渣、气的利用与排放优于国家清洁生产一级标准，部分达到行业领先水平。

（4）服务绿色化

公司加快生态物流技术的应用，创新性实现物流服务绿色化。第一，强化环保型物流设备设施的应用，例如合金库采用仓式存储方式，加上先进的除尘技术和仓储技术，大大提高合金保管质量，减轻员工劳动强度，降低劳动消耗的同时改善了劳动环境；第二，大力推进清洁燃料、新能源的利用，例如公司目前试用新型环保燃料替代现运送铁水机车使用的柴油；第三，加强物流作业系统技术创新，例如在板坯库选择使用智能垛板台、智能卸板台等设备优化装卸问题。作业时工人可以选择机旁操作、远程操作（包括手动操作、半自动操作、自动操作）等方式。智能装卸设备的采用极大地减少了人员配置，改善了工作环境，降低了装卸成本，提高了工作效率；第四，通过优化运输路线以减少运输里程，多采用水运等低排放运输方式以直接减少物流运营不佳造成的碳排放量。例如公司供应物流80%采用水运方式，另外通过与营口港和物流监管部门的协同提高水运效率，成为国内首先实现船运原燃料不落地直接走皮带进入原料场的钢铁企业。

（三）一体化物流管理体系的创新与实施

1. 管理创新的框架

公司构建物流一体化管理模型的目的，其一是利用物流管理，使产品在有效的供应链内迅速移动，使参与各方的企业都能获益，使整个社会获得明显的经济效益；其二是把影响物流能力的各要素作为整体来研究，通过对物流过程系统地、广泛地分析，确定企业物流战略，利用适当的技术手段设计物流计划，整合企业的物流供应链流程（纵向一体化）和同一行业中多个企业各物流环节本身内在的依存关系（横向一体化）以及由此形成的物流网络，实现物流成本的最小化，从而最大限度地提高企业整体竞争力。其整体框架为：

（1）以提高劳动生产率为指导的物流自身一体化管理体制创新

公司通过成立物流中心，全面负责生产经营过程中的采购、物料管理、仓储、配送和运输等所有环节的物流活动，对物流业务流程从整体上实施优化重组，对企业供应链分步优化并实施具体的规划设计和组织管理。实现物流全过程的统一运作和管理，提高物流管理组织化程度，降低物流系统的存货水平，更有效地提高整个系统的运作效率，改变目前大多数大型钢铁联合企业厂内物流各自为政，物流功能弱化，企业物流资源难以集中管理、效益领先的状况。

（2）以提高企业整体竞争力为原则的物流纵向一体化管理延伸

物流自身一体化只能实现企业内部的最优化，要真正降低原材料和产成品的库存，就必须实现整个供应链的一体化管理，对客户需求做出快速反应，使整条供应链实现利润最大化。所以，公司更多地利用外部资源将供应链一体化范围从企业内部的采购获取、制造支持和实物配送等物流活动向后延伸到顾客、向前延伸到供应商，即实现整个供应链一体化。

（3）以实现共赢为目标构建物流横向一体化管理以及由此形成的物流网络管理

公司通过在进口矿石运输和原材料库存利用中与同一行业中其他企业合作等形式获得规模经济效益。从企业经济效益来看，降低了企业物流成本；从社会效益来看，减少了社会物流过程的重复劳动。另外，当公司物流某些环节同时又是其他物流系统的组成部分时，以物流为联系的企业关系就会形成一个网络关系，即物流网络。在物流网络管理中，公司尤其注重战略联盟的建设，把供应商看成利益一致的合作伙伴，把客户看成是能够创造价值、使产品增值的重要资源，在先进管理模式和信息技术的支持下，按照订单驱动业务运作。

（4）以实现经济效益和生态效益的理念实施绿色物流管理

钢铁企业的大生产必定会对环境产生一定的负面影响。因此，公司实施绿色物流管理，主要从设施选址、绿色配送、合理运输、高效仓储、智能装卸、逆向物流、回收物流等方面强化运作与管理。公司充分发挥地处沿海的优势优化运输和配送方案，利用先进技术提高仓储、运输和装卸水平，做好正向物流与逆向物流的结合。从源头着手，实现良性循环的清洁生产，对废弃物进行回收、处理和再生利用等。

2. 管理创新的主要做法

（1）规范组织结构，建立管理机制

① 建立物流一体化管理的组织体系

鞍钢股份鲅鱼圈钢铁分公司成立了物流中心，并对纵向一体化、横向一体化和物流网络涉及业务外包、战略联盟、策略制定成立专项管理推进小组，对各项管理进行总体策划、指标审定、推进实施、检查考核。物流中心作为具体业务单位，成立了由技术人员、操作人员、核算人员等参加的管理小组，负责物流一体化管理工作实施过程中的具体各环节的协调和操作。

② 规范内部运行机制

在规范内部运行机制中，一是在公司自身物流一体化管理中，实行集中一贯制管理，构建以"一级管理"为核心的基本物流管理模式；二是对纵向物流一体化涉及业务外包项目考核，实行物流中心和事业部联动考核；三是建立事业部自主管理负责管理机制。在物流纵向一体化、横向一体化以及物流网络管理的实施过程中，许多原来由物流中心完成的作业任务，在新的管理模式下变为由第三方物流完成。

③ 外部诚信机制的设定

公司高度重视诚信机制的建设问题，强化监督机制，制定物流信用标准，建立信用评定组织和信用等级评估体系，制定出台相应的实施办法和管理规定，开展物流企业信用记录与评定工作。

④ 创新网络协同机制

公司从区域内的资源禀赋和比较优势出发，充分利用区域内的交通运输资源、仓储资源和信息资源等物流资源，推行多元化的运输模式，提高多式联运比例，让各种运输形式既竞争又协作。通过分析物资和运输渠道的特点，同时做好与同行业其他企业的横向一体化物流运作，形成货运量优化的运输体系，以求实现物流网络节点的协同运作效应。

（2）引入先进理念，提供理论指导

公司引入生态物流管理理念来指导钢铁企业物流一体化管理工作，实现产品生产、员工健康安全和社会生态环境三者的协调统一，为推动社会文明发展贡献力量。

（3）应用前沿技术，保障运行畅通

公司创建的物流一体化的供应链定位不仅仅是降低成本，也要为公司及其供应链伙伴与股东创造价值。为使物流一体化战略实现物流网络的协同效应，公司做了以下两点：

①信息集成

信息集成是更为广泛的供应链一体化的基础，涉及供应链成员之间的需求信息、交货情况、生产能力计划、生产进度、需求预测和装运进度等方面的共享，同时成员间还进行协调预测和补充供货等。公司分析物流信息化现状和物流需求，搭建了物流信息平台，实现了与供应链节点单位的信息共享。目前，公司为大型综合原料场设计了原料场 MES 系统，钢材成品的产销 ERP 系统上线运行，铁水运输模拟实时监控由 MES 系统完成，工序间公路运输情况由车载 GPS 系统实现，物资流向和流程中的数量、质量信息都能与相关单位实时共享，其相应的资金流亦在财务 SAP 系统中得到实时数据共享。

②协同运作

公司在物流网络协同运作中，注意点—点协同、线—线协同、点—线协同、链—链协同基础上形成的综合运作效应。例如，在点—点协同中，与鞍钢国贸成品码头实行纵向互补式协同，共同制定库存补充和成品交付策略，增强节点的柔性，延伸节点的核心能力，也激励出网络的创新效应；在线—线、点—线协同中，与营口港加强运输协调，针对物料特点和仓储、运输基础设备设施运行情况制定多种运输方案，实现了节约资源、提高物流效率和质量的目的，带来明显的时间和空间经济效应；在链—链协同中，注重与物流链上的各企业实施业务集成和资源集成，如公司船运物资商务物流活动由鞍钢国贸公司承担，并与营口港、运输节点单位、同行业其他企业做好共同物流策略的组织和实施，从链式协同模式过渡为网络式协同模式，发挥资源的组织效应，实现"1+1>2"的规模经济效应。

（4）实施业务外包，获得竞争优势

①调查论证，确定业务外包项目

②科学测算，标定业务外包指标

包括基础情况调查、确定指标形式、测算定额指标等工作。

物流业务外包方式

类型	含义	举例
总额外包	以相对独立但不易确定消耗定额的品种，双方按确定的工作内容，在一定的时间范围内实行费用总承包	营口华宇电气有限公司承包：备件库房租赁、备件仓储管理包保；鞍钢汽车公司总承包：公司产权车辆劳务和设备管理包保
定额外包	以对标消耗水平为依据，以招标单价为基础，测算出某一消耗的单位产品物流定额，进行年度或分船的承包	鞍钢国贸公司对海运大宗原燃料入厂前涉及的运输、仓储、装卸、信息处理等物流活动的定额包保；鞍钢汽车运输公司对厂内公路运按运量的定额包保；捆绑加固队伍对成品铁路发出包装作业的定额承包；鞍钢铁路运输设备制造公司对鱼雷罐（含罐车）的检查、维护和检修的定额承包
功能外包	对特殊物流设施的管理和操作，按其使用时间决定其费用支付额度，实行功能承包	鞍钢附企化工厂对公司解冻库的管理和操作实行功能承包

③规范管理，选择业务外包对象

④科学评价，建立评价考核机制

（5）完善管理手段，加强风险控制

①构建基于供应链管理的物流风险预警机制

在供应链环境下，公司物流有效运行是由供应链上所有成员共同保证的，所以预警模式包括双重含义：供应链中所有成员参与物流风险预警机制及对供应链物流全过程实施风险预警管理。

如图2所示，它的构成分为四个部分：一是预警组织机制。公司成立预警组织机制，由涉及供应链主要成员企业和公司物流系统各主要环节的有实际经验的资深专家组成，遵循"专人负责、职责独立"的原则，确保公司物流与供应链风险预警工作经常化、持续化。二是信息收集和传递机制。及时收集和传递可能导致各种风险因素的信息，包括供应链主要成员企业和公司物流系统运作状况数据、外部市场和行业等供需数据以及影响公司物流系统运作的自然环境信息等。三是分析机制。将监测的实际值与预警值进行对比分析，以发现企业物流系统运作过程中的异常情况，并以数值形式表示。同时，运用现代物流管理技术和诊断技术进行分析判断，估计不同风险的大小，评价其可能产生的后果，确定公司物流系统运作中存在的弊端及其根源所在，并视公司物流风险状况发出不同的预警信号。四是风险处理机制。其目的是将可能出现的损失减至最小，避免崩溃现象的发生。包括应急计划、补救办法和改进方案等。

②落实基于供应链管理的物流风险管理内容，包括建立完整的风险库，制定统一

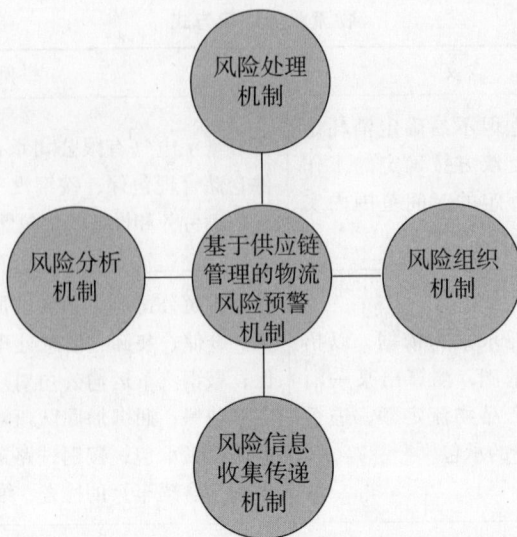

图 2　基于供应链管理的物流风险预警机制的构成

的风险管理策略及政策，针对重大风险提前制定有效的应对方案，结合总体管理策略和重大风险应对档案，借助有效的风险管理信息系统建立完善的内部控制体系和长效的风险管理机制等内容。

③设定基于供应链管理的物流风险管理流程

遵循严谨的风险管理方法论，以风险评估作为工作主线，辅以风险管理现状调查等，通过过程推导、总结和出具相应的项目成果报告，如图 3 所示。

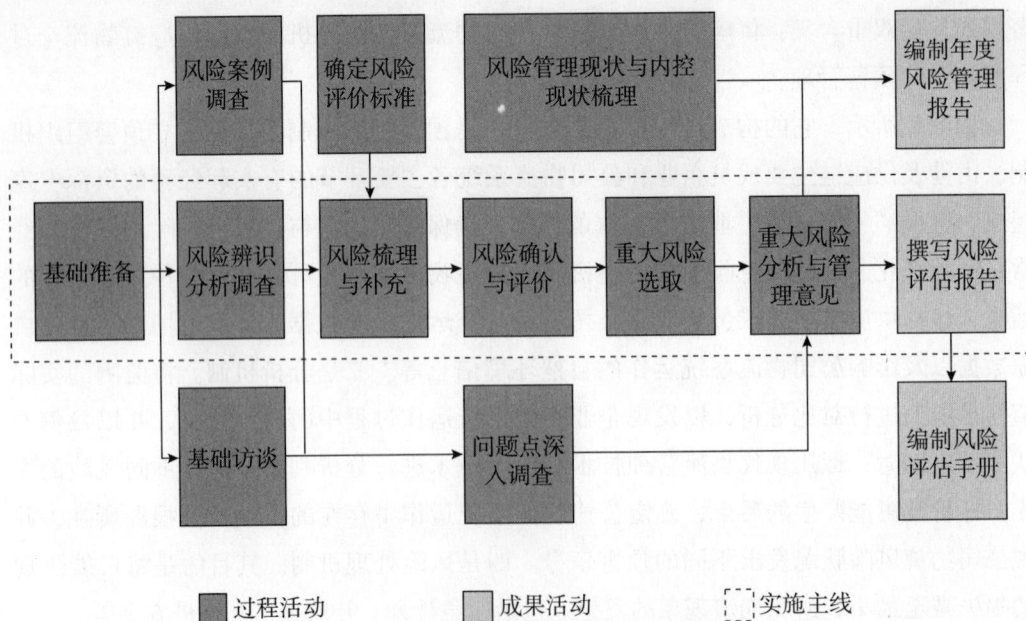

图 3　基于供应链管理的物流风险管理流程

（四）物流成本控制与管理模式的构建与应用

公司物流成本控制与管理的基本内容如下：

（1）设计计算模型，建立分析系统

①设计计算框架

结合钢铁企业物流业务的特殊性，公司设计的物流成本体系是按照三维结构展开的：第一维是物流支出项目成本，第二维是物流系统项目成本，第三维是物流作业项目成本。成本体系基本框架如图4所示。

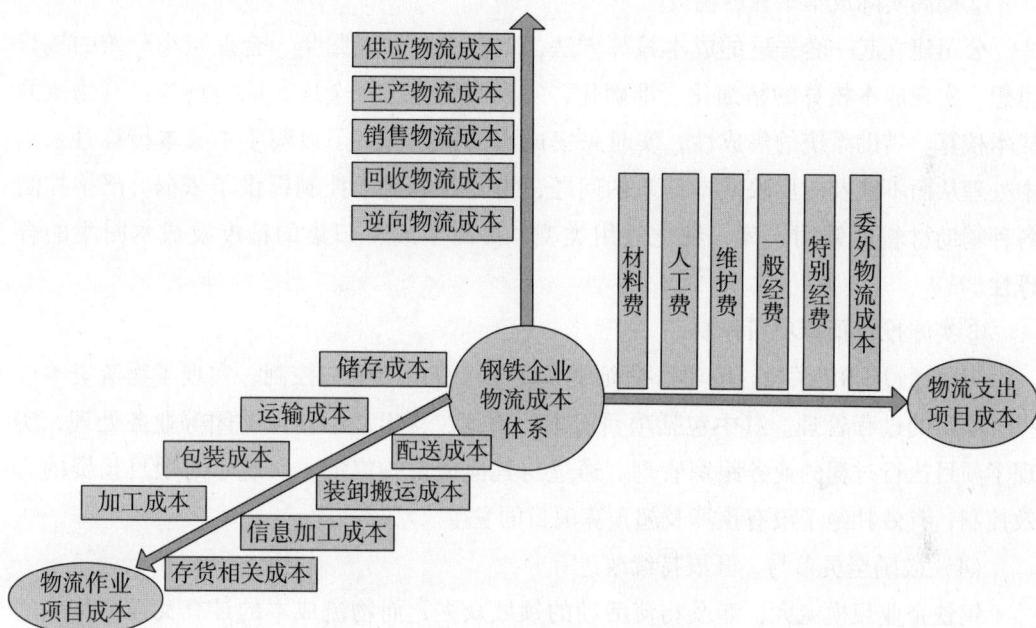

图4　三维集成的公司物流成本体系框架

②确定核算模型

公司依靠企业规范的财务管理控制体系，以作业成本法为基础确定物流成本核算模型。

③选择分析方法

（2）基于精益生产，实施流程优化

精益生产是通过降低成本、资源耗费和生产时间，最大化地增加产品价值。进行精益生产的过程实质上就是形成连续的价值增值流的过程。精益生产方式是流程导向性方式，因此，基于流程作业的物流成本管理，就是通过优化整个物流过程，将物流成本管理分为成本避免和成本控制，创造物流的时间空间价值。

（3）构建成本模块，提供信息支撑

①建立成本中心和预算中心

公司在 SAP 系统内建立按部门、工序为单位的成本中心，将间接费用归集、分配或分摊到物流作业上，解决了以往费用多采用分摊方式造成的成本偏差，保证了实际成本核算的精度；通过编制成本中心费用计划，为计划成本的计算提供支撑。建立预算中心，对费用的发生进行有效控制。根据预算中心、成本中心费用的发生情况，进行数据的积累，为下年度的预算编制提供科学的依据，为部门、工序建立成本标准，为进行成本改善提供了有力的数据支撑。

②提高实际成本核算的精度

公司建立起一套先进的成本核算方法，本着充分加大归集、合理减小分摊的核算思想，实现成本核算的精细化、准确化，实现废钢库、合金库、原料场等自营物流的成本核算。借助系统的集成性，实时采集成本数据，解决了以前手工成本核算月末集中处理从而不能及时反映成本信息的问题，为实时的成本控制提供了依据。严格控制各种辅助材料的领用出库，细化领用类型，提高了成本归集的精度及成本归集的合理性。

③实施投资预算项目控制

公司通过 ERP 系统，按项目投资预决算进行费用归集和控制，实现了物流资本性投资项目的过程管理。其中包括项目蓝本、预算、支出、结转及关闭等业务处理，实现了项目执行过程的业务跟踪管理。通过与其他模块的集成，实现了对项目投资的有效控制，有效杜绝了没有预算及超预算项目的发生。

（4）鼓励全员参与，开展持续改进

钢铁企业规模庞大，涉及物流活动的领域众多，而物流成本的计算又需要许多的现场调查和作业统计等，不仅要用到很多财务数据，而且要用到实物量、作业量等非财务数据。因此，准确计算物流成本必须引起各级管理人员的重视，并且通过广泛宣传和管理上的强调做到全员参与。

五、创新成果的主要创新点

鞍钢股份鲅鱼圈钢铁分公司提出的具有创新性的生态物流模式框架，引领了中国沿海钢厂的可持续发展方向，具有较好的创新性，如图 5 所示。

```
创新性   →   构建物流成本核算模型及分析系统；     行业先导   填补钢企物流成本分析
              开发并实践沿海钢厂海运受料系统技      ←——→   空白；开启钢企海运受
              术；"平面L形布局"属国际领先水              料技术先河；物流系统
              平；"纵向阶梯布置"属国际首创               规划水平国际领先；推
                                                        动行业物流管理水平提升

前瞻性   →   实施物流一体化运作                 战略研究   消除阻碍物流最有效
              构建沿海钢厂生态物流模式           ←——→   运作的因素，创造最
                                                        适宜的企业物流运行结构

先进性   →   建设基于SAP、ERP系统的物流信息      技术保障   钢铁物流共性关键技术
              集成；GIS和GPS跟踪技术、微机联      ←——→   发挥作用，节能减排成效显著
              锁技术、铁路道岔融雪等先进物流
              技术的应用

实用性   →   实施物流网络协同                   应用验证   业务外包案例
              集成供应链核心竞争力               ←——→   物流网络协同案例

可靠性   →   构建基于供应链管理的物流           项目支持   应急计划、补救办法、
              风险预警机制                       ←——→   改进方案的实施
```

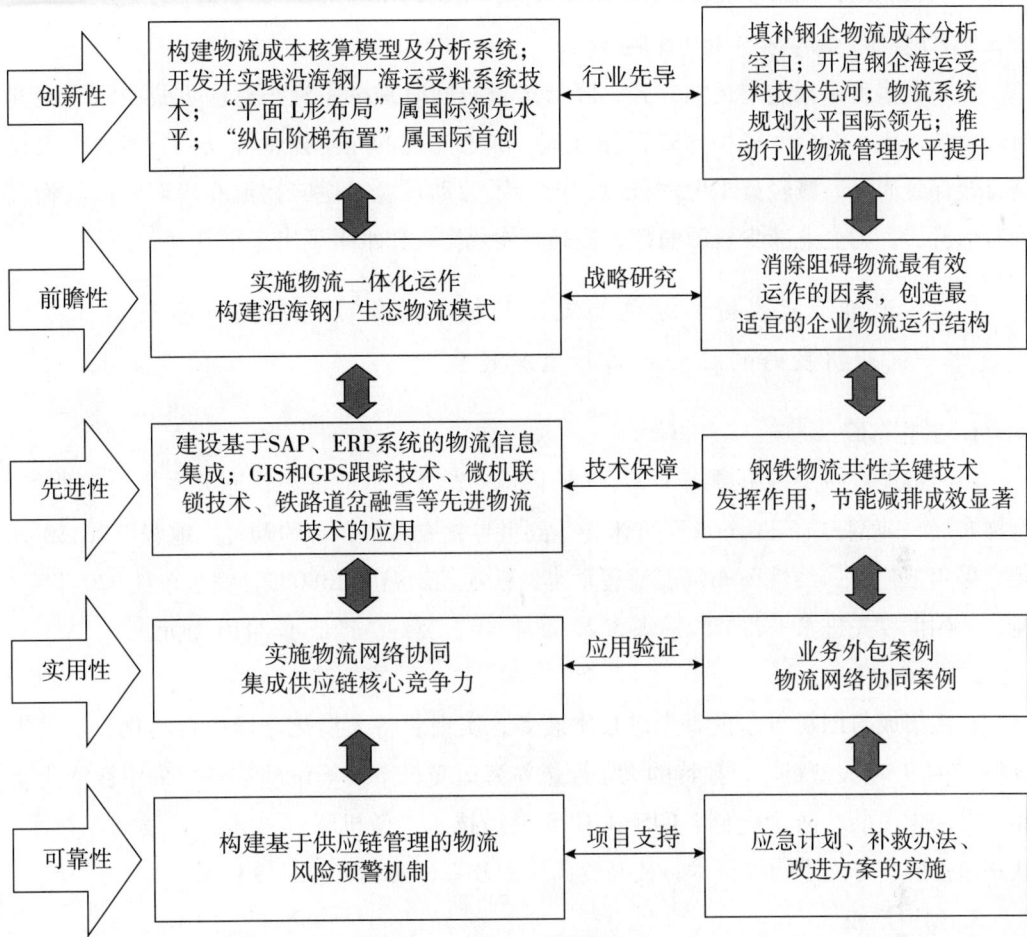

图5 成果创新点

六、创新成果的应用效果

（一）探索沿海钢厂生态物流发展模式，引领中国沿海钢厂可持续发展方向

以生态物流理念指导的沿海钢厂生态物流管理体系的构建实践了保护环境、降低资源消耗的可持续发展战略，为企业取得了良好的社会效益。与营口华能电厂合作利用焦炉煤气，建立钢渣、水渣产业的社会经济循环链，实现能源、资源深度利用。实现一次能源、资源高效利用；二次能源发电占总用电量61%，节能62.9万吨标煤/年；绿色能源发电4320万千瓦时，节能1.3万吨标煤/年；吨钢耗新水2.4吨/吨，水循环使用率98.3%，累计降低能源成本6.74亿元。企业绿化率达40%，固体废弃物高于

99.8% 回收利用，烟粉尘排放低于 0.42 千克/吨钢，COD 排放低于 10 克/吨，CO_2 减排 3.4 万吨/年，SO_2 减排 110.5 吨/年。

公司更多地采用皮带运输方式，降低运费的同时减少了汽车运输方式中汽车尾气对环境的污染。合金库采用仓式存储方式，加上先进的除尘技术和仓储技术，大大提高合金保管质量，减轻员工劳动强度，改善了劳动环境。逆向物流和废弃物回收物流的有效开展，为企业减少资源消耗、提高节能减排工作水平做出了贡献。

（二）通过节能减排和绿色物流工艺技术的集成与创新，各项指标达到先进水平，获得良好的社会效益和生态效益

1. 工艺布局

填海造地，减少占用耕地 3.27 平方千米，节约了土地资源；充分利用自然地貌，阶梯布局，吨钢占地仅 0.665 平方米，达到世界领先水平，节约购置土地费用 26130 万元。采用工艺"一线性"布局，流程紧凑，铁水入炉温度 1380℃，铁水单耗 920 千克/吨，达到世界先进水平，节约标煤 3.25 万吨/年，节约生产成本 3410 万元。

2. 技术装备

自主集成与创新当今世界先进技术装备，实现装备大型化、操作自动化。采用年收料 1794 万吨大型料场、独特的大宗原燃料海运受料系统等设施装备，采用智能化装卸、自动化吊装、防尘仓储、GIS 和 GPS 跟踪技术、微机联锁技术、无线调车技术、铁路道岔融雪等先进物流技术，提高资源使用效率，实现资源高效利用。

3. 知识产权

通过系统自主集成与创新，公司获得知识产权数项。其中授权专利 8 项，专有技术 7 项。

（三）提高物流运作效率和物流绩效，为企业及其供应链伙伴与股东创造价值

公司的物流中心作为进行公司专业物流管理的组织部门，通过对物流系统各功能进行统一管理，有效地提高了整个系统的运作效率，并使得物流成本的核算变得简单明确，有利于物流成本的控制。通过对物流业务统一指挥和运作，提高了物流的交付速度、物流质量、物流可靠性、柔性和劳动生产率。通过市场交易的形式从事物流运作，实现了价值增值和物流绩效的提高，年降低物流费用为 11892 万元。同时，公司做到了整合和集成供应链各方核心能力，实现了共享信息、共担风险和共享收益，从而以供应链的竞争力赢得并扩大公司的竞争优势，为企业、股东及其供应链伙伴创造价值。

七、创新成果的推广价值

鞍钢股份鲅鱼圈钢铁分公司沿海钢厂生态物流模式具有较好的推广价值。一方面，公司沿海钢厂生态物流模式是一种降低企业物流成本、保护环境、节约资源消耗的可持续发展模式，具有较强的行业代表性、创新性和引领性，为钢铁企业的物流运作模式升级和创新提供了较好的借鉴思路；另一方面，该成果在系统规划、工艺布局、设施布置、绿色运作、信息技术、企业管理等方面实施总体策划、系统创新和持续改进，显示出较强的集成创新性，其集成创新的效果远远大于局部创新，这种集成创新的思路和方法可以给我国的钢铁企业和物流企业提供很好的借鉴。因此，鞍钢股份鲅鱼圈钢铁分公司沿海钢厂生态物流模式创新成果值得在我国的钢铁物流行业乃至其他行业大力推广。

中国铁路物资公司供应链
集成服务模式创新①

【摘要】中国铁路物资股份有限公司是由中国铁路物资总公司整体改制时设立的大型中央企业。面临中央企业转型升级的客观要求，为了重塑企业竞争优势，中国铁物经过两次战略转型升级，已从传统物资企业成长为国内大型供应链服务企业集团：第一次转型实现了由传统物资企业向商贸流通企业的转型，从单纯的物资贸易向多元化经营转变；第二次转型实现了由商贸流通企业向供应链服务企业的转型，从传统贸易物流服务向供应链集成服务转变。在向供应链服务企业转型过程中，中国铁物立足核心主业，深挖链条内涵，实现商贸业务和物流业务有机融合、集成发展，在战略规划、管控体系、业务模式、资源管理和供应链联动等方面进行了创新实践，在铁路物资供应链服务和钢铁供应链集成服务两大领域确立了行业领先地位，对同类物资企业和商贸流通企业向供应链服务企业转型起到了良好的示范和带动作用。

【关键词】供应链集成服务；供应链联动体系；多元化；联盟合作伙伴关系

【适用领域】传统物资企业；商贸流通企业；大型供应链服务企业集团

一、企业基本情况

中国铁路物资股份有限公司（简称中国铁物）是经国务院国资委批准，由中国铁路物资总公司整体改制设立的大型中央企业，其前身是铁道部物资管理局，2004年由铁道部移交国务院国资委管理。中国铁物是国家计划单列企业、财政部一级预算单位和商务部重点联系指导的大型流通企业，是我国铁路建设、运营和维护服务的主要物资供应商，也是国内最大的钢材贸易综合服务商之一。2011年，中国铁物实现营业收入2068亿元，位列世界企业500强第349位。

2004年以前，中国铁物作为铁道部直属的物资企业，主要承担着铁路物资供应和管理职能，市场化程度不高。移交国资委管理后，中国铁物转变为完全意义上的市场

① 本成果由中国铁路物资股份有限公司提供，成果主要创造人：许强、杨阳，参与创造人：朱旭、徐青、邢善文、王金霞、董天胜、汤新洲、王超，获2012年度物流行业企业管理现代化创新成果奖一等奖。

竞争主体，为了生存和持续发展，根据国资委界定的三大主业（铁路物资供应、配套服务及相关产品加工制造，生产资料贸易，综合物流服务），中国铁物进行了多元化经营的积极探索，在巩固原有铁路市场的基础上，大力开拓钢材贸易业务，开展综合物流服务，实现了由铁路物资企业到传统物资企业再到商贸流通企业的转型。2008 年年底，公司新一届领导班子上任后，为了应对市场环境变化，改变贸易业务模式单一和赢利能力不强的局面，中国铁物依托自身强大的采购渠道和销售网络、深厚的行业背景、专业化的服务体系和覆盖全国的物流服务能力再次进行转型升级，针对铁路领域提供包括采购供应、质量控制、物流组织、库存管理、生产加工和信息管理等在内的全链条服务，围绕钢铁领域向钢铁产业链上下游延伸，开展包括钢铁、铁矿石、煤炭等大宗商品贸易、运输、仓储、加工、配送、监管、信息管理等供应链集成服务，成功实现了从传统商贸流通企业向供应链服务企业的转型。

二、创新成果的名称

中国铁物作为传统的商贸企业，发挥公司铁路行业背景、钢材等大宗生产资料贸易能力和物流资源等优势，从单纯的产品贸易到铁路物资供应链服务和钢铁贸易综合服务，再到包括为客户提供采购供应、运输、仓储、加工、配送、监管、信息管理、咨询等在内的全方位"供应链集成服务"，围绕专业化、差异化、一体化和国际化，不断创新业务模式，实现了从单纯提供产品到提供"产品＋服务"业务模式的转变。围绕铁路产业的铁路建设、铁路运营和铁路维护三个市场开展物资供应链服务，实现从单一物资供应向铁路物资供应链服务转变。因此，其创新成果名称为：中国铁路物资公司供应链集成服务模式创新。

三、创新成果的产生背景

中国铁物创新打造供应链集成服务模式，既是中央企业转型升级的客观要求，也是商贸流通企业转变发展模式的必然选择，更是重塑企业竞争优势的现实需要。

（一）中央企业转型升级的客观要求

由于特殊的历史原因，一直以来中央企业普遍存在经济发展质量不高、发展方式粗放、片面追求规模扩张等问题，"大而不强"是许多中央企业的通病。"十一五"期间，国资委积极推进中央企业加快转变经济发展方式，推动产业结构优化升级工作。在中央企业布局和结构调整中，商贸流通行业作为 21 个业务板块之一，由于不具垄断性、市场化程度高、竞争充分，是多种所有制经济最先注目和最先进入的行业，也是中央企业转型升级最先的探索者和先行者。中国铁物作为商贸类中央企业之一，积极落实国资委中央企业转型升级工作要求，结合企业实际，围绕调整产业结构、产品结构、产权和组织结构等重点工作，加快转变发展方式，实现服务模式的转变。

（二）商贸流通企业转变发展模式的必然选择

随着国家经济体制的改革和市场化竞争的加剧，传统商贸流通企业业务模式的局限性越来越突出。一是传统商贸流通企业作为流通领域的中间环节，主要从事一般性贸易业务，简单赚取差价，缺少高附加值的服务，价值链短，激烈的市场化竞争导致利润微薄。二是在经营过程中缺少难以替代的服务功能，核心竞争力较弱，不断受到上下游企业的挤压，企业发展空间小。三是传统商贸流通企业属于资金密集型企业，需要依靠大量资金投入维持正常的业务开展，又要以预付赊销方式为上下游企业垫付资金，上下游企业的风险向中间环节传递，导致风险不断集聚。面对经济结构调整和经济剧烈波动的双重压力，亟须转变自身的发展模式，拓展业务空间，加强产业链整合，从传统的一买一卖简单赢利模式向创新型、多功能、综合型交易模式转型升级，实现由"单纯贸易商"向"集成服务商"转变。

（三）中国铁物重塑企业竞争优势的现实需要

中国铁物的业务可以分为铁路和非铁路（市场化）两大类。铁路业务主要是钢轨、成品油、机车车辆配件和铁路建设招标及物资供应，非铁路业务主要是钢材、煤炭、铁矿石、进出口、物流。其中，铁路业务是中国铁物的传统业务，是公司经营发展的基础。但是随着铁路管理体制的改革，铁道部政府职能的转变以及铁路局经营机制的转化，使得中国铁物在目标客户、采购方式、竞争对手等方面发生了重大变化。核心客户的改变，客户资源优势的减弱给中国铁物发展带来一定的影响，为了积极化解不利影响，主动适应铁道部实施多元化经营战略和强化铁路局市场主体地位的新形势，中国铁物需要深化与铁路局的战略合作，继续围绕铁路基建、铁路运营和铁路维护三大市场提高服务能力和水平，为整个铁路产业链提供配套服务，注重不同服务之间的协同，努力推进从单一物资供应向全方位的铁路物资供应链服务转变。

中国铁物也是国内最大的生产资料流通企业（包括钢材、煤炭、铁矿石等）之一，其中钢材贸易业务是中国铁物经营规模最大的市场化业务，但是一直以来存在着粗放经营、盈利模式单一和增值服务能力低等问题。随着国家钢铁产业政策的调整，钢铁企业整合不断向纵深推进，一些大型钢铁企业与终端大客户发展直接贸易，使得纯粹的商贸流通企业处境更加艰难。面对前后夹击的困境，中国铁物着眼长远发展，必须深化与钢铁企业的战略合作关系，优化完善钢铁分销网络，围绕钢铁贸易产业链，加快向上游资源和向下端市场整合的步伐，打造集"矿石供应、钢材集采、加工、分销、物流、钢材市场、电子商务、金融担保、期货电子盘"于一体的钢铁供应链集成服务。

四、创新成果的主要内容

供应链集成服务，就是以市场需求为起点，与供应链重要供应商和客户结成稳定的联盟合作伙伴关系，整合供应链资源（上游资源、内部资源和下游客户资源），挖掘供应链上的服务需求，深化增值服务，为整个供应链提供综合性、全方位、一体化服务的营运模式。

铁路物资供应链服务和钢铁供应链集成服务是中国铁物两大核心业务，两大供应链之间相互联动、协同配合、共同提升。一方面，铁路物资供应链业务带动钢铁供应链业务。在铁路基础建设过程中，通过提供铁路基建物资代理服务带动了钢材、水泥投标供应以及运输、仓储、装卸等基础物流业务。在铁路运营中，中国铁物利用深厚的铁路背景，掌控运力资源，拓展了铁路运输、多式联运、货站运营等业务，同时也为中国南车股份有限公司、中国北车股份有限公司等提供造车材供应等业务。另一方面，钢铁供应链业务促进了铁路物资供应链业务的发展。在入股非洲矿业获取矿石资源过程中，为从矿区至港口的铁路建设供应钢轨、轨枕等基建材料，提供机车车辆进口代理及技术咨询等服务，促进了铁路物资供应链国际化业务的发展。

（一）中国铁物供应链集成服务内涵

中国铁物供应链集成服务是指围绕铁路和钢铁两大核心业务领域进行供应链上下游延伸，依靠强大的综合物流能力、贸易能力和丰富的金融资源，强化供应链和产业链关键节点控制，实施"大供应商、大客户、大商品"营销策略，集成供应链上下游及内部资源，挖掘供应链服务需求，提供全方位、一体化增值服务，提高中国铁物供应链上下游企业整体竞争力，实现铁路和钢铁两大产业整体供应链的价值创造与增值服务。

1. 中国铁物铁路物资供应链服务

中国铁物铁路物资供应链服务主要是发挥公司铁路行业背景、钢材等大宗生产资料贸易能力和物流资源等优势，围绕铁路产业的铁路建设、铁路运营和铁路维护三个市场开展物资供应链服务，如图1所示，实现从单一物资供应向铁路物资供应链服务转变。

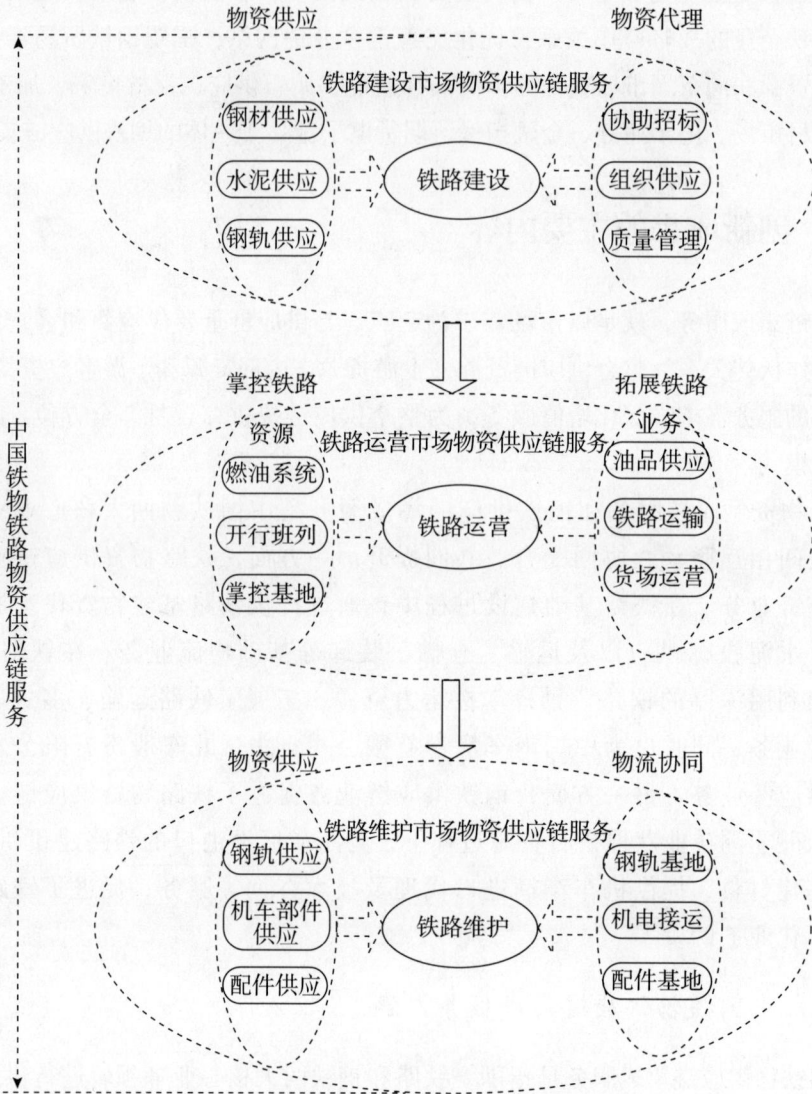

图 1　中国铁物铁路物资供应链服务体系

2. 中国铁物钢铁供应链集成服务

钢铁供应链集成服务包括上游铁矿石、焦煤、生铁等冶金矿产资源和下游钢材分销及相关物流、商流、资金流和信息流综合性业务，如图 2 所示。

3. 中国铁物供应链联动发展

铁路物资供应链服务和钢铁供应链集成服务是中国铁物两大核心业务，两大供应链之间相互联动、协同配合、共同提升，如图 3 所示。

一方面，铁路物资供应链业务带动钢铁供应链业务。在铁路基础建设过程中，通过提供铁路基建物资代理服务带动了钢材、水泥投标供应及运输、仓储、装卸等基础

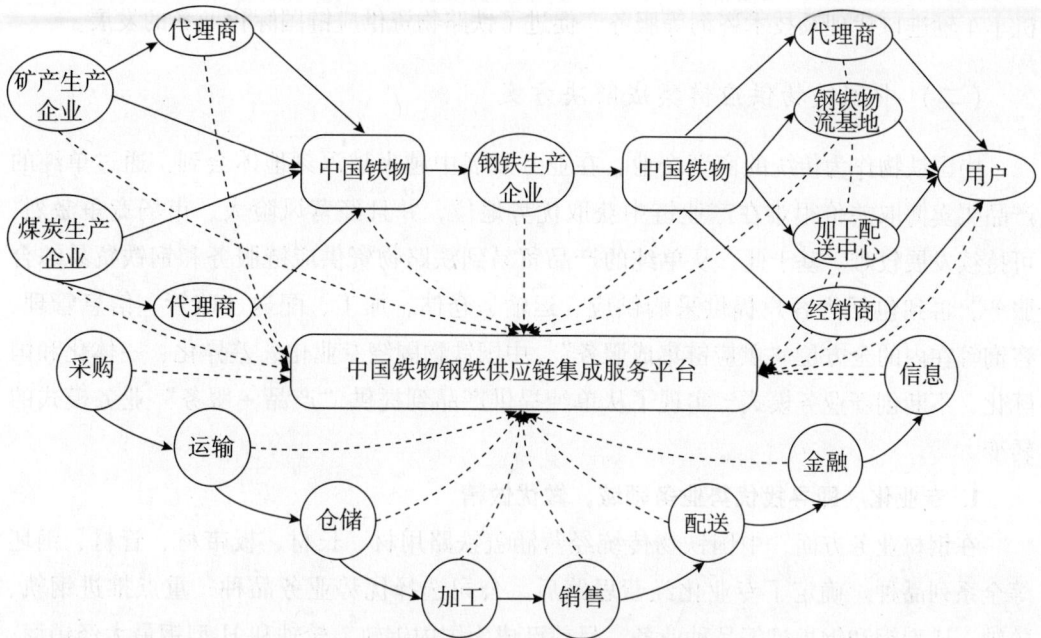

图2　中国铁物钢铁供应链集成服务体系

物流业务。在铁路运营中，中国铁物利用深厚的铁路背景，掌控运力资源，拓展了铁路运输、多式联运、货站运营等业务，同时也为中国南车、北车等提供造车材供应等业务。

　　另一方面，钢铁供应链业务促进了铁路物资供应链业务的发展。在入股非洲矿业获取矿石资源过程中，为从矿区至港口的铁路建设供应钢轨、轨枕等基建材料，提供

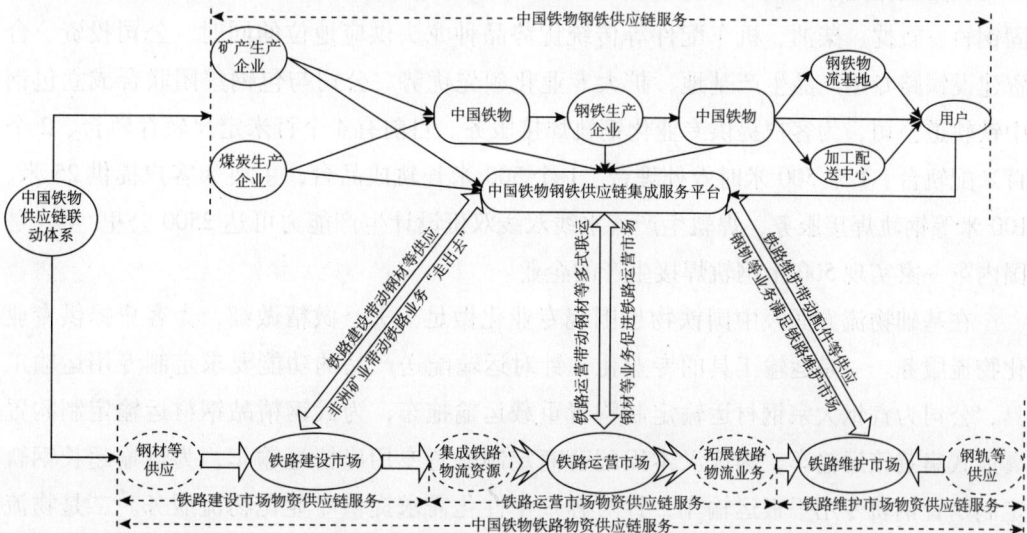

图3　中国铁物供应链联动发展体系

机车车辆进口代理及技术咨询等服务，促进了铁路物资供应链国际化业务的发展。

（二）中国铁物供应链集成解决方案

中国铁物作为传统的商贸企业，在业务发展中越来越深刻地体会到：通过单纯的产品买卖博取差价很难在产业链中获取优势地位，并且经营风险大、市场竞争激烈、可持续发展较难。基于此，从单纯的产品贸易到铁路物资供应链服务和钢铁贸易综合服务，再到包括为客户提供采购供应、运输、仓储、加工、配送、监管、信息管理、咨询等在内的全方位"供应链集成服务"，中国铁物围绕专业化、差异化、一体化和国际化，不断创新业务模式，实现了从单纯提供产品到提供"产品＋服务"业务模式的转变。

1. 专业化。即寻找优势业务领域，做优做精

在钢材业务方面，中国铁物传统经营涵盖铁路用材、长材、板带材、管材、钢坯等全系列品种。确定了专业化经营思路后，公司选择优势业务品种，重点推进钢轨、轮轴、H 型钢和钢板桩等品种业务，目前已成为国内钢轨、轮轴和 H 型钢最大经销商。同时在特定品种的服务模式方面做深、做精，中国铁物旗下的钢板桩公司深刻研究以钢板桩为主的基础工程材料产业链，围绕基建施工，提供专业化的钢板桩租赁服务。他们在施工前期即参与到客户施工方案设计过程中，提供专业化的设计建议，按照施工方案组织钢板桩生产，施工中期根据工程进度和施工安排实行 JIT 配送、提供打拔桩服务，或根据客户需求提供打拔桩设备租赁，以及施工后期提供钢板桩回收等专业化服务。钢板桩公司通过全链条的专业服务，在基建工程施工领域占领了一席之地。

铁路业务是中国铁物的起家业务，也是体现中国铁物专业能力的优势领域。在巩固钢轨、轨枕、柴油、机车配件等传统优势品种龙头供应地位的同时，公司投资、合资建设铁路专用产品生产基地，扩大专业化领先优势。公司与包钢集团联合成立包钢中铁轨道公司，为客户提供专业化钢轨焊接服务。目前有 4 个百米定尺轨存轨台、2 个百米配轨台、1 个 500 米时效处理台、1 个 500 米长轨成品台，主要为客户提供 25 米、100 米等钢轨焊接服务，焊轨生产流水线双线双班设计生产能力可达 2500 公里/年，是国内第一家实现 500 米钢轨焊接生产的企业。

在基础物流方面，中国铁物也围绕专业化做足工夫，做精做细，为客户提供专业化物流服务。一是运输工具的专业化，针对运输配送产品的功能要求定制专用运输工具，公司为宣钢大宗钢材运输定制购置重载运输拖车，为武钢精品钢材运输定制购置翼展式集装箱运输车，为武汉本田配套商定制购置专用座椅运输车，为运输超长钢轨定制购置钢轨专用平板运输车，针对客户个性化需求提供专业化物流服务。二是物流解决方案的专业化，根据客户需要，制定专业化库存方案，减少库存资金占用，确保货物供应；制定专业化运输方案，增加对向运输，降低空载率；制定专业化装载方案，充分利用装载空间，保证货物运输安全。旗下中铁伊通公司在运输精品钢材时，针对运载产品特性研发了专用固定钢架和防腐枕木托架，提高了装载率，确保了精品钢材运输安全，其服务被誉为"像运鸡蛋一样运钢材"。

2. 差异化。即设计有别于竞争对手、别具一格的业务模式，从而获得竞争优势

在同质化竞争加剧的市场背景下，中国铁物积极创新业务模式，在钢铁贸易领域为客户提供差异化服务。中国铁物旗下的西本新干线电子商务公司实施了有别于传统贸易公司和一般电子商务公司的业务模式，推行"现货市场＋电子商务"差异化运作，避免了单一现货市场或单一电子商务运作的弊端，同时开展期货交易，满足不同客户需要，迅速占领了市场。同时在经营品种上沿钢铁供应链实行多元化，为客户提供融合铁矿石、焦炭、钢材等大宗生产资料的综合贸易服务。在技术上采取差异化，通过"电子商务的业务模式＋云计算的技术架构体系"，突破了原有基于 Web 技术面向信息发布与交易撮合的简单电子商务模式，上游与生产系统集成，下游与物流和终端管理系统集成，使供应链中各个环节的信息在"云"中会聚、交互，拓展了与客户的合作领域和范围。目前，西本新干线电子商务公司已成为互联网上最大的标准商品交易平台之一，引领了钢铁行业价格走势，被誉为"中国钢铁价格市场风向标"。

3. 一体化。即沿产业链上下游延伸，整合上下游企业及内部资源，实现商流、物流、信息流和资金流的四流合一，为供应商的供应商、客户的客户提供一体化综合服务

在钢铁业务方面，中国铁物注重上游资源获取，入股非洲矿业、与澳大利亚等地资源厂家签订合作协议，锁定外矿资源，丰富铁矿石获取渠道。同时在内蒙古、山西等地建设煤炭铁路集运站，积极拓展越南、印度尼西亚、俄罗斯等国外煤进口业务，掌控更多煤炭资源；在中游建立了钢铁综合物流基地、钢材加工配送基地、港口集散基地等基础设施，强化综合服务能力；在下游完善经营网络，掌控终端客户，实现了沿钢铁供应链，矿石、煤炭、钢材等大宗生产资料的采购、供应、储存、运输、流通加工、信息处理等一体化综合服务。

在铁路油品业务方面，中国铁物分别与中石化、中石油和中海油成立合资公司，从上游掌控油品资源；在中游通过建立铁路燃油配送系统，强化油品供应能力，实时掌握终端需求和存缺货信息，实施配送；下游形成了以全路18个铁路局（公司）为主的大客户体系，沿铁路油品供应链提供了油品采购、储存、配送、供应等一体化综合服务。

4. 国际化。即以贸易为先导，以投资为拉动，以实业为支撑，以境外铁路和钢铁业务为重点，以"走出去"为方向，整合全球资源，为客户提供全方位服务，打造世界一流企业

中国铁物围绕铁路物资供应链服务和钢铁供应链集成服务两大主业，在美国、澳大利亚、塞拉利昂等地拓展业务，为客户提供包括铁路建设工程总包、物资供应综合解决方案、铁路装备租赁、配套综合物流服务、项目融资、工程技术咨询等高附加值业务，提高了盈利能力，以上下游资源、供应链渠道、资本运作和人力资源实现全球化配置，带动了国内、国际两个市场的联动发展。

（三）中国铁物供应集成服务模式创新案例

非洲矿业项目——铁路和钢铁供应链联动，国内和国际市场协同，开辟"走出去"新路，促进境外业务快速发展。

2012 年 3 月 1 日，中国第一船权益矿 17.5 万吨正式到达京唐港，标志着中国铁物投资非洲矿业，获取铁矿石资源，打造钢铁供应链集成服务的战略取得了成功。非洲矿业在塞拉利昂的唐克里里探明有符合 JORC 标准的资源量最大的磁铁矿，目前探明资源储量为 105 亿吨，平均品位在 30% 左右。自 2010 年中国铁物入股非洲矿业公司，获得矿石包销和铁路物资的优先供应权，到 2011 年 11 月非洲矿业项目开始出矿，到非洲矿石运抵中国港口，中国铁物在积极规避风险的同时，获得了良好的投资效益，建立了符合自身特色的海外业务拓展新模式和新理念，为中国铁路"走出去"战略的实施探索和积累了宝贵经验。

1. 创新资本运作模式，以少量投资获取大量矿石资源，确立在钢铁供应链中的核心地位

长期以来，很多中资企业在公司海外资本层面的投资中多使用全面股权收购的方式，在资本市场上付出了比市场公允价格更高的收购对价；而在项目资产层面的投资运营中又多采用收购控制权、独立开发的方式，导致了各种"水土不服"的现象。鉴于此，中国铁物在非洲矿业项目投资中并未追求"控股"，而是根据自身发展战略，结合行业背景优势，从实际情况出发，通过资本市场，以市场公允价格获取了非洲矿业公司的少数股权和一名董事席位。通过全方位的参与权和多层面的战略合作，以基础设施开发和产品包销的战略合作为契机，获取矿石资源，在中国企业近年海外铁矿资源投资项目中，是为数不多的以较小投入获得份额较大的权益矿资源的项目之一，体现了小投资、办大事的目标。在钢铁供应链中，从原先单纯依赖钢厂获取钢材资源，逐步向从钢厂上游控制矿石资源，下游控制钢材销售渠道的供应链集成模式转变，改变了长期处在钢铁供应链的弱势地位，提高了对钢厂谈判的话语权，逐步确立起在钢铁供应链中的核心地位，完成由钢材贸易商向钢铁供应链集成服务商的转型。

2. 立足非洲矿业项目，协同国内国际两大市场，创造矿山、铁路和港口三位一体资源开发新模式

海外铁矿资源开发的瓶颈在于基础设施不足。没有铁路、港口等矿山配套的基础设施建设，再好的资源也是"埋在深山人不识"。中国铁物充分利用铁路行业的背景优势和对基础设施的项目集成能力，优化配置国内国外两种资源，创新设计出"资源开发＋铁路、港口基础设施建设"的项目模式，获得了在非洲矿业项目配套的铁路建设、铁路物资供应、铁路装备以及港口基础设施建设等方面的主导权和优先权，创造了矿山、铁路和港口三位一体的资源开发新模式。通过钢铁产业链带动铁路产业链联动，开拓了铁路物资供应国际市场，已经完成和将要执行铁路物资装备供应总额超过1.5亿美元，促进了境外铁路业务发展，加快了中国铁物国际化战略的步伐。目前，中国铁物在国际上作为资源与铁路基础设施的综合开发商，行业地位与品牌影响力显著增强。

3. 带领中资企业抱团"走出去"，输出了"中国铁路标准"，开拓了"中国铁路"走出去的新领域

"走出去"是中国铁路"十二五"期间的重要战略之一，铁路主管部门多次召集中国铁物等多家单位研讨中国铁路技术、标准、服务、装备的输出问题。在此项目上，中国铁物集成各方资源，带领中资企业抱团"走出去"，相继引入中国土木工程集团有限公司、中国交通建设股份有限公司等参与项目配套的铁路和港口基础设施建设。此外，中国铁物作为铁路产业综合服务商，积极按照中国铁路标准提供铁路建设物资和运营装备的综合供应方案，引导项目二期按照中国标准建造重载准轨铁路，成功地将"中国标准"输出至西非地区，为中国企业勇于、善于参与国际竞争，促进中国经济与世界经济的融合做出表率，具有重要的示范意义。

4. 创新物流模式，整合物流资源，优化物流方案，国际物流能力显著增强

与非洲矿业签订铁矿石包销合同后，中国铁物充分发挥综合物流服务优势，在船型选择、航线选择、港口装卸、铁路运输、海上运输、公路运输和风险控制等方面都制定了详细的工作方案，在矿石中转或装卸过程中制定了具体的对接方案，开辟了一条从西非到中国口岸的全新航线。在全球范围内整合资源，锁定符合运载要求的承运人和船只，积极协调非矿总部和承运商等单位，最终实现了当月签约、当月租船、当月装运、当月赴现场监装的高效供应链一体化服务。同时，以非矿进口业务为基础，中国铁物着力加强了港口物流能力建设，启动了在22个港口、口岸建设干散货储备集散基地的规划方案，通过招聘和培训建立起一支熟悉国际贸易、国际物流、港口业务的专业人员队伍，专业化、一体化的国际物流能力显著增强。

五、创新成果的主要创新点

中国铁物供应链集成服务模式创新成果，主要在以下五个方面具有显著创新：

（一）战略创新，引领企业由商贸流通企业向供应链集成服务商转型

中国铁物从最早的铁路物资供应机构，到铁路物资企业、传统物资企业、商贸物流企业，再到供应链服务企业集团的转型发展离不开战略的不断创新，由"一铁"（铁路物资供应）到"两铁"（铁路物资供应和钢铁综合贸易），由"铁路物资供应"到"铁路物资供应链服务"，由"钢铁综合贸易"到"钢铁供应链集成服务"，由"打造国内领先"到"创世界一流企业"，中国铁物战略定位不断优化，发展目标不断升级，形成了总体战略、业务战略和职能战略、重要子企业战略三级战略规划体系，为企业下一步发展指明方向。

（二）管控体系创新，实现从粗放管理向集团管控的转变

中国铁物在管控体系建设方面进行了一系列创新，采用基于专业管理、集约经营与战略协同的战略操控模式，在集团层面上对内部资源进行整合。以上市为契机，完善法人治理结构，完成股份制改造，形成产权清晰、权责明确、政企分开、管理科学的企业制度体系。加强集团管控，建立专业化业务管理和职能管理体系。在业务管理方面实施"事业部"制，按照产业链及目标细分市场需要，沿铁路产业链设立（铁路）油品、铁路线路、铁路装备、铁路建设四个事业部，沿钢铁产业链设立钢铁、矿产、能源三个事业部，同时设立物流、国际两个综合事业部，运作供应链集成服务，强化了事业部作为集团业务指挥中心的引领和带动作用。同时对总部职能部门进行调整，设立资金部强化资金管理，设立审计部、运营安监管理部等加强风险管控等，提升了集团的专业化管理水平。

（三）业务模式创新，实现由单纯产品贸易向供应链集成服务的转变

从单纯的产品贸易到铁路物资供应链服务和钢铁贸易综合服务，再到为客户提供包括采购供应、运输、仓储、加工、配送、监管、信息管理、咨询等在内的全方位"供应链集成服务"，中国铁物围绕专业化、差异化、一体化和国际化，不断创新业务模式，实现了从单纯提供产品到提供"产品＋服务"的供应链集成业务模式的转变。

（四）资源管理创新，实现由资源使用者向资源集成者的转变

为提升供应链集成服务能力，完善物流网络布局，构建"大物流"体系，2011年中国铁物制定了《中国铁物2011—2015年物流网络布局指引》，明确了通过改造、自建、兼并、联营、输出管理等方式掌控物流资源的资源构建思路，确定了在中国大陆地区建设三级131个物流节点、构建完备物流网络的布局规划。目前，已开工建设钢铁物流综合服务基地、钢材加工配送中心、煤炭铁路发运站和港口集散基地8个，其中黄骅港集散基地分阶段投入运营。在社会仓储整合方面，制定下发了《社会仓储资源整合指引》和《仓储商（运输商）信用评价体系》，规范了仓储资源评价和管理办法，有效降低了运营风险。目前已整合掌控协议库10家。中国铁物对整合仓储资源具

有冠名权，仓库财务、安保和装卸等关键岗位员工均由中国铁物派驻，加强了对供应链关键节点的控制，提升了公司供应链集成服务能力，实现了由分散使用、独立经营仓储资源向多方式整合、多板块共享的中国铁物仓储连锁网络的转变。

（五）供应链联动创新，实现铁路物资供应链服务与钢铁供应链集成服务的协同发展

中国铁物的非洲矿业项目是中国铁物供应链集成服务模式创新的集中体现，实现了铁路物资供应链服务与钢铁供应链集成服务的联动发展。一是沿钢铁供应链上下游延伸，在全球范围掌控上游铁矿石资源，提高钢铁供应链集成能力，确立了在钢铁供应链中的核心地位；二是立足非洲矿业项目，带动铁路物资供应，向国外输出了中国铁路技术、标准、服务和装备等，创造了矿山、铁路和港口三位一体资源开发新模式，实现了中国铁物国内与国际业务的协同发展；三是带领中资企业抱团"走出去"，引入了中国土木工程集团有限公司、中国交通建设股份有限公司等参与项目配套的铁路和港口基础设施建设，开拓了"中国铁路"走出去的新领域；四是以贸易为先导，以投资为拉动，以实业为支撑，以物流综合服务提供矿石运输等全方位服务，集中体现了商流、信息流、资金流和物流四流合一。

六、创新成果的应用效果

经历了两次转型的阵痛，经过积极探索和不懈努力，中国铁物已从传统物资企业成长为国内大型供应链服务企业集团，在铁路物资供应链服务和钢铁供应链集成服务两大领域确立了行业领先地位。在向供应链服务企业转型过程中，中国铁物在战略规划、管控体系、业务模式、资源管理和供应链联动等方面进行了创新实践，也积累了一些经验。依托覆盖全国的采购渠道和销售网络、深厚的行业经验、专业化的服务体系和强大的物流能力，在铁路物资供应链服务和钢铁供应链集成服务两大领域确立了行业领先地位。在铁路物资领域，中国铁物针对我国铁路建设、铁路装备制造和铁路维修所需的主要物资，提供包括采购供应、质量控制、物流组织、库存管理、生产加工和信息管理等在内的全方位供应链服务，有效地保证了铁路物资的质量水平，确保了铁路物资的及时供应，降低了铁路物资供应的成本。在钢铁领域，中国铁物围绕钢铁贸易向钢铁产业链上下游延伸，开展包括钢铁、铁矿石、煤炭等在内的大宗商品贸易、运输、仓储、加工、配送、监管、信息管理等供应链集成服务。

具体地，中国铁物供应链集成服务模式创新在增加经济效益、提高运营效率和创造社会效益三个方面取得了显著成果：

（一）取得了显著的经济效益

为了适应市场需求的不断变化和早日实现世界一流企业的目标，中国铁物主动变革、积极创新，大力推进以战略为引领的转型升级，努力推进从商贸流通企业向供应链服务企业转变，公司实现了快速发展。营业收入从 2008 年的 1002 亿元增长到 2011 年的 2068 亿元，增长 106.4%；利润总额和资产总额的增幅也分别达到 128.4% 和 128%。

2011 年，中国铁物销售的钢材、铁矿石和煤炭实物量均超过 2000 万吨，钢铁供应链集成业务整体利润同比增长 36.3%。为铁路建设供应钢材和水泥等物资 400 余万吨、钢轨 100 多万吨，为铁路运营供应路局柴油近 500 万吨。在取得显著经济效益的同时，为中国铁路建设和运营起到了保驾护航的作用。

2008—2011 年，中国铁物营业收入从 1002 亿元增长到 2068 亿元，增长 106.4%；上缴税金从 7.5 亿元增长到 11.3 亿元，增长 50.7%；利润总额和资产总额的增幅也分别达到 128.4% 和 128%。2011 年，中国铁物位居"中国钢贸企业百强"第一名，并首次进入世界企业 500 强，位列第 430 位，2012 年再度入围并大幅跃升至 349 位，社会影响力和品牌认知度得到进一步提高。

（二）提高了整体运营效率

中国铁物先后开发了多个专项业务信息管理系统，对重要业务节点进行统一管理，提升整体运营效率，降低经营风险。2008 年，在铁道部的大力支持下，中国铁物运用成熟的供应链理论和先进的信息技术，加大研发和设施改造投入，先后建设完成了铁路燃油配送系统、钢轨供应链管理信息系统、铁路建设物资招评标系统、钢材信息平台等供应链系统和信息系统，并在全路上线使用。通过供应链创新，实现了对铁路物资供应链流程、运输规划、库存水平的全方位优化，实现了信息共享和在途实时追踪，实现了库区作业的监控与互动，全面提升了铁路物资管理和服务水平。

中国铁物也正在建设和完善覆盖中国铁物各级子公司的 ERP 系统，包括信息的采集、存储、加工、分析、测试、传递、报告、披露等，实现信息在各管理部门、业务单位之间的集成与共享。作为供应链上的核心企业，中国铁物还积极与上游供应商和下游客户开展信息系统对接工作，通过及时了解上下游企业的需求信息和各环节的存货信息，快速做出反应，缩短了交易时间，也大大提高了业务的运营效率。

（三）创造了良好的社会效益

中国铁物作为隶属于国务院国资委管理的中央企业，一方面，积极落实国资委转型升级工作要求，通过转变发展方式努力提高经济效益，为国家和地方经济的发展做出应有贡献，2011 年上缴税金 11.3 亿元，较 2008 年增长 50.7%。中国铁物在全国 30 个省市、自治区拥有 1500 多个经营网点，在册员工 10330 人、劳务派遣人员 1000 多人，有效拉动了地方就业。中国铁物共计与 11 个省级地方政府签署战略合作协议，立足铁路物资供应链服务和钢铁供应链集成服务两大主业，围绕区域经济发展规划、区位资源优势及区域经济发展政策优势与地方政府进行战略合作，有效带动了地方经济的快速发展。

另一方面，中国铁物也积极承担中央企业的社会责任，通过各种形式为行业和社会的发展贡献自己的力量。积极参与铁路、钢铁、物流等行业标准的制定，承担国家部委、行业协会课题研究任务，并积极为行业发展建言献策，促进行业健康发展。中国铁物作为钢铁贸易流通行业中的领军企业，始终以引领行业可持续发展为己任，通过建立第三方公共信息平台为行业内企业提供实时的信息支持，提高了企业对市场价格波动的反应能力，旗下哈尔滨物流有限公司的黑龙江钢材网是黑龙江省最大的电子商务平台，柳州物流公司的物流公共平台面向西南和东盟地区提供服务，西本新干线电子商务有限公司也已成长为国内最大的标准商品交易电子商务平台之一。

七、创新成果的推广价值

中国铁物经过两次战略转型升级，第一次实现了由传统物资企业向商贸流通企业的转型，从单纯的物资贸易向多元化经营转变；第二次实现了由商贸流通企业向供应链服务企业的转型，从传统贸易物流服务向供应链集成服务转变。中国铁物的成长过程也是供应链管理实践的过程，对同类物资企业和商贸流通企业向供应链服务企业转型起到了良好的示范和带动作用。

在中国铁物转型过程中，立足核心主业、深挖链条内涵，实现商贸业务和物流业务有机融合、集成发展的战略思路，其专业化、一体化、网络化、国际化的战略举措是值得在同类企业转型过程中推广和借鉴的。此外，中国铁物在物流业务模式创新、物流网络布局、物流信息化等方面做出的积极探索，也为其他企业提供了有益的参考价值。

中国铁物在实施"走出去"国际化战略过程中，把握时机，通过资本市场入股非洲矿业并获取矿石资源，利用自身优势获得铁路和港口基础设施建设的主导权，创造了矿山、铁路和港口三位一体的资源开发新模式，带领中国土木工程集团有限公司、中国交通建设股份有限公司等中资企业抱团"走出去"，向境外输出"中国铁路标准"等，为中国企业勇于、善于参与国际竞争，促进中国经济与世界经济的融合做出了表率。该成果具有重要的示范意义，值得中国优秀的本土物流企业在实施"走出去"战略中予以借鉴。

安徽江汽物流有限公司 MCU 管理模式[①]

【摘要】安徽江汽物流有限公司是安徽江淮汽车集团有限公司的子公司，主营业务汽车物流几乎涵盖了汽车物流的全部过程。2012年自主汽车品牌面临结构性调整，增速明显小于行业平均水平，江汽物流公司面临着业务量下滑和回程资源不足的状况。安徽江汽物流有限公司针对现状，并结合企业与制造业的紧密联系，以整车物流业务为切入点，实施物流企业MCU管理模式创新项目。该项目包含经营主体划分、预算结构、绩效评价、薪酬管理、人员保障等多方面的创新与突破。MCU项目充分地调动了员工的创新热情和责任心，提高了企业效益，使企业快速适应市场环境，在同行业中具有很好的推广价值。

【关键词】MCU；企业管理模式；汽车物流

【适用领域】汽车物流企业管理创新；物流企业管理模式创新

一、企业基本情况

安徽江汽物流有限公司（以下简称江汽物流公司）是安徽江淮汽车集团有限公司的子公司，注册资金6800万元。目前公司在职员工约590人。江汽物流公司2010年实现营业收入7.15亿元。2011年实现营业收入7.76亿元，与上年同比提高了8.5%。公司的资产总额为3.13亿元。随着业务的不断增加和经营范围的扩大，2011年公司进行了组织架构调整，形成了四大事业部，五大平台管理部的现代化物流企业形态，使得企业更好地适应现代物流发展的需要。

公司现拥有零部件、整车仓储和配送中心5座，仓储面积约6万平方米。主要为江淮各主机厂提供各项物流服务，期间还承运部分外部业务，配送范围覆盖全国各地。公司连续4年获得省、市A级纳税企业，银行A级授信企业，国家4A级物流企业，2010年度全国先进物流企业称号。

公司业务几乎涵盖了汽车物流的全部过程，包括原材料进出物流、仓储配送、生

---

① 本成果由安徽江汽物流有限公司提供，成果主要创造人：张雁飞、欧阳晓，参与创造人：盛勇、李棠、疏文忠、余姗姗、王超、王小琳、毕剑英、孙小静，获2012年度物流行业企业管理现代化创新成果奖一等奖。

产物流、产成品物流，此外，公司还承担车辆管理和维修、客运与汽车租赁服务等一系列业务。

未来五年，公司坚持以汽车整车物流为核心业务，不断扩大零部件物流的比重，积极实现业务不断扩张，建立全国乃至全球性公铁水联运的汽车物流网络。不断优化产销运存流程，改进承运商管理模式，加大信息化建设力度，改善现场管理和在途监控，系统提升汽车物流的运营管理能力。积极整合内外部资源，引入具有行业领先水准的战略合作伙伴，力争"十二五"末实现营业收入 33.5 亿元，实现公司跨越式发展。

二、创新成果的名称

安徽江汽物流公司的创新成果名称是：江汽物流企业 MCU 管理模式。物流企业 MCU（Mini Cost Unit，微型经营成本单元）管理模式创新是基于日本京瓷公司的 MMC 经营模式和国内海尔集团的 SBU 经营模式并结合企业本身的情况创立的，MCU 的实施实质上是探寻一种企业与员工之间共同分享与创造价值增值的机制，主要包括全面预算为纲、细化经营单元、经营目标指引、绩效体系与组织变革、人员保障等内容。

三、创新成果的产生背景

经过多年高整增长，汽车行业已进入调整期。2012 年自主汽车品牌面临结构性调整，增速明显小于行业平均水平。作为汽车物流企业，江汽物流公司面临着业务量下滑和回程资源不足的状况。早在 2010 年，公司已意识到此形势，开始实施从紧的财务政策，筹划机制变革。以整车物流业务为切入点，实施物流企业 MCU 管理模式创新项目。

（一）现有的 MMC 和 SBU 管理方式不适应江汽物流公司的需求，需要进行创新

由于目前物流行业准入门槛低，作业效率普遍不高，信息化建设及核算管理体系欠缺，物流行业成为社会亟盼提升的行业。在汽车物流细分市场中，江汽物流公司作为江淮汽车体系内部一员，与制造业有着紧密的联系，但同时也是汽车行业供应链中重要的一环。为了进一步推动企业的管理效率提升，公司决定引入 MCU 经营管理模式。公司 MCU 经营管理模式的引进主要参考日本京瓷公司的 MMC 经营和国内海尔集团的 SBU 经营。

（1）MMC 起源于日本京瓷公司，指的是将公司划分成各种小型的独立核算单元，

通过不断变换组织内 MMC 的状态来适应市场的变化。每一个小型的独立核算单元都根据外界环境改变自身状态以适应外界的变化，这种模式与自然界中的阿米巴变形虫类似，为此也被称为阿米巴经营。

"MMC" 理念的提出者为稻盛和夫，即京瓷公司的创始人。他用 40 年的时间创造了两家世界 500 强企业，是日本四大经营之圣中唯一在世的一人。稻盛和夫对 "如何让企业更好的运营" 这样一个简单命题进行了深入思考。为了调动员工的主人翁意识，他将企业的经营信息告知员工，希望员工能够分担他身上的压力，进而又产生出将企业划小，每个小单元就是一个小公司的想法并付诸实施。为了让每个小单位的领导者能够很明晰地查看本单位的经营情况，稻盛和夫又对复杂的财务报表进行了简化，使没有财务知识的人也能够很明白的了解本单元的经营情况。MMC 管理模式就是在京瓷公司不断发展壮大的过程中逐渐成形的。

MMC 这种管理模式有一定的特殊性，它是随着京瓷公司的发展而逐渐产生的，有一定程度的不可复制性。MMC 要求干部和员工有强烈的主人翁意识，企业要与员工充分地分享企业的经营状况，以精神奖励为主，物质奖励为辅。

MMC 模式虽然是一个较为先进的管理模式，但是由于京瓷公司的产品工序少而且简单，但制造及物流企业的工序繁多而且复杂，所以江汽物流公司照搬 MMC 的管理模式，可能会造成很大的管理成本。但是有必要去吸收 MMC 管理模式的精髓，从它的基本目的出发找到属于江汽物流公司自己的管理模式。

（2）SBU 即 Strategic Business Unit（战略事业单位），是海尔集团在参照阿米巴经营的基础上自主创新的一种新型管理模式。SBU 的核心精神是将市场目标、市场订单、市场效果、市场报酬落实到每个单位和每位员工，让员工与企业共同分担市场给企业带来的压力，市场是每个人的领导，企业内部的事务都做到市场导向。

SBU 经营模式要求：员工和公司达成协议，工作目标细化量化；员工的责任加大，分担企业的运营风险；树立标杆，以标杆学习提升工作收益；员工利用市场手段调用公司资源。

SBU 模式为海尔集团带来了不错的业绩，但同时也存在一定的管理问题。例如：如何细化量化员工的工作目标？如何处理 SBU 与 "以人为本" 理念之间的矛盾？我们同样需要从中取其精华，去其糟粕。

（二）本土企业缺乏自主的先进管理模式，迫切需要加以创新

从国内企业的管理现状来看，目前国内先进的管理理念大部分都源自于国外，主要来源是欧美和日本的企业。比如说：精益生产（TPS）、全面质量管理（TQM）、全员工作改善、TPM、项目管理、6Sigma 等。而中国在企业管理方面还未对世界作出过卓越的贡献。作为中国自主品牌的企业，我们有责任为汽车制造业创造一个先进的管

理模式。

综上所述，在外部市场压力和内部管理需求的相互作用下，江淮汽车决定根据自己企业情况，创建一种新的管理模式，给它命名为 MCU。

四、创新成果的主要内容

在以效益为中心，以战略为导向，以发展为主线，以变革为动力的经营纲领下，江汽物流公司在如下方面进行重点创新与突破。

（一）安徽江汽物流公司 MCU 经营体划分

江汽物流公司作为安徽江淮汽车集团公司下属全资子公司，首先承接集团公司经营管理指标作为集团公司 MCU 的一级核算单位。江汽物流公司内部根据经营管理实施组织结构调整，按照业务类型进行结构调整，将原来的零散的部门根据经营需要整合成四个事业部，成立乘用车储运公司、商用车储运公司、零部件储运公司、客运服务公司，分别对集团内外部客户进行服务，成立以公司职能部门与事业部的扁平化组织结构。公司结构调整之后立即着手对公司各单位职能职责进行重新梳理、界定，完善基于 MCU 的事权划分，适度下放经营权。

（二）基于 MCU 的指标体系建设

集团公司根据基于 MCU 的预算制度，首先与江汽物流公司签订年度业绩合同书。江汽物流公司基于自身预算管理，与公司内部各经营体签订年度业绩合同书。

业绩合同书中包含财务类、营运类、组织类指标，其中财务类指标重点关注集团外部业务的收入及应收账款的部分，营运类指标重点关注作业安全、质量及人均工业增加值等指标的考评，组织类指标根据年度工作纲要重点提升和强化物流核心能力建设。

1. 加强预算准确性，优化投资结构，保障投资收益

（1）公司充分考虑自身经营特征，修订、完善全面预算管理制度及相关流程，为全面预算的组织、编制、报告、执行、调整与监督、考核与奖惩等相关工作提供制度保障。

全面预算架构与 MCU 管理结构相结合，成立预算及 MCU 管理委员会，作为全面预算管理与 MCU 管理的决策机构，下设预算及 MCU 管理办公室，财务分管副总为办公室主任。机构相关职责将根据 MCU 各级组织职责进行补充完善。

（2）全面预算的目标及编制。公司确定内部预算指标，公司层次全面预算由财务部汇总编制；事业部及平台管理部门根据预算要求，开展全面预算编制，明确各自分工。

2. 实施量化分权制度，确立新的组织架构的核算体系

（1）为构筑高品质、低成本和高效益的长期竞争优势，公司学习引进阿米巴经营理念并延伸细化为适合江汽公司特色的基于 MCU 的核算体系。

（2）以全面预算为纲，公司各事业部负责人为业务预算、核算体系建设第一责任人，负责组织本事业部业务预算及核算体系建设。

（3）业务预算主要针对业务量及收入、营运成本、利润、重点费用、人工成本指标进行预算，企管部负责业务预算的汇总，相关归口管理部门对专项预算进行审核。总经办负责公司资本预算编制，物流公司资本预算主要包括固定资产投资预算、权益性资本投资预算。财务部负责编制资金预算及财务预算。财务部根据各事业部经营资金需求及投资需求，编制资金预算，主要侧重筹资预算。同时在预算期内汇总反映有关预计现金收支、财务状况和经营成果的预算，主要以预计现金流量表、预计资产负债表和预计利润表等形式反映。

（4）根据公司组织架构设置划分岗位，完善公司核算组织建设及人员配备，除了保障公司两层级正常结算，汇总对账外，针对核算标准化建设对收入、成本、费用等要素分类，设计相关表格、表单，确保核算需求，自行编制经营业绩表，实现独立建账分表，独立归集经营数据，形成盈亏平衡分析及经营分析表。

（三）业绩考评及薪酬管理

1. 公司建立基于 MCU 考评的业绩管理制度

（1）包括公司管理三级及以上干部在内的各级 MCU 成员的业绩评价。

（2）本着继承原有业绩管理理念与体系，强化以 MCU 为经营主体；优化精简现有的业绩指标体系，适度简化业绩管理流程；根据不同 MCU 的属性与战略要求，制定不同 MCU 的差异化考评指标及评价标准。以产品线为载体，突出关键业绩指标，强化经营意识为指导原则的业绩管理思路。

（3）成立公司级业绩与薪酬委员会，由董事长、总经理、企业管理部分管领导、党总支副书记，以及公司董事长认为需要参加的其他人员组成，其在业绩管理方面审批公司级业绩管理体系及相关政策、公司级业绩管理实施方案，负责对一级 MCU 总经理实施业绩考评，指导下设的业绩管理小组开展业绩管理工作。

（4）成立公司级业绩管理小组，由企业管理部、财务部和人力资源部负责人构成，企业管理部负责人担任组长，对公司业绩与薪酬委员会负责。

2. 公司建立基于 MCU 考评的薪酬管理制度

（1）本制度同样适用于包括公司管理三级及以上干部在内的各级 MCU 成员。

（2）以岗位为基础，以业绩为导向；存量保持稳定，增量适度拉开；总量预算控制，分层实施分配；坚持循序渐进，动态优化调整为基本原则进行。

(3) 针对管理类员工采用基本年薪、业绩年薪、超利润年薪共同考评及激励的措施。

（四）培养具有经营意识的人才，有序推进全员参与的经营

培养经营意识的人才以实现核算会计向经营会计、管理会计转变为最终目标。使得原本掌握各事业部部门盈亏及具体业务盈亏业务人员具备经营意识；了解收入、成本进度与明细的核算会计，明晰管理职责；进而能对预算差异形成准确分析，能对业务量、价格等关键因素进行分析，形成参考方案；最终了解各事业部收入、成本、费用构成明细，对变动成本形成盈亏平衡分析。

经营意识的培养以财务专业能力培养为依托，分四个层级进行培养：第一层级：了解财务、会计的概念及相关知识，确保完成核算、记账、出具报表等基本岗位职责；第二层级：熟悉业务流程及相关制度，能对相关核算制度、结算流程、表单进行设计完善；第三层级：具有对财务总账、明细账的设计能力，熟悉财务制度及政策；第四层次：具有经营分析能力。

（五）基于 MCU 绩效、薪酬管理体系的 PDCA 循环与效果

公司引入平衡计分卡管理方式，采用含财务维度、业务流程维度、客户满意维度、学习与成长维度的多重考量指标，来加强目标管理（MBO），结合绩效管理体系的 PD-CA 循环，确保公司年度经营目标完成。

(1) 根据各事业部目标设置、层次分解度、机构设置合理性、内部建账进度、核算体系建设情况、全面预算开展等方面进行综合考评。各级 MCU 责任人按照月度形成计划、汇报材料提交给预算及 MCU 管理办公室，针对整体目标进行考核、评估。

(2) 绩效管理在自有车辆运营管理中，通过对车辆重驶空驶油耗、城际公里数核定，形成以经营成本分析为基础、经营利润为目标的绩效工资计提方式，充分调动各方积极性。

(3) 绩效管理在仓储配送业务以库存管理一体化为目标，先期实现运作、管理一体化。以系统优化实现信息共享、计划电子看板拉动、快速反应，最终实现对仓库与生产现场物料的全过程控制，即无论仓库物料还是生产现场物料均在未被消耗之前受控。

(4) 以专项计划开展整车物流公路、铁路、水路的多式联运，修订适宜业务模式创新的目标及绩效管理体系，同时保证业务模式创新经营盈亏数据准确及时，降低经营决策风险。

(5) 完成以预算为纲的经营业绩合同书签订，执行业务管理月计划，车辆运营、

仓储配送等业务结果月总结，辅之以预算进度监控，绩效结果指标考评，确保季度盈亏分析有支撑，年度指标有保障。

（6）文化建设及学习培训能力建设，作为平衡计分卡方法下充分研讨确定的目标管理之一，在用人、留人与培养人方面以适度放权、重点任命、全员参与多种形式复合运用，保持创新与改革激情。

MCU 的实施实质上是在探寻一种企业与员工之间共同分享员工创造价值增值的机制。推行 MCU，能使员工在物质上得到一定的满足。另外，由于员工能够看到自己的创新给企业带来的有形的价值，并且从这份价值中分享了一部分，员工在精神上也同时得到了一定的满足。

在物质和精神两方面都得到一定的满足后，肯定会充分地调动员工的创新热情和责任心，进而提高企业效益，使企业不断发展壮大。企业壮大了，才能够为社会做更多更好的贡献。因此，江汽物流公司推行 MCU，长远来看更要为员工谋福利，为社会做贡献。

五、创新成果的主要创新点

（1）该创新成果是符合本土公司经营特色的先进管理模式。公司根据当前的市场形势和对行业发展状况的预期，借鉴阿米巴经营理念，创立了适用于自身的 MCU 经营模式，该模式使公司很好地适应了未来的市场变化趋势。

（2）该创新成果调动了员工积极性和自觉性，能够不断改善企业经营绩效。在新的经营模式下，公司也革新了业绩考评和薪酬管理体系，保证了新型 MCU 经营模式的正常运作。同时利用 PDCA 循环不断提高企业的绩效，使得企业在新的市场环境中不断进步。

六、创新成果的应用效果

在以全面预算为纲、细化经营单元、经营目标指引、绩效体系与组织变革、人员保障等综合创新模式下，江汽物流公司 2011 年实现收入 7.2 亿元，利润 2300 万元，其中利润部分有近 20% 通过细化经营单元实现。江汽物流公司 80% 以上业务围绕主业开展。2012 年主业受行业影响未达到预期目标。在此形势下，各 MCU 经营体积极应对，大力拓展外部业务市场扩大回程收入，取得较好成效。全年外部回程收入较预算增加1315 万元，盈利 200 万元。2012 年实现收入 7 亿元，利润 2500 万元。

2010 年前，公司在以整车及零部件运输为主，零部件仓储、配送及其他客运业务为辅的业务格局下，实施组织结构调整。2011 年开始有序针对自有运输车辆实行新的经济责任制，在以满足主机企业发运时效的基础上，优化调度运输路线，标定额定行车公里、油耗及计奖办法，有效地将公司利益与驾驶员利益的同向绑定。全年乘用车运输累计行驶约 19854400 公里，商用车运输累计行驶约 105148000 公里。

公司不断进行组织结构调整与人员培训，运用组织学习的方法解决了很多带有系统性、全局性的重大发展问题，不仅积累了大量的工作经验，也在潜移默化中培养建立了团队学习、团队演练的氛围，锻炼了各级干部经营性思考解决问题的能力。

七、创新成果的推广价值

江汽物流公司采用现代科学管理方法，以持续人才培养，坚持目标管理，对组织结构及事权动态进行优化调整，持续细化成本及效益单元，提升经营意识，加强绩效考评的方式，保障了企业长期有序、健康的发展。一方面，该创新成果可以直接适用于制造企业下属的物流公司特别是汽车制造企业的汽车物流企业，利用 MCU 管理理念可以推进企业管理模式的革新，提高企业的生产经营效率；另一方面，MCU 管理模式也可为广大第三方物流企业提供思考和借鉴。第三方物流企业利用 MCU 服务模式，可以进行组织机构调整和绩效考核改革，向企业管理要效益和效率，这对物流企业管理模式的创新有很大的参考价值。

中铁快运公司铁路网络化物流服务模式[①]

【摘要】随着客户物流需求的多样化发展，高端物流的涌现以及国内物流市场竞争环境的改变，物料供应网络化、生产网络化和产品分销网络化成为部分企业发展的基本模式。为了适应国内物流市场需求的变化，中铁快运在向现代物流企业转型的过程中，稳步实施大客户战略，以客户需求为导向，延伸和拓宽物流服务内容，进行服务产品创新。中铁快运以硬件建设为基础（包括功能节点、综合运输网络和信息平台建设），配套先进运作管理机制（包括项目制与职能制管理协调运作机制、网络化物流服务质量管理机制），优化网络化物流服务（包括行业营销模式探索、以客户需求为导向进行物流方案设计），从而向客户提供更加完善和全面的物流服务，中铁快运在为服装、食品、汽配和医药类大客户提供物流服务的过程中，针对客户网络，创造性地推出了铁路网络化物流服务运作模式，取得了较好的经济效益和社会效益，具有较大的推广价值。

【关键词】铁路网络化物流服务；硬件建设；运作管理机制；物流服务优化
【适用领域】网络型的第三方物流服务企业

一、企业基本情况

中铁快运股份有限公司（以下简称"中铁快运"）是铁道部直属的物流企业，注册资本24.95亿元，辖有18个分公司和8个控股子公司，有员工2.4万人，在国内600多个城市设有2200多个经营网点，门到门服务覆盖国内1800多个城市。中铁快运承担全国铁路行李包裹运输工作，借助铁路客车行李车、快运货物专列、汽车等运输方式和遍及全国的经营网络，为客户提供全国铁路行李包裹运输服务。目前，中铁快运在全国铁路600对旅客列车上挂有行李车，拥有客车行李车近3000辆，同时配属铁路货车近4000辆，每天在30多个大中城市定点开行38列特快货物班列和快速货物班列，2009—2011年实现主营业务收入220亿元。

---

① 本成果由中铁快运股份有限公司提供，成果主要创造人：田野、陈京亮，参与创造人：姚宗波、王来、李朋、郝欢、王继彪、迟骋、李光明、李莉莉、高雪莲，获2012年度物流行业企业管理现代化创新成果奖二等奖。

中铁快运始终专注于不断提升服务能力和服务质量。公司通过了 ISO 9001 标准质量体系认证，注册商标被认定为中国驰名商标，还先后荣获"全国现代物流先进集体"、"全国优秀物流企业"、"中央国家机关文明单位"、"中国物流百强企业第二名"等多项荣誉称号。

二、创新成果的名称

中铁快运的创新成果是：中铁快运公司铁路网络化物流服务模式。它是指中铁快运面向客户网络，利用网络资源优势，通过对物流资源的优化配置，借助信息网络实现供应链中物流链上的信息共享和联动控制，形成以功能节点（设施、组织）为中心、快速反应、动态调整的一种货物快速调拨和区域配送机制。

三、创新成果的产生背景

伴随着客户物流需求多样化、高端物流涌现、国内物流市场竞争环境改变，企业发展的需求以及企业自身特点成为中铁快运创新的推动力量。具体来说，中铁快运面向客户网络的铁路网络化物流服务模式产生的背景有以下四个方面：

（一）铁路物流企业面临战略性机遇

在市场和政策双重机制的作用下，我国物流业和生产制造业的联动发展正在逐步走向深入。生产企业通过与物流企业合作，在改造自身业务流程、改善物流服务、提高核心竞争力等方面取得了一定的成效，物流企业的服务开始渗透到制造企业的各个物流环节；物流企业在配合制造企业升级的过程中也获得了发展。随着两业联动的深入，市场释放出了极大的物流需求，特别是部分物流领域出现了高端物流需求，给具有丰富铁路运输资源和经营网络资源的铁路物流企业带来了战略性的发展机遇。

（二）铁路物流企业面临挑战

近年来，国内物流市场出现了主体多元化的格局。外资物流企业、民营物流企业以及传统的国有运输、仓储、货代企业纷纷加入市场竞争。特别是外资物流企业，凭借先进的管理理念、物流技术以及雄厚的资本实力，开始抢占国内物流和快递市场。同时，新兴的民营物流企业凭借经营机制灵活、学习能力强、市场反应迅速等优势，快速发展壮大，成为国内物流市场强有力的竞争者。激烈的市场竞争已经给铁路物流企业带来了空前的挑战，迫使其必须进行服务产品创新，拓宽服务产品线，向客户提供更加完善和优质的物流服务，以在激烈的市场竞争中保持优势地位。

（三）铁路物流企业面临新需求

近年来，为了获取成本和市场优势、追求企业成长，在信息技术的有力支撑下，国内许多制造企业的采购、生产和销售地域在不断扩大，范围由某一区域向全国、全球扩展，由此物料供应网络化、生产网络化和产品分销网络化成为部分企业发展的基本模式。这种网络化的供应链形式可以使制造企业的反应更加敏捷，保证物料和成品的及时有效供应，满足各种需求。在这样的背景下，国内制造企业的物流服务需求在内容和形式上正在发生着显著的变化，时效性和多样性不断增强。在服务时间方面，客户对物流服务的时限要求越来越高，三天的物流服务时限已经成为部分行业物流领域的基本准则。在服务范围方面，服务对象由单个企业向多个企业转变。原来的物流服务需求大多来自一个企业，而现在由于涉及采购、生产、流通等环节，物流需求的范围越来越广，服务对象逐步转变为由多个企业组成的供应链。

面对日益复杂化的物流需求，如何能够适时推出新产品，建立有效的运作机制和模式，更好地实施广域范围内物流资源的整合与共享，为客户提供满足需求的物流服务，成为中铁快运必须面对的现实课题。

（四）铁路物流企业具备开展网络化物流服务的条件

作为铁路物流企业，中铁快运经过多年的发展，拥有丰富的铁路运输资源和较为完整的实体、信息网络资源，这些资源正是网络化物流服务所必备的基础条件。而多年来实施大客户战略，为大客户提供运输等功能性服务，也使中铁快运积累了一定的物流服务经验和知识。中铁快运可利用这些基础资源和知识，科学地制定物流服务创新策略，着眼核心业务，进行物流服务管理组织创新、模式创新、流程创新等，使中铁快运的比较优势得以充分发挥，为企业的科学发展、创新发展与和谐发展提供新动力。

四、创新成果的主要内容

中铁快运的创新成果可以概括为：以硬件建设为基础（包括功能节点、综合运输网络和信息平台建设），配套先进运作管理机制（包括项目制与职能制管理协调运作机制、网络化物流服务质量管理机制），优化网络化物流服务的实施（包括行业营销模式探索、以客户需求为导向进行物流方案设计），从而向客户提供更加完善和全面的物流服务。铁路网络化物流服务模式图如图 1 所示。

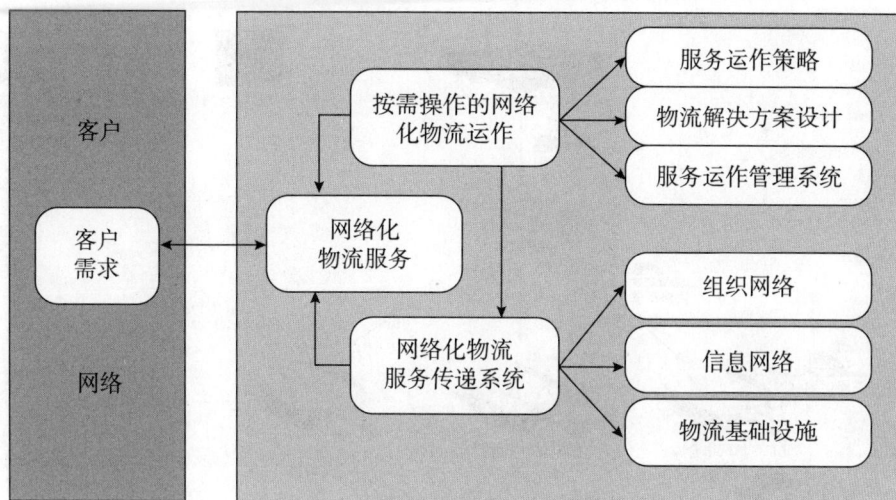

图1　铁路网络化物流服务模式

（一）网络化物流服务的基础

1. 功能节点

功能节点（包括设施和组织）作为快速反应和区域配送的中心，是铁路网络化物流服务的基础。中铁快运主要通过以下措施来构建铁路网络化物流所需的功能节点：

一是大力建设仓库设施。中铁快运目前已经在 13 个重要节点城市建成了连接公路和铁路，具有存储、分拨、配送功能的标准化仓库，形成了功能齐备、设施标准的仓储网络（30 万平方米）。

二是加速扩网。通过自建和加盟，中铁快运的营业网点由 2010 年的 1700 个增加到 2012 年的 2200 个。

三是在仓储操作层面导入仓库网络技术。所谓仓库网络就是通过通信设备连接，可以相互进行信息传递和所需货物调动的若干仓库的总和。同一网络内不同的仓库可有不同的层级。它利用强大的信息流统筹和引导网络内仓库的可用资源，用以满足对仓库管理的要求，减少时间和空间上的迂回物流和仓储费用的增加。合理的仓库网络，可以缩短生产厂商和消费者的距离，节省运输费用，有效实现快速反应，对厂商的生产决策具有重要的意义。仓库网络这一区别于传统仓库概念的物流技术，在中铁快运快速消费品（5100 矿泉水）和其他类客户的网络化物流服务中得到了有效的使用，如图 2 所示。

2. 综合运输网络

为了满足客户网络对物流服务的需求，保证运输网络的完整性和一定的运输能力，中铁快运配合铁路行李车、行邮行包运输网络，开通了多条公路运输线路，来弥补铁

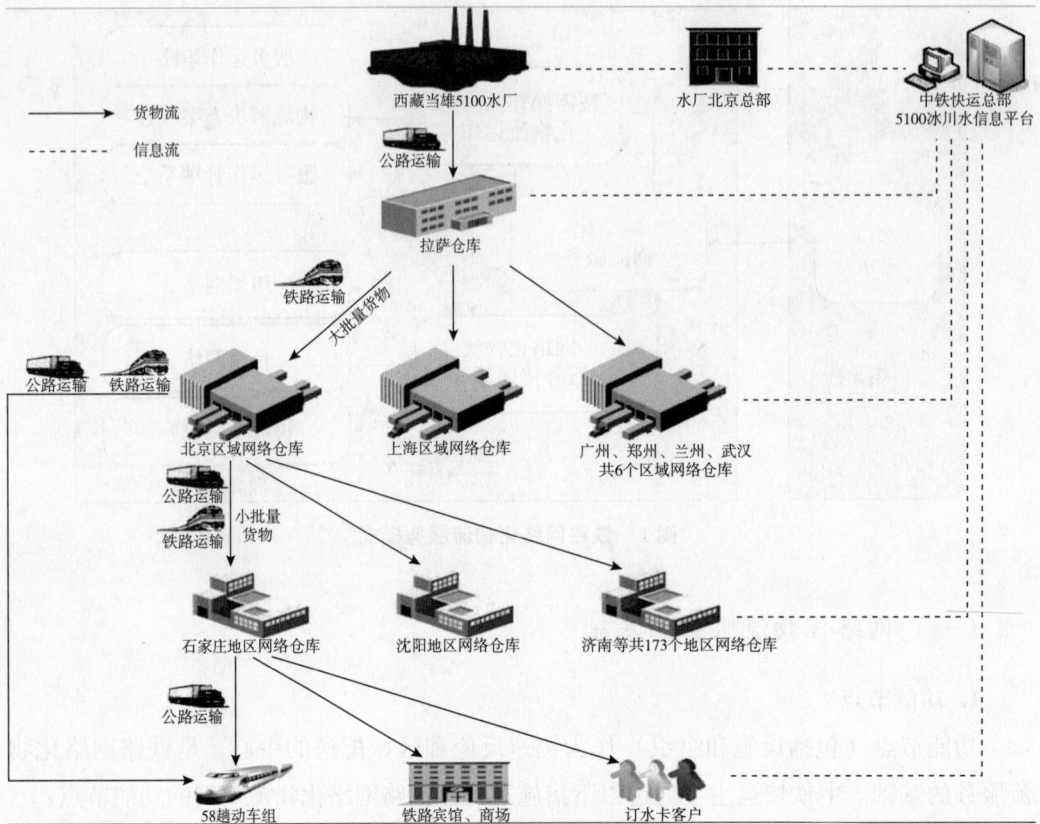

图2　5100项目仓库网络

路干线运输能力的不足并满足大批量货物运输及末端的配送需求，形成了以铁路、公路运输工具为主要载体的综合运输网络（干线运输网和区域配送网）。

中铁快运在构建综合运输网络时，主要考虑了以下几点：

（1）突出需求。中铁快运是以铁路资源优势见长的，但在设计物流服务方案时，要依据客户需求的特点来选择运输方式。

（2）尽量减少运输的中转次数。中铁快运对于单次运输量大的货物尽量采用直达运输方式，减少中转次数，从而减少装卸搬运次数，降低货物破损率。对于不得不采取中转运输方式的操作，采取始发机构向中转机构预报车次、数量的方式加强中转操作管理。

（3）合理调配运能。中铁快运充分考虑目前铁路运输线路的使用效率，尽量使用冷线车及运能相对富余的车辆，以提高车辆装载率。

（4）实现公铁联合运输。推进公铁联运业务，建立公铁联运、区域干线互动模式，制定了运力链接方案，进行干线运输之间、干支线运输之间、干线与末端配送之间的"公铁"有效链接。

3. 信息平台

网络化物流服务需求中，存在着"点—点"、"线—线"、"点—线"、"链—链"、"网—网"不同模式、不同层次维度的联系，从整体上加大了物流运作的难度。因此，要实现网络化物流服务项目的顺畅运作，必须要有信息化条件做支撑。为实现对客户需求的快速响应，发挥物流服务链上所有成员间的协同效应，中铁快运在原有信息系统基础上，建立了一个合理有效的网络化物流信息管理体系：一是运输信息管理平台，项目的各种运输信息皆在其上；二是仓储网络信息管理平台，及时反映各个客户的货物库存信息；三是大客户订单交互系统，实现与大客户订单信息转换；四是客户服务系统；五是货物追踪系统。同时，为了满足客户对物流信息的需求，中铁快运物流网、电视电话会议系统都可以为相关人员搭建无障碍面对面沟通平台。

通过这些信息平台，实现了对项目相关信息的集成化管理，同时实现了网络中物流服务的可视化，搭建了合作成员之间信息共享与交流的平台，为各成员提供了决策依据。

(二) 网络化物流服务运作的管理机制

有效的管理机制可以充分保证网络化物流服务运作效率。中铁快运在网络化物流服务过程中，先后导入了项目管理、商务代表等制度。

1. 项目制与职能制的运作机制

正确处理职能管理和项目制、商务代表制的关系，将网络化物流服务客户开发和维护的项目制与商务代表制紧密结合，形成共生机制，产生良好的客户开发与维护效果。

一是在客户开发阶段（含深度、广度开发），职能管理部门要参与项目组工作，特别是针对网络化物流运作方案（包括价格）的制定，提出建设性意见或建议。

二是在项目运作阶段，项目组或商务代表要将客户需求变动情况及运作中出现的问题向职能部门及时反映，职能部门要及时将处理意见和结果反馈给项目组或商务代表。

三是分清责任，职能部门各司其职。直属营业部、项目组仅负责项目日常运营以外的有关事宜，不负责运营部门职能范围内的工作。

中铁快运在对铁道部援藏项目5100矿泉水实施网络化物流服务的过程中，成立了直属营业部，采取项目制管理方式，对整个物流运作过程进行全面控制和协调。

针对项目物流服务需求复杂和末端配送反应要求快等特点，中铁快运秉承了统一指挥、明确分工、协调一致、精简有效的原则，运用项目管理理念，采用项目型组织管理模式，建立了满足5100项目运作要求的管理组织架构，进行项目任务分解，使得各层级职能明晰、环环相扣，为5100项目管理提供了强有力的组织保证。具体地，各层级职能如下：

（1）决策层：项目的统筹指挥

在中铁快运总公司层面，形成公司领导挂帅的决策层，在统筹指挥整个项目的同时，与铁道部保持充分沟通，针对新变化及时调整项目发展方向。

（2）管理层：项目的管理与协调

中铁快运公司相关业务部门、直属营业部及5100公司商务代表组成项目管理层，由中铁快运公司直属营业部开展日常工作，负责项目的具体协调及管理。

（3）执行层：项目的具体操作

在中铁快运各分公司内组成5100项目执行小组，负责项目的具体操作和信息管理，如图3所示。

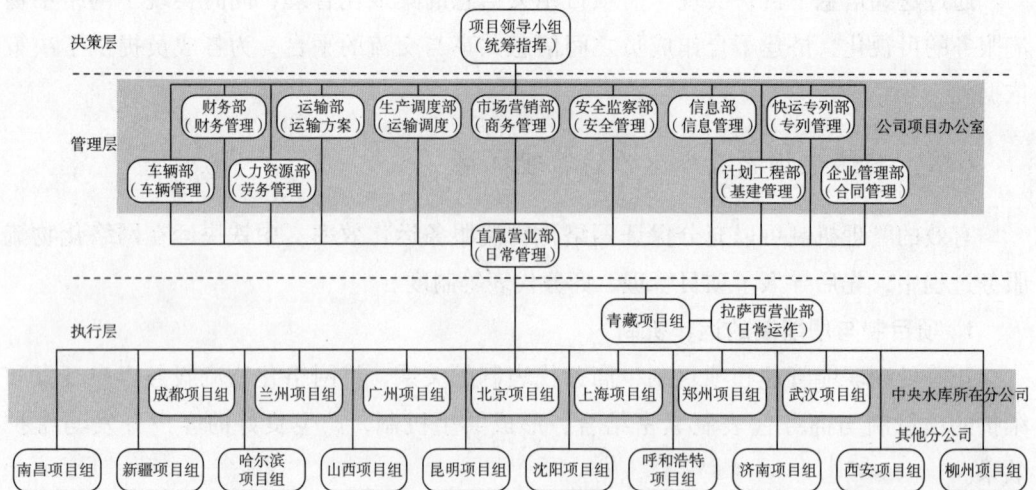

图3　5100项目管理组织架构

2. 质量管理机制

（1）强化服务质量基础工作

以实施ISO 9001质量管理体系为突破口，强化网络化物流服务的质量基础环境。依据ISO 9001质量认证的要求，通过制定质量手册和质量体系文件并组织实施，有效地强化了质量管理的基础工作。

（2）树立预防理念，进行事前管理

在实施网络化物流服务质量管理的过程中，树立预防为主的观念，强调"事前管理"的重要性，即在物流过程中，上一道服务流程要考虑下一道服务流程，如在仓库入货过程中，负责运输的单位要考虑接收仓库的验货和入库问题，在装车时要按照计划进行装货并将装货信息在货物到达前传递给接收仓库。

（3）以制度化保证工作质量

工作质量是指网络化物流服务过程中各环节、各工种、各岗位具体的工作质量。为了使质量管理成为网络化物流服务的永久性工作，针对网络化物流服务项目的需求，分别制定项目管理操作手册，明确项目运作的目标、流程、规范及相关注意事项等，要求全体员工在日常操作中严格遵守规范，并由相关管理部门进行检查和考核。

（4）建立服务持续改进机制

一是以客户满意度为衡量标准，定期对客户进行服务回访，对网络化物流服务质量工作进行评估；通过各种方式了解客户对网络化物流服务质量的意见，找出服务质量上存在的问题并进行评估。二是对评估中发现的问题进行分析和解决；分析评估中产生质量问题的原因，制定解决问题的措施和方案。三是按照解决方案和服务质量改进目标，进行实际的质量改进工作并进行总结。通过以上工作的循环，服务质量不断地得到改进和提高。

（5）创造优质服务方法，强化服务质量标准

实现铁路网络化物流服务是一个复杂过程，质量问题可能发生在各个层面和环节。因此，除通过了 ISO 9001 质量管理体系认证外，在实施网络化物流服务的过程中，中铁快运还创造了一些优质服务方法对网络化物流服务质量进行全面管理。例如，加强货物装卸控制，对中停时间短的卸货作业，实施"两分钟装卸作业方法"，以避免或减少货损；利用信息化工具，由专人对货物流动进行主动跟踪，最大化地避免因服务失误造成的质量问题，同时对出现的服务失误做出快速反应，采取有效措施及时进行补救。

（6）设立绩效指标与标准，进行绩效考核

中铁快运网络化物流服务绩效指标是按照项目设立的，主要分为四类：第一类是运输类指标，如发货及时率、运输货损率、到货及时率等；第二类是仓储类指标，如库存准确率、库存破损率、出入库准确率等；第三类是客户服务类指标，如客户满意度、客户投诉率等；第四类是增值服务方面的指标，如签单返回率、订单处理准确率等。各类指标既有公司标准，也有客户标准（按照与客户达成的协议确定）。同时，制定了相关的制度规定，按月进行绩效考核。

（三）网络化物流服务的实施

1. 专业营销项目制模式

中铁快运选择汽车配件、医药、电子电器、服装、食品、电子商务等行业作为网络化物流服务产品大客户开发的重点，成立了重点行业开发项目组。项目组以营销人员为主体，并根据需要加入运输、仓储、信息、财务等专业人员，组成团队进行项目制营销。

项目团队在对行业大客户的物流共性需求和特殊需求进行分析的基础上，锁定目

标大客户，制定大客户开发方案。通过调研，掌握客户需求，策划制定投标文件并进行投标。建立与大客户的有效沟通制度，委派商务代表维护大客户关系，并对既有大客户进行业务的纵向、横向深度开发。对重点大客户项目运作进行监控，协调重点大客户项目运作中出现的矛盾，及时解决问题。

2. 以客户需求为导向的物流方案

要搞好网络化物流服务，相关的物流方案设计和物流网络规划是基础。在为客户提供网络化物流服务的过程中，中铁快运充分运用物流运作的经验和知识，为客户进行物流网络规划和物流方案设计。

（1）明晰客户物流服务需求与运作目标，这是进行物流网络规划和物流方案设计的前提条件。在与客户沟通的基础上，设计详细而有针对性的调查问卷，进行相关物流信息的调研工作，弄清客户的需求和有关的物流数据，为制定物流方案和进行网络规划提供依据。

（2）进行物流网络规划或物流方案设计。由于网络化物流服务涉及中铁快运的诸多方面，因而设计工作一般由公司统一组织人员进行。

（3）与客户进行反复沟通，交换意见，修改设计方案，最终共同确定网络规划或方案设计。

（4）根据方案设计，在与客户达成合作契约后，进行网络化物流服务项目的具体实施，使设计得以落实。

3. 项目实施管理

（1）仓储网络优化

为了帮助客户消除多级库存、库间割据、布局分散、反应滞后、信息孤岛等不良现象，中铁快运在提供网络化物流服务的过程中，借助仓库网络技术，对内部仓储资源进行整合。同时，在对客户仓储现状进行分析的基础上，依据客户的采购、生产、分销情况，采用"物流中心（LC）+区域配送中心（RDC，可能多级）"的集成化模式（也称 LC + CED 模式），重新设计仓库网络，对仓库网络进行优化和功能划定，建立满足不同产品送达时限的仓储网络。例如，通过对贵州某制药股份有限公司物流网络的再设计，客户的仓库数量从 23 个（5000 平方米）缩减到现时的 5 个（3000 平方米），而每个仓库到终端客户的运输距离均不超过 1000 平方米。

（2）各个环节之间相互沟通

中铁快运利用信息网络，建立了厂商与客户、厂商与仓库、仓库与仓库、仓库与客户之间的有机联系，实现了产品从工厂到仓库、各级仓库间以及从仓库到客户的快速调拨与实时配送，实现了对整个仓库网络的统筹管理，确保了仓储网络协同运作。在及时满足客户需求的同时，减少了迂回运输，降低了仓储费用，实现了整个仓储系统的效率最优。换言之，就是用信息平台和实时控制的货物流来解决过去仓库林立、信息不对称和信息孤岛的问题。

（3）库存管理新机制

①与客户共同做好库存策略规划

在网络化物流服务中，物料采购地、产品生产地与分销地的极端分离、产品需求的不确定性和波动性等都会给物流服务运作带来困难。因此，中铁快运一般通过与客户共同进行物料、产品库存规划，来保持客户生产的稳定性与连续性，降低因需求或供应不确定带来的缺货风险。

库存规划以整个网络中的总体库存为对象，以"快速响应客户需求，合理控制库存成本"为目标，遵循"整体规划，统筹考虑"的原则，结合节点的布局，为客户设计以物流企业为核心的联合库存管理模式，并及时为客户提供库存信息。

②实施基于 JMI 的第三方库存管理模式

在库存规划的基础上，采取联合库存管理模式，将联合库存管理理论应用到实践中。同时也使客户参与其中，把客户供应链管理进一步集成为上游和下游两个协调管理中心，即支持生产活动的供应协调中心和支持分销活动的销售协调中心。在具体操作上，通过建立"货存第三方的联合库存管理机制"来解决合作信任问题。在"货存第三方的联合库存管理"模式下，中铁快运与供应方（客户）、需求方（客户的客户）共同建立委托代理机制，以三种方式实现委托代理关系：a. 需求方可以直接向供应方采购，然后委托中铁快运安排运输、进行质检和管理库存，中铁快运按照需求方要求进行连续补货和客户服务。需求方分别向供应方和中铁快运结算。b. 需求方将订单直接下达给中铁快运，由中铁快运向需求方认可的合格供应商进行采购、安排运输、进行质检和管理库存，并进行连续补货和一体化顾客服务。需求方向中铁快运结算，中铁快运向供应方结算。c. 供应方根据需求方的区域分布、一定时期的需求量规模，在需求方附近选择中铁快运的网络，并委托其进行库存管理和其他物流服务，接受合格需求方的订单，安排运输配送，进行客户服务，负责收款。中铁快运与供应方、需求方建立委托代理机制是实现"货存第三方联合库存管理模式"的重要前提。通过该机制，不仅可以整合供应链作业，提高供应链柔性，而且可以降低交易成本，改善物流服务。

③采用分布式库存系统

在第三方联合库存管理模式下，中铁快运还结合仓库网络技术，采用分布式库存系统进行库存调拨。分布式库存系统是一个由仓库网络组成的基于协调中心的库存系统，虚拟协调中心根据需求和各仓库库存情况，指定相应的仓库为其供货。当协调中心接到订货请求时，就利用信息系统对各个仓库进行查询并立刻得到所有仓库的实时库存信息。协调中心选择库存数量足够且离该缺货仓库最近的仓库，对其发出调拨指令。分布式库存系统是网络化物流服务项目中仓库网络系统实现快速响应的重要保障。

图 4 就是中铁快运运作的 5100 项目中铁路动车组用水分布式库存系统。

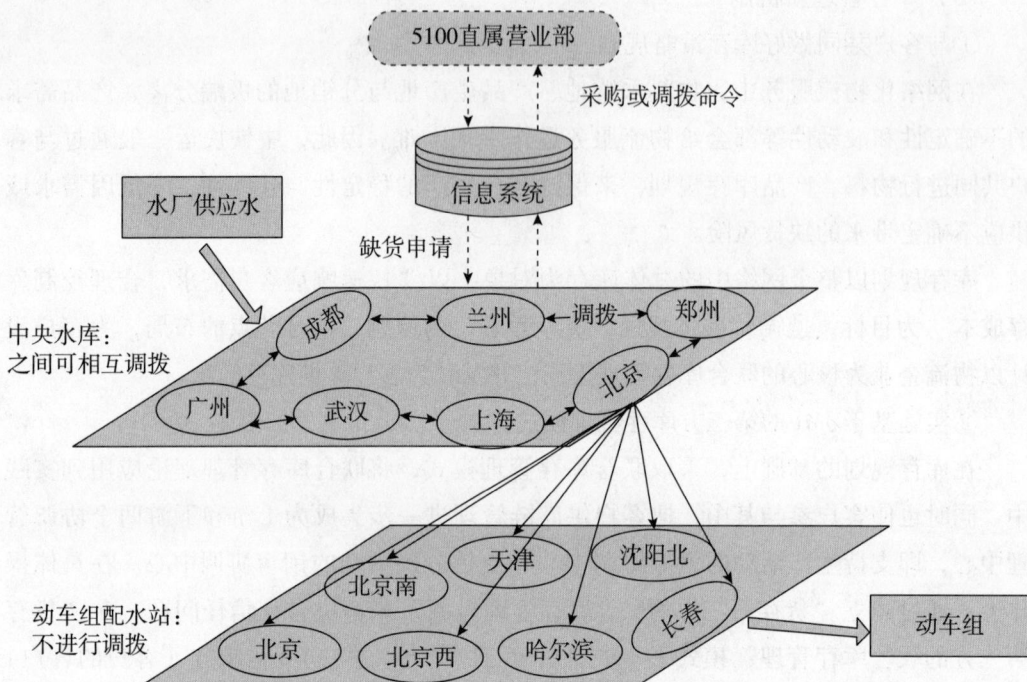

图 4　5100 项目中铁路动车组用水分布式库存系统

④建立库存预警机制，实施库间货物调拨

在制定库存策略时，中铁快运会与客户确定一个合理的库存水平。当库存水平低于警戒线时，仓库会及时向供应商提出补货申请，以防止缺货的发生。供应商会根据整体库存情况，实施补货入仓。货物可能来自生产厂，也可能从网络中的其他仓库调拨而来。

⑤为客户提供可视化的库存数据

通过对仓库运作的控制，及时掌握各节点库存变动的情况，按照库点汇总，按日提供给客户。同时，随时接受客户对品类、存货数量等信息的查询。

4. 项目协调与物流服务运作日常管理体系

网络化物流服务项目进入运作后，通过建立项目日常运作管理组织机构，对项目运作进行指挥、监控，并协调纵向、横向关系。

（1）建立以中铁快运总部为中心，分工明确、层次分明的运作管理体系。利用信息系统，实现总部对网络化物流服务运作情况的绝对控制，确保核心客户的业务运作质量。同时对网络化物流服务项目日常运作情况进行监控和生产调度指挥，实现整个网络运作的垂直化管理。

（2）通过成立总部直属营业部和跨部门项目协调组等方式，建立网络化物流服务的运作协调组织，进行大客户项目的协调管理工作。

（3）采取委派商务代表的方式，建立客户关系维护机制。商务代表负责与大客户定期进行有效的商务沟通，及时互通需求信息。

5. 由客户控制的反应机制

通过物流服务方案的确定和节点功能的明确，无论是仓库网络还是经营网点，都可以根据客户指令，对客户需求进行快速响应。当客户需要物流服务的时候，通过中铁快运的客户服务信息平台（大客户订单交互系统、客户服务系统）直接下达指令，以最快的速度实施取货或配送操作。这种操作流程建立了厂家、客户、服务商之间的一种反应机制。这种由客户控制的反应机制是由中铁快运通过信息平台、组织网络、配送网络、运输网络来实现的，其实质是在物流服务的点、线、网之间建立网络化信息连接，以实现物流反应的快速化。

6. 有效的客户沟通机制

与客户建立定期和不定期的协调交流机制，针对网络化物流服务中的问题与客户进行面对面讨论、协商，通报项目运作情况，解决存在的问题。

7. 逆向物流通道

在网络化物流服务过程中，由于货品损毁、产品过期、订单错误、质量缺陷等因素，货品会发生反向流动的情况，这就是所谓的逆向物流。在实际的物流服务中，中铁快运针对逆向物流环节，构建了专属的逆向物流通道和与之配套的管理体系，有效地促进了返货的合理进行，体现了绿色物流理念。

（1）建立回收服务链，实现环保和资源再利用

建立铁路网络化物流服务的回收流程，对货物回流进行管理，包括决定产品是否能够退回、如何处理回收或退货、如何管理供应商或客户的信用以及其他相关的财务交易等流程。回收服务是一个独立的过程和链条，并拥有自己端到端的流程、信息系统、管理办法及组织责任。

（2）建立快速的退货机制

及时向客户提供退货信息，以指导退货处理活动并提出预防措施。如客户的采购部门通过退货流程的信息能够及时与供应商交涉，制造和销售部门也能根据这些信息及时进行调整。这些信息及数据也可以用来管理逆向供应链运作。同时按照客户要求，对需要返回的货品及时进行装运，对破损严重货品进行运输包装处理等。

五、创新成果的主要创新点

铁路网络化物流服务是中铁快运为应对物流服务需求而提供的网络化物流服务。它不同于传统物流服务，具有以下几个特点：

（一）包括组织网络之间的新模式

铁路网络化物流服务是依据客户物流系统内存在的"点对点"、"线对线"、"点对线"、"链对链"、"网对网"等不同物流模式及层次维度的联系，对物流服务进行的设计，既包括传统物流的点、线模式，也包括物流运作的组织网络之间的新模式，已经突破了传统物流服务运作的范式。

（二）具有对各单元要素进行集成的特征

铁路网络化物流服务可以将客户物流过程的各种要素单元进行有机集成，避免了传统物流过程中因物流运作的人为分离而效率低下的弊端。

（三）具有跨区域和时间性的特征

铁路网络化物流服务还是一项跨区域和时间性的系统工程。在物流服务管理上要求构建一个面向客户网络的运作机制；在操作层面强调物流服务运作的网络化、程序化、信息化和执行力；在项目统筹上，要科学合理地设计物流服务方案和规划物流服务网络；在实物操作上，更重基础、重质量，避免各种物流浪费，做到精细化管理。因此，铁路网络化物流服务是对传统物流服务方式的优化和创新。

六、创新成果的应用情况

中铁快运实施的网络化物流服务，面向企业物流客户的各种网络物流需求和特点，通过发挥自身网络资源优势，以提升物流服务效率为目标，给客户带来了价值，也强化和规范了自身管理，取得了较好的经济效益和社会效益。

（一）为客户创造了经济价值

通过实施网络化物流服务，提升了物流服务的反应速度，缩短了物流周期，满足了客户网络的各种物流需求。网络仓库的建立和库存策略的实施，有效地帮助客户降低了库存水平，减少了浪费。部分客户的存货周转率提升了30%，提高了资金使用率，给客户带来了价值，实现了公司与客户的双赢。

（二）提升了自身的管理水平和能力

1. 实现铁路物流服务品质的提升

对于中铁快运来说，由于网络化物流服务采用干线批量补货、末端短途配送的形式和统筹优化、整体控制的方法，在提高物流服务效率的同时，也提高了运载工具和网络设施的利用。通过网络化物流服务方案的设计与运作，形成了一套网络化物流服务整体设计方法和复杂物流服务项目的管理模式。同时，通过相关物流管理信息系统的设计开发和应用，提升了中铁快运大客户物流服务的信息化水平。

2. 促进了市场开发

通过实施网络化物流服务，促进了中铁快运物流市场的开发，为公司带来了较为稳定的货源。2011年，来自网络化物流服务方面的收入已达2.3亿元，占公司大客户项目经营收入的24%。2012年1月~6月，收入又同比增长2.5%。

3. 实践了低碳物流的理念

网络化物流服务模式的实施，间接地降低了物流过程的碳排放量，减少了物流过程对环境的污染。

七、创新成果的推广价值

面向客户网络的铁路网络化物流服务模式具有很大的推广价值，主要表现在以下四个方面：

（1）服务价值。帮助客户实现所有产品需求服务条款的一致性，提高企业商业承诺的兑现率。

（2）时间与空间价值。网络化物流服务模式合理压缩了到达客户端的空间距离，再通过信息化手段，实现了及时有效的客户响应，从最大程度上保证了货物送达需求点的可能性，提高了物流服务水平。

（3）财务价值。通过对设施进行合理布局和优化，库存分布更加合理，减少了库存浪费，从而降低了库存成本；货物的及时送达又可以节约供方（货主）与需方（客户）的结算时间，提升资金的时间效应。

（4）环保价值。通过集中运输和近距离运输，减少了运输车辆的数量，缩短了运输距离，在降低货物运输破损率的同时也减少碳排放量，减轻资源环境负担，实现绿色物流。

因此，中铁快运的创新成果可以为我国许多网络型的第三方物流企业提供运营管理模式创新的参考。

苏州物流中心园区管理模式创新①

【摘要】 苏州物流中心作为服务于园区的一个平台型公司，主要经营海关监管点业务，同时开发各种有利于改善园区物流环境的模式，包括空运的"陆空联运"、海运的"区港联动"等模式。为了加快供应链中核心客户订单响应速度，实现信息与资源的高度融合和全面支撑智能物流的发展，苏州物流中心有限公司进行了物流服务创新。创新成果包括供应链管理模式创新，电子商务物流服务创新和物流功能集聚区建设与发展创新三个方面，苏州物流中心还建立了全程物流一站式解决方案，包括建立智慧综合保税区和无水港等。公司已经成为我国规模最大、功能最全、辐射最广、政策最优、具有自由贸易园区政策特征的"开放创新综合改革试验区"。项目已经在园区及周边企业中赢得良好口碑，社会效益及经济效益均达到了预期效果。苏州物流中心物流服务创新方案具有积极的示范意义，不仅可以供全国物流园区进行借鉴，也可供广大第三方物流企业学习和借鉴。

【关键词】 供应链管理创新；电子商务物流服务；物流功能集聚区建设；无水港

【适用领域】 物流园区（中心）运营；物流服务功能创新

一、企业基本情况

苏州物流中心有限公司成立于1997年，公司注册资本10亿元，目前总资产24亿元。物流中心总部共有员工151人，设财务、企发、招商、规划建设、物业等10个部门。下设得尔达（100%股权）、信息平台公司（100%股权）、水运码头公司（100%股权）、苏州普洛斯（50%股权）、普洛斯望亭（50%股权）、物流中心国际货运（30%股权）、苏州中货航货运站有限公司（40%股权）、上药供应链（49%股权）、苏州物流中心（宿迁）有限公司（100%股份）9家子公司。

苏州物流中心有限公司性质为国有企业，是全国首批三家直通式陆路口岸企业之一、全国首批出口加工区试点，也是全国唯一的实行SZV空陆联程快速通关模式的虚

---

① 本成果由苏州物流中心有限公司提供，成果主要创造人：孙扬澄，参与创造人：赵建刚、梁奇宇、吴雪瑾、徐旭骋、凌黎、李春林、肖静，获2012年度物流行业企业管理现代化创新成果奖一等奖。

拟机场、全国首家保税物流中心（B 型）试点、全国第一个获得国务院批复同意进行具有保税港区综合保税功能的海关特殊监管区域综合保税区的试点单位、全国唯一现代物流业国家认定企业技术中心。

苏州物流中心有限公司服务于中国大陆 30 个省市自治区、全球 81 个市场、2401 处配送设施、全球 4697 个物流供应商。公司做到了让货机提前两小时抵达，让货轮提前八小时到港，让货车在途中完成清关。

苏州物流中心有限公司取得了多项荣誉，包括全国物流行业先进集体、全国对外经贸储运行业最佳五优企业、中国物流最具影响力品牌、中国服务质量优秀物流企业；江苏省第一家国家 5A 级物流企业、江苏省服务业名牌企业；江苏省重点物流基地、江苏省现代服务业集聚区、江苏省创新型企业等称号，公司还通过了 ISO 9001 认证及高新技术企业的认定。

苏州物流中心有限公司作为 8.18 平方公里物流园区（包含 5.28 平方公里综合保税区）的主体开发商，管理模式为物流园区（中心）管理，一直为打造物流商贸示范区而努力。综合保税区自获批以来，经过近六年的发展，2011 年进出口监管货值达 1002 亿美元，居全国第一。

苏州物流中心有限公司目前的发展思路是创新商业模式，实施生根战略，具体为围绕连接国内外市场、发挥综合服务功能、服务转型升级的功能目标，重点探索和发展保税物流与贸易、进口商品展示交易、电子商务相结合，出口加工与研发、维修、租赁相结合，制造与离岸金融、离岸贸易相结合的模式，打造四大平台，以期成为我国规模最大、功能最全、辐射最广、政策最优、具有自由贸易园区政策特征的"开放创新综合改革试验区"。

二、创新成果的名称

苏州物流中心有限公司紧紧围绕物流园区建设，探索了许多独创的成果，具体包括供应链管理模式创新、电子商务物流服务创新、物流功能集聚区建设与发展三个方面。因此，创新成果名称为苏州物流中心园区管理模式创新。

三、创新成果的产生背景

苏州物流中心有限公司开展服务创新的过程，并不是一蹴而就的，而是围绕公司发展出现的一系列问题和背景而展开的，具体如下：

（一）供应链管理模式创新的需要

随着企业发展，供应链中核心企业的物流需求更加多样化。为加快供应链中核心客户订单响应速度，并为核心企业种类繁多的产品提供更为系统化的管理，催生出供应链管理模式创新。

（二）电子商务物流服务创新的需要

"物联网"用途广泛，遍及智能交通、环境保护、政府工作、公共安全、智能消防、工业监测等多个领域。实用商业情报公司的数据显示，美国囤积在供应链中的商品价值高达 400 亿美元，无线射频身份识别（RFID）能够将库存降低 25%；宝洁公司供应网络创新业务主管也曾表示，若能及时补货，脱销产品每减少 10% ~ 20%，年销售额就能从 4 亿美元提高到 12 亿美元；广东省物流龙头宝供物流应用 RFID 技术后，货物进出仓库的效率提升了 90% 以上。

通过发展"物联网"建设智慧综合保税区可以实现信息采集的自动化、业务处理的标准化、管理控制的精益化、客户服务的网络化、综合展现的可视化、分析决策的智能化，达到物流、信息流、业务流三流合一，实现信息与资源的高度融合，全面支撑智能物流的发展。

目前苏州工业园综合保税区作为物流商贸集聚区的信息化建设有了良好基础，苏州物流中心从强调"智慧"的角度出发，在智能交通、智能物流等领域积极探索信息化解决方案——智慧综合保税区示范项目。

（三）物流功能集聚区建设与发展的需要

2008 年年初，苏州工业园区和太仓港就开始了"区港联动"快速通关项目的合作，运行以来，该模式已经在园区及周边企业中赢得良好口碑，社会效益及经济效益均达到了预期效果。

随着区港联动业务的不断推进，苏州工业园区集装箱业务周转量持续增长，为进一步加强与太仓港之间的对接，有力推动苏州及周边地区的货源集聚，通过苏州物流中心有限公司的研究和开发，将"区港联动"进行了升级，并在苏州工业园开展了无水港业务。通过信息系统实现太仓港与无水港之间的信息交换，将码头的所有功能直接延伸到无水港，将苏州工业园区无水港视同太仓港，航港的还箱点作为无水港的场外集装箱堆场。

四、创新成果的主要内容

苏州物流中心有限公司的创新成果可归纳为供应链管理模式创新、电子商务物流服务创新和物流功能集聚区建设与发展三个方面。利用这些创新成果，苏州物流中心帮助供应链核心企业降低了物流管理成本，推动了物流园区的产业升级。

（一）供应链管理模式创新解决方案

1. 为企业提供全程物流一站式解决方案

一站式解决方案包括为企业提供包括属地报关、报检、仓储、简单加工、运输、国际段海运和空运、国外段仓储等各项业务。

2. 为客户提供全程物流数字化系统管理

全程物流数字化系统管理由 CCSS（中央客服管理系统）、WMS（标签管理系统）和 TMS（运输管理系统）组成。

（1）CCSS

依靠自主研发的综合信息管理系统，如图 1 所示，实现了中央客服系统与仓库管理系统、运输管理系统的信息共享、实时查询、数据处理和统计报表等功能，客服中心系统与客户系统对接，实现客户网络下单与查询功能。

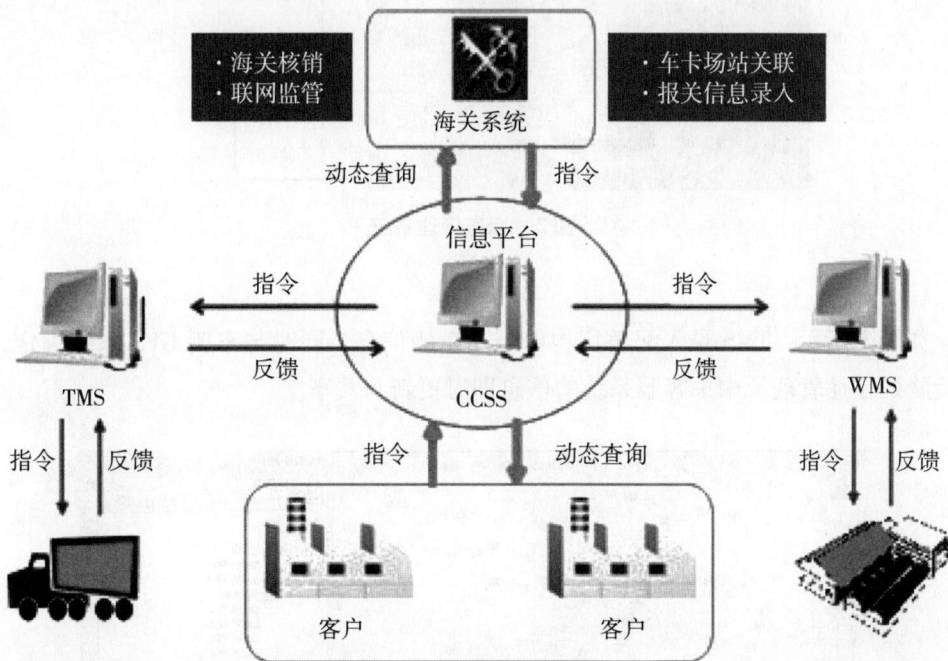

图 1　中央客服管理系统

（2）WMS

如图 2 所示，WMS 对入库货物的最小管理单位进行管理标签的定制，实现最小包装的唯一跟踪号管理；跟踪号包含每个最小包装的所有信息，如产品代码、批次、数量、流水号、订单号、产品过期时间等，以及货物入库时间、入库发票号、出库时间、下游终端客户等所有客户所需信息。同时通过该跟踪号与库位条码的绑定实现货物库内数字化管理，并满足客户的多样化仓储管理需求。

条码管理系统（一维码、二维码）与苏州物流中心有限公司 WMS 对接，实现对整个 HUB 的数字化管理：①实现对几万种实物料号处理，LOT 号管理等；②实现最小包装的拆箱、分拣、贴标签、先进先出等增值服务；③实现客户定制化需求的标签制作；④实现库内管理错误率低于 0.001%。

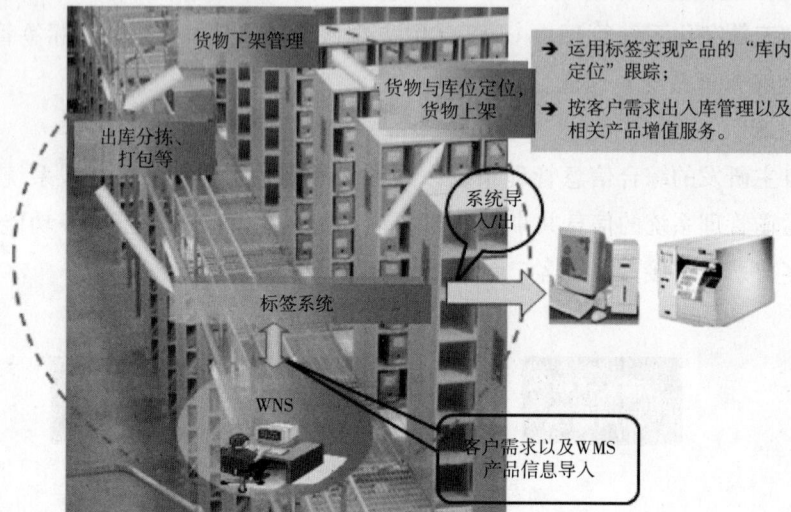

图 2　标签管理系统

（3）TMS

如图 3 所示，TMS 录入配送货物单号与车辆信息，同时与车辆 GPS 系统绑定，实现货物的在途管理及中央客服系统的信息即时更新与共享。

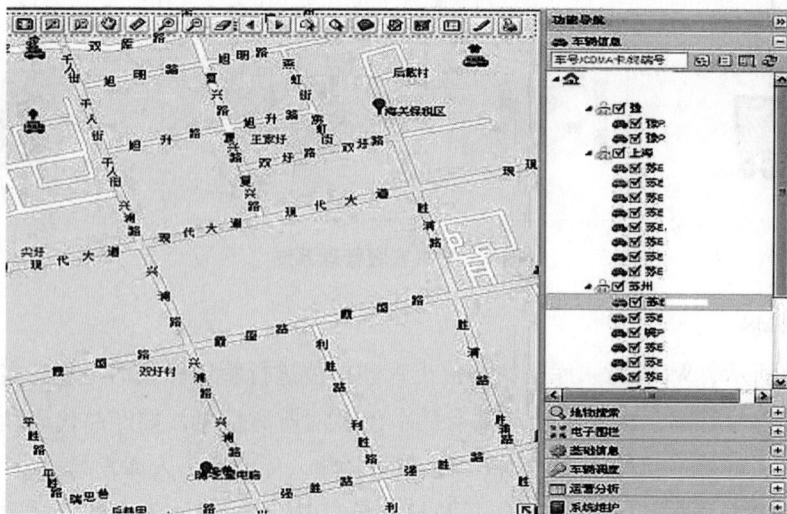

图 3　运输管理系统

（二）电子商务物流服务创新解决方案

如图 4 所示，智慧综合保税区的建设从以下 6 个方面切入：

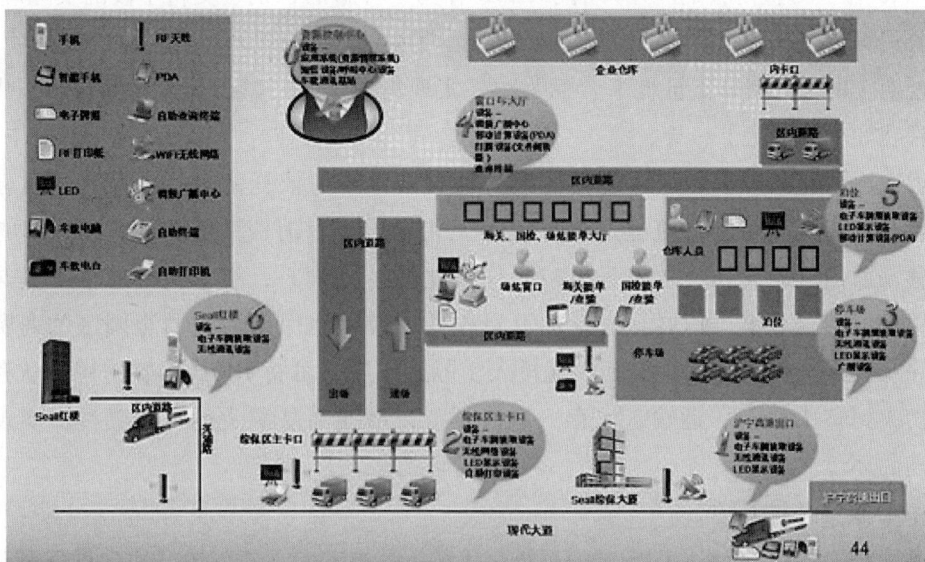

图 4　智慧综合保税区的建设

1. 智慧口岸作业区

利用道路、卡口、停车场、泊位、仓库、人员、单证、系统等各环节的资源，建设智慧保税区，系统覆盖面广、集成度高、实用性强。实现信息采集的自动化、业务处理的标准化、管理控制的精益化、客户服务的网络化、综合展现的可视化、分析决策的智能化，达到物流、信息流、业务流三流合一。

2. 智慧仓储——贵重物品及危险品等重点控制物品的定位和进出库监测

综保区现有查验仓库为公共型仓库，货物种类复杂，其中也涉及部分贵重物品和危险化学品的存放，对于该部分的货物保管应加强管理和监测，以降低场站运作的风险。

3. 智慧安防

根据 RFID 在沃尔玛超市此类商品流通领域成功应用的示范，对于公司的固定资产（特别是重要资产或敏感物品）也可依据此技术实行加强管理。具体做法如下：

（1）针对入账资产或敏感物品配发已写入资产名称和描述信息的 RFID 标签，标签安装于不可拆卸的隐蔽部位。

（2）在大楼各办公区主要出入通道处设置 RFID 阅读器，当粘贴有标签的物品经过时即刻能捕捉到信号。

（3）在场站仓储系统 RFID 功能基础上增加资产管理功能模块，允许特定管理者设置资产的流通许可，当遍布各主要通道的 RFID 阅读器检测到未经授权的物品离开其原有区域后，系统将立即报警并锁定具体位置。

4. 综保区智慧一卡通系统

RFID 在上海世博会的应用开启了 RFID 作为一种新的识别、支付手段的实际应用。结合公司实际情况，此技术的应用可做近、远期两个阶段的规划。

近期应用有：与员工证件卡合而为一，实现集考勤、门禁、员工车辆进出、内部记账管理等多种功能于一身。

远期规划有：未来综保区将建设成为以虚拟口岸为依托的现代商贸物流运营中心示范区，商品交易、物流配送将呈现多元化发展。以消费商业为例，未来可考虑引入移动通信服务商和金融服务机构合作成立的结算中心，将手机等通信工具与新的支付手段结合起来，拓展开发新的消费模式，带动综保区周边乃至园区的商贸设施进一步发展。特别是未来医药物流投入实际运作后，可将 RFID 标签的用途从存储监管扩大到整个生产、运输、保存、销售环节，增强药品源头的可追溯性，实现安全用药的环境。

5. 智慧集装箱系统

通过 RFID 电子标签、GPS 定位系统、无线手持电脑和无线网络，实现堆场吊装的自动派单和集装箱存放精确定位。

与船务、货代公司建立合作，开发承接物流上下环节的后台处理系统，监测集装箱运输流转全程。

6. 智慧环境监测

智慧环境监测就是运用各类传感器（传感器是一种能把物理量或化学量转变成便于利用的电信号的器件，如浸水传感器、液体传感器、温湿度传感器、电压电流传感器、气体传感器等）来实现对环境的实时动态的监测，当监测数据不在预设的正常范围内时，这些传感器会自动告知其异常状态的具体情况，达到对环境的智慧监测。

（三）物流功能集聚区建设与发展方案

"无水港"也称"内陆港"或"国际陆港"，是指在内陆地区建立的具有报关、报检、签发提单等港口服务功能的物流中心。

苏州物流中心的"无水港"具备以下功能：

1. 口岸功能

设置有海关、检验检疫等监管机构，为企业提供通关服务。

2. 海关监管堆场功能

提供进出口集装箱整箱交接、保管、堆存、中转拆装箱、理货、拼箱等服务。

3. 综合物流服务功能

提供进出口集装箱货物仓储、保税、加工、重新包装、标签、分类及分拨配送等服务。

4. 货运代理功能

在国内国际市场承揽运输业务，受货主及船公司委托代办接货、发运、签发提单、租赁及管理集装箱，代办报关及多式联运业务。

5. 信息传输功能

"无水港"电子平台将与太仓港信息中心实现对接和信息共享，对集装箱、集卡等进行动态跟踪管理，对运输单证进行接收、传递和处理。

6. 商品展示交流功能

内陆无水港可设立商品展示平台，为企业提供商品展示、贸易交流服务。

在"无水港"内设有海关、出入境检验检疫等口岸机构为客户通关提供服务。同时，货代、船代和船公司也在"无水港"内设立分支机构，以便收货、还箱、签发以当地为起运港或终点港的多式联运提单。内陆的进出口商则可以在当地完成订舱、报关、报检等手续，将货物交给货代或船公司。

"无水港"将港口、运输船公司、物流公司等各自的优势来了个"大集合"，改进传统模式上各单位信息传递多点沟通状况，从而满足生产企业货物进（出）口需要。只要将信息发给"无水港"，"无水港"便会派运输车队将船公司先期放在"无水港"的集装箱拉到企业去装货，而从港口拉货至"无水港"的车队返程时，就把先前落在"无水港"的出口集装箱货物拉到周边港口，从而避免了运输车队的传统方式上的单程空载现象。

"无水港"为企业提供全新的、更加便捷的物流模式，与原先相比，对企业而言，这种"无水港"物流模式流程更简单、便捷。以进口业务为例，原模式是：集装箱到了太仓港码头，企业要到码头去提取，运到工厂卸空后要把空箱还回到码头。而有了"无水港"后，企业只要就近到"无水港"去提取进口的集装箱，运到工厂卸空后，再把空箱还到"无水港"即可。以出口业务为例，原模式是：企业要先到太仓港码头提取空箱回工厂装货物，装完货物后再运到太仓港装船出口，而有了"无水港"后，企业只需就近到"无水港"提取空箱回工厂装货，装完货后运到"无水港"即可。

同时，这种新模式的建立，需要充分考虑当地货源结构，进一步结合无水港及周边港口自身发展方向进行合理规划，并根据实际情况不断做出调整。

五、创新成果的主要创新点

该创新成果具有以下特点：

（一）供应链管理模式创新点

（1）对产品的全程跟踪号定位管理，实现不良品货物的跟踪号追踪管理；

（2）通过与客户系统对接，加快订单响应速度；

（3）实现对客户几千种产品料号的管理，并实现先进先出管理；

（4）库内运作差错率降低至0.001%。

（二）电子商务物流服务创新点

根据物联网的基本原理及综保区实际运作情况，在综保区使用各类传感器、RF无线技术、二维条码、移动终端等先进技术，以建设覆盖物流商贸集聚区的"物联网"为目标，把正在建设的苏州工业园综合保税区现代公共物流信息平台和企业供应链系统等有机整合起来，让信息在各个层面顺畅流动，实现"信息零距离"。在信息化建设的同时也将间接推动物流产业的发展，提升综保区运行效率，打造全国首个综保区"物联网示范区"——智慧综保区，扩大综保区的影响力，建成全国学习的示范基地。

（三）物流功能集聚区建设与发展创新点

物流功能集聚区建设，对港口而言，拓宽了港口的经济腹地，有效提升了核心竞争力；对收发货企业而言，不仅可以享受到更近距离的服务，而且节省了大量时间、精力和物流成本，经营成本大幅降低。苏州工业园区无水港地处苏州东部，紧靠昆山，毗邻上海，是进出货物的陆路物流中转基地，也是苏州地区对接上海、苏州港的咽喉之地，具有高度的战略意义。

园区"无水港"以当地及周边产业结构与货物类型为基础，以点扩散到周边港口的形式，形成点线面的网络布局，加大对传统物流模式的引导。对港口而言，能进一步扩大港口腹地范围，提升港口的综合竞争力和辐射能力，实现港口与无水港之间的互动发展，为整个地区的企业走货提供更好的服务。对"无水港"而言，当地及周边企业有选择地挑选物流通道与进出货物的港口，逐步依赖无水港进出货模式，使无水港发展物流枢纽成为必然。

六、创新成果的应用情况

苏州物流中心管理创新成果实施后，取得了很好的经济效益和社会效益，具体如下：

（一）供应链管理模式创新应用效果

（1）主营业务收入对比情况：增长40%以上，同时引入核心企业更多的上下游企业；

（2）核心企业物流成本节约水平：降低物流成本约计50%；

（3）订单完成水平：客户的订单响应时间缩减约1/3。

（二）电子商务物流服务创新应用效果

智慧综保区的建设将起到积极的示范作用，可以带动全国的综保区及物流园的物联网应用。同时通过我们的推广，也可复制到一些类似的行业及领域，比如大型超市、企业的仓储、智能楼宇等。

（1）智慧综保区项目建成后，可以提高整个综保区的工作效率。车卡关联时间缩短到10分钟以内，通关时间减少1.5个小时，货物进出仓库的效率提升90%。工作效率提升的同时可节省20%的成本。

（2）随着综保区工作效率的提升，区内业务量也将大幅提升，营业收入、监管货值等都将增长。

（3）可以促进节能减排，保护生态环境，发展低碳经济。

（三）物流功能集聚区建设与发展应用效果

在苏州工业园区建立"无水港"，如同把太仓港搬到了苏州工业园区企业家门口，为企业走货带来诸多好处：

（1）降低运输成本。有了"无水港"后就可以开展"甩挂运输"，减少了集装箱进出口过程中空箱运输和集卡的回程空驶。

（2）提高运输效率。以"无水港"为依托开展"甩挂运输"，实现牵引车与挂车的分离，减少牵引车等待货物装卸的时间，提高牵引车运转效率。

（3）便于企业生产管理。企业就近从"无水港"走货，可以更精确地掌握出货和收货时间，有利于企业更好地组织安排生产。

（4）提高通关效率。"无水港"内设置有海关、检验检疫等口岸监管机构，方便企业通关，提高通关效率。

七、创新成果的推广价值

苏州物流中心物流服务创新方案具有较大的推广价值。首先，供应链管理模式创新解决方案可为企业提供包括属地报关、报检、仓储、简单加工、运输、国际段海运和空运、国外段仓储等各项业务，这种服务模式的一站式理念和做法可推广至许多物流企业和物流园区。其次，苏州物流中心智慧综保区项目实施后，将成为全国首个综保区"物联网示范区"。项目的主要创新点为"智慧口岸作业区"，可以起到积极的示范带头作用，带动全国物流园区的产业升级，可供国内同类保税区参考和借鉴。最后，通过"无水港"模式，苏州物流中心能够实现与太仓港系统无缝对接，实现港区功能，从而降低企业成本，提高集装箱海运物流的效率，最终形成辐射园区及周边的海运物流枢纽，这种功能拓展的创新思路也可借鉴到国内内陆型物流园区的发展中。因此，该创新成果有很好的推广价值。

八达物流仓前物流基地管理模式①

【摘要】 浙江省八达物流有限公司是国家5A级物流企业，浙江省服务业五大品牌之一。八达物流根据目前铁路的基础建设集中在线路建设，而铁路物流基地的建设速度远远落后的背景，抓住铁路物流基地建设的市场需求，建立了仓前铁路物流基地并对其管理与运营进行了模式创新。八达仓前物流基地依托先进的物流技术（如仓储管理系统、电子巡更系统、RFID技术和其他技术），发展重载运输、带托运输和五定班列等新型运营模式，并结合以人为本的管理理念，加强学习型组织建设，开创了铁路物流基地运营的新模式。该成果的应用取得了巨大的经济效益与社会效益，开业两年，物流收入增长15.5%，利润实现翻两番，该基地已经成为上海铁路局多元经营投资中心物流人才培养基地，凸显了基地的社会价值。八达仓前物流基地可以为铁路同类型物流基地的建设和运营提供经验借鉴，也可为国内其他物流中心或物流园区的经营发展提供参考价值。

【关键词】 铁路物流基地；物流技术创新；服务创新；管理创新

【适用领域】 铁路物流基地建设；物流园区（中心）运营管理

一、企业基本情况

（一）八达物流公司概况

浙江省八达物流有限公司创建于1984年，注册资本8000万元。下设控股公司浙江兴达石化运输有限公司、浙江八达仓前物流有限公司、浙江省八达物流有限公司储运分公司。公司拥有辐射全国的物流网络；拥有各种铁路自备车近四百辆以及大型铁路交通运输电子商务网站；拥有大型铁路现代化物流基地。八达物流紧紧围绕"大企业，港口，品牌，服务平台"的经营方针，以第三方物流服务为主体，以供应链流程再造与管理为追求，充分利用现代化的信息技术和先进的配套设施，通过精心设计物流方

---

① 本成果由浙江省八达物流有限公司提供，成果主要创造人：金艮胜、严稼余，参与创造人：朱建良、梅笑冬、苏强、陈国献、王明祥、富伟尧、吴晓儿、徐敏佳，获2012年度物流行业企业管理现代化创新成果奖三等奖。

案、不断完善服务方式、全力提升服务品质、积极改善服务环境，打造出物流业与制造业联动发展的高效、安全、便捷、适合的一体化、专业化的物流服务新模式。

十余年间，八达物流实现了从普通的铁路运输代理企业向国内领先的品牌物流公司华丽转型，营业收入增长40倍，利润增长10倍，资产增长33倍，连续七年入选中国物流50强企业，成为了国家5A级物流企业，囊括了中国物流最具影响力品牌、铁道部精神文明建设先进单位、浙江省服务业五大品牌等殊荣。

（二）八达仓前物流基地概况

仓前物流基地系浙江省八达物流有限公司子公司，注册资本8000万元人民币。仓前物流基地位于杭州市余杭区铁路宣杭线仓前火车站，占地276亩，仓储面积4万平方米，南临杭州绕城高速入口，北临104国道，紧靠杭徽高速公路，公路、铁路路网发达，提供发送、到达、中转、仓储、配送、采购、物流金融等一体化的物流服务，是一个按照现代物流标准规划建设，集到、发、仓储、配送于一体的，设施完善的公铁现代化物流基地。

八达仓前物流基地是公铁联运的物流基地，该基地具有以下特点：

（1）具备公路、铁路两种运输方式，充分发挥不同运输方式的优势。仓前物流基地依托铁路宣杭老线仓前站，能实现公、铁两种运输方式的"零换乘"，提供公铁多式联运服务。

（2）具备大型仓储功能，就地仓储减少物流环节。传统铁路货场仓库很少，有仓储需求的货物到达后必须找仓库中转，造成物流成本的浪费。仓前物流基地配置了4万平方米的仓库，按一线两库的方式设计，火车与仓库的无缝对接，实现就地仓储、需时配送，减少了物流环节，直接降低物流成本。

（3）可推广性强，形成网络效应。仓前物流基地按照现代化物流基地的标准建设，可在铁路货场进行推广应用。目前，合肥北物流基地就是按这个模式建造的。一旦这样的物流基地在全国范围内不断兴起，必将形成基地规模化和物流网络集聚效应。

（4）采用国家物流标准设计。仓库设计符合国家五星级标准；全部采用国家标准化托盘1200mm×1000mm×150mm，配合叉车作业，并在上下游企业间推行托盘共用系统。

（5）盘活闲置资产，实现土地利用最大化。铁路宣杭复线建成后，宣杭老线运能基本空闲，为此造成位于老线上的仓前站276亩土地大量空闲。八达物流着眼长远，抓住机遇，将有限的土地资源用于基础设施建设，采取回收、清理等措施，将闲置的200多亩的土地改建为物流基地，盘活了闲置土地，发挥整个仓前站土地的综合开发整体规模效益，取得了较好的经济效益和社会效益。

二、创新成果的名称

浙江八达物流有限公司的创新成果的名称是八达仓前物流基地管理模式。八达仓前物流基地依托先进的物流技术（如仓储管理系统、电子巡更系统、RFID 技术和其他技术），发展重载运输、带托运输和五定班列等新型运营模式，并结合以人为本的管理理念，加强学习型组织建设，开创了铁路物流基地运营的新模式。该成果开创了铁路物流基地运营的新模式，为同类企业的经营发展起到很好的示范作用。

三、创新成果的产生背景

当前，东部经济正处在快速发展期，物流对经济发展的支撑作用显得尤为突出。但是，当经济发展快于物流建设时，落后的物流状况必将阻碍经济的发展。可以预见，客货运物流市场将逐步湮没既有的高速公路、运河与黄金水道，物流必将成为东部经济可持续发展的瓶颈。在规模公、铁、水物流结点建设物流基地，通过货物周转零换乘，可以减少物流环节、降低全社会物流成本，切实提高物流效率，提高物流综合服务能力，成为东部经济可持续发展物流瓶颈的突破口。以浙江地区为例，浙江省的铁路货源结构已经发生了很大的变化。主要表现为散堆装货物比重逐步降低，怕湿货物及高附加值商品比重不断增加，同时市场需求从单纯的铁路运输向综合性的铁路物流方向转变，要求铁路能提供仓储、包装、加工、配送等物流服务。可以说，市场在热切呼唤着现代化的铁路仓储物流基地。浙江省八达物流有限公司仓前物流基地正是以此为契机建设的，以公路货运承担提取、配送功能，以铁路货运承担长途运输功能的公铁联运结点型物流基地。

随着物流业的兴起和发展，原来相互分割，缺乏合作的仓储、运输、批发等简单的经营模式已经不利于物流资源的整合，物流配送的优化，物流功能的集聚，物流网络的建设，成为了物流业新的发展方向。物流基地作为物流业发展到一定阶段的必然产物，近年来相继出现，并取得了快速发展。

随着《铁路中长期规划》的出台，至 2012 年，铁路将形成客运专线路网，客运和货运分线运行，铁路货运能力得到明显扩张，铁路长距离、大运量、低成本、环保的优势将得以充分发挥。可以预测未来将形成中长距离以铁路运输为主，短距离以公路运输为主的较为合理的运输格局。这一变化将会使铁路物流占有更高的市场份额，但是，目前铁路的基础建设集中在线路的建设上，而铁路物流基地的建设速度远远落后，使得与铁路物流配套的物流基地建设变得迫切，在这样的大背景下，仓前铁路物流基地应运而生。

四、创新成果的主要内容

八达仓前物流基地依托物流技术，创新经营管理，发展了铁路物流基地的新模式。该成果通过采用多项先进技术与管理措施，达到了很好的应用效果，为同类企业的经营发展起到示范作用。

（一）探索物流技术，发扬"首创"精神

随着电子商务和信息技术的不断发展，供应链得到优化和完善，物流成为产业发展的趋势，而物流技术作为物流系统发展的必备条件在应用中起着至关重要的作用。现代化的物流系统必须是建立在高水平的信息技术、物流技术基础之上的，为此，八达物流一直以技术领先 15 年的要求，高起点、高标准筹划建设信息系统、基地设施、仓储设施、通信网络设备及装卸设施，保持公司物流服务的先进性。

1. 引进物流技术，加强物流服务

（1）仓储管理系统：结合铁路 TMIS 系统定制开发的仓前物流基地 WMS 系统，已取得国家计算机软件著作权。系统引入了无线射频技术、手持终端、条码、短信猫、U盾、安全证书等先进的信息技术，具备出入库数据采集、订单处理、库存管理、数据统计、财务结算、员工考核等功能，可根据企业流通数量、库存数量，利用计算机技术形成经营分析性报表，为客户合理地制订采购计划，使客户资金和其他资源利用达到最优化，同时为日常管理及经营管理提供决策支持。

（2）电子巡更系统：电子巡更系统实现物流基地区域内 46 个监控点 24 小时实时监控并高清录像，实时记录进出车辆、人员、现场装卸作业情况。

（3）RFID 技术的应用：RFID 技术即射频识别，是一种通信技术，可通过无线电讯号识别特定目标并读写相关数据，而无须识别系统与特定目标之间建立机械或光学接触。八达物流在理货的过程中不断应用到了 RFID 技术，方便了货物的扫描存货，特别是在仓前物流智能货架上，由于 RFID 技术可以采取整箱扫描，大大降低了成本，提高了工作效率。

（4）其他物流新技术：设计立面采光带，将采光带的设置延伸到了仓库两侧墙体，增加了仓库的自然光照度，节约了仓库用电能耗。仓库门采用直升式电动工业滑升门，配有安全气囊及保护装置，安全性能佳，操作简易方便。

2. 坚持自主创新，完善仓储设施

（1）凸台的设计：在汽车月台处设置卸货平台，使箱式车的装货有一个科学、合理、安全的位置，是物流基地整个设施流程的重要组成部分，既保证了装车，又最低限度地占用通道，提高土地利用率。

（2）安全网的使用：为确保汽车装货以及高空作业的安全，设计并制作了装卸安全网。这种安全网采用绳索编织而成，并用钢材作为支架，底部安装万向轮，既牢固又方便。实践证明，这种自主特制的安全网在装车作业中起了很重要的保护作用，确保人身、货物的安全。

（二）创新运作模式，实现规模经营

1. 发展重载运输，构建循环通道

重载铁路运输是世界各国铁路货运发展的方向，也是我国解决目前铁路运输能力紧张的重要举措。仓前物流基地积极发展双面重载铁路运输，构建循环铁路运输通道。在原有循环车底的基础上开行双面重载运输，积极开拓运输服务市场，争取更大市场份额。此外，仓前物流基地加大投入，开展双面重载铁路运输技术大关，参与双面重载铁路运输技术交流，不断完善双面重载铁路运输体系，物流服务得到全面提升。

2. 开展带托运输，加快物流效率

托盘是一个平台，它代表了供应链发展的方向中的标准化、自动化、运营优化等概念，并正在成为供应链现代化的助推器。仓前物流基地以托盘为平台，推行托盘标准化及全扭转，推出货物带托盘运输服务，仓前物流基地负责托盘管理，托盘以租赁的形式，提供给用户使用，在生产商，批发商，零售商，第三方物流和用户之间共享和循环使用托盘。仓前物流基地依靠统一标准的托盘设备，完善的网络，系统化的服务，以及成熟的管理体系，使得上下游企业带托运输顺利实现，提高了作业效率，降低了劳动力成本。

在配送时，货物带托盘运到客户仓库，下次配送时，托盘再随汽车回送仓库。出货时托盘跟货物一起运输，卸空后跟空车回送基地，减少货物上下托盘的次数，大大节省了货物上下托盘的人工堆码成本。带托运输促使了供应链整个周期的缩短、库存的降低，并减少缺货率，增加销售收入，为各方带来更多潜在收益。

3. 开行"五定班列"，适应市场发展

货运"五定班列"，指在主要城市、港口、口岸间铁路干线上组织开行的"定点（装车地点）、定线（固定运行线）、定车次、定时（固定到发时间）、定价（运输价格）"的快速货物列车。此外，"五定班列"具有"运行高速、手续简便、运期保证、安全优质、价格优惠"五大特点和优势，仓前物流基地的货物线满足整列棚车一次同时作业的要求，运输组织按"五定班列"方式组织运行，开行"五定班列"。

4. 提升基地物流服务能力，实现可持续发展

八达仓储基地积极进行扩能改建工程，做好生产运营与筹建工作同步推进，就仓库设置、站台布置、功能房、排污排水等提出众多建议，这是关乎民生的大计。到2012年8月，仓前物流基地扩能工程已正式投入使用，该扩能工程的两座新仓库将大

大提升基地的接卸和仓储能力，为基地向专业化经营、规模化发展创造条件，为基地开发新业务、提升公司盈利能力奠定基础。

（三）创建学习型组织，实施以人为本的管理理念

仓前物流基地的成长过程是个人学习与公司发展相互促进，螺旋式循环前行的过程；是在不断地自我否定，自我学习，自我超越中可持续成长的过程；是发展以人为本的和谐团队理念，真情服务的永恒追求的过程。

1. 树立"家"的理念，感受"家"的温暖

以人为本构建"家"，是仓前物流基地的管理理念。用和谐文化支撑"家"，增加家的凝聚力。通过关爱员工来塑造"家"，总是出现在困难面前。真情服务发展"家"。客户至上，用心服务，以客户的根本利益为立足点，帮助客户设计流程，降低生产成本，增强市场竞争力，发展了家的"外延"。

2. 打造舒适的工作环境

以打造花园式物流基地为目标，仓前物流基地是干净、有序、整齐和美观的现代物流基地。餐厅整洁明亮，桌椅整齐划一，墙上不定期更换的不同风格宣传画的衬托，使员工能温馨就餐。建成了标准的篮球场，为员工提供乒乓球台等健身场所。员工宿舍配置了衣柜、鞋柜、空调、电扇等，统一标准，一体化管理，提供最舒适的生活环境。图书室琳琅满目的图书供员工借阅，成为员工的"个人书房"。

3. 提供坚实的后勤保障

仓前物流基地从细微处入手，营造绿色生活线，为员工提供后勤保障。伙食团原料实行定点采购，从原材料、烹饪、销售、餐具的消毒、环境的卫生等严格监督，每周安排菜谱，饭菜品种丰富，自主加工点心，每天上午9点给一线员工送上热腾腾的点心，夏季为员工免费提供营养丰富、美味可口的防暑汤。关心外来劳务人员，对于远离家乡的员工，设立了亲情电话并免费送上亲情电话卡，通过电话与亲人联系，缓解心中的思乡之情。员工亲人来访，提供探亲房。员工的服装有专人负责清洗，并对破损衣服进行缝补。

4. 推行规范的管理制度

规章制度犹如指导员工规范工作的说明书，同时也是保证仓前物流基地"三线"建设规范化、常态化的有力工具。从后勤保障到环境建设，从员工队伍建设到教育培训，公司制定了一系列适用的、可操作性的规章制度，如《伙食团管理规定》、《浴室管理规定》、《员工宿舍管理规定》、《图书管理规定》、《体育用品管理规定》、《卫生包干制度》、《员工培训计划》、《绿化维护计划》等，切实保证了公司狠抓安全生产、争创经济效益。

五、创新成果的主要创新点

总的来看，八达仓前物流基地管理模式有以下几个方面的创新：

（1）以技术领先为要求，采用先进的现代物流信息技术，使基地物流作业更高效、更准确、更安全。

（2）以模式创新为动力，发展铁路物流基地新模式，使物流服务全面提升，快速适应市场发展。

（3）以先进管理为保障，实施以人为本的理念，将公司与员工个人的发展结合起来，打造一支团结向上的员工队伍。

六、创新成果的应用效果

仓前物流基地以"不达目的誓不罢休"的精神和真诚，不断创新，执著追求，秉持质朴经营，诚信待客，实事求是的理念，通过三年的艰苦奋斗，在经济效益和社会效益两方面取得了预期的目标，壮大了自己，造福了社会。

（一）经济效益稳步提升

八达物流基地投入运营后，利用管理模式创新，2010 年实现物流收入3714.76 万元，利润 22.87 万元，2011 年实现物流收入 4290.17 万元，利润71.06 万元。开业两年，物流收入增长 15.5%，利润实现翻两番。由此可见，仓前物流基地发展的稳定性和运营后劲的强大，是他们依托物流技术，不断创新经营的结果，仓前物流基地的服务新模式带给他们的不仅仅是经济的大规模发展，还体现在社会效益上。

（二）社会效益日益凸显

一个企业发展到一定程度之后，必将回报社会、造福社会，仓前物流基地一贯秉承这种与社会同发展的运营理念，不断为社会输出物流人才，推动物流业的发展。

八达仓前物流基地积极为社会培养复合型人才。上海铁路局多元经营投资中心物流人才培养基地在仓前物流基地成立，这显示了仓前物流基地面向社会培养物流人才的决心。仓前物流基地物流人才培养基地是全社会的工程，因为物流是全社会的，而物流人才是社会物流发展的重要因素，仓前物流基地积极培养物流人才，为社会化的物流发展助上一臂之力。

七、创新成果的推广价值

随着《铁路中长期规划》的出台，中国铁路以客运专线网络为代表的东部铁路现代化将逐渐进入基建日程。铁路客运专线网络形成后，客运和货运分线运行，届时，铁路运能明显扩张，铁路长距离、大运量、低成本、环保的优势将得以充分发挥。可以预测未来将形成600公里以下以公路运输为主、600公里以上以铁路运输为主、公路承担提取配送功能的运输格局，从而从根本上提高物流综合效率，降低社会总物流成本。随着"线"的能力解决，铁路物流市场占有率的提高，铁路运能的关键就转到"点"的能力上，与之相适应的公铁节点型物流基地符合中国物流的发展方向，符合市场的需求。

从推广价值来看，八达仓前物流基地的创新模式在物流行业具有较强的借鉴意义。一方面，仓前物流基地可以为铁路同类型物流基地的建设和运营提供经验借鉴；另一方面，仓前物流基地的运营创新模式也可复制到国内其他物流中心或物流园区，特别是学习型组织建设和以人为本的管理理念，值得物流园区经营企业参考借鉴。

鞍钢汽运公司公路运输可持续发展模式①

【摘要】鞍钢汽车运输有限责任公司是具有独立法人地位的鞍钢全资子公司。在钢铁物流公路运输面临越来越严峻的竞争形势和发展需求的情况下，公司通过不断地改革、创新与探索，构建和实施了一套充满生机与活力的钢铁物流公路运输企业可持续发展模式。鞍钢汽运公司紧紧围绕运输行业特点，以钢铁冶金工艺对公路运输的需求变化为依据，通过内部优化资源结构与强化成本管理，寻求发展空间，拓展主业规模，提高市场占有率和竞争力；同时，以资本运营为纽带，引进利于企业发展的战略投资者并配合鞍钢实施同业整合。企业在立足鞍钢市场的同时，放眼社会市场，延伸相关产业链，不断培植企业新的效益增长极，培育企业核心竞争力，最终逐步形成经营业务之间相互支撑、相互促进的发展框架。鞍钢汽运公司可持续发展模式的构建，具有较好的创新价值与推广意义。

【关键词】钢铁物流；公路运输；可持续发展；模式创新

【适用领域】钢铁物流企业运输改进；制造业发展模式构建与创新

一、企业基本情况

鞍钢汽车运输有限责任公司（以下简称汽运公司）前身为鞍钢集团汽车公司，始建于 1948 年，是大型冶金道路运输企业。公司于 1999 年与鞍钢主体分立，成为具有独立法人地位的鞍钢全资子公司。2005 年，通过进一步深化改革，变为非国有法人控股的股份制企业，成为鞍钢首批改制的七家法人企业之一。近年来，汽运公司转变经营观念，积极探索，大胆改革，主动适应市场形势，实施"大吨位、高效率、低成本"的经营策略，大力推行与市场经济相适应的管理体制、运行机制、经营方式，使企业步入健康稳定发展的运行轨道，顺利实现改制初期确立的"创服务品牌、争业界一流"奋斗目标。目前，汽运公司已初步形成以道路运输、汽车及特种设备维修、汽车及备件销售、仓储配送为主的产业链。公司现有员工 3594 人（含外聘员工）。厂区主要由

① 本成果由鞍钢汽车运输有限责任公司提供，成果主要创造人：李鲁建、王锋，参与创造人：郭克、李淮、侯海云、李勇，获 2012 年度物流行业企业管理现代化创新成果奖三等奖。

鞍山和营口鲅鱼圈两大基地构成，拥有各种运输设备 1300 台，总载重能力 12400 吨（含工程机械）。2011 年，完成运量 3959 万吨，周转量 7.36 亿吨公里；实现营业收入6.48 亿元，利润总额 2256 万元；全员劳动生产率为 18.5 万元/年·人，职工年人均收入为 3.85 万元；净资产收益率为 5.13%；资产负债率为 32.4%。上述指标在国内冶金道路运输企业中处于领先地位。

公司以建设国内一流的现代物流企业为奋斗目标。2007 年 12 月，通过 ISO 9001：2000 质量管理体系认证；2008 年 5 月，依据中华人民共和国 JT/T 631—2005《道路货物运输企业等级》认证办法，经专家委员会评定，获得国家道路货物运输二级企业资质；2008—2009 年度被评为鞍山市"纳税信用等级 a 级"企业；2010 年被评选为鞍山市道路运输企业副会长单位；2011 年被辽宁省政府授予"辽宁省流通领域现代物流示范企业"称号。

二、创新成果的名称

该创新成果名称为：鞍钢汽运公司可持续发展模式的构建与实施创新成果。该企业通过分析钢铁物流公路运输企业的可持续发展需求与企业自身发展状况，通过不断的改革、创新与探索，构建和实施了一套充满生机与活力的钢铁物流公路运输企业可持续发展模式。

三、创新成果的产生背景

（一）实现钢铁物流公路运输企业的可持续发展的需要

我国物流业发展还不健全，市场竞争的复杂性和环境的不确定性给物流企业的发展带来了重重困难。从事钢铁物流的公路运输企业必须适应激烈的市场竞争环境，总结出适合自己的持续成长规律，趋利避害，从而实现自身的可持续发展模式。

（二）促进钢铁物流公路运输企业国际化的发展趋势需求

当今社会的经济是全球化的经济，很多企业已经走出国门，建立了跨国企业。国际贸易的发展和跨国公司全球战略的推行，对物流企业提出了更大的要求。更多的原材料、产品、人员和资本开始在全球范围内流动和配置，社会分工的细化使得很多企业将非核心业务外包。这些都促使从事钢铁物流的公路运输企业进行战略选择，不断扩大发展规模，适应国际化的发展趋势。

（三）谋求与供应链各方共御风险、合作共赢战略伙伴关系的需要

企业的竞争日益演变为供应链之间的竞争，钢铁物流公路运输企业的发展迫切要求

供应链各方形成长期稳定的战略合作伙伴关系，形成利益共同体，共同抵御市场风险。这就要求汽运公司从社会化协同分工的经营理念出发，尝试通过物流系统创新，建立供应链各方共御风险、合作共赢的经营机制，实现整条供应链的协调运作与快速反应。

四、创新成果的总体框架

鞍钢汽运公司紧紧围绕运输行业特点，以钢铁冶金工艺对公路运输的需求变化为依据，通过内部优化资源结构与强化成本管理，寻求发展空间、拓展主业规模、提高市场占有率和竞争力；同时，以资本运营为纽带，通过引进利于企业发展的战略投资者，并配合鞍钢实施同业整合。企业在立足鞍钢市场的同时，放眼社会市场，延伸相关产业链，不断培植企业新的效益增长极，培育企业核心竞争力，最终逐步形成经营业务之间相互支撑、相互促进的发展框架，如图1所示。汽运公司朝着经营项目多角化的物流企业发展方向迈进，以实现建设钢铁物流公路运输企业可持续发展模式的目标。

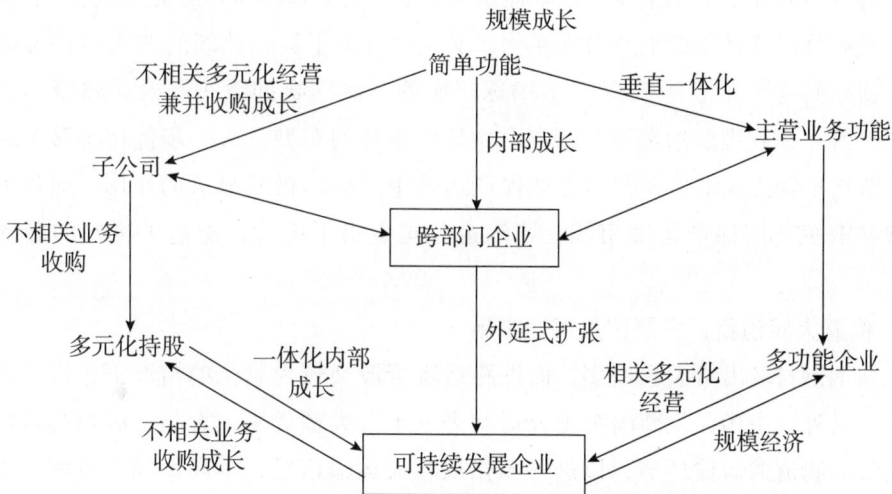

图1　钢铁物流公路运输企业可持续发展模式

五、创新成果的实施方法

（一）通过优化运输资源结构，围绕钢铁冶金工艺需求谋发展

1. 制定科学合理的经营发展战略

面对货源不稳、运价下降、税赋增加、汽柴油涨价等严峻的现实，汽运公司领导

经过深思熟虑和反复的市场调研，发现在相同单位产量下，大吨位柴油车的燃油成本和人工成本均大大低于中小吨位的汽油车，而企业当时恰恰中小吨位车辆所占比例较大，这种不合理的运力结构是造成企业竞争力低的一个根本原因。于是，公司决定从钢铁冶金工艺对公路运输的需求变化入手，面向鞍钢内部市场，制定了"大吨位、高效率、低成本"的经营发展战略。

2. 积极开辟冶金工艺运输市场

随着鞍钢技术改造步伐加快，一批工艺水平先进、附加值较高的生产线陆续建成投产；同时，钢铁冶金生产对物流环节的需求与要求也日益增加。受厂内路线环境及周转效率等因素的限制，铁路运输越来越体现出对钢铁工艺间运输的不适应，而公路运输恰恰可以在短途工艺运输中发挥出成本低、效率高、方便灵活的优势。洞察到这种冶金工艺需求的变化后，鞍钢汽运公司结合内部运力结构调整，投入相应运输设备，从尝试线材、小型、中板、厚板等工艺间运输入手，来验证公路运输方便快捷的优势。经过实践证明，公路运输参与工艺间运输可以大大节省物流成本，提高物流效率。汽运公司紧抓市场机遇，逐步将公路运输全方位应用到"采矿—炼铁—炼钢—轧钢—深加工"等一系列完整的冶金工艺流程体系之中。"工欲善其事，必先利其器"，其后几年间，汽运公司结合鞍钢生产需求变化，又相继开发了运输热坯的"大型保温拖车"、运输炼铁原料的"大型自卸车"、运输球团矿的"底漏自卸罐车"及运输废钢的"大型槽车"等一系列围绕冶金工艺特点自主研发设计的车型，进一步优化了鞍钢的物流工序，节约了物流成本，在鞍钢整体保产运输中发挥出极其显著的作用。通过创新思路开辟鞍钢工艺间保产运输市场，使汽运公司走出了困境，塑造了良好的服务品牌形象。

3. 依靠大胆创新，发展相关运输市场

在鞍钢钢材输出量大幅增多，而铁路运输资源又较为紧张的情况下，汽运公司及时瞄准钢材外运市场，从德国奔驰公司购进五十台大型货车，大胆尝试参与鞍钢销售物流与供应物流的运输环节，以进一步拓展相关运输市场，提高市场占有率。由于五十台奔驰车所参与的鲅鱼圈至鞍山间的往返运输运距比较适中，而且运价与运输效率优于铁路运输，所以公司很快在此块市场站稳了脚跟，并有力保障了鞍钢销售与供应物流的顺畅运行。自此，汽运公司通过自身不懈努力，逐步摆脱了困境，呈现出蒸蒸日上的快速发展态势。

（二）通过加强内部成本管理，提升企业核心竞争力求发展

1. 成本管理对运输企业的重要性

对于公路运输企业而言，人工成本、油料成本、维修成本是三大主要成本。只有将这几大成本管控好，企业才会真正提高核心竞争力，才能在激烈的市场竞争中赢得先机。汽运公司主要通过调整运力结构、优化组织结构，实施扁平化、专业化管理，提高运输效率、人工效率，加强员工技能培训等管理手段，实现企业低成本运营，达到降本增效的目的，使企业核心竞争力得到全面提升，同时为提高运输市场占有率提供有力保障。

2. 通过优化运力结构，降低成本消耗

经过多年不懈努力，汽运公司全面完成了车辆吨位结构调整，大吨位车所占比例达到95%，实现了预期的"大吨位化"目标。大吨位车不仅可以满足工艺运输、钢材外运运输、大宗原料运输的生产需要，而且其低消耗、高效率的优势也得以体现。在实行"大吨位"运力结构调整的几年间，汽运公司单位产量油耗呈现逐年下降的趋势，如图2所示，燃油成本、人工成本相对也大幅度地降低，从而大大提高了企业抵御市场风险的能力。

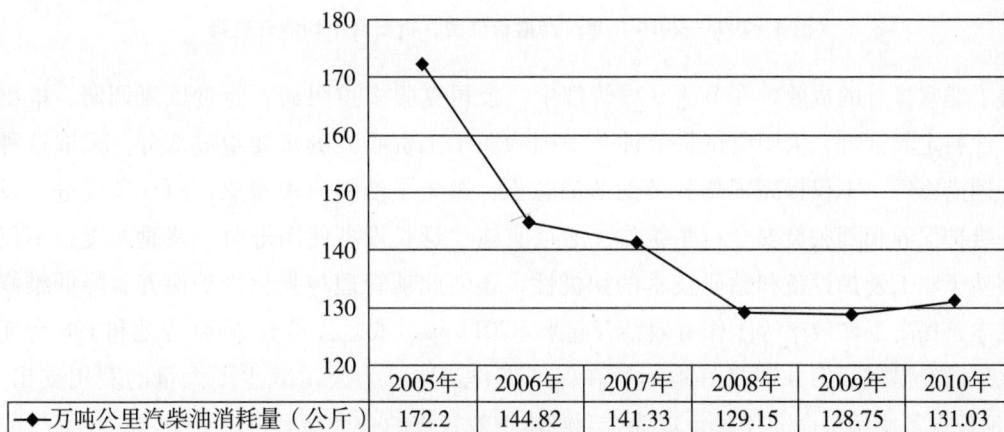

	2005年	2006年	2007年	2008年	2009年	2010年
◆ 万吨公里汽柴油消耗量（公斤）	172.2	144.82	141.33	129.15	128.75	131.03

图2　2005—2010年单位产量汽柴油消耗趋势

3. 通过优化管控体系，降低成本消耗

在初步完成车辆吨位结构调整后，公司从强化专业管理角度出发，整合优化了相关组织机构，变原来的分散式管理为公司集中统一管理。将基层单位划分为行车系统、维修系统及后勤保障系统三条线，使内部管理职责更加清晰，管理效率明显改善。与此同时，公司还从扁平化管理入手，缩减管理层次，增加管理幅度。将原来隶属于基层单位的关键专业管理岗位划归至公司职能部门，再以派驻组形式在基层单位开展工作，有效地解决了管理不规范和不到位的问题。实施这种管理模式后，基层单位主要成本消耗（油料、备件、折旧等）大幅度下降，如图2、图3所示。

4. 通过创新专业化管理，实现降本增效目标

合理的运力结构和组织机构还需辅之以科学精细的专业化管理，才能达到最佳的管理效果。汽运公司依据市场变化，不断创新专业管理内容，尤其在设备管理方面取

	2005年	2006年	2007年	2008年	2009年	2010年
总平均消耗（元/万吨公里）	1100.75	779.08	707.87	441.49	489.14	440.18

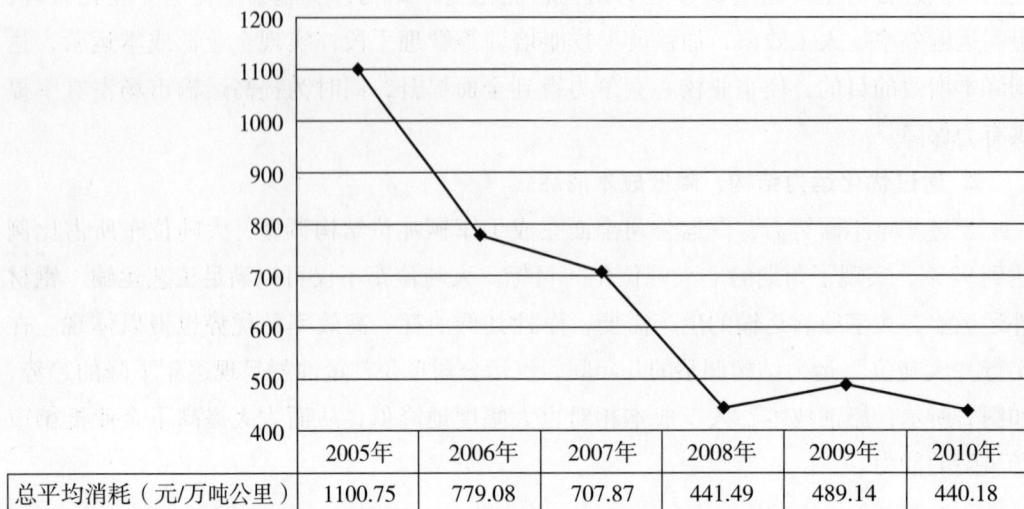

图3 2005—2010年单位产量备件费、折旧费平均消耗趋势

得了非常显著的成效。在节油专项管理中，公司克服多重阻碍，经过反复调研，推出了油料定额管理，大胆尝试将节油奖项列为职工工资收入的重要组成部分。采取这种管理措施后，不仅提高了驾驶员的节油意识、避免了油料流失现象，而且还促进了设备维护保养和驾驶员安全行车工作。通过实施"延长设备使用寿命"奖励制度，不仅调动了职工爱护设备和钻研技术的积极性，还使此项管理与强化维护保养、降低维修成本、提高工作效率等工作有效结合起来。2011年，汽运公司有50台奔驰和198台斯太尔已经提完折旧并能良好地运行在保产工作当中，为公司减少了大量的费用支出。"延长设备使用寿命"工作也成为企业降本增效管理的一个新亮点。

此外，汽运公司还通过加快信息化建设，来改进和强化公司物资流、资金流、人流及信息流的集成管理，使公司内部建立起良好的管理规范和管理流程，从根本上提升了企业管理水平。目前，公司使用的MIS、OA和GPS等管理信息系统已逐渐趋于完善，并较好地应用于企业日常管理当中。信息技术与企业管理的有效融合，使公司在制度执行方面得到保证，为提高企业核心竞争力发挥了重要作用。

（三）通过实施多角化经营，在延伸产业链上求发展

在运力结构调整过程中，汽运公司考虑到设备采购、配件供应、维修技术等因素，对使用车型也进行了统一调整。调整后，国产车型全部采用"中国重汽"产品。车型单一化，不仅使车辆修理人员便于掌握维修技术要领，而且可以使维修配件得以及时供应，从而大大提高设备完好率和工作率。经过多年合作，汽运公司与中国重汽建立起深厚的相互信赖关系，并以此为纽带，从延伸自身产业链上开拓思路，紧紧把握住市场商机，经中国重汽授权，在鞍山成立了第一家"重汽鞍钢售后服务站"。此项重大举措，对内可以保证公司配件供应及应急储备，保障运输主业顺行，降低整体采购成本；对外可以拓展业务范围，增加经营项目，完善自身产业结构，提高外部业务收入比例，实现多角化经营。通过几年运行，售后服务站在确保运输主业顺畅运行的同时，自身业务规模也在不断发展壮大，对外配件销售收入逐年提高，经营区域覆盖面也在不断扩大。2009 年，公司与中国重汽进一步深化合作，在售后服务站基础上成立了功能齐全的重汽"4S"经销店，并将整车销售业务拓展至经营项目当中，业务触角也延伸至营口鲅鱼圈地区。2011 年，上述业务共实现销售收入 6332.27 万元，占公司总体销售收入比例约 12.71%。整车及配件销售业务和售后维修服务已成为汽运公司多角化业务的主要收入来源，同时使汽运公司逐渐形成了经营业务之间相互支撑、相互促进的科学发展格局。

（四）通过合理的战略布局，寻求企业可持续发展通道

在鞍钢确定到营口鲅鱼圈地区投资建设新型钢铁基地的初期，汽运公司就开始调整战略思路，积极实施在该地区投资建厂的战略部署，并将鲅鱼圈地区市场定位为企业未来发展的一个重要基地。经过努力，2009 年 6 月汽运鲅鱼圈分公司基础设施竣工并交付使用。2011 年年末，公路运输、特种设备维修、仓储配送、汽车及配件销售、劳务派遣等业务已相继实施，初步形成在岗职工 1044 人、设备 213 台（未含非自有产权设备）、运力 1994 个吨位、基础设施齐全、管理机构齐备、具有多元化经营业务的现代化物流服务公司。2011 年该分公司实现营业收入 16392 万元。在当时受各种不利因素影响严重、运输价格大幅下降的情况下，鲅鱼圈成功的战略布局，为汽运公司保持较好的效益水平做出了突出贡献。

2010 年年底至今，公司又依托鞍凌公司开始在朝阳地区进行战略布局，为公司未来在辽西地区的业务发展做好铺垫。

（五）通过优化股权结构，引进战略合作伙伴求发展

1. 企业引进战略合作伙伴目的

多年来，国内物流业处于模式粗放、供需极不平衡的状态。公路运输行业因准入门槛低，造成运输能力极为分散。而无序的恶性竞争，又导致运价过低，超载超限现象非常严重。正规运输企业要想在竞争中获取优势，必须掌握多元资源，优化物流环节，从而降低物流总成本。鉴于鞍钢的供应物流和销售物流中有相当一部分采用的是水陆联运的方式，如果能以资本为纽带，有效地与港口和海运企业建立起利益共享、风险共担的共同体，企业将会具备优化物流环节、降低物流总成本的能力。

2. 以资本运作方式成功引进战略投资者

汽运公司本着"引进战略投资者与自身产业发展相结合"的原则，积极寻找物流

领域战略合作伙伴。考虑到鞍钢与汽运公司未来的战略布局，汽运公司最终决定将营口港务集团公司和鞍钢国贸公司作为汽运公司首批引进战略投资者对象。由于营口港务集团和鞍钢国贸公司在技术、管理、资金、市场等方面具有行业优势，他们的入股会对汽运公司向物流领域发展起到积极的推动作用，能够为企业进一步拓展市场空间创造非常有利的条件。经过营口港务集团公司和汽运公司的共同努力，2008年8月1日，汽运公司迈出了深化改革具有里程碑意义的一步，营口港务集团和鞍钢国贸公司通过受让部分持股职工股权方式，正式入股鞍钢汽车运输有限责任公司，公司顺利完成了第一次股权结构调整。2009年，汽运公司在鞍山与鲅鱼圈地区之间的业务规模迅速增大，与战略合作伙伴提供的市场资源和业务方面的支持密不可分。

3. 继续加强股权结构优化，以实现企业跨越式发展

2009年，汽运公司完成了中长期战略发展规划的制定，进一步明确了企业未来的发展思路和战略目标——建设国内一流现代物流企业。为了使企业战略规划平稳落地，公司还需以资本运营为纽带，继续引进利于企业长远发展的战略投资者，进一步优化股权结构，实现真正意义上的投资主体多元化，完善法人治理结构，使公司实现持续健康稳定的发展。2010年年底，在集团公司领导的大力支持下，经过多方共同努力，汽运公司与中海集团下属的中海集装箱运输股份有限公司签订了《投资框架协议》。2011年，中海集装箱运输股份有限公司成功入股。成功引进中海集运为战略投资者后，企业实现了航运、港口、陆运与钢企的有效联姻。公司可以充分利用中海集运与营口港先进的物流管理经验和丰富的市场资源优势，尽快涉足港口集装箱运输市场，开拓外部市场空间，完善自身物流产业链。与此同时，汽运公司也实现了真正意义的投资主体多元化，职工股退出、法人持股后，公司股权结构更加合理，为企业未来上市融资并向物流领域更深层次发展打下良好基础。

（六）通过内部运输资源整合，实现集约化经营求发展

运输企业实施集约化经营模式，是推动公路运输行业转变发展方式的关键和微观基础，也是发展现代物流运输的基本要求和总体趋势。运输企业实现集约化经营需要依靠内部运输资源整合和运输结构调整，最终才能达到降低运输成本、促进产业升级、提高运输效率的目的。

由于历史原因，鞍钢内部公路运输资源集中度不高。部分二级公司、附企公司、三产公司等单位均有各自运输实体，而且它们当中大部分处于规模小、能耗高、效率低、经营分散、增长粗放等状态。由于上述运输实体主要为其主体的生产需求而存在，当主体单位生产任务不饱满时，将导致运输实体的车辆利用率较低；而如果他们转向其他外部市场，又有可能保证不了主体单位的生产需要。这种矛盾一直困扰和制约着上述运输企业的发展，使它们难以找到适合自身的发展方向，甚至还会常常出现资源闲置浪费、内部无序竞争和违法乱纪等现象。因此，在鞍钢内部进行同业整合实施集约化经营成为解决这些问题的有效途径之一。只有这样才能实现运输资源统筹管理、优化配置，进而提高设备利用率，降低钢铁物流成本。

汽运公司在学习实践科学发展观时，已经深刻领会到国家推进行业结构调整的内涵，鞍钢也多次强调要加快内部行业整合步伐。2009 年，鞍钢集团在进行企业中长期战略发展规划时，也将内部相似业务之间的整合列为重要战略举措之一。作为鞍钢公路运输行业中经营规模较大、专业管理能力较强、运输资源配置较好的"排头"企业，汽运公司应敢于承担重任，勇于接受挑战，积极配合集团公司搞好内部同业整合工作。2010 年 2 月，汽运公司收购了矿汽公司部分持股职工 6.08% 的股权，迈出了鞍钢内部同业整合的第一步；同年 4 月，鞍钢集团将其持有的矿汽公司股权全部委托给汽运公司管理，使汽运公司对矿汽公司的整合工作取得了重大进展；同年 11 月，根据鞍钢集团公司领导决定事项，汽运公司下发了《关于汽运公司对矿汽公司实施管理的运行规则》，开始对整合企业实施全面管控，标志着汽运公司从此迈向了集约化、规模化的经营发展之路。同时，汽运公司已将内部行业整合作为企业新的历史发展机遇下的一个战略项目，通过整合和实施集约化经营，力争将企业推上一个更高的发展平台。

六、创新成果的主要创新点

鞍钢汽运公司可持续发展模式的创新成果，主要有以下几个方面的亮点：

（一）致力于为企业创造效益的同时为客户创造价值

汽运公司坚持科学发展理念，充分利用现有资源，通过合理的战略布局，寻求企业可持续发展通道；通过优化股权结构、引进战略合作伙伴求发展；通过内部运输资源整合、实现集约化经营求发展。公司还大力推进技术创新和管理创新，不断增强企业的综合实力，保证赢利水平的持续增长。同时注意到客户对物流企业服务的满意度直接影响着企业的发展前景。企业运用其独有的资源优势、网络优势、技术优势和人才优势，用最专业的人提供最专业的服务，通过服务手段、服务技术和服务模式的创新，追求企业价值与客户价值的一致性，同步提升客户价值与企业价值，同时也提升并维持自身的竞争力。

（二）着力开展人性化增值服务

目前钢铁物流公路运输企业数量繁多，规模各异。要想在大大小小的物流企业激烈的市场竞争中脱颖而出并占有一席之位，就必须在传统服务项目的基础上展开人性化的增值服务，"做他人所未做，想他人所未想"，做到以人为本，为客户提供优质满意的服务。公司通过优化运输资源结构，围绕钢铁冶金工艺需求谋发展；通过加强内部成本管理、提升企业核心竞争力求发展；通过实施多角化经营，在延伸产业链上求发展。在不断扩大服务范围和丰富服务内涵两方面下工夫，与客户结成利益共同体，从客户的角度考虑问题，使客户真正享受物有所值、物超所值的高质量服务，在激烈的市场竞争中始终保有客户的信任，拥有了一个忠实的客户群。

（三）以技术优势谋求竞争优势

企业发展到一定规模后要走高端竞争之路。服务和价格都是可以模仿的，但技术是无法模仿的。公司积极引进或自主开发国内领先、国际同步的核心物流技术，建立一支素质过硬的专业化人才队伍。通过满足不同客户的个性化需求，为客户量身定制物流解决方案，实现与客户共同成长的目标，为实现自身的永续发展提供了强大的支持和保障。

七、创新成果的应用效果

通过围绕行业特点不断探索适合自身的发展之路，不仅使钢铁物流公路运输企业持续获取发展动力，在激烈竞争的市场环境当中抢占先机；也使其逐渐走出困境，进入良性发展轨道，取得了较好的经济效益和社会效益。

（一）企业经营成果显著，核心竞争力显著提升

2005—2011 年年底，汽运公司经营成果十分显著。企业注册资本由改制时的 5939 万元增加到 13660 万元，总资产由 1.33 亿元增加到 3.19 亿元；在岗职工人数由改制时的 1090 人增加到现在的 3594 人；在岗职工收入也呈现稳步上升的趋势，由 2005 年的 2.25 万元/人·年增加到 2011 年年底的 3.85 万元/人·年；运输能力由 2005 年的 7212 吨位增加到 2011 年年底的 12400 吨位（含工程机械）；公司六年间累计实现利润 28182 万元（见图 4）。同时，公司在经营规模、基础设施、管理水平、员工技能水平等方面均稳步地提高，企业核心竞争力得到快速的提升。

（二）降低钢铁物流成本，支持主业发展

在运输成本不断上涨、运输价格总体呈现下降趋势的情况下，汽运公司依靠内部资源优化和强化管理，实现了低成本运营目标，既使企业保持了健康稳定的发展，又为鞍钢降低物流成本、生产顺畅运行做出了重要贡献。2009 年，汽运鲅鱼圈分公司全面竣工，所投入的 1.04 亿元资金来源全部为企业盈利所得，没有占用集团公司的财务资金，而项目竣工后，还为鞍钢鲅鱼圈物流的顺畅运行做出了巨大贡献。2011 年年底，

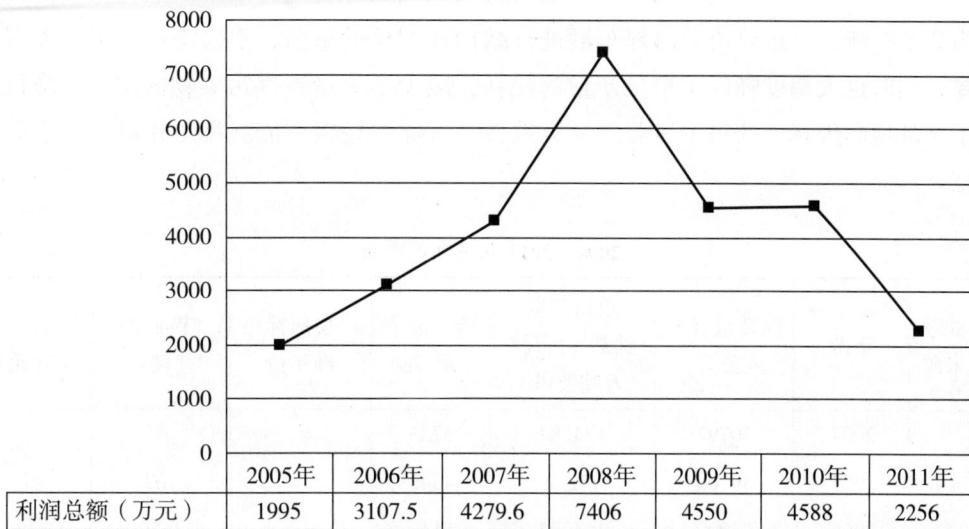

	2005年	2006年	2007年	2008年	2009年	2010年	2011年
利润总额（万元）	1995	3107.5	4279.6	7406	4550	4588	2256

图4　2005—2011年利润总额变化趋势

汽运公司的资产负债率仅为32.4%，企业的财务资金仍处于良好状态，可确保各项战略业务的有效实施。目前，汽运公司正按照企业中长期战略发展规划的部署，稳步实施由市区向达道湾工业园区的厂区搬迁改造工作。预计两年后，企业将站在更为广阔的发展平台上，为钢铁物流提供更加全面的服务。

（三）拉动社会劳动力就业，承担社会责任

企业改革并不意味着依靠"员工下岗、减员增效"来解决企业的发展问题，而应依靠转换机制、调动和发挥企业各种资源的作用，来加快企业的发展步伐。汽运公司改革以来，不仅没有出现大批员工下岗现象，而且在岗职工收入近年还呈现出稳步上升的趋势，职工技能素质也有了显著的提高。随着企业不断发展、规模不断壮大，公司还利用人力资源政策的灵活性，吸纳了大量的社会劳动力和专业技术人才来企业施展才华。此举不仅解决了企业发展中的人员短缺问题，还为社会提供了大量就业机会，缓解了社会就业矛盾，无形中承担了一定社会责任。截至目前，公司共吸纳外聘员工1697人（占在岗职工总数的62%左右），他们分布在各级工作岗位当中，发挥着举足轻重的作用，为汽运公司持续健康发展做出了重要贡献。

（四）通过运输结构优化，实现节能减排目标

汽运公司通过优化运力结构和精细化管理，累计实现节油约12959吨（见下表），折合成标准煤约为18514吨。如按专业资料所提供，汽车消耗1吨柴油排放二氧化氮、一氧化碳、酸类有机物等污染废气量约为40公斤，相当于排放二氧化碳气体约为2.3

吨。以此推算，公司其间共减少污染废气排放量约为 518 吨，减少二氧化碳气体排放约为 29806 吨。汽运公司对内部车辆进行结构性调整的举措，不仅满足了企业发展的需要，同时也大幅度降低了单位产量的油耗，减少了大量空气污染物的排放，降低了对生态环境的破坏，获得了显著的社会效益，对促进鞍钢节能减排工作做出了实质性贡献。

2004—2011 年节油效益表

节油效益来源	年份	周转量（万吨公里）	单位产量油耗（公斤/万吨公里）	当期油价（元/吨）	参照标准年份	节油量（吨）	节油价值（万元）
优化运力结构与精细化管理	2004	30792	174.88	3725	2004		
	2005	39800	172.2	4342		107	47
	2006	53900	144.82	5146		1620	834
	2007	53000	141.33	5647		1778	1004
	2008	70500	129.15	6480		3224	2089
	2009	62300	128.75	6200		2874	1782
	2010	70500	131.03	7240		3091	2238
	2011	72527	171.22	8275		265	219
合计						12959	8213

八、创新成果的推广价值

汽运公司在钢铁物流公路运输企业可持续发展模式的构建与实施中，取得了经济效益、生态效益和社会效益的丰收。该成果对钢铁企业开展物流管理创新具有积极的推广价值。首先，该创新成果可以为广大专业型汽车运输企业扩大业务规模、提升业务能力、实现可持续发展提供很好的借鉴；其次，该创新成果也可以给钢铁企业以及其他制造企业的非核心物流业务发展提供有益的思考；最后，该创新成果通过优化运输资源配置、强化相关管理要素，有效实现节能减排的有益探索，为汽车运输行业的节能减排提供了有用的样板模式。

浙江陆通物流公司行业组合创新模式①

【摘要】由于长期"重生产，轻流通"，进入 21 世纪后，浙江玉环县公路货运企业仍然存在多（微小企业多）、小（企业规模小）、散（分布散）、乱（秩序乱）、弱（生存能力弱）的局面。如何通过转型升级来满足社会经济发展需要，成为玉环货运企业迫切需要解决的问题。浙江陆通物流以玉环陆通物流中心和货运专线为依托，通过体制创新、经营创新、机制创新、技术创新和文化创新五大手段，经过三次物流企业的整合，从最初 38 家物流企业整合发展为如今一个 130 多家企业构成的大联合，从根本上改变了玉环县公路货运企业多、小、散、乱、弱的行业状况。目前，企业已成为具有普通货运、货物配载、仓储理货、交易、包装、流通加工等服务功能的综合性现代物流企业，在实现自身企业升级和优化的同时，对当地经济发展也做出了重要贡献。

【关键词】货运企业联合；组合创新

【适用领域】物流企业转型升级；物流企业整合；货运企业服务创新

一、企业基本情况

虽然玉环县只是一个海岛县，但自改革开放以来，玉环充分利用体制外市场化改革的先发优势，推动了经济主体的民营化和民营经济的快速发展。2011 年，全县实现生产总值 361.52 亿元，比上年同期增长 10.4%；人均地区生产总值 85869 元，增长 16.2%。近年来，玉环十度跻身"中国综合实力百强县"行列。2011 年在全国最具综合实力中小城市百强评选中名列第 23 位。截至 2010 年 12 月，全县工业企业 11658 家，其中有限责任公司 2474 家，股份合作企业 2558 家，规模企业 1254 家，超亿元企业 111 家。

浙江陆通物流有限公司创建于 2003 年 1 月，由 38 家物流企业整合而成。经过几年的创新发展，公司在全国各地建立起物流联运网点，设立了货运信息网，形成了 40 余条货运专线，构筑起集公路直达、公铁联运和水陆联运的高效化货运体系，成为具有

---

① 本成果由浙江陆通物流有限公司提供，成果主要创造人：颜贻璋、陈琼燕，获 2012 年度物流行业企业管理现代化创新成果奖二等奖。

普通货运、货物配载、仓储理货、交易、包装、流通加工等服务功能的综合性现代物流企业。

目前，浙江陆通物流有限公司注册资金达 2188 万元。2008 年，公司营业收入 1.56 亿元；2009 年营业收入达到 2 亿多元；2010 年营业额达 3.7 亿多元，上缴地方税收 1300 多万元；2011 年营业额达 4.3 亿元，税收 1540 万元。公司拥有总建筑面积达 1.8 万平方米的物流园区，建有物流仓储中心、配送中心、交易中心、信息中心以及配套设施用房和管理用房。从昔日的小微托运站，到合力打造浙江陆通国际物流园区，企业的知名度和美誉度日益提升。浙江陆通物流连续多年获得"玉环县服务业骨干企业"和"纳税标兵"的光荣称号；2008 年进入了"台州市现代服务业十强企业"和"台州市物流龙头企业"；2010 年荣获"浙江省物流管理优秀案例奖"、"中国物流服务创新示范单位"、"全国税收试点物流企业"；2011 年获"全国先进物流企业"、"浙江省 100 家重点培育物流企业"等多项荣誉，并顺利晋升为国家 AAAA 级现代物流企业。董事长刘慧仓也荣获了全国物流行业劳动模范光荣称号。

2010 年年底，陆通物流公司开始了二次腾飞。在玉环县交通物流协会的协调下，由浙江陆通物流有限公司牵头，在行业内进行了三次整合，即从同行业 39 家，到 82 家，再到现在的 130 多家的全行业大联合。旨在共同建设玉环县现代物流"保税、仓储"中心项目，包含台湾水果仓储物流中心（辐射长三角）和规划建设台州首家保税仓储中心（服务台州先进制造业）。

二、创新成果的名称

该创新成果名称为：浙江陆通物流公司行业组合创新模式。浙江陆通物流以玉环陆通物流中心和货运专线为依托，通过体制创新、经营创新、机制创新、技术创新和文化创新五大手段，由多次物流企业整合，从最初 38 家物流企业整合发展为如今一个 130 多家企业构成的大联合，实现了成功的物流转型升级。

三、创新成果的产生背景

由于长期"重生产，轻流通"，进入 21 世纪后，玉环县公路货运企业的多（微小企业多）、小（企业规模小）、散（分布散）、乱（秩序乱）、弱（生存能力弱）的状况仍未得到根本性的改变。"多、小、散、弱"的货运企业整体特点、"一户一车"、价格战、"零和"博弈以及严重超载等问题，已经直接影响了当地物流市场的运营环境。如何通过转型升级来满足社会经济发展需要，成为玉环货运企业迫切需要解决的问题。

　　为打破困局，寻找出路，2003 年 3 月玉环县货运行业 136 家中小微企业共同成立了玉环县公路货物托运协会。同年 12 月，38 家小微企业率先联手组建了台州华联物流有限公司。2005 年，在原华联物流公司的基础上，经过股权重组，浙江陆通物流有限公司应运而生。

　　经过几年的整合创新，陆通物流在全国各地建立起物流联运网络，形成了 40 余条货运专线，设立了货运信息网，构筑起集公路直达、公铁联运和水陆联运的高效化货运体系，成为具有普通货运、货物配载、仓储理货、交易、包装、流通加工等服务功能的成长型综合性现代物流企业。在全球金融危机的大背景下，浙江陆通物流以玉环陆通物流中心和货运专线为依托，实现物流服务市场占比、营业收入和上缴税收的稳步增长，打响了"浙江陆通物流"品牌。

四、创新成果的主要内容

　　企业成功的关键不在于其拥有的资产，也不在于其开发能力，而在于突破、超越的创新精神。创新能让一切皆有可能。几年来，浙江陆通物流形成了独特的"组合创新模式"，通过体制创新、经营创新、机制创新、技术创新和文化创新，实现了行业的转型升级。

（一）体制创新：实行"三次"联合，提升行业集中度

　　2003 年 12 月，在玉环县交通主管部门和县物流行业协会的协调下，38 家托运企业冲破了单打独斗的传统思想的束缚走到了一起，联合组建了台州华联物流有限公司。然而，38 家企业 39 股仅出资 195 万元，资本金太少，谈不上有多少影响力，也难做大事。这说明当时股东们还没有多大的心理承受能力和胆魄。第一次联合，虽然没有得到较好的运作效果，但毕竟迈出了可喜的"第一步"，积累了一定的经验。

　　两年后，即在 2005 年，经过股权重组，浙江陆通物流有限公司应运而生。此时，公司注册资本猛增至 2188 万元。2008 年 9 月 1 日，陆通物流中心开业；2009 年 12 月 26 日，陆通信息中心启用。浙江陆通物流得到了快速发展，企业知名度和美誉度与日俱增。

　　2010 年年底，在玉环县交通物流协会的协调下，由浙江陆通物流牵头，以筹建浙江陆通物流新园，即浙江陆通国际物流园区项目为契机，进行了全县物流行业的整体大联合。这是第三次行业性大联合。这次联合重组，有 64 家中小微货运企业加盟，连重量级的国有改制企业——浙江玉环汽车运输有限公司也积极参与。2012 年 4 月，陆通物流新园公司又成功地进行了"增资扩股"，股东实际投资额增至 8000 万元。经过 8 年来的三次整合，浙江陆通物流已聚集中小微物流企业 130 余家，约占玉环县公路货

运行业企业总数的90%。

上述三次联合的过程如图1所示。

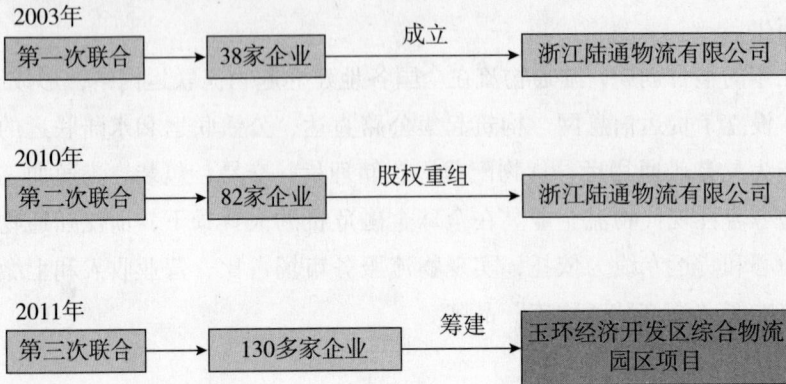

图1　"三次行业大联合"实施过程

（二）经营创新：实施"三大统一"，企业步入"快车道"

自从运行以来，浙江陆通物流公司通过整合，实行了"统一业务专线，统一运营流程，统一配置资源"。既降低了客户的物流成本，提升了客户的增值能力，降低了企业自身物流管理成本和运输成本，同时也实现了第三方物流与工商企业的"双赢"，实现了从传统货运业向现代物流业的一次质的提升。

统一业务专线，扩大辐射范围。浙江陆通物流经细致的市场调研，将业务区域分为六大板块，即华北、华中、华南、华东、华西和国际货代。通过整理合并重复专线、集中资源开辟新专线，形成了40余条从玉环开往全国各地的黄金货运专线，覆盖全国主要大中城市。同时，国际货代业务也有新的突破，如图2所示。

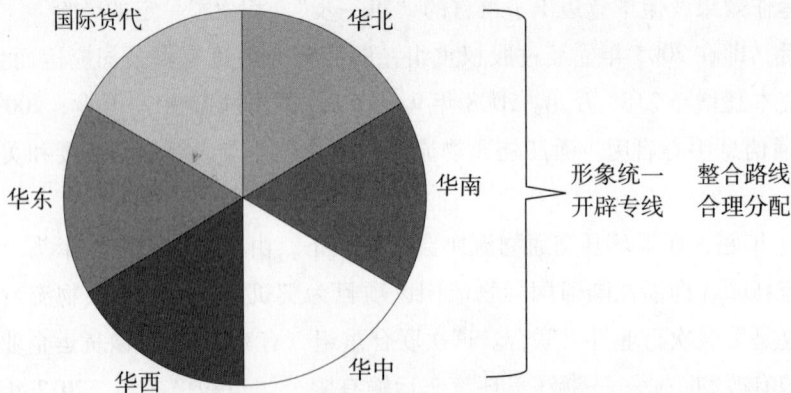

图2　浙江陆通物流的六大业务区域板块划分情况

统一流程设计，促进规范运作。浙江陆通物流在统一业务专线的基础上，实行了统一的流程管理，包括统一业务承揽、统一车辆调度和装配、统一仓库管理、统一保险业务和统一收取费用，促进了业务管理的规范化、程序化和集约化。通过流程管理的强化，企业管理成本降低约10%，增强了公司实力和竞争力。

统一资源配置，提升整合效应。浙江陆通物流对人力资源、运输设施、仓储设施等有形实体资源和技能、信息与管理知识等无形资源进行有效整合。一个以铁路干线运输为基础、公路快运为延伸、区域配送为深度渗透的多层次物流网络服务体系已经形成，如图3所示。

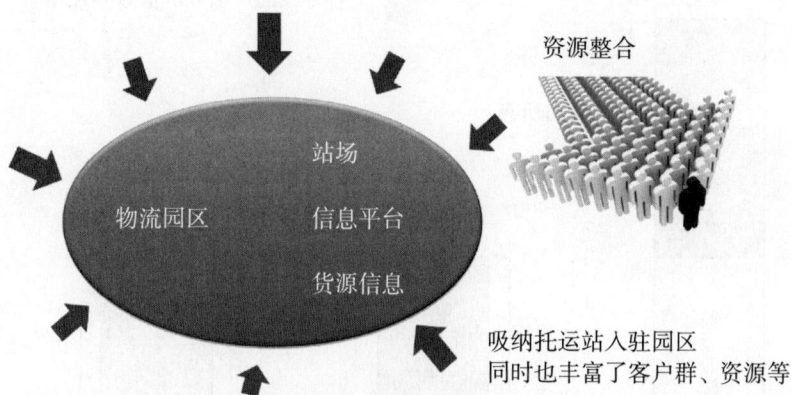

图3　浙江陆通物流的有效资源整合示意

（三）机制创新：实行"一企两制"，专线经营款额"八二分配制"

浙江陆通物流之所以能吸引全行业九成企业参与行业整合，更多还在于机制创新的吸引力。实行同行业联合重组时，有的行业实行"倒旗联合重组"的彻底性变革，然而能下决心让小微企业真正"倒旗"的企业主并不多见。经过调查研究，浙江陆通物流在重组方案的设计上，充分考虑到参与整合的小微企业的实际利益，一方面让股东在总部有股份分红，另一方面使业务专线通过合并重复专线、开辟新专线分享到"蛋糕"。因此，专线股东与总公司实行"经营款额分配制"。

"经营款额分配制"是指参与合并的货运企业带货带数量入驻陆通，共同使用陆通物流品牌。如图4所示，在保证其原年营业额的基础上，对年末超额部分进行"八二"分配，即公司得超额部分的80%，专线得超额部分的20%；新开辟的专线则由总公司以参股的方式，对年营业额实行"八二"分配，即公司得年营业额的80%，专线得年营业额的20%；若专线未完成原年度经营目标，则公司为专线提供"八二"分配的风险共担，即公司承担未完成款额的80%，专线承担未完成款额的20%。这个办法同时兼顾了公司和专线股东两方面的积极性。复制此种模式，有利于区域内外专线整合，并助推所有专线做强做大，提升企业的整体实力和竞争力。该模式的推行已初见成效，入驻园区的货运企业营业额在逐年递增。

在公司与专线股东的关系处理上，浙江陆通物流实行的是"有统有分、统分结合"的原则。"统"，是指统一管理，具体体现在由公司直接同客户签订承运合同，实行车辆的统一调度、统一装配、统一保险业务（包括货运险、车辆险等），也由公司实行统一收取运费，统一发放业务，统一仓储、运输和配送。"分"，则是指利益分配，具体就是收入按比例分配，各得其所。

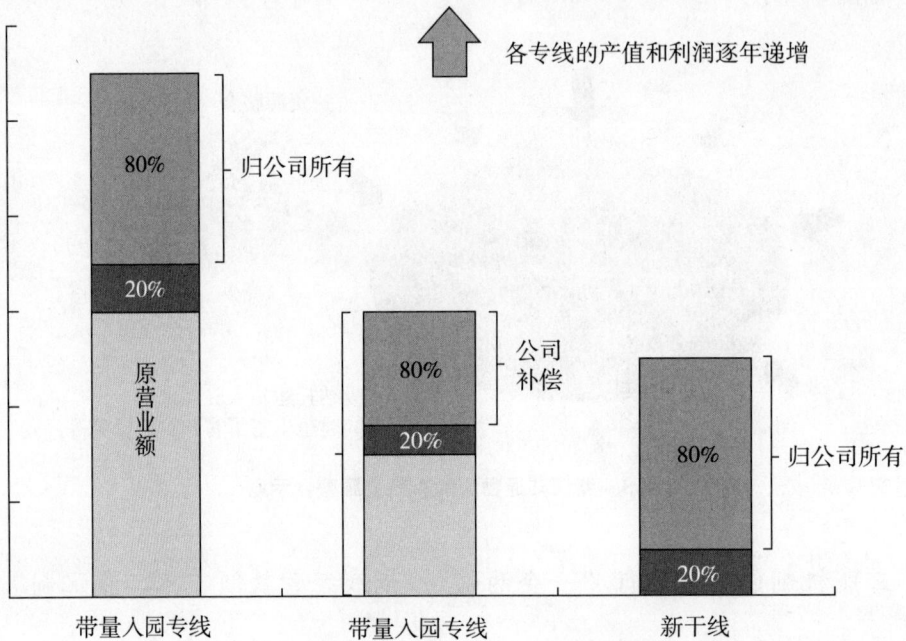

图4　专线营业额"八二"分配模式

（四）技术创新：兴建"信息中心"，物流服务高效率

现代信息技术在现代物流中的应用为企业转变发展方式、提升服务能力提供强大支持。浙江陆通物流把握物流科技的发展方向和趋势，投入巨资促使科技成果的转化和利用。陆通信息中心的兴建，助推企业进入高效率信息处理时代，促进物流信息化、技术化水平的全面提升。陆通物流中心投资建设的信息中心，包括中心门户网站、运输管理系统（TMS）、综合发布系统、中心总控制室、园区会员商务室、货运配载系统、停车场管理系统、仓储管理系统及软件 SaaS 系统，并与浙江物流网建立了互联互通。

陆通信息中心通过科学地安排货物运输，有效地降低了企业的库存，减少了客户的资金占用率，保障了货物的准时交付，增强了与客户之间的战略合作关系，实现了

"向管理要效益"的目标。据统计，客户延期交货减少约80%，车辆满载率提高约95%，重复出车率降低至0.1%，应收款资金回笼提高了30%以上。

与客户信息互通是货物运输作业的核心内容。陆通信息中心通过有序、高效、精准的服务，提高了车辆调派的效率，并通过公铁联运的合理配载，有效降低了车辆空载率，并保证回程车辆的满载率和利用率。

通过"三大统一"的实施和信息中心的高效运作，陆通物流为客户企业降低物流成本15%~20%。以上市企业浙江双环传动机械有限公司（以下简称双环）为例，主要物流费用在其原材料（钢材）的运输上。2007年双环与浙江中捷环洲供应链集团有限公司合作，年末共付物流费用3100万元，费用高的原因主要在于"空车上"的双程费用计算方式。2008年，陆通物流利用信息中心进行货运信息的快速有效传递，通过统一调度和配载，降低车辆空载率，按照单程费用计算方式，直接降低双环物流成本约400万元。并且随着物流服务和信息服务的不断完善，双环的物流成本逐年递减。

（五）文化创新：崇尚"和合"文化，不求控股求共享

从走向行业联合起，陆通物流从上到下对"和合"文化都有特别的理解。浙江陆通物流坚信"和为贵"、"和气生财"，在整合专线时提出"经营收入比例分配"的解决方案，并在陆通新园公司组建中股权占比不到25%，令合作者诚服和称佩。

在通常情况下，一个企业牵头组建股份公司，考虑到现有企业的发展规模、市场份额以及多年来积淀下来的无形资产，提出占51%股份是理所应当的。陆通物流即使放弃51%的股权占比，那么34%也是情理之中的。然而，在这次陆通新园组建中，浙江陆通物流自身的股权占比不到25%。因为，在陆通物流高层决策者心中早就形成了"不求控股，但求共享"的理念。这也是浙江陆通物流崇尚"和合"文化最为生动的注释。"和"是一种承认和尊重，"合"是一种凝聚与合作。

牵头单位"不求控股求共享"，这是一种智慧，更是一种文化；加盟者从乐做"鸡头"到甘为"凤尾"，这本身也是一种进步、一种姿态。一个行业中能有九成企业自愿走向联合，真诚缔结"同心圆"，也实属少见。

五、创新成果的主要创新点

在当今经济全球化、全球供应链普及的大环境下，我国中小物流企业面临国际物流大鳄和国内物流巨头的双重压力。由于在技术手段、信息化程度、资本与信贷能力、管理水平、成本问题等方面存在着先天性劣势，大多数中小物流企业的经营现状可谓举步维艰。然而浙江陆通物流通过组合创新、有效整合，却是步步主动，

亮点频现。

（1）以体制创新、机制创新为突破口，坚定信念，团队合作，在行业"整合提升、和谐发展"上，8年迈出了"三大步"，实现了县域物流行业的大联合，整合面达到九成，成为省内外物流行业走联合的典型样本。

（2）以"三大统一"为抓手，即统一业务专线，统一流程优化，统一资源有效配置，推进了经营模式的创新，加快了全县物流行业的转型升级，整合后的六大板块、40余条专线已覆盖国内主要大中城市，国际货代也有所突破。

（3）以科技创新为动力，投入巨资兴建"陆通信息中心"，开创了物流业高效化信息化处理时代。特别是在省运管部门的指导下，利用省运管部门开发的"一卡通"软件系统，建立"园区一卡通"，使信息化水平显著提高。"园区一卡通"系统与浙江物联网、全国物联网互联互通，大大降低车辆空载率，减少车辆迂回运输、重复运输。

（4）以文化创新为出发点，崇尚"和合"文化，相继推出"经营收入比例分配"、"不求控股，但求共享"等解决方案，提升了陆通物流的美誉度和向心力，"合作创造合力，合力创造共赢"。

（5）以"大整合"推进"大项目"建设，浙江陆通国际物流园区项目在加快筹建中。该中心将整合"四大资源"（物流服务、物流设施设备、物流需求和管理服务），并融入"八大功能"（包括信息交易中心、零担快运中心、分拨配送中心、车辆管理中心、融资服务中心、汽配汽修中心、生活配套中心、综合配套中心），工程计划总投资超过9.5亿元，这是任何单体都无法独立完成的成就。

六、创新成果的应用效果

浙江陆通物流有限公司通过有效整合，统一了品牌，提升了各专线在众多企业中的信誉；统一了管理，规范业务流程，提高了作业效率；统一了资源，减少仓储压力和物流成本，增加利润空间。通过大胆创新，在全国各地设立物流信息中心，打造区域性物流服务网络体系，加强信息化管理平台建设，不断提升企业核心竞争力。整合后，企业经营绩效不断攀升，股东之间矛盾得以有效化解，各货运业主的合法权益和利益得以有效维护，当地的货运秩序得以有效重构，整合取得了良好的经济效益、社会效益和环境效益。通过资源强强联合，有效引导和转化了县域内潜在的物流需求，提高了县域内的物流服务供给能力和水平；将社会物流资源有效整合利用，使物流服务社会化；营造了行业自律与良性竞争氛围，避免不必要的价格竞争，降低了物流交易成本，提高了物流服务效率；有效扩大了物流服务的市场需求；通过建立良好的市场秩序，形成对物流服务企业活动的规范化与积极引导。经济效益如图5、图6所示。

（亿元）

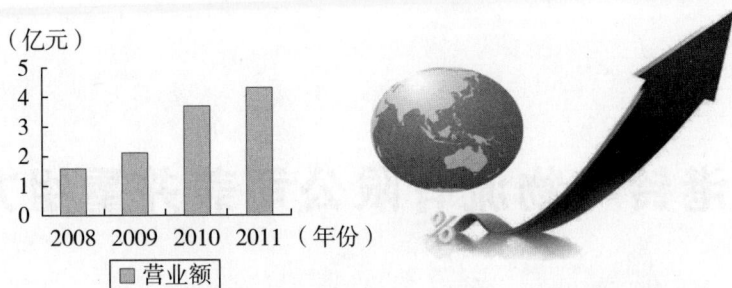

图5 浙江陆通物流有限公司创新成果应用经济效益

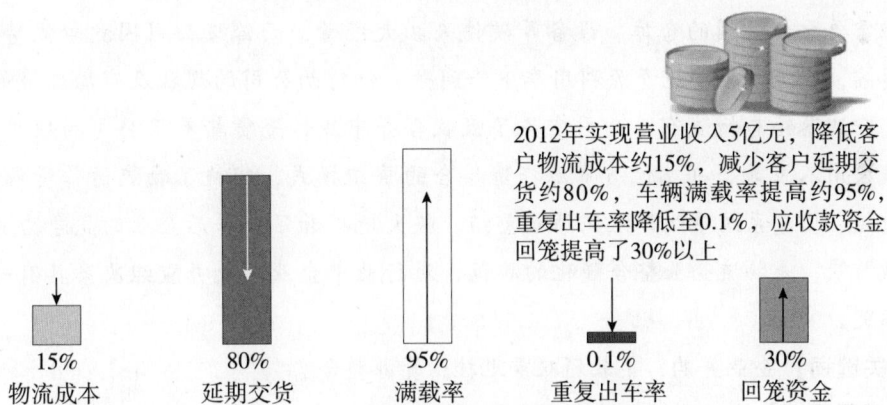

2012年实现营业收入5亿元，降低客户物流成本约15%，减少客户延期交货约80%，车辆满载率提高约95%，重复出车率降低至0.1%，应收款资金回笼提高了30%以上

| 15% | 80% | 95% | 0.1% | 30% |
| 物流成本 | 延期交货 | 满载率 | 重复出车率 | 回笼资金 |

图6 浙江陆通物流创新成果应用效果

七、创新成果的推广价值

创新创业是中小微物流企业面临的共同课题。我国许多地区的物流行业实际存在的"多、小、散、乱、弱"的现状带有普遍性，物流企业实行同行业联合重组，有利于推动民营物流企业加快向现代物流企业转变，并加速其成长和发展。陆通物流组合创新成果对我国许多地方的物流企业联合重组具有重要的借鉴价值。首先，组合创新模式是行业整合、企业升级的典型范例，其实施过程以市场、技术和资本为导向的重组模式和"五大创新抓手"具有很好的推广价值，完全可以推广复制到我国许多地方的物流行业发展中。其次，组合创新的模式不仅实现了行业的有序发展，而且推动了制造企业的物流成本降低和服务水平的提升，特别是在浙江温台产业带，组合创新的模式有助于实现制造业的转型升级，推动了区域经济的快速发展，该成果值得在我国其他地方发展区域经济中予以借鉴。

宁波港铃与物流有限公司兼并重组方案[①]

【摘要】 宁波港铃与物流有限公司、宁波铃隆货柜有限公司均为宁波港股份有限公司与日本铃与株式会社的合资公司。宁波港铃与物流在市场前景上显示出较强的生命力，但需要更大规模的仓库、设备等硬件来扩大经营；而铃隆公司因竞争优势削弱，业务萎缩，出现设备设施资源利用率下降问题。针对两公司的现状及市场环境的不断变化，宁波港铃与物流有限公司实施了吸收合并宁波铃隆货柜有限公司的项目方案。该方案采用不重复合并，优质资源提炼整合的重组模式，实施了物流运作资源重组、资金重组、信息系统重组和组织结构重组，极大地提升了合并后企业的竞争力并扩大了发展前景，是物流企业整合强化的典范，对行业中企业的兼并重组决策具有一定的借鉴意义。

【关键词】 企业并购；集装箱双重甩挂；资源整合

【适用领域】 企业并购；资源整合

一、企业基本情况

宁波港铃与物流有限公司、宁波铃隆货柜有限公司均为宁波港股份有限公司与日本铃与株式会社的合资公司，为应对高企的油价、过路费和不断上升的人工成本，探索交通物流企业的转型升级，增强企业抗风险能力，2009 年，经国家有关部门批准，董事会决定两公司兼并重组为宁波港铃与物流有限公司。兼并重组工作从 2009 年 9 月启动，至 2012 年 12 月，完成所有的审批、工商变更、业务整合和机构调整，历时 2 年零 3 个月，新宁波港铃与物流有限公司于 2012 年 1 月 1 日正式挂牌运作。重组后的宁波港铃与物流有限公司吸纳了两公司的优质资源，使物流服务链更饱满，物流组织方式更先进，企业经营更具竞争力。

在重组前，宁波港铃与物流有限公司自 2003 年成立以来一直以从事集装箱传统运输为主，因柴油、材料等物价的不断上涨，居高不下的路桥费，造成运输成本不断攀

---

① 本成果由宁波港铃与物流有限公司提供，成果主要创造人：方奕、陈大慧，获 2012 年度物流行业企业管理现代化创新成果奖三等奖。

升，公司一直处于微利甚至亏损状态，尤其在 2008 年下半年以来金融危机的不断影响下，传统物流企业竞争更激烈，物流企业的生存受到严峻考验。在此背景下，港铃与物流痛则思变，在深入研究集装箱运输的整体业务流程、进出口货源结构、主要节点、单证流转的情况下，通过对集装箱运输组织的优化，充分利用宁波港港口的优势，以及与船公司之间良好的合作关系，于 2008 年 9 月创新推出集装箱公路运输新模式——集装箱双重甩挂运输，在杭州萧山设立内陆集装箱还箱点场站，展开试运行，利用富阳、萧山的进口集装箱拆箱还到还箱点，再利用还箱点空箱配装杭绍地区客户的出口货物带回宁波港，形成集装箱双重运输，基本实现了"箱停车不停"、"集卡运输不放空"，有效地解决了集装箱运输的空驶率问题，节约了能耗、过路费、人工费和时间，因此使企业走出了困境。2009 年实现扭亏为盈，近年来，公司绩效连年上升，同时还为社会创造了较好的增值效益。在此基础上，公司 2009 年 6 月又开始研发集装箱双重物流服务信息平台并于 2010 年 6 月投入使用，平台的上线有力助推了集装箱双重甩挂运输业务的发展。

宁波铃隆货柜有限公司成立于 1995 年 11 月 15 日，公司占地 50000 平方米，仓库 7000 平方米，其中海关监管仓库 1200 平方米，修理车间 500 平方米，拥有可堆存 6000TEU 的场地和有 42 个插座的冷藏箱专用场地。公司主营与集装箱仓库和堆场相关的进出场验箱，集装箱港区中转运输、储存、堆放、装箱、拆箱、干货箱代检、冷藏箱预检、洗修箱、挂衣箱制作、咨询等服务，同时具有国际货运代理、无船承运人资质，率先在同行业中通过了 ISO 9001 质量体系认证。

公司自成立起至 2009 年的 15 年中，基于起步早，控股股东的资源优势，同时拥有一批素质较高的员工队伍，当时具有较强的竞争力，在一定时期内也曾取得了较好的企业和社会效益。但是，近年来，随着港区周边集装箱场站企业的迅速增加，员工队伍的不断老化，公司的优势不断削弱，业内竞争日益加剧，尽管铃隆公司仍具一定的盈利能力，但公司的衰退已成不可回避的现实。

二、创新成果的名称

该创新成果的名称是：宁波港铃与物流有限公司兼并重组方案。该方案采用不重复合并，优质资源提炼整合的重组模式，实施了物流运作资源重组、资金重组、信息系统重组和组织结构重组，极大地提升了合并后企业的竞争力并扩大了发展前景，是物流企业整合强化的典范。

三、创新成果的产生背景

2008 年以来国际金融危机导致全球市场需求疲软，外向型企业经营步入困境，与之相关的传统物流企业生存受到严重影响。不进则退，不改则亡。2009 年 3 月，国务院发布了《物流业调整与振兴规划》（以下简称《规划》）。《规划》明确提出，物流企业必须转型升级，向规模化、集约化的方向发展。

铃与物流创新推出的集装箱双重甩挂运输新模式，经过两年左右的尝试，显示出较强的生命力，在传统物流的转型方面也积累了一定的经验。另外双重甩挂的进一步做大做强，需要一定规模的仓库、设备等硬件支撑。而铃隆公司因竞争优势的不断削弱，导致部分库场业务的萎缩，出现设备设施资源利用率下降的现象。

因此，针对两公司的现状及市场环境的不断变化，公司董事会前瞻性决定：宁波港铃与物流有限公司吸收合并宁波铃隆货柜有限公司，取其两公司精华，资源共享，优势互补，避开传统物流的危机，寻求物流企业新的发展方向。合并后的宁波港铃与物流有限公司吸纳了铃隆货柜的无船承运、货代、洗箱、修箱、仓库、堆场、查验、箱检的优质资源，经营范围扩大，设备设施及人力资源利用率大大提高，使物流服务链不断拓展，更具竞争力。合并后，公司在集装箱公路双重甩挂和铁路双重运输以及集装箱多式联运业务发展方面独具活力和优势，为企业的可持续发展奠定了基础。

四、创新成果的主要内容

该项目属物流企业间的吸收合并型重组，公司的重组方案采用不重复合并，优质资源提炼整合，投资少，见效快。宁波港铃与物流有限公司吸收合并宁波铃隆货柜有限公司，宁波港铃与物流有限公司继续存在，宁波铃隆货柜有限公司解散。合并后公司名称为：宁波港铃与物流有限公司。

（一）物流运作资源重组

合并后的宁波港铃与物流有限公司吸收了铃隆货柜的无船承运、货代、洗箱、修箱、仓库、堆场、查验、箱检的优质资源，剔除了铃隆公司的海关查验和国检等有关查验业务，将老铃与的仓库与铃隆仓库合而为一。老铃与的集装箱运输业务、保险代理和第三方物流业务直接纳入新公司，进行优质资源提炼整合。

新铃与公司经营范围由原来的集装箱公路运输、仓储、包装、分拣、改装等第三方物流服务扩大为集装箱货物运输、货物中转、仓储、分拣、改装、修箱、洗箱、国际货运代理、无船承运业务、保险代理业务等，使公司物流资源更加丰富，设备设施及人力资源利用率大大提高，给集装箱公路双重甩挂和铁路双重运输以及集装箱多式联运业务发展提供了可靠的保障，对集装箱运输业的转型升级将起到积极的推动作用。

（二）物流资金资源重组

两公司的注册资金合并相加为新铃与公司的注册资金，宁波港股份有限公司占股51%，资金 3736.62 万元，日本铃与株式会社占股 49%，资金 3590.08 万元，合计7326.7 万元，不另外变动资本、股份及股东。

（三）物流信息系统重组

物流信息系统方面，软件进行统一规范，淘汰落后的应用软件，统一使用先进的车辆运输管理和 CFS、CY 管理软件，并进行必要的更新升级。合并后的公司组织结构如下图所示。

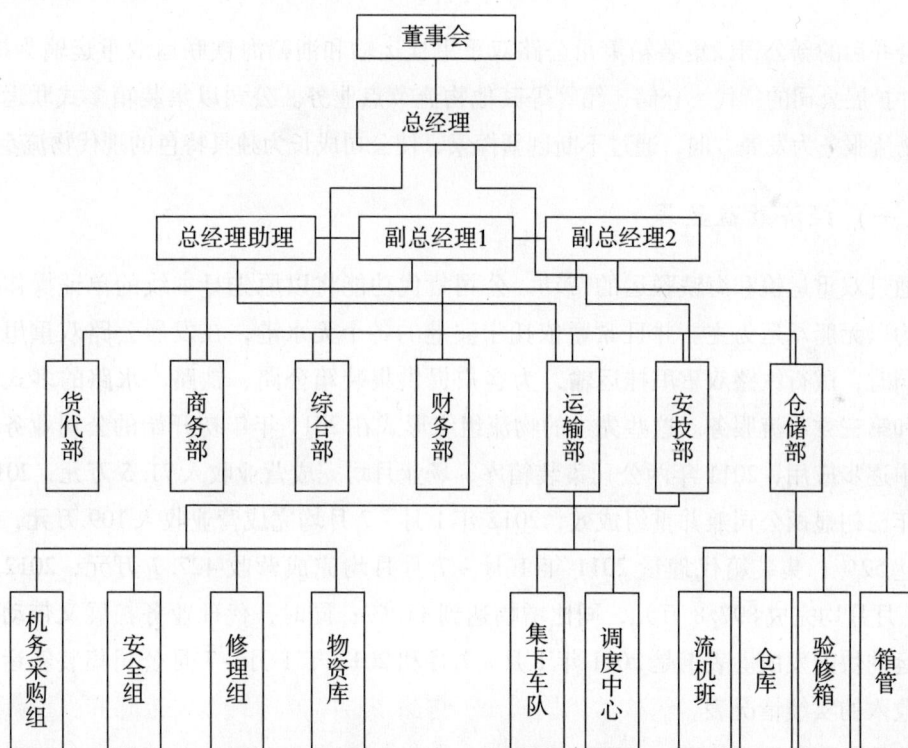

重组后铃与公司的组织机构

公司重组的进度：

2009 年 9 月董事会决定两公司重组；

2010 年 1 月～12 月按国家规定办理各级政府主管部门审批文件；

2011 年 1 月～12 月办理各种登记注册和注销。同时，逐步开展业务的调整、整合；

2012 年 1 月～2 月，全面完成业务整合。3 月～9 月进行机构、人员调整。至此，两公司兼并重组全面结束。

五、创新成果的主要创新点

（1）该成果根据市场情形与本企业的发展状况，适时决定两企业重组合并，优势互补，实现了资源的高效利用，适应了市场发展变化，为企业生存发展开拓了空间。

（2）企业合并时采用不重复合并，优质资源提炼整合，经营范围合理扩大，项目投资少，见效快，使合并后的公司有了很好的发展前景。

六、创新成果的应用效果

合并后的新公司以集装箱萧甬公路双重甩挂运输和浙赣海铁联运双重运输为推手，带动并扩展公司的货代、仓储、箱管等其他物流节点业务。公司以集装箱多式联运和第三方物流服务为发展方向，通过不断创新探索，使公司成长为独具特色的现代物流企业。

（一）经济效益显著

通过双重运输和海铁联运的带动，公司货代功能将以原先日本线的单证操作为主转型为以无船承运为主。并且紧紧依托宁波港的各个无水港，在发展公路双重甩挂运输的同时，试行铁路双重甩挂运输，为客户提供集装箱公路、铁路、水路的多式联运服务和第三方物流服务。这些先进的物流组织形式在 2011 年年初开始的公司业务合并过程中逐步应用，2011 年两公司集装箱库、场业月均完成营业收入 71.5 万元，2012 年上半年已初显两公司兼并重组成效，2012 年 1 月~7 月均完成营业收入 109 万元，同比增幅达 52%；集装箱代理量 2011 年 1 月~7 月月均完成营收 427.7 万元，2012 年 1 月~7 月月均完成 897.8 万元，同比增幅达到 110%；同时，代理业务扩展又带动了海铁联运的快速发展。表 1 是 2011 年 1 月~7 月和 2012 年 1 月~7 月公司集装箱运输等业务收入的实绩情况表。

表1 　铃与物流 2011 年 1 月~7 月和 2012 年 1 月~7 月营业收入情况表 　　（单位：万元）

年　份	集装箱运输收入	库、场业务收入	代理及海铁联运业务收入	辅助业务收入
2011 年 1 月~7 月	2808.1	500.7	2994.1	356.0
2012 年 1 月~7 月	3629.8	763.3	6284.9	424.5
增　幅	29.3%	52.4%	110%	19.1%

公司在业务快速发展的同时，也体现出较好的企业效益，企业利税不断上升。目前铃与物流在宁波、杭州、绍兴市场已有公路双重合作客户 100 家左右，潜在客户数十家。江西地区已拥有 5 家大客户，潜在客户也有数十家。具有广阔的市场前景。

兼并重整后的新公司，经过近一年的业务整合，留精去劣，探索实施先进的物流组织形式，以双重甩挂和代理业务带动库、场业务；以多式联运带动代理和无船承运业务。2012 年半年的经营实绩表明：各块业务在国内外经济疲软的环境下，取得了效益快速上升的业绩，初现重组后新公司的勃勃生机。表 2 是 2012 年 1 月 ~ 7 月公司的效益情况表。

表 2　　　　铃与物流 2011 年 1 月 ~ 7 月和 2012 年 1 月 ~ 7 月效益情况表　　（单位：万元）

年　份	营业利润合计	库、场利润	代理海铁业务利润	集装箱运输业务利润
2011 年 1 月 ~ 7 月	550.0	84.6	280	185.4
2012 年 1 月 ~ 7 月	765.2	112.7	410.3	242.2
增　幅	39.1%	36.4%	46.5%	30.6%

（二）社会效益

新公司的双重甩挂运输和海铁多式联运激活了内地物流中心集装箱场站。同时节约了能源，在一定程度上解决了社会交通的压力，减少废气排放，从而实现绿色物流和低碳环保，促进社会环境可持续发展。据实际测算，集装箱双重甩挂运输可节约柴油 41.5 升每标箱，减少二氧化碳排放量 113 千克。另外，新公司因业务扩展，效益提高，不仅增加了就业人数，上缴国家的税金也大大增加。

七、公司今后发展思路

新公司今后将以揽货为龙头，围绕腹地开发战略，依托宁波港的无水港网络，设计物流服务新模式，充分发挥货代、车队、堆场、仓库联合作战的优势，为客户提供价廉物美的物流产品，公司在近两年的转型升级中也尝到了甜头，企业今后发展的思路是：

（一）继续以揽货为中心，紧紧抓住大客户

公司近几年的发展得益于转型升级，从箱管转型为货管。因此，揽货是公司发展的龙头，也是今后进一步转型的关键。揽货必须紧紧围绕着内陆腹地开发，紧盯大客

户，掌握市场信息，了解客户需求，看准一个，紧盯一个，调用一切可调用的资源扩大客户。

内贸集装箱物流服务是今后开发的另一个重点市场，充分利用江西丰富的矿产资源，以及与东北三省较多的物流往来，转变其原先的公路、铁路运输模式，引导内贸大宗货物通过宁波港海运到营口港或大连港，再通过公路或铁路运输到东北三省，打通宁波、江西与东北三省的铁—水—铁，铁—水—公通道，并逐步形成双向通道的集装箱多式联运。

（二）坚持不懈开展双重运输

双重运输的实现是运输企业追求的最佳模式，公司已经有了很好的开始，需要公司坚持不懈的深入发展，进一步加大杭萧绍地区客户的开发，搭建好货代服务平台；进一步加大进口货物的承揽，提高双重运输的匹配率；进一步利用好社会车辆，借助外力扩大双重运输规模；进一步扩大大宗散货集配中心的建设，为双重运输提供配套服务。进一步尝试铁路双重运输，争取在江西的海铁联运中进一步扩大重去重来的比例，提升在江西的揽货能力和市场竞争力。公司将逐步搭建江西地区的揽货平台，围绕江西无水港的发展，广揽货源，开拓江西上饶、鹰潭、南昌、新余等市场，同时紧盯大客户，为大客户提供切实可行，低价、优质、快速、便捷的物流服务。

（三）提高物流信息化水平

2012 年我们将全面铺开集装箱手持无线终端使用。通过无线终端的使用，将集装箱运输过程中的数据实时传输到计算机平台，形成电子装箱单，并自动完成码头的预录入，实现集卡直接进港。目前，这个项目试验基本完成，下一步准备在整个公司铺开运行。如果运行成功，将考虑在宁波的集卡行业内营销，并转化为一种盈利模式。

（四）向供应链服务发展

充分利用日方在供应链服务上的经验和实力，针对日资企业开展生产供应链服务，主要是杭州下沙的工厂，为他们提供进出口、产品包装、分拣以及国内配送等全程的物流服务，借此公司的第三方物流服务将迈出重要一步。

八、创新成果的推广价值

宁波港铃与物流兼并重组方案这一创新成果对物流行业的其他企业有较强的借鉴意义。一方面，对中小物流企业而言，由于其物流服务范围较小，在油价、人工等价格不断攀升，市场疲软的环境下，本项目创新成果可为寻求互补性的物流企业开展兼并重组提供一定的参考。另一方面，针对开展双重甩挂运输的中小物流企业，当双重甩挂发展到一定规模时，若需进一步做强做大，需有较充足的资源（如堆场、仓库、修洗箱）给予保证，企业自己投资扩大资产，资金压力大，时间不能保证，有选择性的采取兼并重组并参考本创新成果模式，可收到"1+1>2"的效果。这也为行业内企业扩大公司业务提供了很好的参考范例。

物流设计篇

中捷环洲制造业产业集群
供应链服务解决方案①

【摘要】 随着供应链管理理念的兴起，汽摩配企业管理模式产生了新的变化，给浙江玉环汽摩配制造企业的生产管理模式带来了重大的挑战。如何适应这些业务需求，创新供应链运作方式，成为汽摩配企业急需解决的重要问题。中捷环洲顺应汽摩配产业发展与物流服务变革的要求，以汽摩配产业集群为依托，提供钢材贸易、钢材延伸加工、码头仓储、物流配送、金融服务、实业投资、进出口等一条龙供应链服务，积累了丰富的供应链服务经验，为汽摩配企业提供了"432"模式的供应链解决方案，即"以四大平台为基础，以三种模式为核心，提升业务两条链"。其中"四大平台"包括采购平台、加工平台、物流平台和融资平台；"三种模式"是指面向采购、加工与生产物流集成服务的供应链解决方案，面向供应链全程服务的一体化解决方案，融入供应链金融服务的供应链解决方案三种服务模式；"两条链"是指增强业务的价值链和延伸客户的服务链。中捷环洲供应链解决方案具有多环节系统化整合的特征、较强的个性化设计特征和较强的成本控制能力。目前，中捷环洲供应链解决方案已经在玉环汽摩配产业集群企业中得到了广泛的推广。中捷环洲公司利用供应链解决方案，已经累计为玉环地区汽摩配行业节约直接成本5亿元以上，为汽摩配产业竞争力的提升做出了一定的贡献。

【关键词】 供应链解决方案；加工平台；物流平台；融资平台

【适用领域】 产业集群内的制造企业与物流企业

一、企业基本情况

（一）公司简介

浙江中捷环洲供应链集团股份有限公司（以下简称"中捷环洲"）的前身是创建

---

① 本成果由浙江中捷环洲供应链集团股份有限公司提供，成果主要创造人：宋国安，参与创造人：阮云英、舒蒲良、张有轰、沈银萍、林丽、黄国平、赵健、郑小平，获2012年度物流行业企业管理现代化创新成果奖一等奖。

于 2001 年 8 月的浙江环洲钢业股份有限公司。2005 年 12 月，加盟中捷控股集团。2009 年 9 月，公司更名为"中捷环洲供应链集团股份有限公司"，是浙江省首家以"供应链"命名的公司。通过股份制改革形成规模经济，中捷环洲探索出一条提升区域特色经济竞争力的有效途径。公司注册资本 8000 万元，集团公司下属浙江中捷环洲金属有限公司、台州捷特物流有限公司及杭州温州子公司等八个子公司，主要从事与钢材有关的贸易业务。公司占地面积 300 亩，员工 500 多人，拥有总面积 193 亩的 3 万吨码头泊位 200 米、物流仓库 2 万平方米、物流配送车辆 30 台，具有联动金属材料 20 万吨/年的初加工能力。中捷环洲涉足的业务领域主要有钢材贸易、金属加工、物流配送、金融服务与房地产等五大板块，已经逐步从综合商贸物流型企业转型升级成为供应链服务企业，为区域内汽摩配企业提供原料采购、仓储管理、原料初加工、零部件毛坯供应、物流配送等制造业与物流业联动服务。2010 年、2011 年公司销售规模均超过 40 亿元。公司于 2011 年 3 月制定了"十二五"发展战略规划（简称《规划》），根据《规划》，中捷环洲销售规模将以每年 30% ~ 40% 的速度递增，"十二五"期末（2015 年）实现营业收入 150 亿元、利税 3 亿元。"十三五"时期，中捷环洲将继续保持 30% ~ 40% 的增长速度，奉行优钢领域为主、适当扩展的经营方针，向 2020 年销售收入 1000 亿元、利税 20 亿元的宏伟目标冲刺。

（二）公司所获荣誉

近年来，中捷环洲以打造浙江省最大的汽摩配产业供应链集成服务商为目标，努力进取，不断开拓，相继获得多项荣誉，如表 1 所示。

表 1 　　　　　　　　　　　　中捷环洲所获的重要荣誉

年　份	所获荣誉
2004	公司进入全国民营企业 500 强
2006.6	公司被确定为"2006—2007 年浙江省现代物流重点联系企业"
2008	公司进入中国服务业 500 强和浙江省重点流通企业行列
2010	公司被评为"浙江省服务业名牌企业"、"浙江省服务业百强企业"、"中国服务业 500 强企业"
2010.6	公司被正式授予"国家 3A 级综合服务型物流企业"称号
2010.12	公司进入"2010 年度中国钢贸企业百强"前 50 强
2011.5	公司被正式授予"国家 4A 级综合服务型物流企业"称号
2011.11	公司被国家发改委授予"全国制造业与物流业联动发展示范企业"称号

二、创新成果的名称

中捷环洲以汽摩配产业集群为依托，提供钢材贸易、钢材延伸加工、码头仓储、物流配送、金融服务、实业投资、进出口等一条龙供应链服务，积累了丰富的供应链服务经验，为汽摩配企业提供了个性化的供应链解决方案。因此，中捷环洲的创新成果名称为：中捷环洲制造业产业集群供应链服务解决方案。

三、创新成果的产生背景

（一）玉环汽摩配产业集群快速发展

玉环汽摩配历史悠久，早在"八五"期间，浙江省玉环县就曾被称誉为"中国南方最大的汽配工业基地"。经过多年的发展，玉环汽摩配产业集群在全国已形成明显的区域优势，产品品种多、规格齐全。汽配产品包罗重、中、微、轿、轻、农用、专用等车型，摩配囊括除发动机、外壳以外的所有产品。既有劳动密集型的零件、组件，又有技术含量较高的部件。汽摩配已经成为玉环县的第一支柱产业和工业经济中的高端产业。统计数据显示，2009 年玉环拥有 2301 家汽摩配企业，其中年产值上亿元企业 29 家，5000 万元以上企业 64 家，1000 万元以上企业 294 家，从业人员 8 万多人，同年实现产值 254 亿元，其中自营出口额达 3.48 亿美元。2009 年玉环县内共有汽摩配件生产厂家 1800 家，从业人员 10 万人，实现产值 254 亿元，成为全国汽摩配的重要生产采购基地。2011 年，玉环汽车零部件行业实现产值 404.47 亿元，同比增长 11.34%；前 11 个月，玉环县汽车零部件出口值达 5.9 亿美元，同比增长 35.24%。浙江省人民政府提出，力争到 2012 年，扶持发展包括汽摩配产业在内的 10 余个销售收入超过 1000 亿元的产业集群。温台沿海产业带也已将汽车及汽摩配行业列为主导产业，这意味着玉环汽摩配产业具有广阔的发展空间。图 1 是浙江玉环汽摩配基地的区位图。

（二）玉环汽摩配制造企业的供应链服务需求不断升级

玉环汽摩配产业集群的发展已经有近 40 年历史。随着供应链管理理念的兴起，汽摩配企业管理模式产生了新的变化，包括缩短产品开发周期，采用统一平台下的模块化生产与系统供货方式，推行敏捷制造和零部件与主机厂协同发展的模式等，这些都给玉环汽摩配制造企业的生产管理模式带来了重大的挑战。越来越多的制造企业开始关注企业的价值链，提高企业附加值，强化汽摩配产业链后端的物流、营销、售后服务和用户价值实现等建设；同时加强汽摩配产业链中间制造环节的企业管理和工艺创新，用信息技

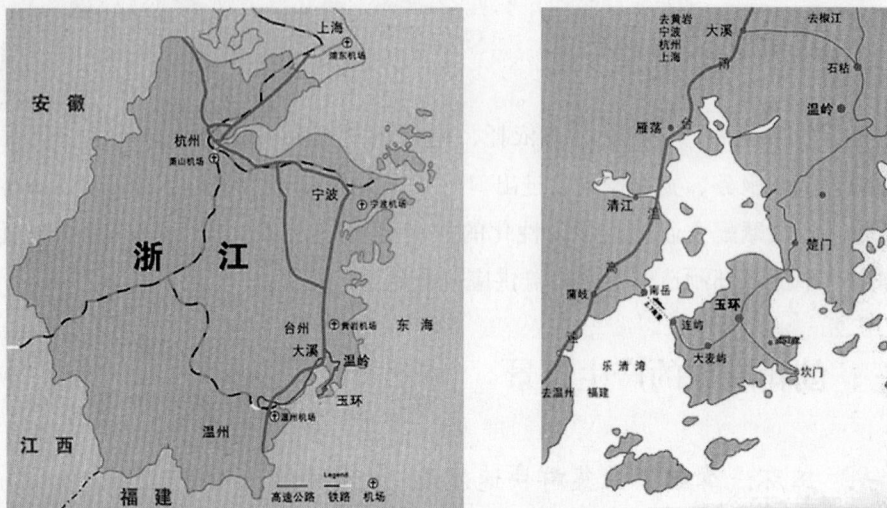

图1　浙江玉环汽摩配基地的区位图

术武装企业，提高企业管理效率和对市场的快速反应能力，大幅度降低生产成本，提升产品价值。汽摩配企业逐步将供应链管理作为提升企业竞争力的重要手段，许多公司在原材料采购、生产加工制造以及销售物流等业务外包方面存在较大的需求，如何适应这些业务需求，创新供应链运作方式，成为这些公司急需解决的重要问题。

（三）国家发改委积极推进两业联动工作

现代物流是提升制造企业核心竞争力的重要手段，制造业是物流业发展的需求基础。制造业与物流业的联动发展，不仅有利于提高制造企业的生产效率，降低产品成本，调整优化制造业产业结构，而且有利于促进物流资源整合，提高物流运作效率，提升物流企业服务水平，这对于调整优化我国产业结构、转变经济发展方式具有重要的意义。近年来，在各级政府部门的大力推动下，我国制造业与物流业联动得到深入发展。2007年9月，国家发改委在上海召开首届全国制造业与物流业联动发展大会，明确提出要推动制造业物流外包，促进制造业流程再造，提升物流业服务水平，引导制造业和物流业共同发展。2009年，国务院发布了《物流业调整和振兴规划》，明确将"制造业与物流业的联动发展工程"列为九项重点工程之一。该工程的设立成为我国制造业与物流业联动发展的重要里程碑，表明两业联动步入重点实施阶段，全国各地纷纷推动两业联动发展。2010年4月，为贯彻落实国务院《物流业调整和振兴规划》，全国现代物流工作部际联席会议办公室印发了《关于促进制造业与物流业联动发展的意见》。同年9月，全国现代物流工作部际联席会议办公室又发布了《制造业与物流业联动发展示范工作的通知》，明确了示范原则、示范内容和任务、示范企业（项目）的标准、申报要求和流程。2011年12月，国家发改委将130家企业作为首批全国两业联动示范企业，两业联动进入示范推广阶段。几年来的实践表明，两业联动发展工作符合我国制造产业和物流产业的发展规律，符合我国经济发展的实际要求，得到了社会的广泛认同。

（四）中捷环洲不断加强供应链服务解决方案的运作能力

在国际金融危机中，作为外向型经济的玉环汽摩配产业受到重创，全国市场份额逐渐下降。而且，由于国内相继出现瑞安、杭州、北京、重庆等汽摩配产业基地和大规模的工业园区，整个产业区域之间的竞争日趋激烈。因此，玉环汽摩配产业集群中的企业对供应链服务的需求越来越迫切。2009年9月，公司正式更名为"浙江中捷环洲供应链集团股份有限公司"，成为全省首家供应链集团企业。公司在名称上的创新不仅仅代表着名称的变更，更显示出公司将与汽摩配产业集群的企业开展全面联动。作为专业的供应链服务企业，中捷环洲为区域内汽摩配企业提供一体化供应链服务，业务范围由单一的工业用钢材向生铁、钢板、建筑用钢材拓展，形成了覆盖汽摩配件产业所需原材料的较完整的价值链。中捷环洲敏锐地挖掘市场需求，成立钢材加工中心、球笼生产基地，实现了从单纯贸易向物流加工的延伸。公司立足杭台温，辐射长三角市场，努力做好销售链上下环节的延伸，增强盈利能力，注重可持续发展，利用强大的供应链服务能力满足客户的多元化需求。

四、创新成果的主要内容

中捷环洲的创新成果可以归纳为"432"模式：以四大平台为基础，以三种模式为核心，提升业务两条链（价值链和服务链）。

（一）供应链解决方案的核心目标——提升业务服务链和价值链

中捷环洲在创新供应链解决方案的过程中，始终坚持以提升业务服务链和价值链为核心目标，不断提高企业的服务水平。中捷环洲根据产业集群中客户的需求变化，适时改变企业能力要素组合，新增符合客户需要的个性化能力要素，匹配各种所需资源，提升企业服务的附加值，深化发展价值链的主导能力，延伸客户服务链条，增强客户对中捷环洲服务的依赖性，提高了客户的服务附加值。

（二）供应链解决方案的基础——四大供应链服务平台建设

在与玉环汽摩配制造企业联动发展过程中，中捷环洲始终以产业集群供应链服务平台建设（采购平台、加工平台、物流平台、融资平台等）为核心，利用平台的吸引和放大作用，推动合作双方联动项目的顺利开展。中捷环洲虽然在平台建设工作中初期投资较大，但在后期的运营和项目开展阶段，服务平台却起到了较好的作用，既吸引了其他制造企业客户的加入，也减少了新建联动项目的运营成本，起到"一对多"的作用。

1. 采购平台

公司可提供包括型钢、优碳钢、合金钢、轴承钢、建筑用钢、钢板、生铁等在内的钢材贸易及采购代理业务，客户涉及汽摩配、建筑、缝纫、阀门等多个行业，产值占公司营业额的70%。截至2011年年底，公司已有钢材采购客户159家。2011年企业钢材销售额43.3亿元，销售量79.3万吨。

近几年来，在钢材市场的严峻形势下，针对目前国内钢铁流通行业的基本格局，结合玉环县汽摩配产业的巨大需求，中捷环洲一方面积极探索在市场跌价行情下的经营模式，另一方面及时调整经营策略，选择"汽摩配棒材供应链"细分市场，力求做专、做大、做强、做优，塑造"中捷环洲"在汽摩配棒材供应链领域的品牌形象。据中国钢铁第一网站——我的钢铁网——统计数据显示，2009年，中捷环洲的汽摩配优钢（棒材）销售量已经位居全国第一，说明中捷环洲在"汽摩配棒材供应链"这一细分领域已经具备举足轻重的市场地位。按为汽摩配制造企业每吨钢材节约成本150元来测算，自中捷环洲成立以来，已为玉环汽摩配产业节约成本约3亿元。

2. 加工平台

中捷环洲可提供包括金属材料的热锻、冷镦，圆钢的拉丝、精校、剪切、热处理和钢材的剪切、内外球笼毛坯加工等服务，年加工能力20万吨。拉丝、球笼锻造、材料热处理"三大支柱"加工延伸项目，成为环洲供应链2011年年初提出的"三三制"盈利模式的一极。

中捷环洲作为玉环地区最大的棒材冷拔加工单位，加工制造部年加工棒材85000吨、线材20000吨。作为玉环地区汽摩配行业最大的棒材加工供应商，中捷环洲加工制造部98.4%的加工产品销往本地以汽车零配件为主要产品的企业，并且占据了当地68%的棒材加工市场。作为玉环拉丝行业的先行者，中捷环洲加工制造部始终保持着棒材冷拔方面的规模与技术优势。在玉环地区，中捷环洲不但具有直条冷拔成六角加工量最大的优势，还独家拥有对直径18mm以上盘条的矫直能力和对直径20mm以上盘条的冷拔与矫直的能力。

3. 物流平台

公司组建了台州捷特物流有限公司，购置了30余台车辆，拥有挂靠车辆百余台，建立起企业自身的物流配送体系，面向玉环汽摩配产业集群企业，逐步推行共同配送、即时配送和准时配送新模式，形成了钢材从采购到加工直至销售给终端用户的完整物流链。公司现有管理人员10名、专业驾驶员35名；2011年，公司实现营业收入3800万元。自成立以来，捷特公司树立"真诚为客户，服务到永远"的服务宗旨，拥有以环洲钢业、苏泊尔集团等大型企业为主的客户30余家，主要运输路线是大麦屿码头至玉环县各地的短途配送运输和玉环至杭州等地的长途销售配送。

公司大力推行区域物流资源建设工作，筹集重资建设水深13.5米、泊位长217米、停靠1.5万吨兼3万吨的中捷环洲大麦屿金属物流中心。金属物流中心具有七大功能，分别是码头作业功能、物资仓储功能、运输配送功能、金属粗加工功能、信息服务功能、交易展示功能和配套服务功能。项目总投资规模约为22558万元，投资强度为122.60万元/亩。码头作业区主体工程已于2010年4月22日正式开工。

4. 融资平台

鉴于中捷环洲持续盈利的良好经营业绩和重合同、守信用的诚信品质，2009年公司获得的银行授信额度达5.6亿元。以此为基础，公司积极开展供应链金融服务，打造融资平台。公司开展"厂商银"的上游合作模式，使钢材企业、环洲公司和银行三方受益；开展"商厂银"的下游合作模式，利用自有客户信誉度评估体系，帮助客户开展供应链金融业务，实现了多方共赢。目前，公司在大力推广供应链融资业务（保兑仓业务）的同时，正在和工行及兴业银行进行紧密合作，以公司集团用户群为基础，共同开发专用信用卡业务。

（三）面向采购、加工与生产物流集成服务的供应链解决方案——以普天公司为例

面向采购、加工与生产物流集成服务的供应链解决方案，以客户（制造企业）的前端生产供应链为服务对象，通过整合客户的原材料采购、原材料加工以及生产零部件配送三个方面的流程，以最低的成本、最好的服务满足客户的多元化服务要求，如图2所示。其中，客户原材料采购被纳入中捷环洲的采购平台，实施规模化采购；客户原材料加工交给中捷环洲加工制造部；在加工完成后，由中捷环洲直接配送到客户生产车间。这里以玉环普天单向器有限公司为例介绍该供应链解决方案。

玉环普天单向器有限公司（以下简称"普天公司"）位于浙江省玉环县，创建于

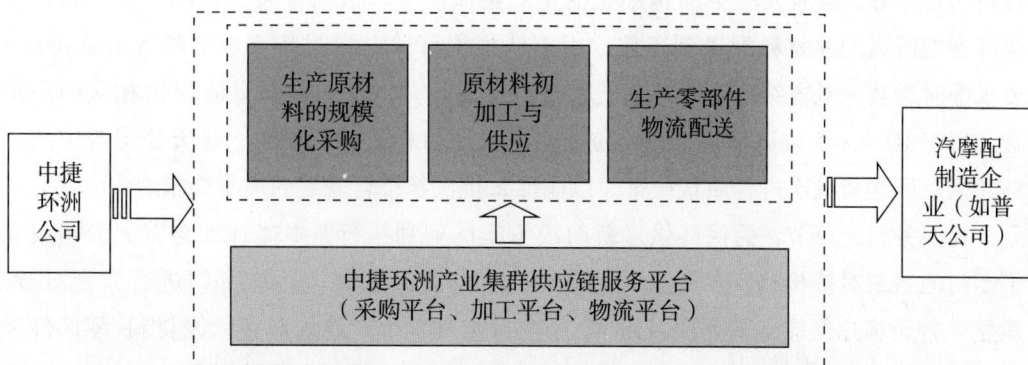

图2　面向采购、加工与生产物流集成服务的供应链解决方案

1983 年，是以生产汽车起动机单向离合器系列为主的专业汽车零部件制造企业，年生产能力单向器 800 万件，传动轴 550 万只。多年来，普天公司与国内外著名起动机制造商达成长期稳定的合作关系，一直保持着亚洲同行业龙头地位，成为汽车起动机单向离合器国际采购的首选品牌。

在采购环节，双方的业务合作始于 2001 年。中捷环洲利用自身的采购平台，帮助普天公司进行规模化采购，原材料采购量大约每年 2000 吨。由于传统钢材贸易的利润率较低，所有的利润源只包括采购供应与物流运输两个环节，利润率仅约为 1.5%。随着中捷环洲物流服务能力的不断提高以及客户群的不断壮大，中捷环洲将普天公司的订单业务并入中捷环洲区域总采购订单，形成批量采购优势，并将普天订单由原先的单独采购、小批量、陆路运输改为大批量、水路运输，采购的原材料直达中捷环洲的大麦屿码头金属物流中心，大大降低了普天公司采购环节的运输成本。

在加工环节，中捷环洲为普天公司提供拉丝业务。2003 年前，普天公司从中捷环洲采购钢材后，根据产品的技术工艺要求，需要自己找其他加工企业进行拉丝，这样时间和成本都比较高，环节也比较多，导致企业原材料成本较高，且不能及时响应市场需求。2003 年，中捷环洲发现这个业务点后，与普天公司进行沟通与谈判，双方商议将普天公司的拉丝业务交由中捷环洲的加工制造部完成，加工制造部对普天原材料进行抛砂，然后表面处理，并进行打头（缩径）和拉丝。加工完毕后，中捷环洲将产品送至普天公司。通过整合，普天公司拉丝环节的耗时平均节省约 2 天。

在原材料仓储配送环节，中捷环洲为普天公司提供原材料库存管理和原材料运输配送两项业务。2008 年 9 月，普天公司为了解决由于金融危机带来的生产需求波动而引发的库存储备问题，与中捷环洲商议库存合作问题。中捷环洲开始给普天公司提供来料仓库的储存业务。中捷环洲提前 2~3 个月按普天的生产计划采购，采购后放置在公司的来料仓库，平均每月有 700~800 吨的库存规模，库存品种较多（有十多个品种），平均每个品种的库存量达 50~60 吨。2010 年，中捷环洲开始给普天公司提供原材料送货业务，并且实施更加精细化的生产物流服务。根据普天公司的供应流程，中捷环洲把所需的原材料配送到工位，由车队根据订单（通过传真、电邮等方式传递）要求准时送货。双方约定，5 吨以上原材料免除运费，普天公司只需提供相应的吊车费，每车 10 元；5 吨以下按材料吨位收费。在原材料配送卸货时，普天公司与中捷环洲共同对所送货批次进行质量检查，以确保每批次都符合既定的质量要求。

在服务组织环节，为保证供应链解决方案的顺利执行，中捷环洲与普天公司成立了专门的组织对接机构。普天公司的外协部与中捷环洲物流运作部门进行紧密对接，建立"普天客户供应链服务项目组"。该项目组具有生产计划对接、原材料/零部件采购、钢材等初加工服务、原材料及零部件仓储与配送、物流质量管理等业务执行功能。中捷环洲还设立了专门的客户经理，主要职责是统筹采购计划，分析客户原材料的加工计划，给公司的加工制造部门下单，与普天公司进行财务对账，协调原材料采购、加工件配送，并负责公司产品的质量问题。中捷环洲的客户经理具有专人性、稳定性和长期性的特点，保证企业能够充分地熟悉普天公司的各种需求，为普天公司提供个性化服务，从而保证了供应链解决方案的如期实现。

中捷环洲与普天公司的联动案例引起了业内的高度关注，双方联动案例被纳入《全国制造业与物流业联动发展案例精编》一书，2011年12月15日，双方被国家发改委授予"制造业与物流业联动发展示范企业"称号，成为企业学习的榜样。

（四）面向供应链全程服务的一体化解决方案——以凯迪公司为例

面向供应链全程服务的一体化解决方案是以客户（制造企业）的供应链上下游全过程为服务对象，通过整合客户的原材料采购、原材料加工、生产零部件的入厂配送、粗加工半成品配送、产成品销售物流配送等多个环节，以最低的成本、最好的服务满足客户的多元化服务要求，如图3所示。其中，客户原材料采购被纳入中捷环洲的采

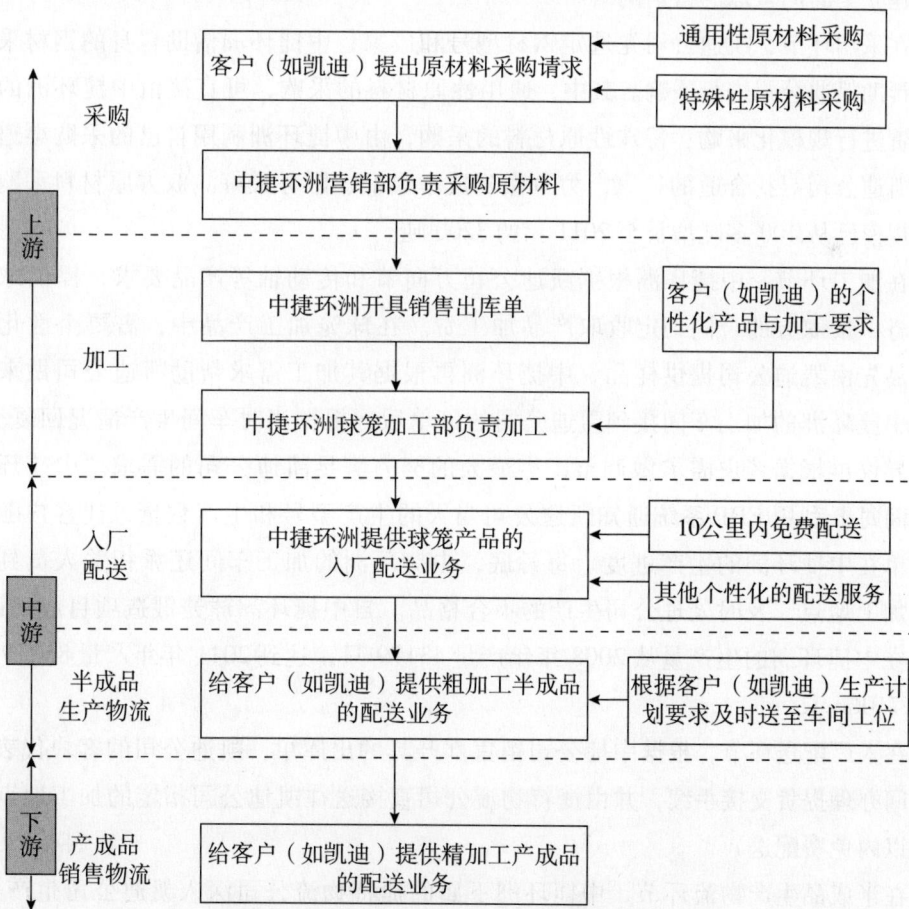

图3　面向供应链全程服务的一体化解决方案

购平台，实施规模化采购；客户原材料加工交给中捷环洲加工制造部；加工完成后，由中捷环洲直接配送到客户生产车间。在客户的生产过程中，中捷环洲还为客户提供粗加工半成品的配送业务，根据客户的生产计划要求及时送至车间工位。在销售环节，给客户提供精加工产成品的配送服务，从而实现供应链上下游全程的一体化服务。

面向供应链全程服务的一体化解决方案是供应链服务集成度最高的解决方案之一，具有多个业务合作点和较多的业务利润来源。这里以浙江凯迪汽车部件工业有限公司为例介绍该供应链解决方案。

浙江凯迪汽车部件工业有限公司（简称"凯迪公司"）始创于1996年，是一家专业的汽车等速万向节和传动轴生产商，拥有员工500余人。经过十三年的发展，凯迪公司已经成为中国乃至全球汽车等速万向节售后市场上极具竞争力的公司，为丰田、本田、三菱、日产、马自达、大众、标致、欧宝、奔驰、福特等多种车系提供2000多种产品。凯迪公司已经获得了ISO 9001：2000、TS 16949国际质量体系认证。公司的产品出口到美洲、欧洲、非洲、亚洲的50多个国家和地区，在部分地区设有代理机构，已经建立了面向全球的营销网络。

在采购环节，凯迪公司先选定钢材型号和厂家，中捷环洲借助自身的钢材采购优势，帮助凯迪公司进行采购。其中，通用性原材料的采购，可直接由中捷环洲的营销部负责进行规模化采购；特殊性原材料的采购，由中捷环洲利用自己的采购渠道优势帮助凯迪公司寻找合适的厂家，力争做到成本最低、服务最好。双方原材料采购业务合作规模已从100多吨增长至2011年的3200吨。

在加工环节，中捷环洲根据凯迪公司万向节和传动轴等产品要求，提供球笼加工服务，按双方的合同约定收取产品加工费。在球笼加工产品中，需要个性化加工的产品先由凯迪公司提供样品，中捷环洲再根据其加工需求帮助凯迪公司做来料加工。中捷环洲的加工车间接到凯迪公司的订单后，根据当时车间生产情况回复交期，如有异议再根据客户需求做调整，尽最大的努力满足凯迪公司的需求。中捷环洲加工车间每天利用ERP系统通知凯迪公司当天的生产型号和生产数量，让客户随时知道订单在中捷环洲的生产进度。每月底，中捷环洲的加工车间还派相关人员到凯迪的精加工地点，及时处理公司生产的不合格品。自中捷环洲球笼锻造项目成立以来，凯迪在中捷环洲的生产量从2008年年产量43179只，达到2011年年产量852797只，月均71066只。

在入厂配送环节，根据中捷公司销售部开具的出库单，凯迪公司的客户代表到加工车间办理提货交接手续，并由捷特物流公司直接送往凯迪公司指定的加工地点（10公里以内免费配送）。

在半成品生产物流环节，中捷环洲下属的捷特物流公司深入凯迪公司生产过程，根据凯迪公司生产线的粗加工计划要求，将物料配送至生产线工位。

在成品销售物流环节，捷特物流公司与凯迪公司签署了精加工产成品配送业务的长期合作协议，配送路线是浙江玉环至浙江长兴，月配送量为 800 吨。捷特物流公司在配送回程中主动在杭州寻找钢材等货源，帮助凯迪公司降低配送成本。

（五）融入供应链金融服务的供应链解决方案——以浙江天元机电公司为例

融入供应链金融服务的供应链解决方案，以客户（制造企业）的供应链过程为基本出发点，在原有的供应链服务基础上融入供应链金融业务，满足客户多元化的物流需求和资金需求，如图 4 所示。其中，原有的供应链服务包括采购、加工、配送等多个环节；新增的供应链金融服务则依据客户在供应链中所处的位置，与银行合作，选择性地开展"厂商银"、"商厂银"、"信用金融"等合作模式。这里以浙江天元机电有限公司为例介绍该解决方案。

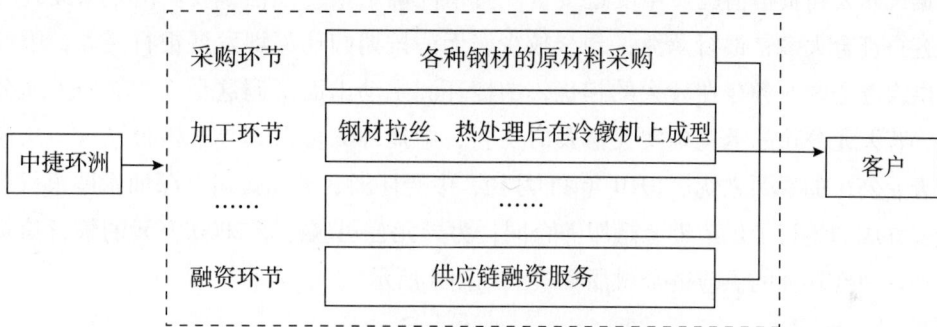

图 4　融入供应链金融服务的供应链解决方案

浙江天元机电有限公司（简称"天元公司"）是一家创建于 1986 年的民营企业，经过不断的技术创新和技术改造，目前拥有设计开发和制造各类重型车、客车、半挂车自动调整臂、手动调整臂、凸轮轴、凸缘、各类车轮螺栓等零部件的能力。公司产品主要配套于中国一汽集团公司、重汽集团公司、重汽杭州汽车发动机厂、广东富华工程机械制造有限公司、泰国三友集团公司、PE 公司、德玛斯公司等主机厂，并以卓越的性能和优良的服务行销国内外市场，受到用户的一致好评。天元公司年销售额 1.5 亿元，出口比率高达 30%。

在采购环节，天元公司向中捷环洲采购的品种主要是 40 络、20 络钢材等。随着天元公司业务的不断发展，采购量从最初的每年 200～300 吨增长到 2011 年的 7350 吨。根据中捷环洲的测算，中捷环洲为天元公司每吨原材料节约成本 20 多元，2011 年共节约原材料采购成本约 15 万元。

在加工环节，中捷环洲利用自有的加工能力，为天元公司提供钢材拉丝、热处理后在冷镦机上成型等加工服务。中捷环洲不仅产品加工精准度较高、质量有保证、负责解决全部质量问题，还帮助天元公司节约了大量的加工时间。例如，2010 年 10 月，曾有一批 3 吨的钢材原材料需要加工，要求中捷环洲在 1 天内完成，时间非常紧，但是，中捷环洲加班加点，如期满足了天元公司的交货时间要求，赢得了客户的高度赞誉。

在融资环节，中捷环洲与银行合作，为天元公司提供银行承兑的贷款业务，帮助天元公司解决燃眉之急。天元公司是中捷环洲的 AAA 级客户，也是中捷环洲的十佳客户。随着天元公司的快速发展，原有的玉环汽摩配工业园区内的厂房已经不能适应公司发展要求，公司在玉环玄门工业园区新建厂房，占地面积约 60 亩，产生了较大的融资需求。中捷环洲了解到这个情况后，及时与天元公司、深圳发展银行杭州分行联系。当时，深圳发展银行也正好有推广供应链金融方面的业务需求。2010 年 8 月，深圳发展银行杭州分行客户经理开始实地调查天元公司，先后 3 次来玉环实地了解天元公司的经营状况、天元公司与中捷环洲业务合作内容和金额等，最终报请杭州分行认可后，再根据天元公司资信情况及年度进货量配置情况确定最终授信额度。由于天元公司收回的客户资金大多是银行承兑，现金较少，无法按期归还深圳发展银行贷款，因此银行对供应链金融业务存在较大的担忧，中捷环洲主动出面协调这个问题，向天元公司承诺，若天元公司的承兑确实无法及时支付，中捷环洲可帮其寻求银行贴现，从而解决了天元公司的后顾之忧。2010 年 11 月初，中捷环洲、天元公司、深圳发展银行杭州分行三方成功签订了供应链金融服务合同，为天元公司赢得了 2000 万元的银行信贷资金支持。中捷环洲的供应链金融服务模式如图 5 所示。

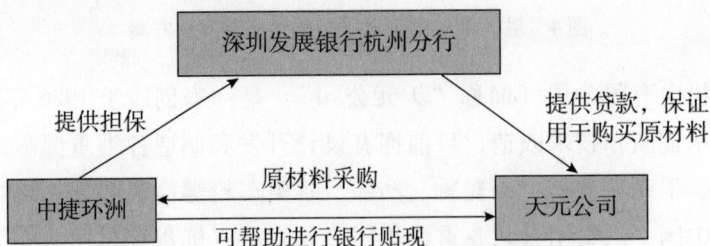

图 5　中捷环洲的供应链金融服务模式

在具体的融资合作方案上，深圳发展银行向天元公司提供的服务品种为银行承兑汇票，收款人指定为中捷环洲，用于向中捷环洲购买钢材等。单户授信敞口风险金额不高于 500 万元，保证金比例 50%，1 年内可循环周转；在担保方式上，由中捷环洲、天元公司法定代表人提供担保。根据合作约定，合作期间天元公司必须由本公司进行材料采购，天元公司从银行取得的融资款项只能用作向中捷环洲购买材料的流动资金，不能改变其用途，而且天元公司还需定期向中捷环洲提供相关业务经营动态、财务报表等。

经过两年的供应链金融业务合作，天元公司较好地解决了厂房建设资金不足的问题，深圳发展银行杭州分行从中获得了较好的收益，中捷环洲也获得了稳定的客户原材料采购量，实现了三赢的目标。

在已有的供应链金融方案的基础上，为了进一步稳定现有优质客户（如天元公司），减少中捷环洲的应收账款，降低资金成本，提高钢材贸易业务的销售量，中捷环洲正在与中国工商银行、兴业银行等进行紧密合作，以中捷环洲的用户群为基础，创新性地开发了专用信用卡业务，具体如图 6 所示。该卡专门用于中捷环洲下游客户。根据中捷环洲《用户信用评估办法》，只有信誉评估达到 A 级及以上的用户方有申请资格，且该卡只用于在中捷环洲定向购买原材料时使用。该信用卡具有透支功能，透支额度根据用户月销售收入和在中捷环洲的材料购买额决定，包括 50 万元、100 万元、150 万元、200 万元四种，实行循环还款方式，透支还款时间一般为 30 天，也可以为 56 天。

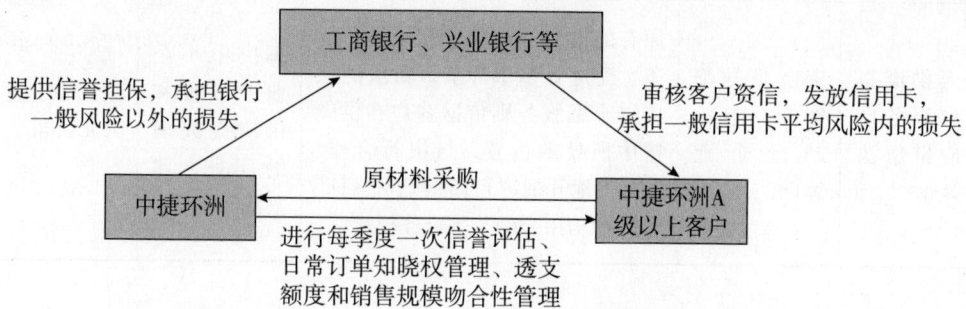

图6 中捷环洲的信用金融服务模式

（六）中捷环洲供应链解决方案典型模式的比较

表2 三种供应链解决方案的比较

典型模式	适用的客户	解决方案要点	方案优势	客户代表
面向采购、加工与生产物流集成服务的供应链解决方案	对销售物流控制力较强而对供应物流能力较弱的客户	客户原材料采购被纳入中捷环洲的采购平台，实施规模化采购；客户的原材料加工交给中捷环洲加工制造部加工；加工完成后，由中捷环洲直接配送到客户生产车间	多环节集成化的前端供应服务，适用范围较广	普天公司

典型模式	适用的客户	解决方案要点	方案优势	客户代表
面向供应链全程服务的一体化解决方案	企业物流外包程度较高的客户	客户原材料采购被纳入中捷环洲的采购平台，实施规模化采购；客户的原材料加工交给中捷环洲加工制造部加工；加工完成后，由中捷环洲直接配送到客户生产车间；在客户的生产过程中，中捷环洲还为客户提供粗加工半成品的配送业务，根据客户的生产计划要求及时送至车间工位；在销售环节，给客户提供精加工产成品的配送业务，从而实现供应链上下游全程的一体化服务	全程服务，让客户省钱省时更省力	凯迪公司
融入供应链金融服务的供应链解决方案	资金短缺型客户；中小制造企业客户	原有的供应链服务包括采购、加工、配送等多个环节；新增的供应链金融服务则依据客户在供应链中所处的位置，与银行合作，选择性地开展"厂商银"、"商厂银"、"信用金融"等合作模式	解决中小企业融资难和供应链失衡的问题，建立战略联盟	天元公司

五、创新成果的主要创新点

中捷环洲根据服务对象的不同，因地制宜地设计符合客户要求的供应链服务解决方案。该方案具有以下几个特点：

（一）具有多环节系统化整合的特征

中捷环洲的供应链解决方案突破了传统制造企业物流管理的视角，把原来分散经营的各个物流环节（包括采购、仓储、运输、加工等）系统化和集成化，不仅可以提供单独的上游供应链服务，还可以提供全程供应链一体化服务，并能在此基础上提供物流金融服务。中捷环洲通过对各个环节的功能进行整合提升，使之成为具有增值功能的服务网络体系，具有较强的系统整合特征。

（二）具有很强的个性化设计特征

个性化设计也是中捷环洲供应链解决方案的特色之一。中捷环洲针对玉环汽摩配企业的个性化需求，提供原材料采购、加工生产、物料配送、销售配送、供应链金融等各种菜单式物流服务。这种菜单式服务的优点在于能够满足不同客户的需求，具有较强的规模服务能力。为了保证个性化解决方案的实施，公司深入到每个汽摩配企业供应链的内部，研究客户的供应链全过程，及时把握客户的个性化需求，提供从系统分析、物流链设计、成本分析到整个供应链的服务体系，形成了完整的供应链综合解决方案。

（三）具有较强的成本控制能力

供应链优化是对企业原材料、流程清单、成品及有关信息从起点到终点的全过程的策划、实施和控制的过程，而不是单独某一项运输或仓储等服务的交易行为。在这一过程中客户成本的压缩空间是十分巨大的。中捷环洲供应链解决方案除了个性化特征以外，提供给每个汽摩配制造企业的解决方案都是集成式服务，具有很强的成本控制能力。中捷环洲的介入使汽摩配制造企业（如玉环普天、凯迪公司、浙江天元机电公司等）能根据下游的需求进行生产，即以需定产，同时优化了企业的库存，减少了企业的资金占用。而且，由于中捷环洲采购平台的规模效应，制造企业的成本大幅减少。因此，中捷环洲供应链解决方案具有很强的成本控制能力。

六、创新成果的应用情况

作为玉环汽摩配产业集群的供应链集成服务商，中捷环洲多年来通过与汽摩配产业集群内的企业开展联动业务，不断创新供应链解决方案，为玉环地区和汽摩配产业作出了许多贡献：

（1）借鉴中捷环洲与玉环普天、凯迪公司、浙江天元机电公司等公司开展的供应链解决方案，中捷环洲已经与玉环汽摩配产业集群内的近300个制造企业建立了两业联动业务关系，提升了本地汽摩配产业集群制造企业的供应链服务水平。

（2）中捷环洲的供应链服务解决方案，有效地改变了传统的汽摩配产业集群物流运输模式，利用水路和陆路联动的运输整合方式，为集群内的制造企业每吨节约成本100元，累计为玉环汽摩配行业节省成本3亿多元。此外，通过供应链环节的系统整合，区域内短驳成本整体下降一半，每吨节约30元，累计给行业节约成本1亿多元。通过供应链服务的持续创新，中捷环洲通过深入企业生产环节，减少信息不对称，使企业的采购成本每吨下降50元，累计给行业节约成本1.5亿元。

通过上述的供应链解决方案，中捷环洲为玉环地区汽摩配行业节约直接成本5亿元以上，为玉环汽摩配产业竞争力的提升做出了一定的贡献。

七、创新成果的推广价值

面向制造业产业集群的供应链解决方案具有较大的推广价值，主要表现在三个方面：

首先，该解决方案是建立在产业集群基础上的，适合产业集群内的制造企业与物流企业开展类似的供应链服务创新。一方面，制造业产业集群内的企业相互联系，具有较好的经济合作基础，物流企业容易深入到制造企业内部，设计个性化的解决方案；另一方面，制造业产业集群内的制造企业和物流企业距离较近，容易开展合作，制造企业也容易将企业物流业务外包给专业物流公司，双方的专业分工合作意识较强。中捷环洲有效发挥了产业集群在规模化采购与综合型物流服务方面的优势，帮助普天公司、凯迪公司、浙江天元公司等多个产业集群内的企业，在多个供应链环节开展个性化的服务创新，推动了双方的合作共赢。因此，该案例值得我国广大制造业产业集群中的物流企业和制造企业借鉴和推广。

其次，供应链服务平台建设是供应链解决方案成功的关键，因此，中捷环洲建设供应链服务平台的经验值得借鉴。在提供供应链解决方案的过程中，中捷环洲始终坚持产业集群供应链服务平台建设（采购平台、信息平台、设施平台等），利用平台的吸引和放大作用，推动了供应链服务合作的顺利开展。中捷环洲平台建设工作，虽然在初期有较大的投资，但在后期的运营和项目开展阶段却起到了较好的作用，既吸引了其他制造企业客户的加入，也减少了新建客户项目的运营成本，能够起到"一对多"的作用。这种两业服务运作创新思路值得我国物流企业在发展联动项目中予以借鉴。

最后，中捷环洲供应链服务解决方案是多环节系统化整合的方案，这种设计思路值得我国物流企业在服务创新中予以借鉴。中捷环洲的供应链服务解决方案设计了多个业务合作点，也产生了多个业务利润点。中捷环洲在采购、干线运输、生产配送乃至销售融资等环节，为客户提供集成化的供应链服务，既满足了客户的个性化服务需求，也获得了较好的规模经济效益，双方相互嵌套，紧密合作，真正实现了联动发展与互利共赢，值得物流企业积极学习和借鉴。

宝供物流多库区协同运作解决方案①

【摘要】 宝供物流企业集团有限公司是当今国内领先的第三方物流企业，为全球500强中50多家大型跨国企业及国内一批大型制造企业提供物流服务。宝供物流公司从1997年开始为某跨国日化企业提供供应链一体化物流服务。随着该企业在中国市场上以年增长30%以上的速度的扩张，某区域中心仓原有的3万平方米货架仓已经超负荷，需要启用邻近的两个各2万平方米的平面仓。宝供物流从而面临着一个巨大的挑战：如何让三个大型仓库协同运转，避免大量车辆多点提货导致的提货时间长。针对这一挑战，宝供物流以先进的IT技术为支撑，从库存储存布局设计、入库控制机制、订单分配处理机制三个方面对多库区分销仓的运作模式和运作流程进行了变革和重组。此外，宝供物流多库区大型分销中心协同运作方案对分销仓的运作模式和运作流程进行了变革和重组，创新性地应用控制论理论设计入库控制机制，并将固定拣选面与二次分拣区结合从而得到新的分拣解决方案。该运作方案的实施，解决了多库提货的问题，并为企业创造了很大的效益，对各类分销中心和超市配送中心进行多库合作具有一定的借鉴价值。

【关键词】 多库区；库存布局；入库控制；出库订单处理；IT技术

【适用领域】 多库区大型分销中心；快销品等多个行业的货架分销仓

一、企业基本情况

（一）公司简介

宝供物流企业集团有限公司创建于1994年，总部设于广州，1999年经国家工商局批准，成为国内第一家以"物流"名称注册的企业集团。目前已在全国60多个城市建立了7个分公司、58个办事处，形成了一个覆盖全国，并向美国、澳大利亚、泰国、中国香港等地延伸的物流运作网络。宝供集团汇集和培养了一大批熟悉中西文化、深

---

① 本成果由宝供物流企业集团有限公司提供，成果创造人：程锡礼、许鹏，参与创造人：罗明、杨芬、张友军、林明浩、朱广熙、杨丽、王胜武、邵丽秋、徐菊红、陈克超，获2012年度物流行业企业管理现代化创新成果奖二等奖。

谙现代物流和供应链管理内涵、具有丰富运作经验的员工，公司现有员工约 2000 人。企业拥有先进的物流信息系统，为全球 500 强中 50 多家大型跨国企业及国内一批大型制造企业提供物流服务，是当今国内领先的第三方物流企业。

宝供物流作为国内第三方物流龙头企业之一，从 1994 年成立伊始即在国内同行中率先开始为客户提供"门对门一体化服务"的全程供应链服务，即从客户工厂门口收取货物，并负责运送到客户的客户收货门口；从 1997 年开始，借助信息化支持，完善了运作网络和物流服务产品，到 2000 年已开始为客户提供供应链一体化服务；其后，从 2003 年开始通过建设中国物流示范基地，成立国际货代公司，开始尝试开展全球供应链一体化服务。

集团自成立以来，一直致力于中国物流行业的发展与探索，它率先转变传统观念，建立超前的现代物流理念和物流服务管理模式；又大胆尝试将 GMP 等工业化标准运用在物流服务中，并且取得了显著的成效；在行业中率先建立基于 Internet/Intranet 的物流信息管理系统，并不断改进；在业界首先主办产官学研相结合的"物流技术与管理发展高级研讨会"，设立公益性的物流奖励基金；率先构建基于全球供应链双向一体化的大型现代物流基地。

（二）公司所获荣誉

宝供集团近十年获得主要荣誉如下：

（1）2001 年，被国家经贸委确定为 35 家物流发展联系企业之一。

（2）2002 年 12 月，被中国物流与采购联合会命名为"中国物流示范基地"。

（3）2002 年年底，被广东省政府评选为"流通龙头企业"。

（4）2003—2008 年，在"国家信息化测评中心"举办的年度中国企业信息化 500 强评选活动中，连续六年荣膺"中国企业信息化 500 强"称号。

（5）2005 年 1 月，"宝供物流信息化"荣获中国物流与采购联合会 2004 年度科技进步一等奖。

（6）2005 年 1 月，宝供被广州市人民政府授予了"广州市百强民营企业"的称号。

（7）2004—2006 年，连续三年被中国交通运输协会等评为"中国物流百强企业"、"中国民营物流企业 30 强"，并连续两次被中国物流与采购联合会评为"年度最具竞争力物流企业 50 强"。

（8）2007 年，宝供第三方物流 ERP 系统通过国家发改委组织的专家验收。

（9）宝供物流应邀参加 2007 中国信息化推进大会并被大会承办机构中国计算机报社评为"信息化影响中国 2007 年度贡献奖"。

（10）2007—2008 年，连续两年入选美国"信息周刊"杂志评选的"中国商业科技百强"。

（11）2008 年，被中国信息化推进联盟评为"2008 年中国信息化应用百强企业"。

（12）2009 年，被中国交通运输协会等单位联合授予"2009 年中国物流百强企业（第 20 名）"、"2009 年度中国民营物流企业十强"、"2009 年度最佳信息管理物流企业"等称号。

（13）2009 年，宝供物流成为广东省无线射频（RFID）标准化委员会首批成员单位之一。

（14）2010 年 1 月，宝供物流企业集团有限公司持有的"宝供"商标被国家工商行政管理总局商标局正式认定为中国驰名商标，是第三方综合物流业唯一拥有驰名商标的企业。

（15）2010 年，宝供物流被评为"国家高新技术企业"和"广东省企业技术中心"。

（16）2011 年，宝供物流获得中国物流与采购联合会授予的科技进步二等奖。

宝供物流企业集团有限公司自 1997 年开始携手北京工商大学，每年举办一届物流研讨会，到 2012 年止，已成功召开了 16 届。研讨会以实践性强等特点，成为国内最具权威，最具影响力的供应链物流技术管理发展交流平台之一。

二、创新成果的名称

宝供物流企业集团有限公司在为某跨国日化企业提供供应链一体化物流服务时，遇到了一个巨大的挑战：如何解决大型分销仓多库提货问题。面对这一问题，宝供物流分析了客户的订单特征和产品库存结构，以 IT 技术（宝供 WMS 系统与客户 SAP 系统双向对接，RF 射频技术）为支撑，创新分析并设计了客户的订单特征和产品库存结构，解决了多库提货问题。因此，宝供物流创新成果名称为：宝供物流多库区协同运作解决方案。

三、创新成果的产生背景

宝供物流企业集团有限公司从 1997 年开始为某跨国日化企业提供供应链一体化物流服务。服务范围包含全国中心仓和区域分销仓的规划设计，运输配送网络设计，仓储、订单分拣、配送服务，及部分干线运输服务。

随着某跨国日化企业在中国市场上以年增长 30% 以上的速度进行高速扩张，以及生产集中的布局调整，客户中心仓的日分销订单处理能力需求从 2004 年的 200 多吨提高到 2012 年的超过 2000 吨。仓库设施由一个扩张到三个数万平方米的仓库（A 高仓、

B 平仓、C 平仓）。如何解决多库提货问题成为一个巨大的挑战。因为一个车可能装载多个客户的订单，订单需要的货物可能同时分布在三个仓库。常规的存储和订单分配模式将会导致大比例车辆需要多库提货，一个车可能在三个仓库间往返几次才能完成装车，这样会导致装车时间长，从而使分销订单不能及时发运，延误订单到达，降低客户服务水平。因此，需要设计一个可以让三个仓库协同、高效运作的方案。在这个解决方案中，IT 技术将起到关键性的支持作用。

四、创新成果的主要内容

保持三个大型仓库协同运作的关键是降低多库提货车辆的比例。为了把多库提货比例控制在 20% 以内，宝供物流公司以先进的 IT 技术为支撑，从库存储存布局设计、入库控制机制、订单分配处理机制三个方面对分销仓的运作模式和运作流程进行了变革和重组。

（一）合理的产品存储分布

该大型分销中心由三个仓库组成：

A 高仓，标准托盘货架仓库，货架一层设有拣选库位 Pickface 用于非整板拣货，库位具有 100% 的可存取性，能满足较零散订单的出库作业需要。

B 平仓，约两万平方米，货笼堆叠存储，适合大批量库存存储和大批量订单出库作业。

C 平仓，约两万平方米，货笼堆叠存储，适合大批量库存存储和大批量订单出库作业。

客户的产品包装形态主要有箱装和袋装两种，袋装产品为洗衣粉。箱装产品可用标准托盘存储于货架上；袋装产品用货笼存储，货笼可直接在地面堆叠，也可放置在标准货架上。

为了使库存在三个仓库中合理分布，宝供物流进行了一系列的相关分析，包括品类和 SKU（Stocking Keeping Unit，库存进出计量的单位，可以是件、盒、托盘等）库存批量统计分析、订单 EIQ 分析（EN：每张订单的订货品项数量分析，EQ：每张订单的订货数量分析，IQ：每个单品的订货数量分析，IK：每个单品的订货次数分析），数据分析结果显示，产品库存批量和订单特征都符合 20 - 80 原则。箱装产品 SKU 个数多，库存批量较小，拣选次数 IK 多，拣选批量 IQ 较小。袋装产品 SKU 个数较少，库存批量大，拣选次数多，拣选批量大；其中袋装产品 SKU 里面各 SKU 之间的 20 - 80 现象也较明显，库存批量和订单拣选批量都大的 SKU 定义为袋装 A 类，其他定义为袋装 B 类。

根据分析结果，确定 SKU 在三个仓库的存储策略：箱装产品全部存放在 A 高仓，高仓货架一层设拣选面用于非整板拣选。袋装产品存放 B 平仓和 C 平仓，其中袋装 A 类在 B 平仓和 C 平仓都存储，袋装 B 类只存储于 B 平仓。即 B 平仓存储所有的袋装 SKU，C 平仓只存储袋装 A 类 SKU。在此存储布局设计下，小订单中的袋装产品全部在 B 平仓完成拣选，无须跨 B、C 两个仓库拣选，可以大幅降低多点提货车辆比例，如图 1 所示。

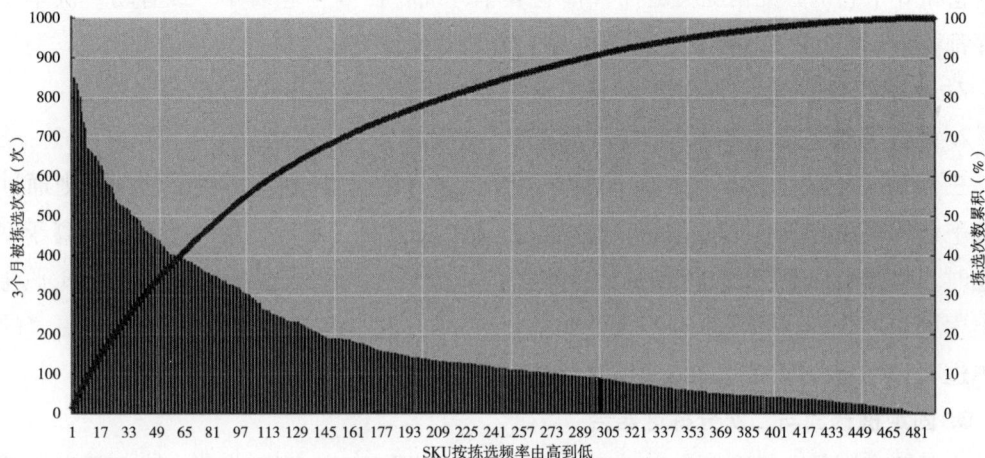

图 1　拣选 ABC 分析图

（二）采用控制论理论设计入库控制机制

为了保障 B 平仓的库存能满足小批量订单的需求，并且 B 平仓和 C 平仓的库存新鲜度相近，需要把 B 平仓的各 SKU 库存量控制在一个合适比率（平仓库存配置比率 = 小批量订单 SKU 订购数量/SKU 总订购数量）上，同时为保障入库作业的效率和准确率，一辆车只入一个仓库。

为了在仓库动态出入库作业过程中，让各袋装 SKU 的库存分布达到上述合理配置，公司设计了程序化的入库判断机制，通过 IT 系统自动实现。

入库判断流程——整车入库：

（1）为优先保障 B 平仓的 SKU 库存满足小批量订单的需要，按 B 平仓的库位利用率情况分为四档，不同的库位利用率情况下使用不同的判断逻辑，随 B 平仓利用率的提高，入 B 平仓的条件也逐步严格。

（2）各 SKU 设置三个控制点：B 平仓安全库存，B 平仓入库控制点，B 平仓库存配置比率。此三个控制点对应的库存量逐步提高，B 平仓安全库存设置为满足一天的小批量订单，B 平仓入库控制点设置为约 3 天的小批量订单量，B 平仓库存配置比率对应约 7 天的小批量订单量。

（三）订单分配处理机制

1. A 高仓和 B 平仓用于发小批量订单，C 平仓用于发大批量订单

A 高仓存储箱装产品，库位 100% 可存取，设置有拣选面以满足频繁的非整板拣货需求；B 平仓存储所有的袋装产品，能满足小批量订单中袋装产品的需求。所以 A 高仓和 B 平仓用于发小批量订单。一辆提货车辆根据所装载订单的卸货点及各卸货点在 A 高仓和 B 平仓的分配情况决定在 A 高仓装车，或者在 B 平仓装车，或者动一次车在两库都装车。此判断由系统根据装车点安排规则自动进行。

对于大批量的订单，即单 SKU 订单量大于 5 吨的，指定在 C 平仓分配装车。

2. 通过调整平仓分配到的订单批量值来平衡新鲜度

三个库独立先进先出，如果出现库存间产品新鲜度差异超出可接受范围，则通过调整平仓分配到的订单批量值来平衡。具体调整原理为：当 B 平仓的库龄明显高于 C 平仓时，调低大批量订单的判断值，让更多的订单进入 B 平仓分配装车，加快 B 平仓的出库量。当 B 平仓的库龄明显低于 C 平仓时，调高大批量订单的判断值，让更多的订单进入 C 平仓分配装车，加快 C 平仓的出库量。

3. 固定拣选面与二次分拣区结合

为了解决摘果法拣选面方案中，因新增产品代码 SKU、销售波动、拣选面库存不能及时补充导致的货架存储区拆板拣货的问题，将摘果法与播种法结合应用，设计了固定拣选面与二次分拣区结合应用的分拣解决方案。

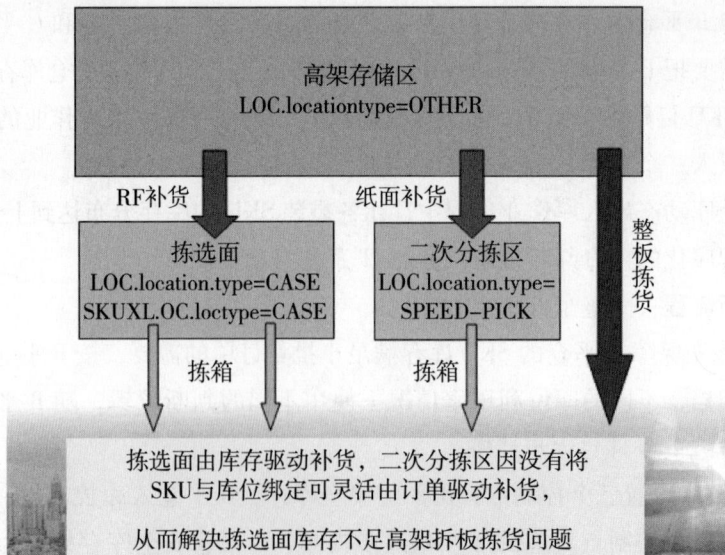

图 2　改善方案：拣选面与二次分拣区相结合

改善方案说明：

（1）固定拣选面作为主要的分拣区域，完成大部分非整板拣货，固定拣选面拣选中库位和产品 SKU 绑定，库存驱动拣选位补货；

（2）在二次分拣区，库位不和产品绑定，由订单驱动补货。每批次订单系统分配前，先检查这批订单的非整板拣货需求量是否在拣选区有足够的可用库存，如果拣选区没有足够的可用库存，则不足部分由系统做出货架存储区到二次分拣区的补货决定；

（3）为保证补货的简便性，二次分拣区补货遵循以下原则：存储区库存整板补入二次分拣区，不拆板；二次分拣区补入库位为空库位；补货为存储区到二次分拣区库位对库位的补货，不拼板；

（4）次分拣区补货完成后，进行订单分配，在分配时，对分整板拣货需求优先在二次分拣区分配，再在固定拣选面分配，以保持二次分拣区的流动性，为下一拨订单的处理留出库位空间。

（四）IT 系统技术支持

解决方案的 IT 系统技术支持。在大型物流中心中，WMS 系统是灵魂，业务模式变革和业务流程优化都需要系统支持。

1. 宝供 WMS 系统与客户的 SAP 系统双向对接

宝供 WMS（Warehouse Management System，仓储管理系统）系统与客户的 SAP（Systems Applications and Products in Data Processing，企业管理解决方案）系统双向对

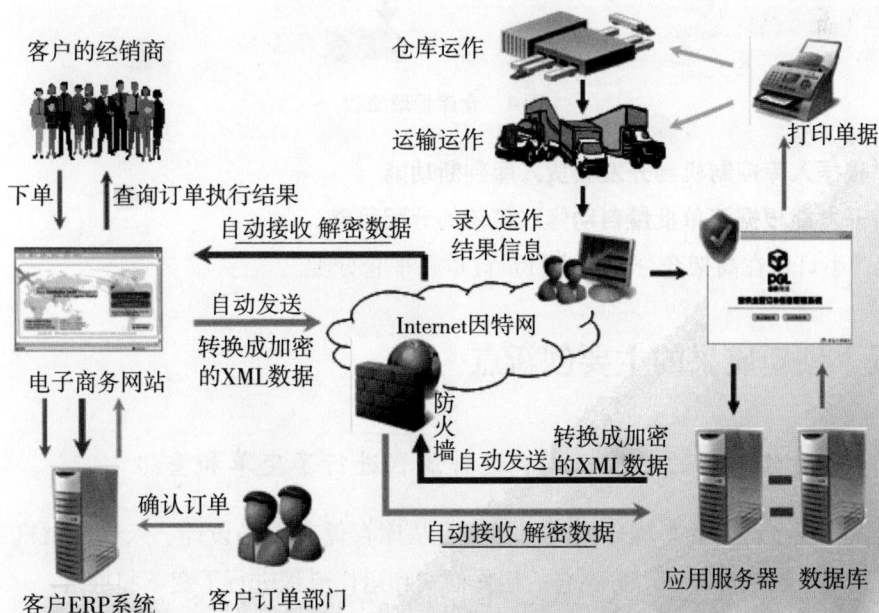

图3　宝供 WMS 系统与客户的 SAP 系统双向对接

接，开发了产品主数据、收货、转运单、销售订单、库存管理等接口，系统实时双向对接避免了信息重复录入，提高了信息传递、处理的速度和准确性。

2. 应用 WMS 进行精细化管理

应用先进的 WMS 系统对物流中心进行精细化管理，实现了系统自动计算上架、ABC 分类存储、订单批处理、订单自动分配等功能。

3. 应用 RF 无线射频技术

应用 RF 无线射频技术，通过 RF 补货、RF 拣货、RF 装车、RF 库存管理，实时获取、执行物流中心作业任务，实时更新库存，实现了 JIT 方式的出库作业，提高了订单处理效率和准确率。

仓库管理流程	
1	到货接收检验流程
2	入库RF收货
3	系统收货
4	接收客户订单
5	RF补货至拣选区
6	系统指定拣货
7	流通加工服务
8	RF出货
9	发送

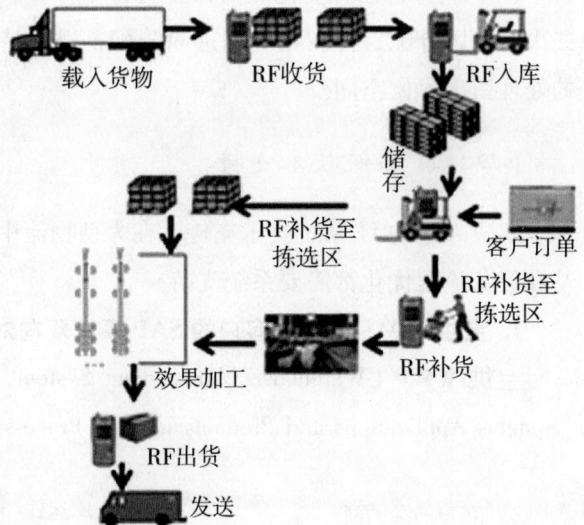

图 4　仓库管理流程

4. 根据入库控制机制开发收货入库判断功能

5. 开发能根据订单批量自动修改订单的分配策略

实现小订单在高架仓分配、大批量订单在平仓分配。

五、创新成果的主要创新点

（一）对分销仓的运作模式和运作流程进行了变革和重组

围绕降低多点提货车辆比例这一目标，从库存储存布局设计、入库控制机制、订单分配处理机制三个方面对分销仓的运作模式和运作流程进行了变革和重组。

（二）应用控制论理论设计入库控制机制

在入库判断方面应用控制理论设计了全新的控制机制：根据高仓空库位数，设 4 个档次，每档次采用不同的入库判断逻辑，入高仓的条件逐档递增；通过高仓库存配置比例、优先入高仓库存控制点、高仓安全库存这三个控制点的入库判断机制，来实现优先保障高仓库存结构合理，满足小批量的分销订单需要。以上运作模式、业务流程及业务判断逻辑在 WMS 系统中实现。

（三）固定拣选面与二次分拣区结合应用的分拣解决方案

在大型分销货架仓中常规的拣货模式有摘果法和播种法。应用摘果法拣货一般需要按产品设置拣选面，非整板拣货在拣选面进行；应用播种法拣货一般需要设置二次分拣区，货物先按波次集中下架到二次分拣区，在二次分拣区再按订单配货。摘果法和播种法各有优缺点，将摘果法与播种法结合应用，达到取长补短的效果，既能解决固定拣选面不能根据产品的销售变动及时调整拣选面设置和库存补充的问题，又可以避免二次分拣作业前置时间长、应变能力差、现场管理难度大的问题。

六、创新成果的应用情况

协同运作方案和 IT 系统的应用，为宝供物流带来了显著的经济效益，同时也大大提升了企业的运营效率。

（1）经济效益方面，在实施此协同运作方案和 IT 系统之前，该大型分销中心的日订单处理能力为 1500 吨，A 高仓存储区拆车非整板拣货次数/总非整板拣货次数约10%。实施三库协同运作方案及 IT 系统之后，日分销订单处理能力超过 2100 吨，高架仓存储区非整板拣货次数/总非整板拣货次数从 10% 降低到 1% 以下，订单年处理量大大增加，超过 15 万张，两点提货车辆占总车辆比例大幅度减少。同时，协同运作方案和 IT 系统的应用使企业每天减少约 500 次的高叉货架拆板拣货，节约高位叉车 3 台，每年节约叉车设备和人力费用超过 70 万元。

通过三库协同运作，大幅减少了原来的库间补货作业，分销仓缺货率降低，订单满足率提高，供应链整体成本每年节约近千万元。

（2）运营效率方面，协调运作方案的实施解决了多库提货问题，通过对产品存储的分布控制、入库机制的设计以及订单分配处理机制的设计，大大提升了企业的运营效率。同时，车辆在各个库区间的往返次数大量减少，也有利于节能减排。

七、创新成果的推广价值

多库区大型分销中心协同运作及 IT 支持方案具有很好的推广价值，主要表现在两个方面。

（1）该解决方案是针对多库区大型分销中心的，成果适用范围很广。多点提货是目前物流运作中普遍存在的难点，本成果从库存存储布局设计、入库控制机制、出库订单处理机制三方面综合设计运作模式和业务流程，并根据业务需要定制 WMS 系统功能进行支持，解决了多库区大型分销中心协调运作的问题，适用于需要进行多库合作的各类分销中心和超市配送中心。

（2）在大型分销货架仓中，分拣系统是核心部分，仓库的人力和设备大部分用于分拣。分拣系统的设计是否合理对于分销仓能否高效运作起着关键的作用。固定拣选面与二次分拣区结合的分拣方案能有效解决绝大部分分销货架仓的分拣问题（但产品种类 SKU 巨大，SKU 几千上万个的仓库不适合使用此分拣方案），避免叉车货架存储区拆板现象，节约叉车，提高作业效率。该解决方案可在快销品等多个行业的货架分销仓中普遍应用。

海尔物流公路甩厢运输解决方案①

【摘要】甩厢运输具有单位成本低、运行效率高、周转快等显著特点，是提高道路货运物流效率的重要手段。针对目前我国甩厢运输的薄弱现状及传统公路运输组织方式物流成本高、耗能多、排量大、运作效率低、仓库作业不均等问题，结合海尔集团企业自身发展需求，海尔物流以国际先进母本为参照，自主研发海尔物流甩厢运输模式。该模式通过在系统技术、甩厢工艺、运输设备、运输场地、标准化服务以及运营模式等方面的创新优化，颠覆了传统"车等货"的现象，实现"货等车"，实现"一车多厢、厢停车不停"的运营新模式。海尔物流将这种先进的运输组织方式进行推广使用，产生了可观的经济效益、影响深远的社会效益和良好的环境效益，可以为广大第三方物流企业和政府公路运输管理部门提供有益的借鉴。

【关键词】甩箱运输；物流信息技术；公路运输

【适用领域】公路运输企业；第三方物流企业；政府物流管理部门

一、企业基本情况

青岛海尔物流有限公司于2000年1月注册成立，于2010年纳入香港上市公司。依托海尔集团先进管理理念及强大资源网络，将原先分散的物流业务有效整合，运用先进的物流技术，建立了统一的有竞争力的物流服务平台。在满足于海尔集团内部物流服务业务的同时，积极拓展社会化业务。在行业中树立了从企业物流向物流企业转型的典范。2009年、2010年和2011年连续三年收入利润增长率达30%以上，2012年增幅预计也将超过30%。

公司以客户及用户需求为中心，承接供应链一体化的服务：包括VMI物流管理、配送运输、国际货运代理、仓储服务、社会化物流等可贯穿供应链全流程的业务。并且在全国建立起可以覆盖到村、入户的三级物流网络（包括CDC、TC、HUB以及VMI物流中心、备件物流中心等），目前已经为8000余家各级渠道客户、300余家各行业的

---

① 本成果由青岛海尔物流有限公司提供，成果主要创造人：王正刚、冯贞远，参与创造人：张永祥、张元忠、辛澄、董栋、吕国伟、朱铭、张丽、杨瑾，获2012年度物流行业企业管理现代化创新成果奖二等奖。

社会化客户提供专业化、标准化物流服务。

多年来承蒙政府及社会各界的关注与支持，海尔物流时刻围绕客户服务需求，搭建起社会化物流网络及物流服务信息平台，建立起现代化物流运作体系，创新提供差异化、柔性化的物流服务，实现客户、用户、企业、资源方共赢。先后共获得国家级荣誉15项、省市级荣誉14项，包括中国物流与采购联合会授予的中国首家物流示范基地、国家标准化委员会授予的国家物流服务业标准化的首家试点单位以及其他国家、省、市政府部门授予的服务业、物流业重点企业等荣誉称号。

近年来，随着海尔提出从制造业向服务业转型，"海尔物流"也已逐步转型为"海尔牌服务"，并紧抓互联网时代虚实网融合物流市场机会，融合互联网、营销网、物流网、服务网四网资源为一体，以高差异化的解决方案，提升企业服务竞争力，实现客户与用户最佳体验，打造互联网时代虚实网融合物流第一品牌，并持续引领物流行业服务标准。

二、创新成果的名称

海尔物流公司的创新成果名称是：海尔物流公路甩厢运输解决方案。该项目响应国家号召，采用国际先进技术，在国内物流行业率先建立起了大规模甩挂运输模式。该模式通过在系统技术、甩厢工艺、运输设备、运输场地、标准化服务以及运营模式等方面的创新优化，颠覆传统"车等货"的现象，实现"货等车"，实现"一车多厢、厢停车不停"的运营新模式，为国内物流企业开展甩挂运输提供了很好的范例。

三、创新成果的产生背景

（一）甩厢运输的运输模式逐步受到国家重视

甩厢运输是指带有动力的机动车将随车拖带的车厢装置甩留在目的地后，再拖带其他装满货物的装置返回原地，或者驶向新的地点的新型运输方式。甩厢运输是提高道路货运和物流效率的重要手段，其早已成为欧美等发达国家和地区的主流运输方式。但在我国，受整体物流大环境发展的制约，甩厢运输还难以全面推广，虽然有必要、有条件开展甩厢运输的企业很多，但真正取得成效的企业却少之又少，甩厢运输的推广和发展步履维艰。自1996年，国家经济贸易委员会和交通部、公安部共同发出《关于开展集装箱牵引车甩挂运输的通知》后，交通部对甩厢运输这种运输组织方式的重视和呼吁力度逐步加强。但是公路甩厢运输的发展却仍然有限。

甩厢运输是一种先进的道路运输方式，代表着道路货运业未来的发展方向。我国甩厢运输的发展水平远远落后于发达国家。国家非常重视发展道路甩厢运输，出台了一系列促进发展的政策规定，促进甩厢运输发展，这就为甩厢运输提供了发展机遇。另外，从发展条件来看，甩厢运输是社会生产力发展到一定阶段的产物，需要在市场、货源、道路、场站、车辆和管理上具备必要的条件。我国物流业发展所需的公路、铁路、港口、空港等交通网络及各类配套设施均已十分完善，同时各行业有着巨大物流运输需求，甩厢运输的推广必将加快经济的发展。

（二）不断提升的海尔物流服务水平要求实施运输模式创新

海尔物流在开拓社会化业务中，以客户、用户为中心，搭建起全球物流运营平台，通过创新物流理念、引进先进的物流技术、整合全球优质网络资源，实现了"精准、快捷、体验"式用户服务的高差异化，赢得了社会各界的好评。完善的资源和良好的社会口碑为海尔物流模式的创新提供了坚实的基础。

在互联网时代，机遇与挑战是并存的。同行业的竞争日益激烈，唯有持续的创新才能走在行业的前列，唯有以客户、用户为中心才能赢得市场。在社会需求进入多品种、小批量、个性化的情况下，客户不仅要求产品质量和价格，而且注重产品的物流服务。客户对缩短产品对市场的响应周期、降低成本提高服务效率提出了更高的要求，也形成了新的市场空间。

针对目前我国甩厢运输的薄弱现状及传统公路运输组织方式物流成本高、耗能多、排量大、运作效率低、仓库作业不均等问题，结合我国区域经济增长、区域财富转移发展激发道路的现状，考虑到甩厢运输的市场需求以及海尔集团企业自身发展需求，海尔物流以国际先进母本为参照，学习英国 ARGOS 先进的甩厢运输技术，自主研发了海尔物流甩厢运输模式。

四、创新成果的主要内容

海尔物流创立的新型甩厢运输方式主要由以下五个层面的创新方案组成：系统技术、甩厢工艺、运输设备优化、运输场地改造以及运营模式创新。

（一）系统技术创新方案

甩厢运输要充分发挥效益，必须走集约化、规模化和网络化经营的道路，从市场、货源、道路、场站、车辆和信息管理等方面创造必要条件。由于甩厢运输的组织工作较为复杂，尤其是循环甩厢和载驳运输对货源组织、装卸时效、作业条件等要求较高。所以迫切需要集成全球定位系统（CPS）、地理信息系统（GIS）和无线射频识别（RFID）等现代化技术的开放式信息共享平台，以便及时掌握车辆地理位置信息，为甩厢运输的合理调度提供必要的技术支持。

在实际操作中，根据货物车辆（甩厢车）的信息内容，通过 RFID 标签上传货物基础数据，并通过 GPS 定位系统和 GIS 地理信息系统，实时反馈路况信息和车辆运输信息，然后由调度平台对采集上来的基础数据进行分析和挖掘，通过智能调度分析提出相应的甩厢方案和合理的配送路线，及时安全地确保货物的运输及仓储情况。

（二）甩厢工艺创新方案

采用甩厢运输的关键是要在装卸货现场配备足够数量的周转挂车，在汽车列车运行期间，装卸工人预先装（卸）好甩下的挂车，车辆到达装（卸）货地点后先甩下挂车，装卸人员集中力量装（卸）主车货物，主车装（卸）货完毕即挂上预先装（卸）完货物的挂车继续运行。

根据以上特点，在甩厢运输中，甩厢运输作业场站的布局设计和作业面积科学规划是甩厢运输能否正常运作的关键因素之一。因为，甩厢运输场站必须有适合挂车作业的货物装卸平台以满足汽车列车摘挂和回转要求、可供甩厢车辆中转需要的作业场地及场区道路、必要的装卸设备、标准化托盘和辅助设施来保证车辆在场站内建立起能够安全的作业、周转、掉头，确保站内车辆安全行驶。

通过对车辆调度、车辆停泊甩厢装车、车辆站内回转、车辆到站甩泊等一系列的运输操作，保证车辆运输效率的提升。

（三）运输设备优化创新方案

根据本项目甩厢运输的具体业务流程，需要配备以下甩厢机械设备，主要包含甩厢车辆的新增购置、甩厢车辆的改造和相关配套甩厢设备。

甩厢运输的车厢，厢顶为玻璃钢采光，增加厢体采光功能，便于厢内扫描、装卸作业；厢内采用隔架式拉板，可根据货物外形结构特点进行捆绑固定，利于运输过程中产品质量的保证和送到后快速区分；车厢采用气囊式悬挂，减少货物磨损，更适用于精密、贵重产品的运输，保证运输过程中产品的质量。

配合甩厢业务的常规运营，相关的甩厢配套设备业务范围主要包含数据采集、装卸搬运、扫描打印等业务。需要配备的相关配套设备包含升降门、电动升降平台、夹抱车、叉车、托盘等。

（四）运输场地改造创新方案

为适用于甩厢运输操作，需要对该场地进行改建，改成甩厢作业区和配送仓储区。

甩厢作业区。作为甩厢运输作业场站，满足汽车列车摘挂和回转要求、可供甩厢车辆中转需要的作业场地及场区道路。还要确保路面硬化适合重型车辆的行驶、回转、停泊；同时与其配套的周边区域需要作水泥路面硬化处理。为了保证车辆的安全行驶，保障货物及车辆的安全，除要增加部分安全标示、路线标示和警示牌外，该区域内还需要增加防雨水功能和监控、照明功能。

配送仓储区。增加甩厢作业所需专用存储周转区域，区域内设有暂存区（热销区、冷销区）、分拣区和备货区；同时，改造适合于挂车作业的货物装卸平台；增加满足装卸所必要的装卸设备、标准化托盘和辅助设施。

（五）运营模式创新方案

首创班车发运模式，规划到镇配送班车线路。提升运输效率，降低成本，提升车辆利用率，加快货物周转率，大幅降低能源消耗，减少碳排放，做到节能减排。

五、创新成果的主要创新点

（一）颠覆传统"车等货"的现象，实现"货等车"。

订单即时响应，货等车、先卸后装提高效率，系统分配月台减少司机跑动询问时间。根据当天配送情况，优先备货，先卸后装，整个出库按照六步标准化作业执行。

（二）实现"一车多厢、厢停车不停"的运营新模式。

甩箱配送，一车多厢，厢停车不停：借鉴国际先进物流技术及运营模式，引入中国第一辆分销物流甩厢配送车，实现"一车配多厢、厢停车不停"。提升车辆运作效率，满足用户早、中、晚不同时段的配送需求，减少牵引车购置成本和司机的人工成本，缩短了车辆停驶和货物出库的时间，大大提升了车辆效率。

（三）创新甩厢信息技术系统

相对于已有的甩厢运输技术，海尔物流搭建甩厢信息技术系统，形成以甩厢监控功能、甩厢追踪功能、甩厢智能调度功能、甩厢预警功能四大功能为一体甩厢信息系统，提供车辆管理、车辆监控与调度、订单管理、仓储管理、装卸理货管理、企业综合管理等功能。

（四）创新物流作业机械

公路甩厢运输的车厢从制作材料和车厢结构上全面创新，增加厢体的采光，保证货物运输过程中的质量。升降门、电动升降平台、夹抱车、叉车、托盘等相关配套全面升级。海尔物流研用的甩厢车具有三大主要特点：

（1）厢顶为玻璃钢采光，利用玻璃钢作为厢体盖板顶部，增加厢体采光功能，便于厢内扫描、装卸作业；

（2）厢内采用隔架式拉板，可根据货物外形结构特点进行捆绑固定，有利于运输过程中产品质量的保证和送到后快速区分；

（3）车厢采用气囊式悬挂，降低产品运输颠簸，减少货物磨损，更适用于精密、贵重产品的运输，保证运输过程中产品的质量。

（五）创新全流程标准化物流服务

自主研用的第一辆中国分销物流甩厢配送车成为中国甩厢车的配载标准，成为物流行业标准，在物流公路甩厢运输方面起到了示范作用。在服务过程中对线长、司机、配送车、客户分别建立服务标准化平台。

六、创新成果的应用效果

公路甩厢运输具有单位成本低、运行效率高、周转快等显著特点，海尔物流将这种先进的运输组织方式进行推广使用，产生了可观的经济效益、影响深远的社会效益和良好的环境效益。

（一）经济效益

通过本项目的建设，全面提高物流的整体甩厢作业能力。本项目在原有的基础上提升运输效率大于30%，成本降低约8%。大大缩短了车辆停驶和货物出库的时间，加快了货物周转的速度，创造了时间效益，实现物流配送零延误目标的同时让用户体验到日日顺物流即需即供、一诺必达的服务。通过甩厢车统一的CI，使日日顺物流成为品牌服务中心、品牌传播中心、自主经营中心，真正实现了企业的规模效益、品牌效益。

（二）社会效益

随着近年来我国面临着巨大的区域经济增长和区域财富转移发展的机遇的出现，道路甩厢运输的市场需求量势必大增，甩厢运输是道路运输发展的必须选择，本项目的建设符合行业发展的需求，推广实施后必将进一步促进地区甩厢运输业的良性发展，优化物流配送行业的发展结构，起到很好的带头示范作用。自主研发的中国第一辆分销物流甩厢配送车，实现"一车配多厢、厢停车不停"的模式，成功将企业需求转化为物流标准，并通过国家标准化委员会的验收，成为物流行业第一家国家级服务业标准化示范单位，得到政府和社会的广泛认可与一致好评。年度对外接受社会各界（政府、协会、院校、企业等团体）现场参观交流 3 万余人，为其他企业提供了物流样板工程，为后备物流人才提供学习的基地与教材。

（三）环境效益

公路甩厢运输对节能减排、建设资源节约型、环境友好型社会的意义重大。为尽早实现环境友好型、资源节约型的交通行业战略目标，国家在制定发展战略和节能减排等工作是多次强调要发力发展甩厢运输。交通部及财政部制定的《公路甩厢运输第二批试点工作方案》指出试点工作目标要达到"通过开展公路甩厢运输试点，促进甩厢作业站场设施、车辆装备、信息系统的全面升级；运输组织化程度大幅度提升；甩厢运输提高运输效率、集约利用资源和节能减排的效益更加显现；对发展现代交通运输业和现代物流的支撑作用进一步增强"。本项目的建设符合国家对发展公路甩厢运输的政策要求。据测算，海尔物流公司自实施项目以来月节约燃油 8 万升，尾气排放月减少约 4 万升，碳排放大幅减少，能源消耗大幅降低，节能减排显著效果。

七、创新成果的推广价值

甩厢运输是社会生产力发展到一定阶段的产物，需要在市场、货源、道路、场站、车辆和管理上具备必要的条件。而中国的公路建设、汽车制造和信息技术发展水平已经能够满足甩厢运输的需要。目前相对于发达国家落后的现状以及强大的市场需求，使得发展甩厢运输迫在眉睫。海尔物流的创新成果契合了国家交通运输发展的政策要求，同时也是汽车运输发展史上运输装备的一次重大革新。海尔物流创新的甩厢运输项目不仅有利于有效节约资源，降低物流成本，还有利于促进物流及多式联运发展，有利于促进物流产业创新。该创新成果可以给我国广大公路运输企业或以公路运输为主营业务的第三方物流企业提供借鉴，该创新成果还可供分管道路运输管理的交通运输部门推广节能环保的运输方式提供有价值的参考。

安得物流青岛啤酒透明化物流管理方案[①]

【摘要】安得物流是安徽省唯一一家5A级物流企业，也是国内最早开展现代物流集成化管理、以现代物流理念运作的第三方物流企业之一。安得物流为了配合客户青岛啤酒公司的物联网管理改造，实现啤酒业务的实时性、准确性、高效便捷性、可追溯性等管理目的，实施了啤酒业务物流管理透明化管理项目。该项目综合利用视频监控系统、仓库管理系统和运输管理系统等多项先进的现代物流信息技术以及管理方法，大力创新技术设备，研发、创作多项供应链配套设备，在信息系统基础上，公司集成GPS、SMS、手机定位、RFID、远程视频监控等技术，监控公司所有业务的关键控制点，对所有的业务进行跟踪，实现了供应链过程透明化。该创新成果取得了明显的经济和管理效益，可供酒类物流业务企业和第三方物流企业进行学习和借鉴。

【关键词】物流过程透明化；物流信息技术；供应链集成

【适用领域】酒类物流业务；制造业与物流业联动发展；第三方物流企业

一、企业基本情况

安得物流股份有限公司创建于2000年1月，是国内最早开展现代物流集成化管理、以现代物流理念运作的第三方物流企业之一，安徽省唯一一家AAAAA级物流企业，主营业务范围是运输、仓储、配送、供应链管理。

安得物流公司以专业化、规模化的第三方物流公司形象跻身行业前列。目前，公司管理仓库总面积超过500万平方米，年运输量60亿吨，配送能力300万票，在全国范围内设立近200个物流服务平台，物流技术水平国内领先，为600多家国内外知名的客户提供专业物流服务，年物流总额超过3000亿元，为社会节约物流成本超过20亿元。2009年实现主营业务收入13.4亿元，2010年实现主营业务收入18.5亿元，2011年实现营业收入27亿元，同比增长45%，实现利税2.1亿元。

[①] 本成果由安得物流股份有限公司提供，成果创造人：刘春生、卢少艺，参与创造人：王鲲、郭学成、陈俊金、冯亮、熊宏祥，获2012年度物流行业企业管理现代化创新成果奖二等奖。

近年来，安得先后荣获中国 20 家最具竞争力的物流公司、中国物流百强企业、中国近三年快速发展物流企业、AAAAA 级综合服务型物流企业、中国物流示范基地、AAA 级信用企业、中国食品冷链物流定点企业、安徽省重点流通企业、省级企业技术中心、高新技术企业、中国驰名商标、全国物流行业先进集体、中国物流管理创新型企业、全国制造业与物流业联动发展示范企业等称号。

二、创新成果的名称

安得物流公司的创新成果名称为：安得物流青岛啤酒透明化物流管理方案。该创新综合利用多项先进的现代物流信息技术以及管理方法，综合利用视频监控系统、仓库管理系统和运输管理系统等多项先进的现代物流信息技术以及管理方法，大力创新技术设备，研发、创作多项供应链配套设备，在信息系统基础上，成功集成 GPS、SMS、手机定位、RFID、远程视频监控等技术，监控公司所有业务的关键控制点，对所有的业务进行跟踪，实现了啤酒业务供应链过程透明化。

三、创新成果的产生背景

安得物流公司的核心客户之一就是青岛啤酒，其业务特性在酒类行业中具有代表性，其对仓储作业要求、装卸效率、产品新鲜度管理、仓库利用率、运输装卸、运输过程现场、防护措施、安全意识等都有一套严格的要求，对外部供应商的标准化管理建立了一套完整的 SOP 执行标准及完善的 KPI 考核机制。上述标准建立在其庞大的信息系统中，例如生产使用了 Oracel 系统，内部运作使用 OA 办公自动化系统，外部创建了可供青岛啤酒客户使用的 CML 订单状态查询系统，并在 2011 年推进 PTS 产品条码追溯系统。

在 2012 年年初，青岛啤酒又提出了物联网项目，与物流公司一起打造"大系统"的物流体系，以提高运作效率和管理的精准度，提高企业的竞争力和服务水平，提高生产效率，降低物流运营成本。实现产品生产下线后的信息管理，加强产品安全质量保证，实现产品在仓储、物流流通环节的全面高效信息追踪，提升供应链整体服务效率，实现产品来自消费者的准确信息追溯，提升客户满意度。

青啤物联网管理是多方合作完成的一个重要项目，此项目推进可实现业务的实时性、准确性、高效便捷性、可追溯性等管理目的。为此，安得物流公司积极响应青啤公司的号召，在双方共同努力下，进行了啤酒透明化管理的技术创新与应用，取得了显著的经济效益和社会效益。

四、创新成果的主要内容

安得物流在青岛啤酒业务中主要从以下三个方面来实施物流过程透明化管理项目，分别是仓库监控系统、仓库管理系统和运输管理系统。

（一）仓库视频监控系统实现数据透明化采集

固定场所综合监控分系统主要实现物流公司前端仓库内部、大门和围墙等固定场所的监控与管理等功能。将物流仓库综合监控分系统按功能共分三个部分：信号采集传输部分、本地智能监控管理部分、主控中心监控管理部分。

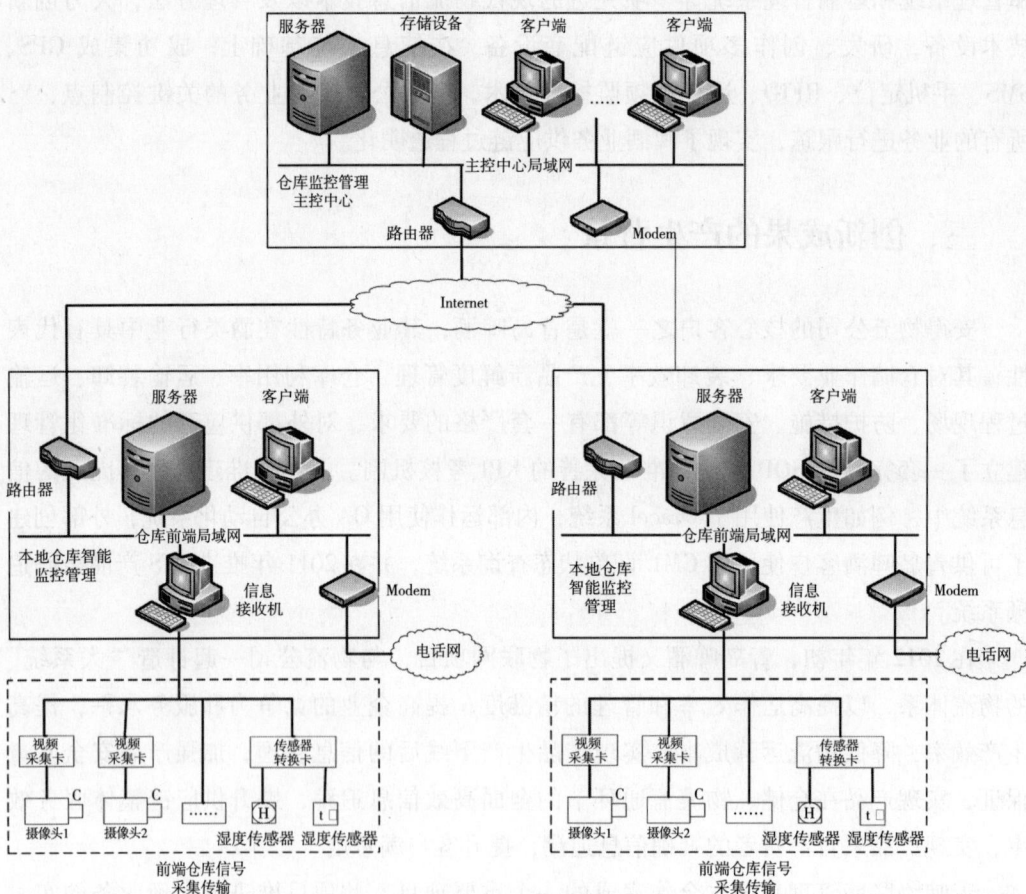

图 1 综合监控系统拓扑图

1. 信号采集传输部分（现行系统可能有基础设施）

信号采集部分处于系统最前端，属于系统底层部分，主要由摄像头等各种传感器构成，采用精密元器件设计，能够充分保证系统的稳定、正常的运行。传感器直接对监控场所进行信号采集与转换，通过本地局域网将视频等信号传输到本地智能监控管理部分进行处理与分析。

根据监控场所和监控对象的不同特点，信号采集模块可分为仓库内部、仓库大门和周围围墙三类。仓库内部的信号采集主要利用架设实现仓库内部状态的视频采集、仓库温度、湿度等环境变量的采集等；仓库大门的信号采集主要利用架设在大门上方的摄像头，实现进出人员和车辆的视频信号采集；仓库周围围墙的信号采集主要利用架设在仓库围墙附近的摄像头，实现围墙附近的视频信号采集。

2. 本地智能监控部分

为方便本地仓库设施与物资的管理与控制，在本地建立二级监控与报警中心作为物流综合监控管理系统的基层单位，它是物流综合监控系统对各网点状态进行监测和管理的基础。通过运行在本地的智能监控管理软件，该部分可控制前端所有设备，实现所有设备的无缝对接；实现对本地仓库、人员和车辆的有效管理与实时状态监控，及时将有关信息传送到当地负责人；接入互联网，与主控中心实现信息的互联互通，及时反馈当前监控状态，并接收主控中心传送的监控指令，及时调整软件和系统的运行状态和监控策略。

根据所完成的功能，本地智能监控部分可划分为如下模块：

（1）前端各传感器数据的接收与管理模块

本模块负责接收来自于仓库内部的视频数据和温湿传感器数据，同时负责接收来自仓库大门和围墙的监控视频数据，在进行去噪和加强等必要的预处理后，将数据提交至分析与处理模块。此外，本模块结合传感器网络技术，完成监控各传感器的工作状态与异常信息等功能，当出现摄像头等设备工作异常时，发出警报信息。

（2）监控数据分析与处理模块

本模块综合利用图像处理、计算机视觉、模式识别和人工智能等技术，实现仓库、大门和围墙等区域监控数据的智能分析与处理功能，是本地智能监控部分的核心模块。根据所监控区域不同可分为如下几个组成部分：

首先是仓库内部监控数据分析与处理针对仓库内部采集的监控视频与环境数据，系统进行分析与处理，得到仓库运转状态与存储相关的动态或静态信息，必要时向主控中心和单位相关负责人发出报警信息，可具体实现如下功能：

①人员监控。实时分析仓库内部监控视频内容，当有人员出入仓库时，软件能自动感知并记录，分割人员所在图像区域，根据人体相关特征，实现人员着装规范的自动检测，如根据人体头部区域颜色比对，自动识别是否佩戴安全帽，根据人体衣服主要颜色和服饰上的特殊标志，自动识别是否着工作服，并进一步对是否为本公司员工进行预警或提示。

②物资监控与评估。利用视频信息和 RFID 信息，对存储在仓库中的货物进行监

控，通过图像理解和人工智能等技术，分析货物的摆放位置、有序状态和整洁程度等信息，评估当前仓库的存储状态和整洁度等内容，实现仓库和物资的有效监控与管理。

③货物装卸活动监控评估。对货物的装卸视频进行实时监控与分析，提取视频中货物装卸过程中的关键帧，并跟踪与分析人、叉车和货物的运动，检测与评估装卸过程中的可能出现"野蛮装卸"、不规范装卸等现象，进一步提高公司货物装卸的标准化程度。

④安全与设备监控。通过系统安全与设备的监控，实现对仓库内存储状态的监控与评估。主要实现如下功能：利用机器视觉行为理解等方法，根据视频图像识别可能存在的偷窃、内盗等犯罪现象，并及时发出警报；在夜间或无人值守的情况下，分析视频内容，判别异常情况；监控仓库内部存储物资的存储状态，通过采集到的视频图像，检测与识别火、烟等异常事件，结合其他传感器的探测结果，准确做出判断和预警。

其次是仓库大门监控数据分析与处理针对仓库大门监控视频，系统进行分析与处理，得到仓库运转状态与存储相关的动态或静态信息，对进出大门的车辆车牌号码进行识别，识别结果与现有的管理信息系统相关数据进行比对与分析，进一步加强物流公司车辆管理。

最后是围墙监控数据分析与处理，实时分析架设在围墙附近摄像头的监控视频，利用视频对象识别与运动估计等技术，及时发现翻越围墙的人和物品从墙头飞出的事件，保存相关视频信息并发出警报。

（3）数据管理与传输模块（现行系统使用专线传输）

本模块综合利用多媒体数据库、视频压缩编码和计算机网络等技术，实现监控数据及分析处理结果的存储、传输和管理等功能。模块连接互联网，接收主控中心系统软件发送的管理和控制指令，及时调整监控策略与相关配置；通过在本地建立多媒体数据库，存储和备份一定时段内的监控数据和分析处理结果，提供基于分析结果和预警信息的视频段与关键图像的检索功能，便于本地客户端和上一级管理人员对监控视频的调阅与查询；当发生盗窃、火灾等异常事件时，本地智能监控系统能根据视频分析处理结果并及时向当地单位负责人和上一级管理部门（主控中心）发出提示或警报，通过互联网及时传送经压缩后的视频和关键图像以供甄别，此外，还可以联动短信发送的方式，通知相关人员报警信息；定期向主控中心备份本地数据库中重要分析结果和相关视频数据。

3. 主控中心监控管理部分

通过在物流公司总部设立一级报警与监控中心，建立主控中心，实现对前端所有仓库的集中监控管理，中心用户按权限通过网络浏览管理前端仓库状态与信息。主控中心（一级监控中心）是报警监控系统的核心部分，是利用视频识别分析技术、计算机网络、地理信息技术、数据库技术开发的整合式集中智能综合监控管理控制应用平台，中心汇接各前端仓库相关信息，将所需的视频、数据等信息通过网络进行传输、存储和共享，并根据授权进行远程调阅、查询，由开放的接口实现互联、互通、互控及其他多种应用，为各级领导决策、指挥调度、取证提供及时、可靠的第一手信息。系统采用中心级监控软件平台，可实现前端二级监控中心监控、调度和管理功能；在主控中心可将各类网络传输的视频信息解码后以电视墙的形式播放；建立数据库，实时收集、汇总来自二级监控中心的分析结果和报警信息，基于地理信息系统对相关信息动态显示，并依照一定规则对信息进行分析和处理，为决策指定提供支撑；在前端报警时可以联动短信发送，通知相关人员报警信息。

（二）仓库管理系统（WMS）的数据动态更新

1. 电子库位显示

针对客户产品种类较为单一，且存储、发货量较大，双板叉车高效作用的情况下，在仓库管理中使用了大库位管理方式，一个仓库面积不大，使用大库位管理可以看的非常清晰明了；酒类的新鲜度管理也是一个重点，在平面图上很明显标识出临期库存、到期库存等，使用收发货快速作业。

2. 订单、条码集成

安得的物流信息平台，可以实现订单的跟踪功能，可视化订单处理将 GPS 的信息通过电子地图的标注将车辆位置（与订单信息一致）显示在地图中。其中的模块（主要是软件）：GPS 编码，数据传输模块，数据存储模块，经纬度变换模块，响应模块。具体如图 2 所示：

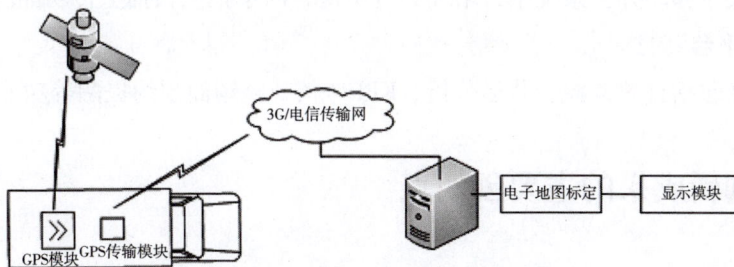

图 2　安得物流信息平台主要模块

（三）运输管理系统（TMS）的实时信息监控

1. 公路海联运

公路海多种方式运输也是该客户特点，IT 部针对这种方式，进行 TMS 的调整，支持海运，铁路多站点运输跟踪。

2. GPS 安装及使用推广

GPS 是监控物流过程透明化的很成熟的手段，据以往经验，货物在运输过程中容易发生损毁、丢失和被盗等问题，如何在移动过程中有效地监控运输过程和货物状态，确保货物能及时、安全地到达目的地，成为物流公司迫切需要解决的问题。本方案设计与实现移动载体综合监控分系统，利用全球定位、地理信息系统、计算机视觉、模式识别、人工智能等技术，实现对运输过程中车辆和货物的有效管理与监控。该分系统由车辆监控与管理、货物运输过程状态监控和无线数据传输部分组成，通过 3G 无线网络与主控中心管理系统实时通信。

为了及时了解、掌握物流货车在运输过程中的位置和状态信息，本方案提出基于 GPS 和视频对运输途中的车辆进行监控。基于 GPS 的车载定位系统能够及时将货车的位置信息发送回位于公司总部的总控中心，由地理信息系统软件进行实时更新和显示；在货车驾驶室内架设摄像头，可监控行车过程中司机的精神状态，防止出现疲劳驾驶，杜绝事故苗头；通过数据传输部分的无线网络，可将压缩后的监控视频和分析结果传输至总控中心备份保存。

由于监控数据量较大，传输时载体可能处于高速移动状态，因此需要借助 3G 无线网络进行数据传输，移动载体通过 3G 网络将分析处理后的监控内容上传至总控中心，并从总控中心下载相关指令，更新监控配置。为了减少传输的数据量，减少通信成本，需要对监控视频进行预处理，提取有用信息，并采用视频压缩技术对视频进行压缩编码。

3. 到货签收及电子回单

解决运输订单过程跟踪与监控、经销商签收反馈慢、统一结算凭证等问题，IT 部已列计划在安卓移动办公系统中，增加到货确认，回单拍照扫描上传功能。

4. 短信平台

短信推送包括订单监控、装运分析、KPI 考核、经销商预约提醒等功能。

五、创新成果的主要创新点

该项目的创新成果主要有以下几个方面的特点：

（1）针对客户青岛啤酒提出的物流服务要求，研发、设计供应链配套多项软件信息系统，采用先进的现代物流信息技术，大幅度提升物流服务水平，满足了客户需求。

（2）公司为了实现客户所需求的物流服务，大力创新技术设备，研发、创作多项供应链配套设备，并申请获得 4 项实用新型专利。

（3）在信息系统基础上，公司集成 GPS、SMS、手机定位、RFID、远程视频监控等技术，监控公司所有业务的关键控制点，对所有的业务进行跟踪，独立于运作部门，实现了供应链过程透明化。

六、创新成果的应用效果

该项目的创新成果在青岛啤酒客户中得到应用，取得了明显的经济和管理效益。

（1）创新成果带来了显著的经济效益。由于安得物流管理水平、整体竞争能力和经营效率的提高，促进青岛啤酒企业销售规模的增长；同时，因物流各个环节管理信息程度的提高，可大大降低事故、丢货、发错货等情况，赢得了青岛啤酒的信任，为安得物流带来间接收入近1200万元。

（2）安得物流公司将物流过程可视化技术引入到物流管理，用信息技术改造并提升传统产业，提高管理水平和效率，通过对同行业和区域内企业形成示范作用，促进物流企业的发展，一定程度上推动物流供应链全程可视化智能管理技术的推广应用。

（3）创新成果的应用，带动了青岛啤酒的上下游产业链的技术革新和发展，从而有利于青岛啤酒和供应链关联企业和物流产业的后续发展。

（4）通过项目本身的需求拉动，促进管理技术，硬件供应商的发展，并提升经营业绩，一定程度推动物流信息技术的发展和普及。

（5）创新成果的实施，为其他物流公司开发实施积累经验并提供学习标杆，促进物流行业信息技术的发展。

七、创新成果的推广价值

安得物流青岛啤酒透明化管理方案这一创新成果不仅在酒类制造企业具有广阔的应用前景，对网络型物流企业提升物流管理水平也具有很强的借鉴价值。首先，利用本创新成果，酒类生产企业可以对其酒类产品实施供应链透明化管理，提高酒类业务全程供应链物流信息共享程度，提升第三方物流协同运作效率，降低酒类业务运营过程中的货损货差率，规避酒类产品串货风险，在行业内形成示范作用，提升酒类物流的服务价值。其次，利用本创新成果，可以帮助广大制造企业和物流企业提升双方的联动发展的业务水平和合作层次。最后，利用本项目成果所设计的信息系统在信息收集、传递和分析方面的显著优势，将监控系统网络覆盖集团各个部门，实现互联互通。大范围的信息资源和流通渠道整合，将集团的管控过程变成了一个可视化的体系，让总部能够在最短时间内对集团内部环境的变化作出反应。这可以给网络化的物流企业提升物流管理水平起到较好的借鉴作用。

山东物流协会智能化"物流一卡通" 供应链整合方案①

【摘要】为帮助物流企业解决生存和发展问题、降低物流成本，山东物流与交通运输协会联合青岛现代物流供应链管理研究发展中心，设计了物流行业从移动互联到物联网络的整体解决方案，并建设基于物联网的智能物流综合管理体系，即"物流一卡通"供应链整合方案。物流一卡通是山东省物流与交通运输协会与金融机构合作，面向物流及其相关行业发行的，集物流应用、金融应用、诚信管理、便利通行及特约商户优惠于一身的多功能复合卡，主要具备加载高速公路收费、交通规费缴纳、电子现金快速支付、物流园区内部管理应用及山东省内中石化加油充值等功能。该项目的实施，是物联网技术、3G技术、云计算技术的有机融合。山东物流与交通运输协会通过对内部管理和外部环境调研、部门职责梳理、业务流程和制度设计等步骤，快速搭建了以市场为导向的项目管理体系，有效改变项目参与企业的管理观念，设计并实施项目式供应链整合销售流程。该方案有利于参与企业成本和行业整体总成本，有利于行业企业创新氛围的形成，有利于带动区域经济的发展，具有较大的推广价值。

【关键词】物流一卡通；供应链整合；移动互联网
【适用领域】物流协会会员服务功能整合；区域性物流整合管理

一、企业基本情况

山东省物流与交通运输协会是由山东物流行业主管部门——山东省经济和信息化委员会主管，由从事第三方物流服务、综合物流服务、货运代理服务的物流企业、相关生产企业、高等院校和新闻媒体以及政府部门、企业、科研机构的相关负责人组成的行业性组织。会员单位分布于山东省内各地市，主要工作范围是在行业布局、经济实力、品牌效应以及发展潜力等方面具有较强的代表性组织实施行业调查研究，提出行业产业政策建议；承接有关课题研究、政策研究项目；参与研究和制定山东省物流

① 本成果由山东物流与交通运输协会提供，成果主要创造人：段沛佑、谭颜铭，参与创造人：赵婧、崔霞、李建伟、王文浩、李美燕、马晓宁、董冲、周昕、朱栩，获 2012 年度物流行业企业管理现代化创新成果奖二等奖。

行业发展规划，对重大物流项目提出前期评估意见；开展行业统计、行业准入、职业资格审核、资质审查和管理等工作；开展行业自律，制定行规行约，规范物流行业行为。

二、创新成果的名称

山东物流与交通运输协会从产品特性、客户采购、客户需求三个方面出发，通过价值分享带动各个主体的参与积极性，通过各种资源的重新配置实现价值的转化，在信息流、资金流方面实现互联互通，通过线上线下的有机结合实现系统集成。通过对山东物流与交通运输协会内部管理和外部环境调研、部门职责梳理、业务流程和制度设计等步骤，帮助山东物流与交通运输协会快速搭建了以市场为导向的项目管理体系，有效改变项目参与企业的管理观念，设计并实施项目式供应链整合销售流程。因此，该创新成果名称为：山东物流协会智能化"物流一卡通"供应链整合方案。

三、创新成果的产生背景

如何保持现有市场份额，在优胜劣汰的市场竞争中发展和壮大自己，对于现阶段的物流企业来说，是一个非常棘手而现实的问题。为了应对挑战，解决物流成本居高不下的问题，许多企业正在寻求应用新的技术手段来解决这一问题。目前，物联网的兴起已经引起众多企业的关注，"十二五"物联网发展规划中，智能物流将成为物联网重点发展的十大领域之一，因此，与物联网的结合也正在成为未来物流行业谋求新发展的重要手段。在传统的物流行业中，通过多年的信息化建设，很多企业已经构建了包含基础网络、ERP、CRM、SCM 等在内的信息系统，这些似乎已经为物联网的应用打下了坚实的基础。但究其实际应用可以发现，仍然存在以下这些亟待解决的问题：由于企业分支机构众多，基础网络的构筑往往形式多样且不稳定；企业内部的 ERP 系统不够稳定，缓慢的响应速度严重影响了工作效率，一些关键节点的网络瘫痪甚至会导致企业的整体业务无法运作；CRM 系统由于缺乏呼叫中心运营经验，常常无法有效处理客户需求。为此，如何实现信息流、资金流共享成为许多物流企业的新选择，因为通过应用价值共享、互联互通的物流一卡通方案，物流企业可以建立起连通包括信息、资金支付结算、运力资源采购、加油、车辆管理、物流园区、加油站、高速公路在内的整个供应链整合管理，使如此众多环节的信息完全透明，山东物流与交通运输协会联合青岛现代物流供应链管理研究发展中心设计的物流行业从移动互联到物联网络的整体解决方案，帮助物流行业从容应对挑战，并建设基于物联网的智能物流综合管理体系。

四、创新成果的主要内容

山东物流一卡通是山东省物流与交通运输协会与金融机构合作，面向物流及其相关行业发行的，集物流应用、金融应用、诚信管理、便利通行及特约商户优惠于一身的多功能复合卡。成为物流一卡通会员可享受高速公路便利通行、加油、保险等优惠。卡片以中国工商银行银行卡为载体，实行双方联名制管理，以银联标准牡丹信用卡和IC卡实现基础设计，是芯片、磁条复合卡。其中，芯片部分设计为接触与非接触射频两种刷卡方式，主要具备加载高速公路收费功能、交通规费缴纳、电子现金快速支付、物流园区内部管理应用及山东省内中石化加油充值等功能。磁条部分为人民币贷记卡专用，实现了资金流、信息流的互联互通、移动支付、数据共享等核心职能。该项目的实施，是物联网技术、3G技术、云计算技术的有机融合，将填补国内物流行业空白，实现技术与行业应用的创新。

（一）项目企业调研

山东物流与交通运输协会的研究中心对内部管理和外部环境进行了调研与分析诊断，通过内部访谈、问卷调查、市场调研、收集资料等形式对山东物流与交通运输协会的重点会员、重点客户、标杆企业、竞争对手、营销资源与能力、营销管理现状等信息进行收集，并通过专业的工具与方法进行分析，为咨询小组营销咨询项目的开展与方案设计提供最直接的参考素材。

具体调研方法如表1所示：

表1 调研过程和方法

收集资料	从内部重点收集与分析山东物流与交通运输协会的工作计划、工作报告、管理文件、管理制度、管理流程、行业对标等相关资料；从外部重点收集与分析行业发展状况、市场环境、竞争对手等资料
内部访谈	包括山东物流与交通运输协会秘书长、高级管理人员、中级管理人员和基层人员，多方面、多角度深入了解协会的会员营销策略和会员营销管理现状
市场调研	对山东物流与交通运输协会重点客户、标杆企业和竞争对手进行调研分析
问卷调查	向山东物流与交通运输协会重点客户发放调查问卷
案头研究	对内部资料和外部信息进行梳理和分类，利用分析工具作深度研究和小组讨论

（二）存在的关键问题

作为国内首次多方合作、协同开发的物流一卡通项目，在研发和推广过程中，也在很多方面存在诸多问题，具体来讲，包括以下四个方面。

1. 企业观念问题

多年来，我国企业为了更好地实施内部管理与控制，一直采用"纵向一体化"的管理模式。随着信息的飞速发展和经济全球化市场的形成，传统的管理模式受到了严重冲击。尽管企业也在努力地朝"横向一体化"的新型思维方式转变，但总体而言，大多数企业还未形成独具特色的强竞争力的核心业务，传统的管理思维方式仍占据主要地位。

2. 信息共享问题

在供应链管理模式中，信息共享是企业间实现协调运作的关键，而应用信息技术改进整个供应链的信息精度、及时性和流动速度是提高供应链绩效的必要措施。因此，企业管理战略的一个重要内容就是制定供应链运作的信息支持平台，融集成条码、数据库、电子订货系统、射频识别、电子数据交换、全球定位系统等信息交换技术和网络技术为一体，构建企业供应链信息集成系统。

3. 合作协同问题

我国企业伙伴之间不愿意共享信息，这与我国的企业所处的文化氛围有关。传统观点认为任何协议都会分出一个胜者和一个负者，但博弈论的研究结果说明非零和博弈比这种零和博弈更能使企业获得收益。除此之外，缺乏一个良好的供应链绩效评估系统也是贸易伙伴之间协作的障碍。没有合理的绩效分配机制，各企业自然不愿牺牲自己的利益去换取整个供应链的最大利益。因此，良好的供应链协调战略势在必行。

4. 利益分配问题

组织之间的信息流和资金流更加频繁，组织之间的相互联系也由单一渠道转变为多渠道，合作程度日益加深，组织之间不断融合，组织边界越来越模糊，最终整个价值链重新整合，形成一个虚拟的大企业。由此产生了企业间的"利益分配问题"。

（三）方案总体框架

深入分析山东物流与交通运输协会"物流一卡通"可能存在的问题，发现相互之间存在着逻辑关系：市场需求导向的观念缺失，导致了项目整体设计方向不清晰，驱动力不足是项目推广的关键，而最终表现出来的是方案可行性不高、市场开发能力不足的现象。因此，创建适合山东物流与交通运输协会实情的项目开发管理模式，推动项目驱动方式转变，由割裂式的单一思维向系统的营销思维转变，是解决问题的关键。设计并促进山东物流与交通运输协会项目模式的快速转型，归纳起来，包括以下关键点，如表2所示：

表2　　　　　　　　　　　　　　　模式转换关键点

内容	过去	现在
客户需求	产品导向的推销模式	需求导向的营销模式
业务集成	单一业务	整合业务
销售管理	业务型结果管理	项目型销售流程管理
客户服务	成本导向的交易营销	价值创造的关系营销
利润分派	单一模式	共享模式

（四）方案具体内容

1. 市场需求分析

通过对各个环节、各个流程整体供应链用户需求的调查，主要数据采集如图1所示：

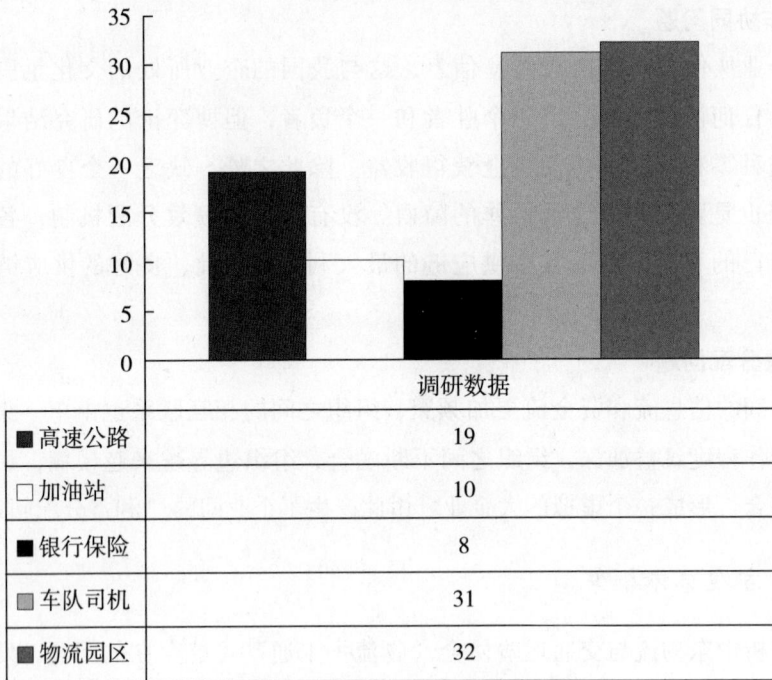

调研数据	
■高速公路	19
□加油站	10
■银行保险	8
▩车队司机	31
▩物流园区	32

图1　行业市场需求调查数据

通过对上述各类型客户的需求调研后分析得知，物流一卡通除一般信用卡所具备的存取现金、转账、信用透支消费、免息还款等功能外，还需要实现以下主要功能：

（1）园区快速支付：集成电子现金功能，额度自由选择，可实现园区食宿、停车、物业、维修、购物等小额快速支付，便于园区信息化管理。

（2）省内高速通行：高速公路便利通行，享受 9.5 折优惠。高速公路收费站人工收费车道（免领高速路通行卡），具备 ETC 专用 OBU 设备的可走不停车通道自动写卡、扣费。

（3）石化加油优惠：物流卡向石化加油卡充值，消费环节享受 9.85 折的"积分免费加油"活动，并继续享受"油中感谢"积分增值服务政策。（共计享受 9.8 折优惠）。

（4）车辆保险购买：会员可持物流卡到设在园区的物流卡综合服务区工行布放的自助终端自主购买；也可直接在物流卡服务柜台刷卡购买。享受交强险、车辆险、货物险、第三者责任险等险种的优惠折扣，可按季度承保和缴纳保费。

（5）特约商户折扣：省内物流园区各类型特约商户消费折扣服务，由银联在全省各物流园区内布放的专用 POS 机刷卡使用。

（6）物流金融服务：会员可通过工行布放的多媒体自助终端实现各应用账户间的资金缴存及查询取款服务。

（7）物流信息服务：会员用物流卡会员号可直接登录山东省物流综合服务平台，免费发布及共享车货源信息、诚信信息查询等服务。

（8）电信专属优惠：享受合作运营商中国电信针对物流卡会员推出的特色产品和优惠服务。

（9）交通罚款缴纳：现场与非现场缴纳交通违法罚款。

（10）物流增值服务：陆续推出代收货款、配载、路况、气象信息等服务。

在物流一卡通的战略设计方向上也存在产品导向和需求导向两种不同的设计思路：

（1）方案需求设计两种模式的比较

产品导向和需求导向两种不同思路具有以下差异，如图 2 所示：

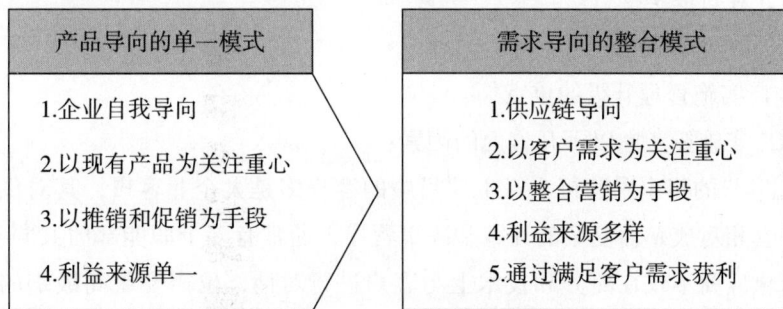

产品导向的单一模式	需求导向的整合模式
1.企业自我导向	1.供应链导向
2.以现有产品为关注重心	2.以客户需求为关注重心
3.以推销和促销为手段	3.以整合营销为手段
4.利益来源单一	4.利益来源多样
	5.通过满足客户需求获利

图 2　方案需求设计两种模式的比较

山东物流与交通运输协会"物流一卡通"方案设计主要基于以下几方面的考虑：

产品特性：山东物流与交通运输协会的"物流一卡通"产品是集成多种支付手段和功能的物联网技术应用，具有一定的专业性，客户需要山东物流与交通运输协会给予研发技术上的支持，山东物流与交通运输协会也需要研发部门深度地参与到项目中来；

客户采购：山东物流与交通运输协会与多个客户具有专业性、集中采购的特征，客观上需要山东物流与交通运输协会参与到客户的上游集中采购行为中来；

客户需求：山东物流与交通运输协会的客户具有多区域、多行业性，客户在产品需求上也是各不相同的，具有个性化的需求特征，同时也是不断变化的，山东物流与交通运输协会需要真正了解客户的需求，通过技术研发来满足客户的需求。

基于以上考虑，山东物流与交通运输协会决定采用需求导向的设计思路对物流一卡通进行设计和改进。

（2）实现"需求分析"转变的关键环节

①转变组织模式

要实现以市场需求为导向的项目管理模式转变，供应链组织模式需从传统的职能型横向组织，转变为客户导向的协同式纵向组织，供应链的本质是用于描述一个具有某种内在联系的企业群结构，它是一个相对宏观的概念，存在两维属性：结构属性和价值属性。供应链中存在着大量上下游关系和相互价值的交换，上游环节向下游环节输送产品或服务，下游环节向上游环节反馈信息，每一层的管理者都必须亲自了解、满足和服务于客户。

②关键参与企业转型

山东物流与交通运输协会要实现项目管理模式的转变，必须按照现代企业组织要求，健全规范各个参与企业的权利义务，实现各参与企业向"以客户为中心、协同上下游、合理利益分配"的供应链商业模式的转型升级。为此，咨询小组详细列出了山东物流与交通运输协会每个关键企业的具体特征和要求，并制定相应的企业考核制度和分配机制，在行业中推行。

2. 推广实施管理升级

（1）推广实施管理升级的重点

方案推广实施要考虑以下几方面的因素：

a. 匹配客户的集中采购行为。本项目中的客户多是大企业客户，其对供应商的选择大都有一套相对成熟而复杂的评审和决策程序，通常有多个职能部门共同参与把关，客观上要求供应商不仅在商务和技术上与客户进行对话，也需要更高级别的高层之间展开交流和互动，因此需要不同专业和层级的人共同组合一个团队来匹配客户的集中采购行为。

b. 提高山东物流与交通运输协会的销售能力。通过业务外包，共同参与的模式，在团队作战模式下，项目管理人员可以和客户相关人员建立以构建人脉为主的商务关系线；技术人员可以和客户方技术人员建立以技术交流为主的技术关系线；销售部经理（或营销副总）可以和客户方的高管层进行沟通交流，形成另一条高层关系线，以对整个销售项目进行很好的推动和把关。

（2）推广实施与管理关键环节

a. 参与企业的合作

参与企业在销售过程中担当的角色虽然不同，但目标和任务相同。商务线、技术线和高管线三条关系线要拧成一股绳，以商务线为主导，技术线提供支持作用，高管线提供推动作用。

b. 信息的共享

多渠道的信息交流既能彼此补充，也能相互验证，因此咨询小组特别强调信息共享的重要性，要求参与企业成员之间要及时地进行信息的交流，尤其是技术人员所获取的信息一定要和项目人员进行及时的沟通。

（五）项目管理模式升级

要实施物流一卡通方案，必须实现由传统型项目结果管理向供应链整合流程管理的转变。

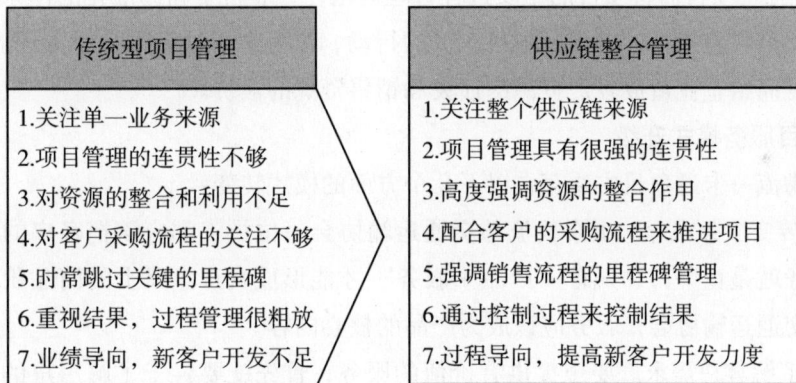

传统型项目管理	供应链整合管理
1.关注单一业务来源	1.关注整个供应链来源
2.项目管理的连贯性不够	2.项目管理具有很强的连贯性
3.对资源的整合和利用不足	3.高度强调资源的整合作用
4.对客户采购流程的关注不够	4.配合客户的采购流程来推进项目
5.时常跳过关键的里程碑	5.强调销售流程的里程碑管理
6.重视结果，过程管理很粗放	6.通过控制过程来控制结果
7.业绩导向，新客户开发不足	7.过程导向，提高新客户开发力度

图3　项目管理模式升级比较

1. 项目管理模式升级比较

项目管理模式升级的设计要考虑以下因素：

（1）匹配山东物流与交通运输协会大客户采购流程。大客户对商品的采购通常有一套严格的操作流程，咨询小组要很清楚客户的这些程序才能知道哪个阶段要做哪些工作，每个阶段的内容和重点都是不一样的。

（2）加强项目过程指导和管理。如果没有流程的划分，项目管理者并不清楚各个项目所处的阶段状态，既不能很好地指导项目工作，又无法对项目结果进行预测，在资源使用和调配上也缺乏依据，只能凭感觉来管理项目工作。有了项目流程管理体系，能有效地避免项目过程管理的盲点。

基于此，山东物流一卡通项目管理模式升级到供应链整合管理的模式。

2. 建立项目流程的主要原则

（1）控制过程比控制结果更重要。现代管理观念认为：项目管理重在过程，控制了过程就控制了结果。特别是对于大型客户的开发，常需要 1~2 年的时间，过程控制尤为重要。

（2）该说的要说到，说到的要做到，做到的要见到。"该说的要说到"是指项目管理必须制度化、规范化、程序化；"说到的要做到"就是凡是合理的制度都要严格去执行，要体现出制度的权威性；"做到的要见到"是指凡是已经发生的重要的项目行为都必须留下记录，没有记录就等于没有发生。每个项目阶段都要有适当量的项目管理文档报表的输出。

（3）预防性的事前管理重于问题性的事后管理。无论项目基层人员或项目经理，在项目工作中都要养成"预防性的事前管理"的思考习惯，在问题发生之前就已经预料到问题可能会发生，并采取相应的预防措施。

（4）项目管理的最高境界是标准化。咨询小组认为，山东物流与交通运输协会的"物流一卡通"项目需将项目的主要过程管理规范化，靠科学和标准化的体系来建立企业强大的项目实施能力，以指导项目人员的行动，避免由于项目人员个人经验、能力、悟性等不足而给企业造成客户资源的损失和销售资源的浪费。

3. 项目服务模式升级

山东物流一卡通项目主要存在以下几个方面的模式转变：

（1）转变服务观念。山东物流与交通运输协会每位员工都应该把客户的需求放在心里，服务就是竞争力，只有"产品＋服务"才能形成真正意义上的商品价值。在山东物流与交通运输协会，服务应该成为产品的核心内容。

（2）了解客户需求。要想提供有价值的服务，首先就要善于了解用户的需求，从而制定符合用户需求的服务措施。针对重要的战略价值型客户，山东物流与交通运输协会针对项目需要提供一对一的特色服务。

（3）持续改善服务不足。目前山东物流与交通运输协会在客户开发阶段的服务确实还存在很多的不足，比如："对客户需求的把握不够准确"、"对承诺的项目时间一拖再拖"、"对客户信息的反馈不够及时"等。山东物流与交通运输协会需在这些关键服务环节大力改善，才能真正提高山东物流与交通运输协会的综合服务竞争力。

五、创新成果的主要创新点

通过对山东物流与交通运输协会内部管理和外部环境调研、部门职责梳理、业务流程和制度设计等步骤，帮助山东物流与交通运输协会快速搭建了以市场为导向的项目管理体系，具体来说，本创新成果的管理价值可以归纳为以下几个方面：

（一）有效改变项目参与企业的管理观念

任何一次大的变革，最难也最关键的是观念的转变。为此，咨询小组在整个项目期间针对这一问题做了大量的工作，包括参与企业员工调查、分阶段分层次的理念宣导与培训等。普遍认为，此次变革为山东物流与交通运输协会、项目参与企业带来了重大的突破，整合供应链管理，不仅仅停留在理解层面，也践行于日常的工作中，企业旧有的以职能导向观念基本得到扭转。更多的企业接受开放、共享、协同、共赢的管理理念。

（二）设计并实施项目式供应链整合销售流程

根据山东物流与交通运输协会的会员客户和业务性质，设定了项目式供应链整合流程，并重点推行实施。流程包括：需求设计、客户拜访与初步调研、技术交流与需求确认、分企业设计、商务洽谈、合同签署、跟踪反馈。每一步骤明确工作内容、资源配置、策略要点、实施和分析技巧等，细化到每个环节，规范和指导项目人员的具体工作，在山东物流与交通运输协会内部形成一套规范的项目管理体系。

采用项目式供应链整合管理，可以很方便地计算参与企业的销售额度，为计算绩效提供了依据，同时也增强企业协同其他客户的积极性，整个企业的业务开发和管理水平显著提高。

（三）有利于行业企业创新氛围的形成

通过项目式供应链管理，企业不仅可以降低投资成本和交易成本，同时还有利于信息资源的交流、汇集，促进技术、产品的联动创新。集群式供应链是培育企业学习与创新能力的温床。企业彼此接近，会感受到竞争的隐形压力，迫使企业不断进行技术创新和组织管理创新。一卡通的实施，对推动供应链上的企业加快创新有很大的作用。

六、创新成果的应用效果

经过一段时间的努力，物流一卡通项目已初现成效，具体包括经济效益、物流信息化水平、客户满意度和社会效益四个方面的显著效果。

（一）经济效益显著改善

项目实施以来，先后开发渠道销售终端 100 家，解决了物流企业转型和增值的问题，实现一期经济效益 500 万元，带动行业有关产值 5000 多万元，获得良好的经济收益，促进企业商业模式和赢利模式的创新，实现现代物流企业的现代化管理。同时，解决了企业转型的问题，实现一期经济效益 400 万元，带动行业有关产值 5000 多万元，获得良好的经济收益，促进企业商业模式和赢利模式的创新。单车仅加油成本就可以年节省 2000 元。

项目方案设计前 2011 年营业收入 400 万元，2013 销售收入增长到 1000 万元，增长 120%。2015 年预计实现营业收入 2 亿元。

（二）物流信息化水平大幅提高

通过本创新成果的设计，加强山东省及周边省份区域物流的合作与交流，促进区域物流集聚发展，积极推进不同地区物流领域的交流与合作，协调会员单位与政府之间、会员单位之间、会员单位与消费者之间、会员单位与社会之间的沟通与合作，引导物流资源跨区域整合，推动物流集聚发展，积极整合现有运输、仓储等物流基础设施资源，盘活存量资产，优化增量资产，积极构建国内外有效衔接的物流网络。充分发挥协会跨行业、跨部门、层次高、范围广的优势，促进物流企业以及关联企业之间相互沟通、学习、交流，提升行业整体发展水平，带动交通运输与物流行业的发展。

（三）客户满意度有效改善

通过本创新成果的设计，各个参与机构的客户服务积极性大大加强，客户整体满意度得到较大提升。

（四）社会效益显著增加

通过本项目创新的设计，加强山东省及周边省份区域物流的合作与交流，促进区域物流集聚发展，积极推进不同地区物流领域的交流与合作，协调会员单位与政府之间、会员单位之间、会员单位与消费者之间、会员单位与社会之间的沟通与合作，引导物流资源跨区域整合，推动物流集聚发展，积极整合现有运输、仓储等物流基础设施资源，盘活存量资产，优化增量资产，积极构建国内外有效衔接的物流网络。充分发挥协会跨行业、跨部门、层次高、范围广的优势，促进物流企业以及关联企业之间相互沟通、学习、交流的有利条件，提升行业整体发展水平，带动交通运输与物流行业进一步转变经济增长方式。

七、创新成果的推广价值

"物流一卡通"包括纵向应用和横向发展的一卡通含义，纵向应用一卡通解决地区分割的某个行业一卡通问题，比如交通物流行业；横向应用一卡通实现同一地区不同行业一卡多用。目前，一卡通的试点主要侧重于地区性的收费管理。物流行业作为一个经济运行和社会流通的支撑体系对经济发展和国家安全有着极其重要的意义。山东"物流一卡通"项目作为山东省行协会管部门利用行业优势实现资源整合、进行社会管理创新、加强行业管理和疏导、为物流行业的发展提供有效的管理手段，对实现资金流、信息流、物流三流合一的商业模式进行了有效的探索，为山东响应国家有关政策进行了大胆的尝试，值得在国内推广。

中外运山东公司中韩陆海联运及甩挂运输方案[①]

【摘要】 中国外运山东有限公司是山东地区集多种综合物流服务于一体的现代化、综合性的大型龙头物流企业。为解决物流服务成本高、效率低等行业普遍存在的问题，企业需要优化业务流程、转变业务模式、减少不必要的物流环节和提升组织调度能力。因此，中国外运山东有限公司根据实际情况，通过改造传统的业务流程，开创了中韩陆海联运汽车运输业务和甩挂业务。创新成果重点解决集装箱在港口和场站内由于拖车吊上吊下环节所带来的各项油耗、费用和货损率问题和当前一头一挂等待装卸箱的运输效率偏低的问题。该创新成果有效降低了运输费用，同时提高了运输效率。无论是中韩陆海联运汽车运输业务还是甩挂业务都取得了良好的经济效益和社会效益。该创新成果值得从事海铁联运的物流企业和社会化的第三方物流企业积极学习和借鉴。

【关键词】 陆海联运；甩挂运输

【适用领域】 进出口贸易；海陆联运企业；第三方物流企业

一、企业基本情况

（一）公司简介

中国外运山东有限公司隶属于中国外运股份有限公司（香港上市的国有控股公司－HKCODE：0598）。公司本部设在青岛市，具有50年经营历史，是山东地区集国际货运代理、船舶代理、国际航线运输、国际多式联运、租船订舱、大型设备运输、公路运输、集装箱场站、报关、报检、综合物流服务于一体的现代化、综合性的大型龙头物流企业。

公司拥有精通业务、经验丰富的专业物流人才3000余人，齐全的运输和仓储设施，较强的运输和装卸能力，营运网络覆盖山东省并辐射周边其他省市，并借助中国外运山东有限公司集团国内国际网络，可为客户提供海洋运输、租船、订舱、口岸交

---

① 本成果由中国外运山东有限公司提供，成果主要创造人：宋嵘、王理俊，参与创造人：刘勇、周国勇、张玉鹏，获2012年度物流行业企业管理现代化创新成果奖三等奖。

接、报关、报验、仓储、转运等一站式一条龙式服务。更以专业化的服务能力形成了大型工程设备运输、海空联运、铁海联运、保税物流、公路配送等业务品牌，具有专业化、网络化、系统化、综合性优势。

公司按照统一的服务标准流程和规范体系，将传统业务与物流业务相结合，实行运输、仓储、配送等环节的紧密衔接，根据客户的需要，建立起灵活组合不同服务产品的物流标准化管理系统，为客户提供全面的一体化的综合性物流服务。

公司拥有一整套设计先进、管理科学、操作快捷的网络信息管理系统，并与政府主管部门、业务合作伙伴建立网络数据传输通道，实现了在同一操作平台上运营，能够为广大客户提供迅捷准确的业务信息和物流信息服务解决方案。

此外，公司凭借丰富的经验和完善的国内外网络，代理航线近 70 条，同时与包括马士基、地中海等 50 余家船公司签订了订舱代理协议，可为客户提供全程物流服务。

（二）公司所获荣誉

近年来，中国外运山东有限公司努力进取、开拓创新相继获得多项荣誉，如表 1 所示：

表 1 公司 2005—2012 年所获荣誉

年 份	所获荣誉
2005.4	获山东省总工会授予的"山东省富民兴鲁劳动奖状"
2007.12	中国国际货代协会企业信用 AAA 级证书等
2009.1	青岛市现代物流业发展工作领导小组"市重点物流企业"奖牌
2009.6	中国物流与采购联合会"AAAAA"级物流企业荣誉称号
2009.12	山东省商务厅山东省外经贸先进企业及全省对外贸易百强企业
2010.12	山东省物流与采购协会 2009—2010 年度山东省物流与采购综合实力五十强企业
2011.1	"工会工作先进单位"称号
2012.6	2012 年青岛纳税 50 强
2012.10	"2012 年度全国先进物流企业"及"中国物流百强企业"称号

二、创新成果的名称

该成果名称为中外运山东公司中韩陆海联运及甩挂运输方案。中国外运山东有限公司根据近年来中国进出口贸易的发展趋势和现代物流的发展要求，推广实施了中韩陆海联运项目和甩挂项目。该创新成果重点解决了集装箱在港口和场站内由于拖车吊上吊下环节所带来的各项油耗、费用和货损率问题和当前一头一挂等待装卸箱运输效率偏低的问题。

三、创新成果的产生背景

中韩陆海联运汽车货物运输业务和甩挂运输的成果产生背景如下：

（一）中韩陆海联运汽车货物运输业务发展迅速

中韩陆海联运汽车货物运输是指中韩两国的货运车辆搭乘船舶，按照两国商定的港口口岸、区域或运输线路，抵达对方港口后直接将货物运抵目的地，方式有甩挂运输和汽车运输等。该项目是 2006 年中日韩三国交通部长级会议确定的 12 项重点行动计划合作项目之一，其目的是促进三国间便利运输，推动东北亚运输和物流合作，进一步密切三国经贸关系。项目于 2007 年 5 月正式启动，2008 年确立为中韩两国领导人商定的重大合作项目。2010 年 5 月举行的中韩部长双边会议，确定山东为中韩陆海联运汽车货物运输项目中方唯一试点省份。2010 年 9 月 7 日，在威海举行的第五次中韩物流合作副部长级会议上，中韩两国政府签署了《中华人民共和国政府和大韩民国政府陆海联运汽车货物运输协定》及其第一阶段的《实施议定书》。

该项目与中韩海运班轮相比，主要区别有两点：一是运输方式不同，该项目是汽车载运货物搭乘滚装船舶进出境的陆海多式联运，中韩海运班轮项目是集装箱国际海运运输。二是管理方式不同，与集装海运班轮运输相比，陆海联运还涉及对方车辆行车许可管理、驾驶员进出境管理、交通运输管理等，情况更为复杂。

中韩陆海联运模式与传统的运输模式相比，在降低运输成本、提高运输效率、提高经济效益、保障生产安全、支持环保事业等方面都有着明显的优势，是中国促进与临近国家经济贸易关系，发展相关联运物流产业的有效的途径，既是节省社会资源、保护社会环境的需要，同时也是企业集约化、规模化发展、提高运输效率的需要，多方所需，发展所必然。

在此种情况下，中国外运山东有限公司根据实际情况，通过改造传统的业务流程，开创了中韩陆海联运汽车运输业务。目前，国家交通部已将山东省列为第一家试点省份，给予了该项目极高的重视，山东省也将该项目作为今年以来重点推进的物流项目之一。青岛是山东经贸最为发达的地区，对韩业务占有相当大的比例，是中韩陆海联运业务发展的重要地区。中国外运山东有限公司作为青岛市推进该项目的试点企业，也是目前青岛地区唯一有能力开展此项业务的企业，已完成业务流程改造，并通过实际操作取得了较好的成绩。

（二）甩挂运输成为汽车运输行业的重要发展方向

汽车甩挂运输是国家交通部和山东省交通厅一贯提倡的先进运输组织方式，也是国外道路货物运输中广泛采用的先进运输组织形式，对提高运输的效率与经济效益具有重要作用，是汽车运输行业的一个重要发展方向。

在目前的市场情况下，甩挂运输是转变道路运输业，特别是货运业发展方式的客观要求，也是落实国家节能减排的重要措施，是促进现代物流业发展的必然选择。特别是在油价高位运行、油价与运价不配比的市场形势下，加快开展集装箱甩挂运输模式进程，对山东省节能减排、建设节约型社会；提高省内道路货运及物流效率；物流企业降本增效、增加员工收入；降低客户物流成本、优化区域投资环境；提高城市交通道路利用率、增强企业及港口市场竞争力以及促进物流运输模式升级等方面都有着极大的促进，并最终将对社会政治、经济、文化各方面都产生积极的影响。

四、创新成果的主要内容

中国外运山东公司的创新成果可以归纳为"中韩陆海联运"和"甩挂运输"两个项目。

（一）中韩陆海联运项目

为了降低运输成本，提高运输效率，中国外运山东有限公司根据业务实际情况，调整了传统运输组织方案，设计了中韩陆海联运项目的组织方案。

1. 传统模式下的陆海联运组织方案

（1）由调度统一指挥安排 1 台集装箱车辆先在工厂装货；

（2）装货后再运到场站落箱；

（3）待货物放行后，场站安排集疏港车辆背箱入港；

（4）集装箱到达船边落箱再安排车辆将集装箱运至船舱上船；

（5）集装箱到达目的港后返程，程序相同。

此过程需 3 台车辆运输，3 名调度指挥、3 名驾驶员完成，叉车需装卸箱 4 次。主要流程如图 1 所示：

传统模式下需要 3 名的作业人员和 3 台车辆，大大增加了运输成本，同时需要叉车装卸次数过多也降低了运输效率。

2. 中韩陆海联运模式下的组织方案

（1）调度先指挥车辆在工厂装货；

（2）装货后运至场站，不落箱待出口放行；

工厂 → 运至场站 → 落箱，车辆返回 → 集疏港车辆装箱

集疏港车辆装箱 → 运至码头前沿

运至码头前沿 → 落箱，集疏港车辆返回

落箱，集疏港车辆返回 → 机械装船 → 运抵目的港

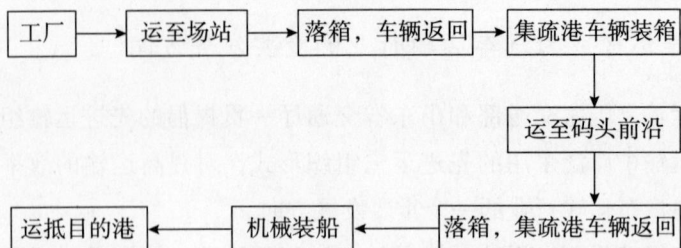

图1 传统模式流程

（3）放行后运输车辆直接送至船边（不需另行安排集疏港车辆运输），不落箱，将集装箱及挂车一同甩至港口前沿指定区域；

（4）由码头作业车头将集装箱及挂车运拖至船上；

（5）集装箱到达目的港后返程，程序相同。

此过程由1名调度统一指挥安排1台牵引车头，1台挂车，1名驾驶员即可操作；到达码头由码头1名调度、1名驾驶员完成即可。整个过程无叉车作业，共减少装卸机械动作4次。从而有效解决集装箱在港口和场站内集装箱吊上吊下挂车环节所带来的各项油耗、费用和货损率问题。主要流程如图2所示。

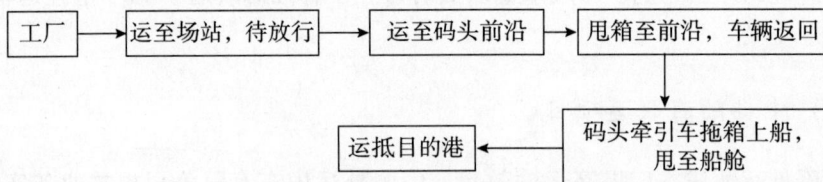

工厂 → 运至场站，待放行 → 运至码头前沿 → 甩箱至前沿，车辆返回

甩箱至前沿，车辆返回 → 码头牵引车拖箱上船，甩至船舱 → 运抵目的港

图2 中韩陆海联运模式流程

如表2所示，可以看出，中韩陆海联运模式与传统的运输模式相比，只需要1名调度和1名驾驶员，同时车辆数量也大大减少，也不需要叉车进行装卸作业。在降低运输成本、提高运输效率、提高经济效益、保障生产安全、支持环保事业等方面都有着明显的优势。

表2　　　　　　　　　　　传统方式与中韩陆海联运对比

		传统方式	中韩陆海联运
调度人数（人）		3	1
驾驶员人数（人）		3	1
运输车	牵引车头数量（台）	3	1
	挂车数量（台）		1
叉车（台）		1	0
装卸次数（次）		4	0

（二）甩挂运输项目

甩挂运输项目重点开展了黄岛大型企业的出口到港运输甩挂及城阳—胶州定点短途甩挂业务，解决当前一头一挂、等待装卸箱运输效率偏低的问题。其主要流程如图3所示：

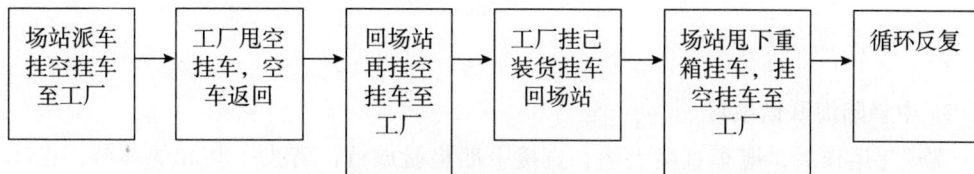

```
┌────────┐   ┌────────┐   ┌────────┐   ┌────────┐   ┌────────┐   ┌────────┐
│场站派车│   │工厂甩空│   │回场站  │   │工厂挂已│   │场站甩下重│  │循环反复│
│挂空挂车│→  │挂车，空│→  │再挂空  │→  │装货挂车│→  │箱挂车，挂│→ │        │
│至工厂  │   │车返回  │   │挂车至  │   │回场站  │   │空挂车至 │  │        │
│        │   │        │   │工厂    │   │        │   │工厂     │  │        │
└────────┘   └────────┘   └────────┘   └────────┘   └────────┘   └────────┘
```

图3　甩挂运输项目流程

（1）出口到港项目主要采用"场站—工厂—场站"模式循环往返，主要流程如下（以单牵引车、双托盘挂车 A \ B 为例）：

a. 牵引车挂托盘挂车 A 自集装箱场站背空箱运至工业园区仓库；

b. 卸下托盘挂车 A 后牵引车单车返集装箱场站；

c. 牵引车再次挂另一托盘挂车 B 自集装箱场站背空箱运至工业园区仓库；

d. 此期间托盘挂车 A 已装货完毕，卸下托盘 B 后，托盘挂车 A 运至集装箱场站；

e. 将重箱卸下后再次装空箱返至工业园区，如此往返复始。

（2）城阳—胶州定点短途甩挂操作与上述模式类似，甩挂运输采用一头多挂的方式，将拖车甩至指定地点，由该点人员开展装卸箱工作，该车头立即挂另一拖车运输至另一指定地点，如此反复。

甩挂运输通过科学合理的车辆调度和货源组织，极为有效地提高了牵引车的利用率和运输效率。

五、创新成果的主要创新点

中外运山东公司在传统运输模式上，创新应用了"中韩陆海联运"和"甩挂运输"的供应链服务解决方案，重点解决集装箱在港口和场站内拖车吊上吊下环节所带来的各项油耗、费用和货损率问题以及当前一头一挂和等待装卸箱运输效率偏低的问题。该成果主要有以下特点：

（一）有效降低运输成本

1. 中韩陆海联运项目

在政府各相关管理部门的支持和配合下，通过流程改造，较传统运输模式减少了装货港和目的港集装箱吊上挂车和吊下挂车的动作，减少了集疏港车辆出车、调度人员数量，简化了操作环节，并有效减少了装卸机械的反复使用，节能减排效果明显。

2. 甩挂运输项目

此外，甩挂运输模式下由 1 台牵引车替代了 2 台牵引车，减少了牵引车的投入，牵引车采购涉及的相关规费、保险、维修、管理等费用也相应减少；同时，原先需 2 名或多名驾驶员参与的工作，只需 1 人即可完成，降低了资产采购成本及人工成本。

（二）提高运输效率

1. 中韩陆海联运项目

常规化运作后，拖车直接上船，直接下船检验放行，省去了装卸的环节，也减少场站堆存时间，极大地提高了物流效率。

2. 甩挂运输项目

通过对车辆及货源的科学调度，有效地减少牵引车头等待装卸的时间，可实施循环式、接力式、往返式等诸多甩挂模式，有效地提高了单车头运输效率。

六、创新成果的应用效果

作为山东省的综合性的大型龙头物流企业，中国外运山东有限公司的创新成果实施后取得了可观的经济效益，大大提高了运输效率，为客户提供了更高品质的服务。

（一）中韩陆海联运项目

据统计，此模式下，单箱次进出口节省燃油约 26 升（主要为集装箱装卸机械耗油及集疏港车辆耗油），按每年 2000TEU 的运输量计算，直接节省燃油 5.2 万升，减少尾气排放 13.7 万千克，同时可节省燃煤 62.7 吨。

同时，由于减少了多次的机械动作，也有效地避免了集装箱在机械操作过程中的多次震动，这减少了公司目前运输的主要货类（精密仪器、鲜活货物）的震动次数，大大降低了损坏率，提高了货物的完好率，相应延长了设备的使用寿命、提高鲜活货物的存活率，满足了客户的实际需求，客户满意度达 100%。此外，减少相应操作环节，并逐步采用下船直通客户模式，极大地提高了运输效率和运输安全性。

（二）甩挂运输项目

在甩挂运输项目中，通过科学合理调配货源和车辆，公司汽运业务由传统一车一挂运输模式向一车两挂、多挂甩挂模式的转变，逐步实现循环式、接力式、交叉式的甩挂运输网络，有效减少装卸等待时间，加速牵引车周转、提高运输效率和劳动生产率，效果明显。

据统计，采用甩挂运输模式后，公司汽车运输效率提高约60%，车辆装备购置成本降低近50%，利润提高约33%。从节能减排角度看，相同运量前提下，甩挂模式油料能源节省20%，尾气排放量降低20%左右。同时，通过对各甩挂点的动态管理，在顺畅运作的前提下，可有效节省仓储设施和资源，方便货主。

七、创新成果的推广价值

当前，物流服务成本高、效率低是物流行业普遍存在的问题。优化业务流程、转变业务模式、减少不必要的物流环节、提升调度组织能力是目前解决上述问题的有效途径之一。中韩陆海联运项目及汽车甩挂运输项目在降低物流服务成本和提高运输效率方面取得了显著效果。目前，中国在国际贸易中采用陆海联运的项目只有中韩陆海联运汽车货物运输项目。该项目运作模式在与其他国家贸易中的使用和推广，对于中国每年巨大的进出口贸易来讲，在降低物流成本、提高运输效率、满足客户需求等方面将会有极大地改变，有利于推动我国物流业和国民经济的发展。同时，该创新成果对于提高道路车辆利用率、增强企业及港口市场竞争力以及促进物流运输模式升级等方面都有促进作用，值得从事海铁联运的物流企业和社会化的第三方物流企业积极学习和借鉴。

绍兴轻纺城国际物流中心建设方案①

【摘要】绍兴县是全国知名的经济十强县之一和第一纺织大县，全县拥有超过450余家纺织企业，已形成了从前道PTA到织造再到服装的完整生产链。然而，虽然轻纺产业和市场集群已成气候，但仓储物流等生产性配套服务设施的不足，已经影响到纺织业这一绍兴县"母亲产业"的进一步发展。为了发展以物流为主的现代服务业，2002年，中国轻纺城集团在县政府的大力支持下开始建设轻纺城国际物流中心。该中心的建设突出服务，着力创新，在传统物流模式转型、物流集聚和整合、物流管理和物流发展战略的探索上均取得了较好的效果。物流中心的建设根植当地产业发展，使本地仓储资源得到了合理配置，使八大物流服务功能形成了一体化和一站式的服务能力，融合了物流基础服务与增值服务、通用性服务与个性化服务。物流中心利用规范的运营与管理服务，带动了绍兴货运业的提高与发展，也取得了显著的经济效益和社会效益。物流中心的功能设置和运作模式为其他地区的物流中心建设提供了参考与借鉴。

【关键词】物流中心建设；服务创新；专业市场

【适用领域】专业市场配套服务区建设；物流中心建设；物流中心运营

一、企业基本情况

绍兴县中国轻纺城国际物流中心有限公司（以下简称"轻纺城物流"），成立于2002年7月，位于绍兴柯桥中国轻纺城的东北部，距杭甬高速公路仅5千米，总投资3亿元，占地443亩，建筑面积24.8万平方米。轻纺城物流设置四个部，即综合管理部、物业一部、物业二部和信息管理部，共有员工97人。经营范围包括仓储租赁、房屋出租及物业管理配套服务、货物托运服务、搬运装卸、包装整理、国际货运代理。

2005年11月，轻纺城物流进入"中国物流企业50强"行列。公司通过了质量管理体系认证，全面实施了现代企业管理体系。根据2005年5月1日起正式实施的《物流企业分类与评估指标》的国家标准，轻纺城物流已在全省率先通过国家4A级综合服

---

① 本成果由绍兴县中国轻纺城国际物流中心有限公司提供，成果主要创造人：陈文祥，参与创造人：张金水、诸祥荣，获2012年度物流行业企业管理现代化创新成果奖三等奖。

务型物流企业的现场评审，并通过了之后的历次复评。2009 年，轻纺城物流又被列为交通部和浙江省共建物流示范园区和浙江省重点物流基地，被评为"绍兴市物流服务名牌"。2010—2012 年，轻纺城物流被浙江省道路运输管理局评为"浙江省文明行业先进单位"。

轻纺城物流发展战略以绍兴市政府启动"大物流"建设为契机，充分利用现有物流中心场区功能，争取政府政策支持，加大客户引入力度，提升配套功能，提高服务水准，着力打造以"公路货运港"模式为主的大物流平台，把中国轻纺城国际物流中心发展成为真正的区域性物流基地。

二、创新成果的名称

该创新成果名称为：绍兴轻纺城国际物流中心建设方案。该成果回顾了中国轻纺城国际物流中心建设的基本情况，总结了轻纺城物流的建设经验，为其他同类型物流中心的建设提供了借鉴。

三、创新成果的产生背景

绍兴县是全国知名的经济十强县之一和第一纺织大县，全县共有纺织企业 4517 家，规模以上纺织企业 768 家，形成了从前道 PTA 到织造再到服装的完整生产链。年产值 737.75 亿元，占全县全部工业产值的 77.6%，占全国同类产品的 15%，产业集群优势明显。目前，依托产业集群而生的中国轻纺城市场年成交额达 391.5 亿元，列全国专业市场第二位。

然而，在绍兴县轻纺产业发达的背后，却凸显了第三产业发展的相对滞后。直至 2006 年，绍兴县第三产业占 GDP 的比重还只有 31.3%，明显落后于绍兴全市和浙江省的平均水平。虽然轻纺产业和市场集群已成气候，但仓储物流等生产性服务设施的不足，已经影响到纺织业这一绍兴县"母亲产业"的提升。解决这一困境的方法就是通过大力发展以物流为主的现代服务业，为绍兴县纺织产业的升级提供强大的外部推动力。

2000 年年初，绍兴县柯桥的公路路口、城市街道无不充斥着大小货车。人车喧杂、交通堵塞，严重影响到城乡居民的生活秩序和经济的进一步发展，传统物流模式散、乱、差的弊病不断显现。只有将绍兴县各种物流资源进行有机整合和空间集聚，才能彻底消除传统物流模式散、乱、差的弊病，从而降低物流成本，提高运输效率。为创造良好的物流环境，让创业者的货物能够快捷安全地送到四面八方；为改善柯桥城区市容市貌，提升城市品位，建立一个统一的物流中心的构想由此产生。经过几年的艰苦调研，2002 年，中国轻纺城集团在县政府的大力支持下开始了轻纺城物流中心建设。

四、中国轻纺城国际物流中心建设基本情况

2002 年 7 月，全国首家在专业市场上市的中国轻纺城集团成立了一家全资子公司——绍兴县中国轻纺城国际物流中心有限公司，专门负责建设和管理轻纺城物流中心园区。经勘察，轻纺城物流园区的建设地点选定为绍兴县东北部齐贤镇高泽村，该地距中国轻纺城市场 10 千米，距杭甬高速公路仅 5 千米。选择此处建设轻纺城物流，既有利于及时运输轻纺城市场的纺织产品，也有利于将轻纺产品迅速发往全国各地。

（一）中国轻纺城国际物流中心的经营范围

中国轻纺城国际物流中心经营范围为仓储租赁、房屋出租及物业管理配套服务、货物托运服务、搬运装卸、包装整理、国际货运代理。物流中心设置四个部，即综合管理部、物业一部、物业二部和信息（货运）部，共有员工 97 人。整个物流中心总投资 3 亿元，占地 443 亩，建筑面积 24.8 万平方米。目前进驻客商 700 余家，其中联托运经营户 160 家，年纺织货运量 250 万吨。

（二）物流中心的四大作业功能区域建设

物流中心分成四大区域：

（1）运输区：拥有巨大的现代物流站场设施和配套的装卸作业车辆工具，形成了通达全国 179 个大中城市的庞大物流服务网络。其中，停车场 2.6 万平方米。

（2）仓储区：拥有 13.2 万平方米的仓储作业区，集存货、理货、商品外观检测、样品展示、商贸于一体。

（3）物流配套服务区：服务区 6 万平方米，可为物流服务提供相关的配套服务，如餐饮、住宿、汽修汽配、包装物及其他生活服务等。

（4）现代物流信息区：拥有先进的物流信息平台，建立了较完善的货运信息系统、商务办公系统、电视监控系统、广播系统、安全巡视系统、物业管理系统和停车管理系统等。

（三）物流中心的物流服务功能设置

绍兴轻纺城国际物流中心具备八大物流服务功能：

（1）国内联托运。集聚了原分散在绍兴县各处的 169 个国内公路联托运部，形成了一个由 180 条联托运线点组成的，覆盖全国（港、澳、台除外）30 个省、市、自治

区 179 个大中城市的庞大联托运物流服务网络，每日发往全国各地的纺织品货运量达 8000 吨左右。

（2）货运信息交易。公司拥有建筑面积 4200 平方米的货运信息中心，其中货运信息大厅 1000 平方米。构建有集 Internet 网、电话等信息传递手段于一身，融收发快捷、操作简便、费用低廉三大特点于一体的货运信息系统。每天在货运信息大厅滚动发布从全国各地到绍兴和从绍兴到全国各地的货源、车源信息 300 条。

（3）大容量仓储区。仓储区面积 13.2 万平方米，成为中国轻纺城市场经营大户争相租赁的场所。年纺织品货物储存周转量达 20 万吨。

（4）流通加工理货。物流园区拥有卷布房经营区，可同时满足 55 家经营户同时入驻加工理货。

（5）智能化停车场。物流园区拥有 2.6 万平方米的大型停车场，可供 600 辆大中型货车同时停放，并采用高效、便捷的 IC 卡和 RFID 卡管理。日进出车辆 2500 辆次。

（6）第三方物流。以实现大中型生产、商业企业的物流总包为目标，同时为生产企业提供个性化物流解决方案。年运输能力 100 万吨以上，且具有危险品运输资质。

（7）商务办公。该物流园区拥有 7400 平方米的商务办公区，可为流通及货运经纪人、货代开业运作提供现代化办公场所。

（8）旅馆及生活配套服务。公司拥有 6 万平方米的服务区，提供汽修、汽配等各类辅助服务。拥有 1.9 万平方米的物流宾馆，有 350 个标准间、700 张床位和可容纳 1500 人同时就餐的大型餐厅。

目前，国际物流中心日发往全国各地的纺织品货运量达 8000 吨左右，年纺织品货物储存周转量达 20 万吨，智能化停车场日进出车辆 2500 辆次。进驻物流中心的单位已近 700 家，物流中心的相关从业人员超过 3000 人。

轻纺城物流中心建成后，在运管等政府部门强有力的支持和引导下，大量分散在绍兴县柯桥地区的托运业主纷纷入驻物流园区，大大改善了绍兴县的物流环境，有力带动了当地轻纺产业的转型提升，国际物流中心品牌形象也更加突出。2002 年（公司成立当年），轻纺城物流中心被浙江省发计委列为全省首批 23 家现代物流发展重点联系企业之一，并成为浙江省物流与采购协会副理事长协会单位。轻纺城物流中心被绍兴市发计委定为市级物流示范企业，并在《绍兴市物流发展规划》中被确立为全市物流龙头企业。2004 年 9 月，公司成为浙江省同行中第一家通过 ISO 9001：2000 质量管理体系认证的物流中心。2005 年 11 月，轻纺城物流进入中国物流企业 50 强。根据 2005 年 5 月 1 日起正式实施的《物流企业分类与评估指标》的国家标准，轻纺城物流已在全省率先通过国家 4A 级综合服务型物流企业的现场评审。2009 年，轻纺城物流中心又被列为交通部和浙江省共建物流示范园区和省重点物流基地。

五、物流中心建设的经验

轻纺城物流中心的建设与发展成就，与以下几个方面的因素密不可分。

（一）工商业迅速发展是物流发展的前提和土壤

绍兴县拥有以柯桥中国轻纺城为核心的纺织业集群。轻纺城市场借助这片土壤发展成为中国乃至亚洲最大的纺织品集散中心。"物流的发展主要依靠市场"，仅柯桥轻纺城往返全国 178 个大中城市的轻纺产品、原材料和辅料，年货运量就达到了 300 万吨。雄厚的经济基础、发达的交通网络和明显的区位优势，为轻纺城物流产业的发展壮大提供了强大的经济支撑。物流这一现代服务业的发展深深根植于迅猛发展的工商业环境。

（二）政府政策扶持是物流发展重要保障

轻纺城物流建立和发展的全过程都得到了国家、省市县各级政府部门和行业协会的关心和大力支持。就绍兴县来讲，物流园区的发展与交通局、建管委和运管所等政府部门的支持紧密相连。在政府部门的土地和税收优惠政策的支持下，在行业政策的倾斜和扶持下，物流产业逐渐发展壮大，才有了今天的规模和成绩。

（三）交通管理部门的规范引导和优质服务创造了良好的外部环境

绍兴县交通管理部门积极响应党委、政府的战略决策，在对市场进行充分调研的基础上，出台多种鼓励支持物流产业发展的文件、规定和管理办法，积极引导运输企业、物流企业向集约化、规模化、规范化方向发展，大力扶持培育龙头物流企业。在管理上简化办事程序，强化服务措施，加强市场监管，维护市场秩序，为物流业的壮大和发展提供了强大的法律支撑。有了这样的强大"外援"支持，物流产业才得以不断发展壮大。

（四）公司人才战略和品牌战略的实施促进了物流发展

轻纺城物流公司紧跟时代前进的步伐，广泛借鉴物流服务企业的先进理念，高起点、高标准、大投入，打造一流的物流服务硬件设施，大力引进优秀管理人才，建立健全管理制度和操作规程，大力倡导诚信服务、品牌服务。更新观念，开拓创新，辛勤耕耘，以降低市场和物流成本、统筹信息资源为己任，以实现社会资源高效配置为根本任务，以服务绍兴县经济发展为宗旨，以创造省市一流物流品牌为目标，实现了经济效益和社会效益的双丰收，为物流产业的发展壮大提供了强大的动力支撑。

六、创新成果的主要创新点

绍兴轻纺城物流中心建设主要有以下几个方面的创新：

（1）物流中心的建设植根当地产业发展，拥有广泛的业务来源，在传统物流模式转型和制造业与物流业联动发展的基础上开创了一个成功模式。轻纺城物流园区的建立，大大改善了绍兴县的物流环境，有力带动了当地轻纺产业的转型提升。相应地，绍兴当地基础扎实、背景深厚的纺织产业又为物流中心的建设提供了坚实的基础。两者相互促进，相互依托。

（2）物流中心的发展具备一体化的服务能力，具有较好的业务支撑条件。物流中心设置八大物流服务功能，功能完善，完成了一体化和一站式的服务能力构建，使得该物流中心具有较好的市场竞争力和发展前景。

（3）物流中心的功能既包括通用性物流服务，又包括个性化的物流服务。物流中心的服务功能兼具了基础服务与增值服务，并且结合了通用性服务与个性化服务。该物流中心除了提供第三方物流服务，还为生产企业提供个性化物流解决方案的规划。

七、创新成果的应用效果

物流中心的建立与运营取得了明显的经济效益和社会效益。

（一）经济效益非常显著

物流中心成立的第二年，经济效益达到 2 亿元，以后每年营业收入和企业利润都比较稳定。2011 年度营业收入 6381 万元，利润 1859 万元，成为轻纺城集团一个稳定的经济增长点。

此外，物流中心的业务发展呈现良好的态势，具体体现在第三方物流快速增长和联托运业务不断增加上。物流中心的第三方物流发展定位于大型生产、商贸企业的物流总包标，并为其提供个性化的物流解决方案。目前已为三鑫石化、欧亚薄膜、远东化纤、东风酒厂等本地大型企业提供专业化第三方物流服务。而联托运业务不断增加，特别表现在金融危机后，轻纺城物流园区内运货车进出频繁，运货量大幅提升，营业收入获得较大幅度的提高。

（二）物流行业的资源整合与集聚效应明显

物流中心的建设，整合和优化了轻纺城物流资源，为改善轻纺城市场和柯桥城市环境做出了应有的贡献。首先，在绍兴县运管部门的大力支持和引导下，将原有联托运单位与资源进行了整合与优化，使原来零散分布在柯桥地区的托运业主集合在物流中心，大大地提高了托运资源与设施的利用率，改善了作业环境、工作环境和品牌形象，降低了轻纺城的社会物流成本；其次，大批成片仓储设施的建设，优化了仓储相关资源的配置和利用，如储存、货物线路流向、纺织品检测、理货加工、搬运等操作流程得到了充分优化与合理配置，促进了轻纺城仓储业的良性发展和管理规范化；再次，物流配套服务得到了进一步的改进与完善，与物流配套的餐馆服务、汽修汽配服务及其他商贸服务纷纷建立和整合；最后，通过物流信息化系统平台的建立，以"中国绍兴物流网"为载体，收集绍兴及周边地区相关物流信息，并提供给周边经营户和企业，促进车货信息的配对和交易，为轻纺城物流信息业现代化提供了一个较好的发展平台，并在全省乃至全国树立了良好的物流中心发展样板。通过上述努力，长期困扰轻纺城市场和柯桥城区发展的物流问题得到了良好的解决，轻纺城市场道路交通堵塞问题得到缓解，市场发展有了更好的地理空间，柯桥城区交通环境得到了改善，居民生活环境得到了提高，也更有利于柯桥城区规划与城市品牌建设。

（三）物流中心规范的运营与管理服务，带动了绍兴货运业的提高与发展

轻纺城国际物流中心不但拥有良好的硬件设施，更重要的是具有一整套运作良好的、成熟的运营模式和管理服务体系。物流中心在自身具有特色的运营模式下，建立了一整套较完善的管理与服务体系，并将其纳入 ISO 9000 管理体系。通过 ISO 9000 体系认证，并持之以恒地有效执行，使管理与服务更加规范、更加完善、更趋成熟。这在全省的大型物流中心企业中是独一无二的，乃至在全国物流同行中也是十分先进的，得到了物流专家的大力肯定与赞扬。

在物流中心的带动与引导下，一方面，进驻物流中心的联托运单位在不断地改善管理与服务，得到了客户的认可与好评，使业务得到了良好的发展，特别是绝大多数托运单位由原来只做轻纺城市场的纺织品货物运输发展到服务绍兴企业多种产品的运输业务，从而促使物流中心真正成为一个为绍兴企业服务的区域性物流中心；另一方面，进驻物流中心的仓储型单位也在管理上下工夫，进行规范的仓储管理体系建设，有相当部分业主还通过了 ISO 9000 管理体系认证，满足了做国际业务的需求，也大大维护了物流中心的良好形象，促进了轻纺城商业环境的进一步提高。现在的物流中心，成为轻纺城对外宣传与接待参观考察的一大亮点。

（四）物流中心快速发展，带动了绍兴轻纺制造业的大力发展

轻纺城物流中心的迅速崛起和发展，使绍兴地区生产的轻纺产品能够及时有效地运往全国各地，构成了一张通达全国的销售网。这不仅促进了市场的发展，也带动了绍兴轻纺产品制造业的高速发展，造就了轻纺制造业、轻纺城市场和轻纺城物流中心

三者之间的良性互动和循环，形成了制造业和物流业联动发展的良好局面。据统计，从 2001—2011 年十年间，绍兴县轻纺产业蓬勃发展。2001 年实现纺织工业总产值 436.6 亿元，销售 410.5 亿元，利润 21.8 亿元，自营出口 7.5 亿美元，分别占全县工业总产值的 78.4%、75.7%、71.7% 和 87.9%。2011 年，规模以上纺织企业产值为 1720.1 亿元，利润 76.99 亿元，出口 89.4 亿美元，分别占规模以上工业产值、利润、出口的 58.5%、56% 和 92.6%。

八、创新成果的推广价值

在政府的大力支持下，中国轻纺城集团建设轻纺城物流中心的创新项目获得了较好的经济效益和社会效益，有力推动了当地纺织产业的集聚与发展。绍兴市轻纺城物流的建设模式和成功经验，对于专业市场发达、制造业与专业市场互动紧密的地区发展物流业具有较好的推广借鉴作用。其物流中心的功能设置和运作模式也可为一般的物流中心建设提供有益的参考，具有较大的推广借鉴价值。

北京燕岭宾馆采购内控体系运营方案[①]

【摘要】 随着中国饭店业的不断发展，饭店间的竞争日趋激烈。纷繁复杂的环境变化要求饭店业进行管理思维和方法的变革与创新。北京燕岭宾馆隶属于中国兵器工业集团公司，是涉外三星级宾馆，是中央国家机关和北京市政府机关会议定点场所。几年来，燕岭宾馆结合饭店餐饮行业的流程特点和内控难点，在采购内控体系的建设上进行了大胆的探索。以对我国饭店餐饮业的采购业务及流程特点的分析为起点，在CO-SO五要素（控制环境、风险评估、控制活动、信息沟通与交流、对环境的监控）框架下，探讨采购内控难点，并以此为基础，探讨我国饭店餐饮业采购内控的实施途径问题。最终概括出"内控状况评估—内控关键点识别—内控缺陷诊断—内控持续改进"的实施途径，并形成了解放思想、体系授权、推进方式、信息建设、持续改进、风险控制六大实施要点。该创新成果在经济效益和社会效益方面都取得了明显的成效，对提高我国饭店餐饮业的采购物流管理水平具有较好的示范作用。

【关键词】 饭店餐饮业；采购；内控体系；实施

【适用领域】 饭店业；餐饮业；采购物流

一、企业基本情况

北京燕岭宾馆隶属于中国兵器工业集团公司，是涉外三星级宾馆。自2006年以来，宾馆连续挂牌"中央国家机关会议定点场所"和"北京市政府机关会议定点场所"，成功接待了来自兵器工业集团、兵器装备集团、航天科工集团、解放军总装备部、解放军总参谋部、中办保密局、国务院国有资产法管理委员会、国务院机关事务管理局、国家科工局、司法部、工信部、全国青联、全国总工会等中央国家机关及北京市属的劳动局、地税局、国税局、质监局、卫生局、公安局等机关团体的各级各类会议。作为军工央企的下属宾馆，燕岭宾馆一直把完成国防科工系统、兵器系统的各类科研会议、管理会议和行业内部的接待交流作为一项"政治任务"来完成，每年完

[①] 本成果由北京燕岭宾馆提供，成果主要创造人：郭向宇，参与创造人：刘京梅、程小青、孙大鹏、郭治军、刘洋、韩晓丽、陈敏、卢鹤、伍军华，获2012年度物流行业企业管理现代化创新成果奖三等奖。

成各项重大会议、接待任务上百次，充分发挥出"行业窗口"、"交流平台"和"后勤保障"的作用，实现了良好的经济效益和社会效益。

二、创新成果的名称

北京燕岭宾馆通过加强对六大方面的运营与执行，采用内控基本理论为分析工具，形成了强大的采购内控体系。因此，创新成果名称为北京燕岭宾馆采购内控体系运营方案创新。该创新成果以对我国饭店餐饮业的采购业务及流程特点的分析作为起点，进而在 COSO 五要素（控制环境、风险评估、控制活动、信息沟通与交流、对环境的监控）框架下，探讨采购内控难点，并以此为基础，探讨我国饭店餐饮业采购内控的实施途径问题。最终概括出"内控状况评估—内控关键点识别—内控缺陷诊断—内控持续改进"的实施途径，并形成了解放思想、体系授权、推进方式、信息建设、持续改进、风险控制六大实施要点。该创新成果在经济效益和社会效益方面都取得了明显的成效，对改进我国饭店餐饮业的采购物流管理水平具有较好的示范作用。

三、创新成果的产生背景

（一）行业背景

作为服务型企业，饭店餐饮业具有有形产品与无形服务相混合的特征，因此，采购在支持饭店运营方面的作用更为复杂和重要。

首先，在提供有形产品方面，采购活动的目标，是在一定的时间要求下，以适当的价格、适当的数量及质量，保证原材料、零部件或者某种服务的持续供给。不适用的质量、不准确的数量以及不及时的供货，都会造成饭店业无法按照顾客需求提供适当的产品和服务，导致人员和设备的闲置，增加企业的运营成本，并且使企业信誉和品牌形象受到损害。而采购价格的失控，更会造成企业经济利益的损失。

其次，在提供无形服务方面，饭店业需要为客户营造温馨、舒适的氛围。而合适氛围的营造，必须得到采购的大力支持。如大堂、宴会厅、会场、客房等的装修装饰，所用材料的采购是一个关键的支持性因素。而且，作为服务主体的员工为维持其良好的服务面貌，需要得到采购在诸如员工制服、号牌、办公及经营用品方面的物质支持。

（二）项目背景

一般而言，饭店餐饮业物资的采购、周转、储存，占饭店流动资金的 80% 左右。有效的采购管理能够而且必须快速反应，以满足顾客在质量、数量、价格和配送等方面的要求。饭店餐饮业可以通过有效的采购流程控制，实现采购准备成本、库存成本、运输成本、人工成本、检验成本的降低。比如增加采购的询价、比价，常常能给企业带来间接的收益。这说明采购部门也是企业的"利润发生器"。如果忽视饭店采购活动的关联性和旅游评价的整体性，人为地将相互联系、具有内在顺序和指向的采购工作复杂化和分散化，必然造成饭店内部部门之间不必要的协调障碍，增加采购管理协调的难度，增多管理环节，导致酒店的管理成本增加、经营效益下降、投诉意见增多。这都是我国饭店餐饮业纷纷制定采购流程的重要原因。

（三）企业拥有丰富的管理经验

（1）在运营模式上，燕岭宾馆创建了"三方入围、三方报价、三方询价、三方验收、三方评估"的"集体采购"的工作模式。

（2）在质量管理上，燕岭宾馆从财务部、采购部、餐饮部各抽调一人，组建"验收组"，按照《燕岭宾馆餐饮原材料验货质量标准》进行共同验收，对不合格产品采取"当场退货"和"追溯退货"相结合的方式，确保原料品质。

（3）在价格管理上，燕岭宾馆针对农副产品价格波动大的特点，采用"固定模板、每周报价、提前锁价"的方式进行管理。在询价环节，燕岭宾馆从财务部、采购部、餐饮部三方抽调人员，组建"询价组"，每周二到批发市场上进行三方询价。对有价格争议的商品，进行现金采买，在质量复核和数量复核的基础上，进行价格换算，加成定价。而且，整个询价、议价过程，采用专用表格全程记录，并经三方签字确认后存档下发。这使厨师长在设计菜单的时候，有准确的价格用来参考；使验货员在验收填单的时候，有明确的价格可以执行。

（4）在供应商管理上，燕岭宾馆利用餐厅、食堂两个平台，实现了"一主一辅"的供应商内部竞争结构，既便于质量、价格的比对，又便于供应商的储备和管理。而且，燕岭宾馆定期组织餐饮经理、厨师长、验货员、计量员、询价员等相关人员，对供应商的综合表现进行评估考核，并以此为依据建立供应商的退出机制。

（5）在成本管理上，燕岭宾馆大力推行成本分析会制度，会同财务部门、业务部门，定期对成本数据进行同比、环比分析，对异常问题进行剖析和整改。

四、创新成果的主要内容

北京燕岭宾馆以内控基本理论为分析工具，尝试将内控的"普遍原理"与饭店餐饮业的"具体实践"相结合，加强对六大方面（解放思想、授权体系、推进方式、信息建设、持续改进、风险控制）的关注与执行，从而形成了强大的采购内控体系。

（一）运用内控基本理论进行分析

1. 内控状况的评估

内控设计不当或执行不当，都可能构成内控对运营流程的不适当控制，导致"内控目标"与"业务目标"相背离。开展"内控状况的自我评估及独立评估"，可以使企业及时发现内控缺陷并及时改进，从而保持内控的有效性，避免重大缺陷的发生。诊断结果能够提供关于采购流程内部控制的基本信息，同时也为针对性地实施采购流程内控提供了可能。

（1）评估原则

内控同其他任何一项管理手段一样，必须遵循成本效益法则。具体来说就是要在内控的成本、效益、风险三者之间寻找最佳平衡点。

（2）评估内容

根据 COSO 框架，内控五要素包括控制环境、风险评估、控制活动、信息沟通以及监督检查等。具体内容如下表所示。

采购内控的诊断内容

序号	诊断要素	要素内容	关注要点
1	控制环境	①高层的价值取向及道德水平；②对员工胜任能力的关注；③董事会或审计委员会；④管理哲学和企业文化；⑤组织结构；⑥职权和责任的分配；⑦人力资源政策和实务	①控制环境是否有利于采购内部控制的制定与实施；②控制环境对采购内控产生了什么样的实质影响
2	风险评估	①确定公司层面目标；②确定业务层面目标；③风险评估程序；④确认环境变化并做出反应的机制	①是否确立了恰当的采购目标，并对影响因素进行分析；②是否能够对内外部环境的变化做出恰当的反应
3	控制活动	①对每一种行为进行规范的政策和程序，即采购业务流程的设计；②对也存在的控制制度和程序的执行情况，即采购业务流程的执行	①对于饭店的采购行为，是否存在适当的制度和程序规范；②确定已存在的采购控制行为是否得到正确执行
4	信息沟通	①信息；②沟通	①管理信息化；②信息化管理；③信息系统建设；④信息沟通的渠道

序号	诊断要素	要素内容	关注要点
5	监督检查	①持续监控；②个别评价；③内部缺陷的处理和报告	①是否存在对采购的持续监测；②个别评价的范围和频率是否促进持续改进；③采购缺陷汇报

（3）评估方法

内控评估的过程中，往往需要根据流程或控制点的性质、评估工作的重点和成本效益原则等，综合运用多种方法获取充分的证据。常用的方法包括：

①集体研讨。研讨会的内容应从采购内控，特别是控制环境和业务流程出发。关注岗位设置有无相互牵制，业务运行模式有无缺陷，执行者是否了解并遵循制度，有没有超越职务与业务授权范围的事情发生，有没有在会计报告和公开的业务台账上反映出违规违法业务等高风险业务。

②问卷调查。问卷以 COSO 五要素为内容进行设计。

③单独访谈。要注重从"访谈分层"和"访谈还原"两个方面来确保访谈的成功。在访谈分层方面，面对不同的受访对象，应该制定不同的访谈目的。对于战略领导层，应该将重点放在了解其对采购业务及其内控的定位认识上；对于中间管理层，应将重点放在了解其是怎样使采购流程和内控顺利运行上；对于业务执行层，访谈的重点应放在观察其对待流程运行和内控的态度上。在访谈还原方面，主要是通过现场观察或穿行测试，对比访谈结果、更正访谈内容，深入了解实际情况。访谈还原提供了客观情况的佐证，为更好地认识访谈结果提供了保证。

2. 内控关键控制点的识别

实现采购内控目标，关键在于控制容易发生偏差的业务环节，这通常称为控制点。按其发挥作用的程度，可分为"关键内控点"和"一般内控点"。发挥重要的影响、决定全局成效的控制点，即为关键内控点；那些只能发挥局部作用、影响特定范围的控制点，则为一般内控点。如食品原料采购业务的"验收"内控点，对于保证食品原料采购业务的完整性等控制目标，都起着重要的保障作用，因此是食品原料采购控制制度的关键内控点。相比之下，"审批"、"签约"、"登记"、"记账"等内控点，即是"一般内控点"。需要说明的是，关键内控点和一般内控点，在一定条件下是可以相互转化的。某个控制点在此项业务活动是关键控制点，在另外活动中则可能是一般控制点，反之亦然。

值得注意的是，除了控制的设置兼顾流程特点和内部需要外，鉴于饭店业的行业特征，燕岭宾馆还需要着重考虑采购流程内控的难点。例如：

（1）针对采购内控要求较高的特点，就应该加强"采购政策"这一控制点来控制工作。比如，在采购政策中明确批量采购和零星采购的金额划分标准，明确采购招标的范围和程序，明确采购供应商准入标准，等等。

（2）针对采购风险识别的专业化要求较高的特点，应该加强"岗位轮换"这一控制点的工作，通过轮岗、换岗，使得采购人员拓宽业务范围、加强业务技能。

（3）针对控制环节多、关系复杂的特点，应对"环节衔接"进行明确的控制点设置，并对衔接点各个部门和岗位的责任划分进行明确规定。

（4）针对信息传递的要求，就应该加强管理信息化和信息化管理的建设。

（5）针对业务监督频率较高的特点，就应该加强业务监督控制点的建设，如针对采购的每个环节，应该明确对什么进行监督，进货环节的监督和检查由谁实施、怎样实施、怎样评价等。

3. 内控缺陷的诊断

在判断采购"内控缺陷"严重性时，应从两个方面进行考虑：一是错漏的可能性，二是错漏的重要程度。在明确了采购内部控制缺失可能造成的错漏并对其严重性做出判断后，燕岭宾馆还需要对缺失点的属性进行分析，如属于制度性缺失还是岗位性缺失，是属于授权缺失还是执行缺失等。此外，还需要对采购流程下细分出的各种流程的内控点缺失，判断出是子流程的缺失还是整个采购流程共性缺失。例如，如果通过分析和诊断发现饭店高级食品原料的采购存在未经批准即进行采购的情况，那么，由于饭店高级食品原料价值较高，高级食品原料往往供应饭店高端客户，因此饭店的声誉可能遭受极大影响。也就是说，未经批准即进行采购的行为可能导致饭店利益受到重大损害，因而该缺陷即可视为重大缺陷。又如，经过分析燕岭宾馆发现，饭店的采购流程和采购管理制度都已经作出了"任何采购都须经过批准进行"的规定，那么，燕岭宾馆就可以判断该缺失属于"执行缺失"，而非"设计缺失"。

4. 内控的改进

燕岭宾馆已经对采购流程内控和控制点的分布情况、控制点是否存在缺失以及缺失的属性进行了识别和判断，这样，就得到了以控制点形式表达的饭店采购流程内控的说明表。有了这样的第一手资料，燕岭宾馆探讨"采购流程内控"的实施途径和要点，就变得有据可依，方向也更加清晰了。

（二）对六大方面的关注与执行

1. 重视解放思想

（1）系统支持

虽然燕岭宾馆立足于采购业务的探讨，但绝不能因此就把"采购内控"从饭店的"整体内控体系"中独立出来。一方面，采购业务流程要完成整个流程的运行，必须借助于其他业务流程的支持；另一方面，采购业务流程完成的好坏，也影响着其业务流程的运行。以采购流程和存货管理流程为例：采购流程的编制计划环节，就受到存货管理流程中期末存货数量的影响。因为只有结合采购需求和期末存货数量，才能编制出符合内控要求的采购计划；存货流程的收货登记环节，同样受到采购流程发出订单环节的影响。根据内控要求，只有在供应商发货单与企业订购单相符，并经验收合格的情况下，才能进行收货登记，对于发货单与订购单不相符的情况，必须按照内控要求，进行相应环节的处理。只有充分认识到流程视角下的采购内控与饭店"其他业务内控"之间的有机联系，并从整体上考虑饭店的内控问题，"采购内控"才能够得到有效实施。

（2）文化支持

很难想象在一个不认同内控的企业文化氛围下，"采购内控"能够得到真正有效的实施。燕岭宾馆将采购内控的理念渗透于企业文化之中，借助价值观等软环境，使员工得到自律和他律，矫正其价值误导，规范其行为偏差，解决控制者与被控制者之间的矛盾关系，使个体与组织的价值目标得到统一。对于"采购内控"的实施，燕岭宾馆的态度是："我们的任务不是创造问题，而是解决问题。"在实践中，燕岭宾馆发现，一旦这样的理念得到员工的认可，他们就会从消极应对转变为积极配合，并根据自身岗位的需要，为采购内控的推进提出很多建设性意见。

（3）细节支持

饭店餐饮业的采购业务涉及面广、对象复杂，因而关键在于如何把握工作的细节，恰当地确定流程环节和控制点。在推进工作中，必须以扎实、细致的态度对待每一个环节的分解和整合，并充分利用信息化工具，实现信息的收集、分析、处理、使用、展示等功能。

（4）战略支持

采购内控的实现，还需要企业战略层面上的支持。例如，若饭店以全面预算管理为基础，则采购计划不仅受到采购需求本身的约束，还受到预算管理的约束；若饭店以全面质量管理为基础，则采购业务流程就必须以质量管理为导向。

（5）创新支持

从管理的角度看，实现采购流程的有效内控，本身就是一种管理创新。企业应该毫不犹豫地以创新的气魄实施变革。这种变革可能是在内、外环境要求下的流程优化，也有可能是组织结构的变革，甚至可能是企业战略重组导向的调整。

2. 重视授权体系

要使饭店的采购组织、岗位乃至整体的行为及其结果，始终保持与采购的相关目标的一致性，就必须有科学的授权体系，使采购机构和人员都以授权作为开展各项采购活动的依据。权责不明的采购流程会让流程涉及的部门和人员无所适从。无论饭店采购是以团队组织的形式（与扁平型的组织结构相适应）还是部门衔接的形式（在传统的塔型组织结构中较为常见）展开，其活动都必须置于授权体系的规范之下，对审批权和审核权做出明确说明，确保畅通的下行渠道。具体到采购流程中，必须对采购各环节、各控制点的部门、人员的权、责、利划分和部门间、人员间的衔接要求做出明确的规定和要求，并制定相应的绩效考核指标体系，以促进权、责、利的统一。

3. 重视推进方式

一般而言，业务层对于自己所负责的业务运作情况最为清楚，那么，是否应该从业务层推进采购内部控制工作呢？燕岭宾馆的实践表明，"自下而上"的推进，往往要么是半途而废，要么是换汤不换药。究其原因，不外有三：一是组织惯性。想让一个人改掉多年的习惯十分困难，同样，要求改变企业的做事习惯——流程，自然也会遇到极大的阻力。二是认知偏差。无法实现上下同欲，也会导致推进工作的失败。三是个体利益。企业的采购业务涉及人财物各个环节，而控制的假设之一是对个体行为的不信任，自然会有阻力。实践证明，"自上而下"的推进方式，加上对执行者情感、意志和利益的尊重，是实现"采购内控"的有效途径。

4. 重视信息建设

要实现"管理信息化"和"信息化管理"并举，关键在于加强采购信息系统的建设。应该建立既满足"流程需要"又满足"内控需要"的信息管理系统，如采购合同管理信息系统、采购购销存信息系统等。更重要的是，饭店餐饮业要充分利用这些系统所提供的信息，进行充分的数据挖掘，并以恰当的形式加以反映，为领导层提供决策依据。例如，借助采购购销存信息系统提供的实时信息，管理层就可以得到本企业存货占用流动资金的实时情况，并可以以此为依据进行饭店流动资金的筹划与管理。其次，在信息传递的渠道建设上，应该以制度的形式，对信息传递的形式、方向、层次做出明确规定，保证采购业务的相关信息能够有序、高效地传递，既保证信息能够到达需要的部门，又要防止信息的不恰当传播。

5. 重视持续改进

内控制度的持续改进，是针对企业经营战略、经营方针、经营理念等内部环境和国家法律法规、政策制度等外部环境的改变而进行的工作，在变化的表象下是增强适应性的内核。燕岭宾馆可以通过辨别"采购内控"制度是否存在漏洞（如有无越级审批、申请的规定）、是否满足管理层对风险管理的要求（如有无重大采购事项会商制度）、是否遵循了权、责、利相统一的制度标准（如有无完善的采购业务绩效考核标准）和是否为适应企业发展预留了足够的制度空间（如有无采购现金流量对企业财务状况影响的分析制度）四个方面来考察是否存在推动"持续改进"的必要性。

6. 重视风险控制

食品采购的验收环节是采购流程的关键控制点。验收环节除了关注数量外，更要关注质量是否符合使用要求，特别是食品中单位价值较高的物资。同一名称、不同规格的食品原料，其价值差别可能很大，如海鲜、干货等，稍有不慎就有可能给企业带来利益损失。工程用品则需特别注意"加急件"及"特殊件"的采购风险。

五、创新成果的主要创新点

燕岭宾馆采购内控体系的运营方案，主要创新点体现在如下三方面：

（一）将内控的"普遍原理"与饭店餐饮业的"具体实践"相结合

燕岭宾馆以内控基本理论为分析工具，尝试将内控的"普遍原理"与饭店餐饮业的"具体实践"相结合，研究饭店餐饮业的"采购内控"实施途径和要点。

（二）首次从实务操作的角度，提出餐饮业"采购内控"实施的有效途径

燕岭宾馆首次从实务操作的角度，提出了我国饭店餐饮业"采购内控"实施的有效途径，并给出了相关的分析方法、判断标准和注意事项，具有极强的操作指引特征。

（三）内控状况的自我评估及独立评估

内控设计不当或执行不当，都可能造成内控对运营流程的不适当控制，导致"内控目标"与"业务目标"相背离。北京燕岭宾馆开展"内控状况的自我评估及独立评估"，使企业及时发现内控缺陷并及时改进，从而保持内控的有效性，避免重大缺陷的发生。

六、创新成果的实施效果

燕岭宾馆应用创新成果——采购内控体系，获得的效果主要表现在三个方面：经济效益方面、运营效益方面和社会效益方面。

（1）经济效益方面：经过几年来的努力，质量不断提升、成本不断下降的良好局面已经显现。在确保客户满意度的前提下，餐饮成本率已由几年前的60%，下降到现在的45%左右的行业平均水平。每年为企业间接创造经济效益超过300万元，为企业增收节支做出了重要贡献。

（2）运营效果方面：在采购内控体系应用于企业的过程中，内控状况的评估使得企业对运营流程有更清晰的认识和更恰当的控制，大大提升了企业的精细化管理水平。同时，内控状况的评估提供关于采购流程内部控制的基本信息，也为针对性地实施采购流程内控提供了可能。这使企业能够及时发现内控缺陷并进行改进，从而保持内控

的有效性，避免重大缺陷的发生。在六大措施实施的过程中，尊重制度、尊重流程的规范化管理文化得到了大力弘扬。

（3）社会效益方面：作为国有企业，燕岭宾馆通过采购内控体系的建设，大力推广集体采购的运营模式，将各部门的积极性和责任感充分调动起来，为企业的持续健康发展奠定了良好的制度基础，彰显了国有企业负责任的社会形象。

七、创新成果的推广价值

进入21世纪以来，中国饭店业的竞争日益激烈，相应地，饭店餐饮业的"采购流程内控"工作也得到许多单位的日益重视。燕岭宾馆结合饭店餐饮行业的流程特点和内控难点，在采购内控体系的建设上进行了大胆的探索，提出了可行的运营方案并成功实施。该创新成果不仅可以给我国的饭店业和餐饮业在物资采购的过程中提供经验借鉴，还可以给我国其他行业的采购管理提供有益的思考。

物流运作篇

天津物产供应链综合服务模式创新[①]

【摘要】天津物产能源资源发展有限公司是大型现代商贸流通企业,主要经营矿产资源、钢铁贸易、物流金融服务、四星酒店四大经营板块。公司为了提升企业核心竞争力,扩大服务产品和服务利润,占据产业价值链两端的有利位置,提出了"以供应链为基础的综合服务"的创新服务模式。该模式是一种以产业链内客户需求为起点,深入挖掘供应链上的服务需求,并通过流通环节各项服务功能的集成和优化配置,深化增值服务,与重要供应商和客户结成稳定的联盟合作伙伴关系,进而有效整合供应链资源(原料、物流、加工、金融、分销渠道等),为整个供应链提供全方位集成服务的运营模式。其中,供应链综合服务商作为提供集成服务的核心,同时集供应商、分销商和增值服务商三种关键角色于一身,并为客户企业提供整个采购、分销、融资、物流等供应链各环节的方案设计、实施和运作服务。天物能源公司在实施该创新成果的过程中,注重整合物流资源、提升服务功能和服务方式创新(钢铁生产企业全程供应链综合服务和矿山企业服务链延伸),有效地提升了企业的经营规模,形成新的价值增长点,并有效地提升了上下游协作效率。

【关键词】供应链综合服务;服务创新;钢铁物流;生产资料流通
【适用领域】生产资料流通企业;供应链公司;第三方物流企业

一、企业基本情况

天津物产能源资源发展有限公司(以下简称"天物能源资源公司")注册资金5亿元,是隶属于天津物产集团有限公司的大型现代商贸流通企业,下属有多家参股、控股企业及全资子公司,并在北京、陕西、中国香港、日本、澳大利亚、印度等地设有分支机构。公司主要经营矿产资源、钢铁贸易、物流金融服务、四星酒店四大经营板块,经过不断发展,逐步建立了以原材料供应、物流增值、钢材终端销售及金属制品加工相结合的供应链营销体系。

[①] 本成果由天津物产能源资源发展有限公司提供,成果主要创造人:刘禄,参与创造人:强军、刘志军、初向青、宋长昆、许文栋、巩连伟,获2012年度物流行业企业管理现代化创新成果奖二等奖。

矿产资源贸易作为公司的主营业务板块和战略发展方向，经过不断开拓，资源采购渠道覆盖澳大利亚、印度、巴西、北非、伊朗等10个国家及地区，销售网络辐及全国沿海各重要港口，并通过代理、直供、自营相结合的经营模式与上下游企业形成了长期、稳固的合作关系。同时，逐步将经营品种延伸到生铁、煤炭、废钢等其他钢铁炉料产品。钢铁贸易经营品种涉及钢坯、建筑用钢材、金属制品用钢材、五金制品等几十大类上千种型号产品。战略合作伙伴包括全国近20家知名钢铁企业。国内销售网络以天津为核心，辐射全国众多省市；钢铁及金属制品出口全球20余个国家和地区，尤其在美国、欧盟等地市场占有率处于国内领先地位。公司下属唐山曹妃甸天物物流有限公司占据曹妃甸港口245万平方米物流区有利位置，可为矿产、钢铁、化工等相关企业提供仓储、物流配送、金融监管、保税、交割仓库、贸易、加工等相关服务。

公司在2010年天津市百强企业中位列第41位，2009年获得"天津市五一劳动奖状先进单位"称号，2008年荣获天津市总工会颁发的"天津市工人先锋号"称号，且多年来始终保持"全国青年文明号"称号。

2011年全年，天物能源资源公司实现销售收入215亿元，同比增长30.04%；完成进出口额10亿美元，同比增长7.47%；完成实物量1390万吨，其中，矿产品1200万吨，同比增长17.65%；钢材190万吨，同比增长11.69%。在2011年天津市百强企业中位列第36位。

二、创新成果的名称

天物能源资源公司的创新成果名称是天津物产供应链综合服务模式创新。该创新成果是一种以产业链内客户需求为起点，深入挖掘供应链上的服务需求，并通过流通环节各项服务功能的集成和优化配置，深化增值服务，与重要供应商和客户结成稳定的联盟合作伙伴关系，进而有效整合供应链资源（原料、物流、加工、金融、分销渠道等），为整个供应链提供全方位集成服务的运营模式。天物能源资源公司利用该创新成果，不但扩大了服务环节和服务利润，也显著提高了客户的服务水平，取得了可观的经济与社会效益。

三、创新成果的产生背景

以供应链为基础的综合服务模式构建与实施的提出，来自三个方面的背景：

（一）生产资料经营企业提供供应链服务已经成为趋势

在全球经济环境变化的影响下，随着我国产业结构的不断调整以及经济发展方式的不断转变，生产资料经营企业间的竞争日益加剧。

一方面，就流通企业而言，在多元化的流通主体共同发展，多种流通渠道并存的竞争格局下，传统的"一买一卖"的进销模式已不能适应行业发展的要求。并且，即使对于已经建立起供应链经营体系、拥有较强经营实力的企业来说，随着铁矿石及钢材市场波动的日益频繁，以及更加强大的竞争对手的挑战，也对企业在原有供应链经营模式基础上寻求新的有效途径，进一步提高竞争实力、赢利水平和风险抵御能力，提出了更高的要求。

另一方面，随着企业对物流环节的重视程度不断提高，以及基础设施和装备条件不断改善，原有的单一的仓储、运输服务模式也逐步开始转变。但与欧美日等钢铁强国相比，我国距现代流通的标准仍存在较大差距。尤其在物流服务企业整合提升过程中，在服务功能的针对性、有效性和高效性上，与生产企业的实际需求还存在一定的差异。这些也导致了物流运行效率偏低、成本较高、专业化物流供给能力不足等问题的存在。并使得在整体供应链中，商流、物流、资金流的协调统一、上下游资源的有效整合等方面，仍存在进一步提升的空间。

（二）产业链客户的切实需求要求流通企业加快创新步伐

就钢铁生产企业而言，面临国家产业结构不断调整及市场竞争日趋激烈的压力，若要进一步降低资源采购和产品分销成本，扩大进销网络，其在原材料供应、市场信息、销售渠道以及仓储、加工、配送等物流环节服务方面仍存在提升需求。而通过其自身力量整合物流、资源、销售网络，将有可能面临流动资金不足、网络管理不畅、管理成本过高、物流能力不够、回款压力、库存风险、服务滞后、终端销售乏力等很多现实问题。而流通企业作为供应链中的资源组织者，如何通过资源整合和模式创新为上下游客户的问题和需求提出有效的解决方案，将是其经营创新、拓展发展空间的根本导向。

（三）天物能源资源公司提升发展的战略要求加快供应链服务创新

天物能源资源公司在自身发展规划中指出：要瞄准现代物流产业发展方向，巩固发展上伸下延、整合资源、优势互补、强强联合、互惠共赢的管理模式，不断创新营销理念，发展服务链，打造供应链，延伸产业链，提升价值链，促进二三产业联动发展，实现从传统贸易型企业向现代生产性物流服务企业的根本转变。并提出了"以供应链为基础的综合服务模式"战略发展目标。

在此目标指引下，天物能源资源公司在对上下游企业需求进行认真分析的基础上，对国内外大型综合商社先进的发展思路及运营模式进行了深入研究。并以此为基础，结合自身优势特点及发展状况，对原有的供应链管理模式在资源整合和模式创新上进行了战略提升。

四、创新成果的主要内容

天物能源资源公司的创新成果可归纳为"以供应链为基础的综合服务模式"，包括整合物流资源、提升服务功能、创新服务方式。

（一）"以供应链为基础的综合服务模式"的内涵

从钢铁产业链的上游到下游，是一个价值创造的过程。从原料的开采、运输、加工，到中间生产环节，再到最终产品的销售，产品的价值不断增加，形成了一条创造价值的链条。现代产业价值链的研究表明，产业链利润呈现一个"V"字形，即所谓的微笑曲线。研发、设计与销售、服务分别占据曲线两端的高点。而"以供应链为基础的综合服务模式"，正使生产资料流通企业占据产业价值链两端的有利位置，是提升企业核心竞争力的有效途径。

所谓"以供应链为基础的综合服务模式"，就是以产业链内客户需求为起点，深入挖掘供应链上的服务需求，并通过流通环节各项服务功能的集成和优化配置，深化增值服务，与重要供应商和客户结成稳定的联盟合作伙伴关系，进而有效整合供应链资源（原料、物流、加工、金融、分销渠道等），为整个供应链提供全方位集成服务的运营模式。其中，供应链综合服务商作为提供集成服务的核心，同时集供应商、分销商和增值服务商三种关键角色于一身，并为客户企业提供整个采购、分销、融资、物流等供应链各环节的方案设计、实施和运作服务。其对于推动整条供应链的高效率、低成本运转，具有举足轻重的意义。

（二）"以供应链为基础的综合服务模式"实施过程及解决方案

1. 整合物流资源

结合自身发展定位及供应链上下游客户需求，并为实现综合服务功能的有效整合和高效配置，天物能源资源公司本着"优势互补，合作双赢"的原则，在环渤海地区钢铁产业聚集区中心地带与拥有共同目标的港口公司联合组建了专业物流企业，共同推进港口综合物流园区和钢铁物流园区建设发展，并将其作为开展服务功能集成的平台。以此，将天物能源资源公司多年供应链经营所建立起的品牌、渠道、资金、信用、规模等多方面的优势，与港口的区位优势和功能优势进行有效结合，为加工、配送、金融监管等供应链物流、金融综合服务的开展和模式创新奠定了坚实基础。

2. 提升服务功能

提升服务功能要求天物能源资源公司增加服务类别，延伸服务功能。这里以冶金矿山企业服务需求为例进行介绍。

为满足国内外冶金矿山企业对到港铁矿石筛分加工的需求，公司在码头前沿堆场建立了临时筛分系统和铁矿石加工配送中心，就地为各相关企业提供筛分加工服务。

临时筛分加工系统位于码头堆场内。铁矿石到港后可直接进入筛分场地，就地进行筛分加工。系统每天可筛分铁矿石 8000～10000 吨。产品主要为 0～10mm 粗粉和 10～40mm 块矿两种（可依据用户的要求调整粉矿及块矿粒度）。临时筛分系统投产后整条生产系统一直处于满负荷运转状态，取得了较好的效益。

配送中心本身处于码头堆场，整体项目区域设定为海关监管区域。项目达产后可形成 1000 万吨/年的矿石加工能力，其中破碎 400 万吨/年，筛分 400 万吨/年，粉矿混匀 200 万吨/年，生产产品主要为粗粉和块矿，产品粒度可根据用户要求调整。需加工原料到港卸船后，直接倒运至加工中心进入原料仓，按用户要求经不同工艺流程系统加工，成品由皮带输送机输送至装车园仓内，装车后直接向下游钢铁生产企业配送。

临时筛分系统和铁矿石加工配送中心项目的及时建设，使港口及物流园区具备了就地为国内外冶金、矿山企业提供破碎、筛分和均匀配矿服务能力。且其身处产业聚集区的区位优势和便利的运输条件，还可极大地降低用户的物流成本。

3. 创新服务方式

（1）钢铁生产企业全程供应链综合服务

如前所述，随着国内经济结构和钢铁行业结构的不断调整，我国钢铁生产企业的生存环境日益严峻。原材料储备、产成品库存所形成的资金占压以及采购、运输、仓储、分销等环节成本的居高不下，也使得诸多钢厂在获取有效的融资支持、建立高效、低成本的采购、分销、物流通道等方面存在着迫切的需求。而部分钢厂在资质、资信及自身实力等方面的因素，也为这些问题的解决带来了一定困难。针对这一情况，天物能源资源公司在整合物流基础设施，提升服务功能的基础上，对服务方式进行了进一步优化、创新。

在实际操作中，国内钢铁生产企业在与国外铁矿石供应商确定采购标的后，与天物能源资源公司建立代理合作关系，并支付一定比例的保证金。天物能源资源公司利用自身铁矿石进口资质，代钢厂直接向矿产品供应商进行付款采购。其过程如图 1 所示：

此外，钢厂还可选择通过产品置换、委托收款的方式，完成剩余货款支付，并由天物能源资源公司为其提供铁矿石仓储、配送、加工服务。同时，利用天物能源资源公司的物流、销售网络，将钢产品送至下游用户，收回货款，完成资金回笼。

整个过程中，借助天物能源资源公司的资金、渠道、物流优势，钢铁生产企业仅利用一定比例的保证金即完成了包括融资、采购、船运代理、物流、仓储、加工、下游产品销售、回收货款的整个供应链业务。

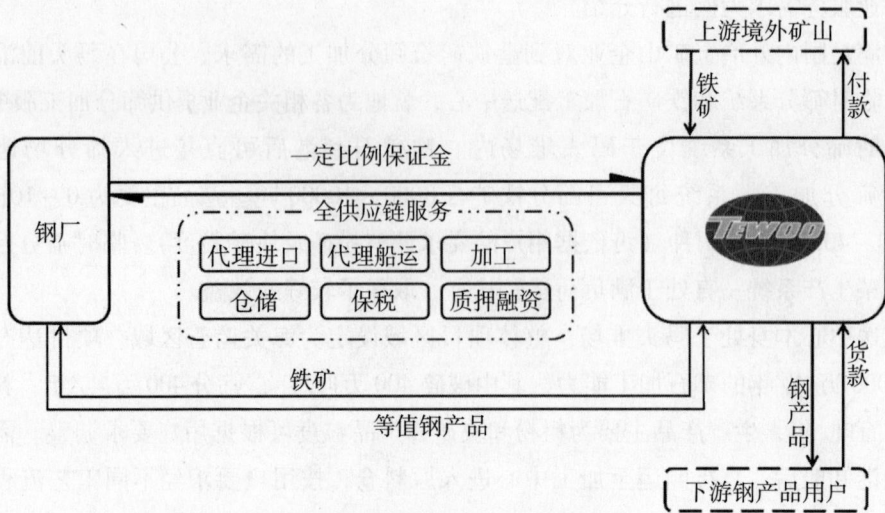

图 1　钢铁生产企业全程供应链综合服务

（2）矿山企业服务链延伸

就国内单一钢厂而言，市场疲软时，为避免资金的过度占压，并满足市场风险控制需要，其在原材料的采购上，多呈现小批量、多批次的特点。这无论是对于原材料供应商还是钢铁生产企业来说，都无助于规模效益的实现以及人力、物流成本的降低。

以此为出发点，由于天物能源资源公司与国内众多钢铁生产企业保持有紧密的战略合作伙伴关系，在对铁矿石下游用户需求信息的掌握方面具有上游优势，尤其是境外矿山企业无法比拟的优势。利用这一优势，天物能源资源公司将下游钢厂的需求进行集中后，统一向原材料供应商进行采购，或者根据自身所掌握的下游钢铁生产企业原材料需求信息，先行采购，再利用自身顺畅的分销渠道进行销售。

如图 2 所示，在此过程中，天物能源资源公司可同时接受钢铁生产企业现款或信用证等多种付款方式，并通过分证业务向矿山企业进行付款、采购。避免资金占压的同时，确保了上游矿山企业的顺畅分销。

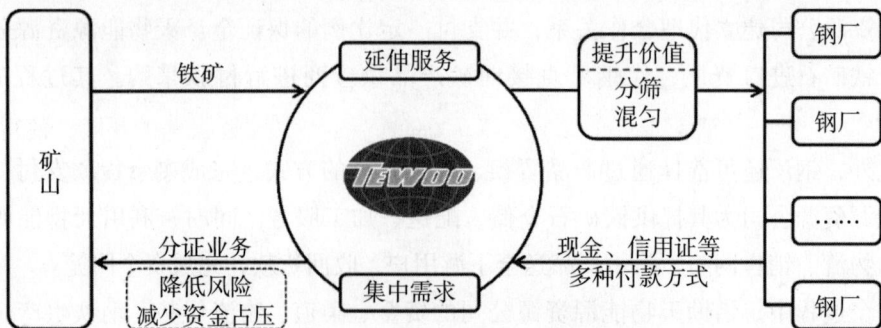

图 2　矿山企业服务链延伸

矿产品进口到国内后，天物能源资源公司还可根据矿产品供应商的要求或下游用户原料入炉的需求，为其提供筛分、混匀等加工服务，进一步提升矿产品价值，并通过配送服务直接运送至钢铁生产企业用于生产。使上游矿山企业服务链条直接延伸至下游钢铁生产企业，实现了供应链各环节的无缝对接。

五、创新成果的主要创新点

天物能源资源公司结合自身发展定位及供应链上下游客户需求，设计了"以供应链为基础的综合服务模式"的解决方案，该方案具有以下几个特点：

（一）开辟了生产资料流通企业与物流企业联合发展的新路径

以产业链上下游客户需求为核心，以物流设施建设为基础，以供应链综合服务为组织的资源整合方式，开辟了生产资料流通企业与物流企业联合发展的新路径，使得流通企业对资源、渠道的控制和港口自身建设发展形成了良好互动和双向促进的效果。

（二）填补了港口及物流园区工矿产品加工业的空白

矿产品破碎、筛分等加工业务的引入，填补了港口及物流园区工矿产品加工业的空白，不但可为腹地钢铁企业提供矿石破碎、筛分和配料服务，减少货物损失，降低物流成本，同时也对完善港口服务功能，增加矿石吞吐能力，对提高港口市场竞争能力起到重要作用。

（三）实现了供应链高效运转和价值增值

业务模式的创新开展，实现了供应链的高效运转和价值增值。就下游钢铁生产企业而言，保证金模式和物流资源的整合，使钢厂仅用少部分资金即可一站式完成从采购、物流、加工到产品销售的整条供应链的运转，极大地提高了供应链的运行效率，并为钢铁生产企业开辟了新的融资途径。同时，通过货权置换、代收货款等服务方式，减少了产成品库存对钢厂资金的占压，并降低了钢厂的回款压力，有效解决了钢厂流动资金不足的问题。就上游铁矿石供应企业而言，天物能源资源集合需求、集中采购的运作方式，提升了矿山企业的销售效率。而铁矿石加工配送服务的开展，使得铁矿石的产品形态更加贴合钢铁生产企业的原料入炉需求，实现了矿产品在物流环节的增值。

六、创新成果的应用效果

天津物产能源资源发展有限公司在实施创新成果的解决方案后取得了可观的经济

效应和很好的社会效应。

（一）经济效益

1. 供应链综合服务形成了新的价值增长点

以自身原有优势为基础，天物能源资源公司通过物流基础设施的有效整合、铁矿石加工配送功能的集成以及综合服务模式的创新开展，使得公司有能力为终端用户提供涵盖矿产资源、进口资质、巨额开证资金、船运代理、货物代理、筛分破碎加工、质押融资、钢材产品分销等一站式全方位、深层次供应链服务。大幅提升了企业的集成服务能力，拓宽了企业创利途径。2012 年，公司物流金融服务板块累计完成仓储入库 137.54 万吨，同比增长 416%，实现业务收入 130 万元；货运代理量 89.67 万吨，同比增长 162%，代理费收入 65 万元；筛分铁矿石 121.21 万吨，同比增长 357%，加工费收入 1350 万元，取得了良好的经济收益。

2. 服务模式创新有效推升企业经营规模

天物能源资源公司以供应链为基础的综合服务模式创新，使企业得以渗透供应链的各个增值服务环节，有效提升了公司在产业链内的话语权，深化、巩固了企业作为供应链内资源组织者的战略地位，有效促进了公司原有主业经营的快速发展。

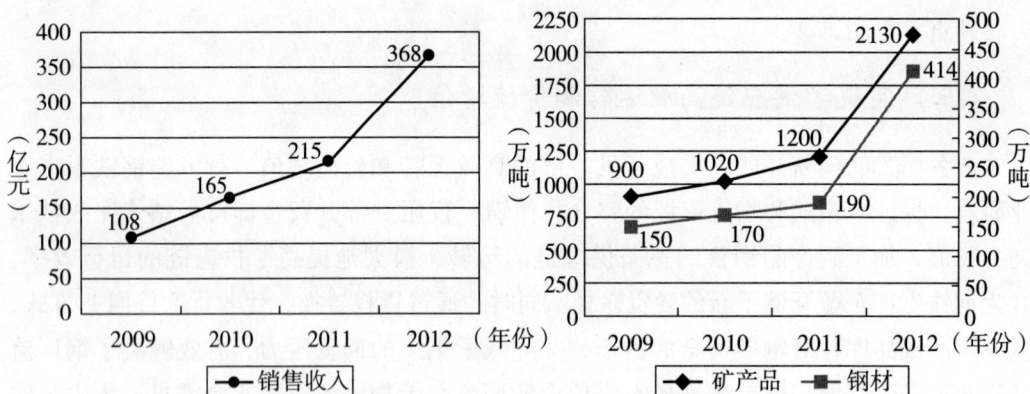

图3 企业经营规模增长情况

从图3中不难看出：近几年来，在供应链综合服务深入开展的带动下，公司矿产品、钢材经营规模和销售收入都实现了平稳增长。2012 年的增长率也超过了前几年，可以看出创新成果潜力是巨大的。并且，随着服务模式的日渐完善和成熟，公司整体经营规模亦呈现出加速增长的良好态势。

（二）社会效益

1. 提升上下游企业协作效率

天物能源资源公司"以供应链为基础的综合服务模式"在实施过程中，不断将供应链各节点的服务需求内化到自身服务体系之中，有效缩短了钢铁产业链中矿山企业、钢铁生产企业和钢产品终端用户之间的距离，极大提升了产业内上下游企业间的协作效率。尤其是铁矿石加工配送业务的开展，依托港口腹地及周边区域钢铁生产企业巨大的需求潜力，把加工后的铁矿石直接配送到周边钢铁企业。

2. 增强企业在行业中的影响力

天物能源资源公司通过实施"以供应链为基础的综合服务模式"的创新成果，一方面，建立了公司延伸销售触角的优势平台，为公司拓展矿产品销售渠道、提升经营规模提供更为广阔的途径，并有效增强了公司对下游市场的控制力、渗透力和辐射力。另一方面，由于加工服务功能的集成，在与上游客户合作过程中，境外大型矿山企业，委托公司对其无能力加工的矿产品进行加工，并代其开发国内市场，开辟了与资源矿山企业合作的新渠道。得到了国内外冶金、矿山企业的密切关注和广泛好评。

七、创新成果的推广价值

天物能源资源公司的"以供应链为基础的综合服务"模式创新，针对我国钢铁企业在资源获取、融资、物流、加工、产品分销等方面存在的问题和需求，提出了有效的解决方案。并通过所建立起的上控资源、中联物流、下建网络的立体化发展模式，为供应链中商流、物流、资金流的协调统一和产业链中上下游资源的有效整合提出了可行路径。对于钢铁、物流及商贸流通行业的产业结构优化和融合发展，具有积极的借鉴和指导意义。创新成果实施后取得了可观的经济效益和社会效益。在供应链综合服务深入开展的带动下，公司矿产品、钢材经营规模和销售收入都实现了平稳增长。因此，该创新成果具有很大的推广价值。创新成果可直接为提供供应链服务的第三方物流企业或者供应链公司予以借鉴，也可以给从事流通贸易的商贸企业提供有价值的服务创新模式参考。

中储股份船板供应管理模式创新[①]

【摘要】 中储发展股份有限公司青岛分公司是中储发展股份有限公司在青岛地区设立的分支机构，具有先进的物流管理技术。针对青岛北船重工物流运作方式滞后的困境，中储青岛分公司充分发挥物流企业的专业优势，与青岛北海船舶重工有限责任公司进行两业联动项目的运作，为其改进了运作方式，量身开发了船板管理信息系统，实现动态的"账卡物三相符"和船板的准确定位，并通过优化组织结构、再造船板物流管理流程、变革作业方式和接管库区设施设备等多个途径为北船重工提供个性化的物流服务，实现了作业方式变革，有效提高了青岛北船重工的运作效率。该创新成果是行业内两业联动项目的良好典范，具有较好的推广与借鉴价值。

【关键词】 两业联动；船板供应；技术创新

【适用领域】 制造业与物流业联动；造船企业；第三方物流企业；仓储企业

一、企业基本情况

中储发展股份有限公司青岛分公司（简称"中储青岛分公司"）是中储发展股份有限公司在青岛地区设立的分支机构，成立于 2003 年，位于青岛经济技术开发区物流工业园内。总投资 5080 万元，现有员工 200 多人。公司占地面积 15 万平方米，拥有高站台立体库 2 万平方米，进出口检验站台库 6200 平方米，集装箱堆场 6 万平方米。公司业务范围涵盖港口物流、保税物流、国际货运代理、国际工程配送、输出管理、质押监管、国内外贸易等。公司的主要服务对象为黑色金属、塑料、纸浆等生产资料类客户和食品、服装等生活资料类客户。中储青岛分公司拥有完整的计算机通信网络及管理系统、闭路监控系统、智能通信系统、自动报警系统和自动消防喷淋系统，实现了物流管理的信息化和现代化。

中储青岛分公司作为国有控股企业，借助中储发展股份有限公司的品牌价值，在青岛地区综合物流业务领域，尤其是仓储业务方面，具有一定的影响力。中储青岛分

---

① 本成果由中储发展股份有限公司青岛分公司提供，成果主要创造人：李勇昭、黄卿，参与创造人：连瑞鑫、裴平、冯鹏，获 2012 年度物流行业企业管理现代化创新成果奖二等奖。

公司计划在未来几年中，对传统物流业务进一步转型、升级，积极拓展新型业务模式，提升物流运营的技术含量和运营质量，打造独特的竞争优势，使企业发展成为更大更具影响力的综合性物流企业。

二、创新成果的名称

该成果名称为：中储股份船板供应管理模式创新。该成果系中储发展股份有限公司青岛分公司与青岛北海船舶重工有限责任公司进行两业联动项目的创新成果。该成果发挥了中储青岛公司的物流服务专业优势，为青岛北海船舶重工公司改进了运作方式，量身开发了船板管理信息系统，实现了作业方式的变革，显著提高了运作效率和效果，具有较好的适用性和推广价值。

三、创新成果的产生背景

（一）物流运作方式滞后，北船生产效率受限

青岛北海船舶重工有限责任公司（简称"北船重工"），是中国船舶重工股份有限公司（简称"中船重工"）控股的大型造修船企业。主要经营船舶建造、船舶修理与改装、海洋工程修造、大型钢结构件及各种非船产品等，生产国内多种先进船舶及相关设备，在业内名列前茅。2004 年，北船重工整体搬迁到青岛海西湾，占地面积 330余公顷，拥有 50 万吨和 30 万吨造船坞各一座，30 万吨、15 万吨和 10 万吨修船坞各一座，600 吨龙门吊 4 台。

图 1　青岛北船重工船厂全景

随着生产规模的日益扩大和造船技艺的不断提高，物流问题成为制约北船重工提高生产效率的一大瓶颈。由于船舶制造以工程项目为单位进行，本身具有严格的工期要求，进而对相关物流工作的效率也提出了严格要求。在船板、舾装品等众多生产组

件和设施装备中，造船厂使用的船板多达 4000 种且以堆码运输和堆码存放方式为主，因而船板物流管理较之船厂其他物流业务操作更为复杂。船板物流管理涉及船板的厂外供应、厂内入库管理和翻板发货等环节。由于厂内的物资仓储数量巨大且供应速度要求较高，因此船板的厂内仓储物流管理又是船板物流管理的重点和难点。

联动项目合作之前，船板物流管理工作由北船重工自行管理，主要采用人工手动方式进行，信息的传递、储存主要以纸质码单为依据。船板卸货时，理货员采用纸质码单，记录所接货物的材质、规格、炉批号、数量、堆放垛位等相关信息。随后，工作人员将码单中的信息录入计算机，形成 Excel 表格作为信息的归档，用于库存的记录和查询。发货时，根据 Excel 表格中的数据和相应的码单对所需船板的信息进行查询，在场区中确定，然后对船板进行运输。其中，由于船板以堆摞方式存储，必须对所需船板上层的其他船板进行翻板操作之后，才能取出所需船板。

由于这种管理方式以纸质文件作为信息媒介，以静态表格作为信息的管理与存储手段，在实际操作过程中存在着如下突出问题：

（1）无法实现动态的"账卡物三相符"。翻板发货不仅改变了所需船板的位置，也改变了相邻的其他船板的货位。由于 Excel 表格和纸质码单均为静态数据，无法在船板货位发生变化时同步改变，而且码单和统计表格彼此独立，未能联动变化，使信息传递严重滞后。

（2）无法实现船板的准确定位，工作效率低。由于码单和表格信息无法与船板货位同步更新，理货员发货只能利用静态表格对所需船板进行查询，一旦翻板作业使船板货位发生变化，但未及时变更码单，理货员查询到的货位就可能出现错误。此时只能依靠理货员根据码单对货物进行人工查找，既无法保证工作效率，又无法保证工作精度，使船板翻找效率难以达到生产计划需要。

（3）过程控制缺失，出错概率高。翻板发货时，船板货位可能多次发生变化，理货员需要根据船板货位的实际变化情况重复修改码单上的货位信息；完成发货后，工作人员还需要根据理货员提供的码单更新计算机中的表格信息。由于以上过程均为人工完成，且码单被反复修改，出现错误的概率大大增加。

（4）容易形成"死板"，资金周转不畅。船板货位信息不能实时更新且经常出现错误，造成一些船板入库一段时间后无法掌握其货位，成为"死板"滞留在仓库中而不能用于生产，降低了北船重工的资金周转效率。

（二）物流管理技术先进，中储主动寻求合作

中储青岛分公司拥有完整的计算机通信网络及管理系统、闭路监控系统、智能通信系统、自动报警系统和自动消防喷淋系统，实现了物流管理的信息化和现代化。对于船板物流管理，中储青岛分公司拥有一整套以专业船板管理系统为核心的船板物流管理应对方案。

图2　中储青岛分公司

2004 年北船重工迁址后，中储青岛分公司最初为其提供船舶物资的报关和货代、船舶零配件收验及配送等服务。随着业务交往的深入，中储青岛分公司发现北船重工在船板管理上的困境后，主动出击，借助中储发展股份有限公司的品牌价值，不断将基于能力的船板物流管理模式推荐给北船重工，积极创造合作机会。恰逢 2009 年《物流业调整好和振兴规划》出台，要求大力推进物流服务的社会化、专业化和信息化水平，并提出了"制造业和物流业联动发展"的重点工程，为青岛分公司和北船重工的合作提供了良好的政策环境。经过多次洽谈商讨，2009 年 11 月，中储青岛分公司与北海重工签订了《船用板材仓储管理外包合同》，标志着中储青岛分公司与北船重工联动项目的正式开始。

四、创新成果的主要内容

面对前述船板物流管理问题，北船重工在研究既有制造业物流操作模式并分析自身需求的基础上，提出了以下两种基本模式：部分外包和完全外包。

（一）北船重工解决物流问题的基本模式

1. 基本模式一：部分外包

从完成物流业务的要素角度而言，船板物流管理要素分为专业物流管理工作技术和人员设施设备两部分。部分外包是指将船板管理所需的工作技术外包给中储青岛分公司，运作和维护的实际操作则由北船重工自有人员完成。

仅外包精准定位的船板库存管理技术的优点在于北船重工可以在维持既有组织架构基本不变的情况下，自主管理船板供应，业务沟通协调较为方便。但相应地，也需要由北船重工承担一切可能差错事故带来的或有损失，同时业务操作管理人员学习使用新技术的培训和磨合也需要时间，难以取得立竿见影的效果。

对于中储青岛分公司而言，该模式仅需将北船重工缺乏的船板管理操作技术进行输出并进行简单的后期维护，而无须派出人员全面介入北船重工的船板物流管理并承担相应的管理责任。

2. 基本模式二：全部外包

全部外包模式是指北船重工将船板供应管理工作整体外包给中储青岛分公司，青岛分公司不仅提供相关管理技术，而且提供人员介入北船重工的生产链进行船板管理操作。借助青岛分公司精准定位的船板库存管理能力，提高北船重工船板生产供应的可靠性，并通过翻找准确率的提高和翻找时间的缩短提高船板供应效率，保障船舶生产物料供应的及时性。

全部外包的优点在于当外包业务量达到一定规模后，单次业务成本被摊薄，北船重工的成本控制能力将得到大幅提升，企业内部物流成本得以降低；同时可以获得满意的船板供应服务，作业事故、差错等损失也无须北船重工承担，而主要由中储青岛分公司负责。然而，全部外包模式存在沟通协调时信息系统对接延迟等问题，需要在联动合作中不断磨合和完善。

对中储青岛分公司而言，该模式可以针对北船重工的个性化需求进行调研和分析，采用精准定位的专业船板库存管理技术全面介入船板供应链管理，系统解决业务操作问题，保证服务的完整性。对于北船重工而言，该模式减少了企业在非核心业务上大量时间、精力的投入，有利于实施做专做强主业的发展战略。

（二）联动项目总体设计思路

北船重工经过对两种模式的对比分析，经与中储青岛分公司充分讨论后决定采取完全外包模式，即北船重工将采购物流和干线运输之外的全部物流业务外包给中储青岛分公司，包括船用钢板的库区仓储管理、水运船板的卸船收货、陆运船板的卸车收货、料场的翻板理货、车间生产需求板材的始发地发货等物流业务。

中储青岛分公司专门成立了联动项目部入驻北船重工厂区，利用自身技术和经验优势有针对性地开发了北船重工船板管理信息系统，并以该管理信息系统的应用带动了北船重工仓储和船板管理流程的优化与具体作业方式的变革。此外，中储青岛分公司还接管北船重工装卸搬运和短驳设施设备，便于中储北船联动项目部进行日常作业操作。联动项目的总体设计思路如图3所示。

中储北船联动项目业务运作模式的主要构成要素如下：

（1）北船重工提供生产作业要素（场地、设备设施、电力、维修维护等）。

（2）中储青岛分公司组织项目作业人员。

（3）中储青岛分公司负责船板管理系统软、硬件的安装维护，全面接管货场内的起重作业设备。

（4）双方确认作业流程与单证，实现船用物资仓储作业数据与实物的交接。

（5）中储青岛分公司保障仓库内物资按生产需求进出。

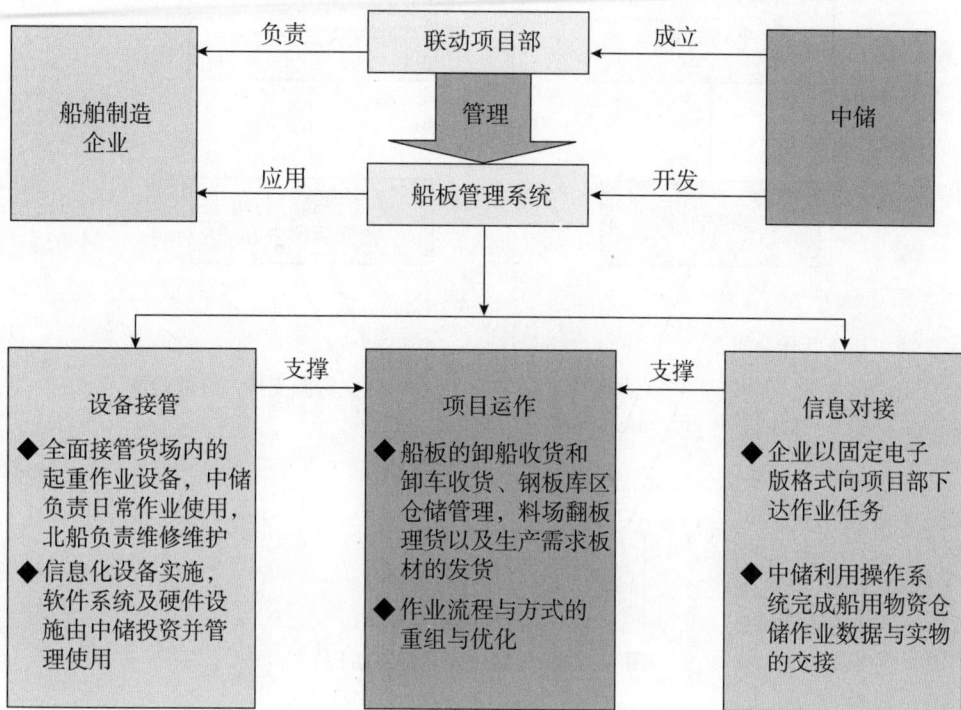

图3 联动项目总体思路图

（6）中储青岛分公司保障现场作业人员严格遵守船厂相关规章制度。

五、创新成果的实施方法

确定上述物流业务全部外包的联动项目总体思路后，中储青岛分公司结合传统仓储管理优势，通过优化组织结构、量身开发船板管理信息系统、再造船板物流管理流程、变革作业方式和接管库区设施设备等多个途径为北船重工提供个性化的物流服务。

（一）优化联动双方组织结构

根据北船重工的实际情况和业务需要，中储青岛分公司挑选专业的管理操作人员，采用了扁平化的组织结构搭建联动项目部。北船联动项目部下设项目经理，所有工作人员的工作任务、调动等都直接由项目经理负责。项目经理直接对北船重工物资部负责，对北船重工物资部提出的工作要求进行积极配合。中储青岛分公司为保障项目部工作的顺利开展，将项目部设于物流运营中心下管理，主管领导主要负责项目部运营的资源支持和协调保障。北船联动项目部与联动双方的关系和运作方式如图4所示。

与此同时，北船重工在组织结构上也相应做了调整：改变了物资部门的组织架构，在物资部仓库管理科下设立专门服务于北船联动项目部的协调部门——船板计划组。

— 203 —

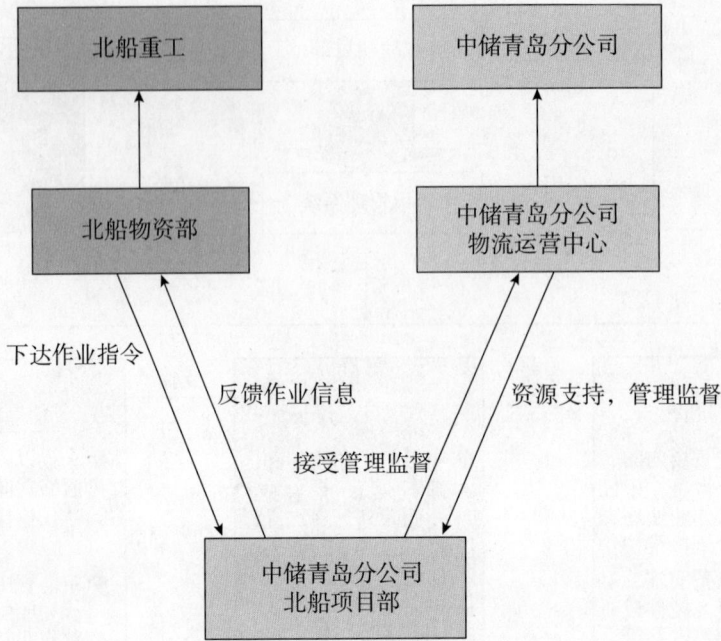

图4　中储青岛分公司组织结构

船板计划组负责对中储青岛分公司北船联动项目部的工作任务进行分配、检验和接收，并协调生产部门改进沟通渠道，直接与中储青岛分公司北船项目部对接，下达生产要板指令并接收项目部的钢板供应。

（二）量身开发船板管理信息系统

中储青岛分公司根据北船重工的业务需求，有针对性地开发设计了专门服务于北船重工的船板管理信息系统。该系统由一套管理软件、设备终端、服务器、信号发射器等综合组成，是集成了现代信息技术、计算机工程应用技术、库存精确管理技术的综合应用平台，可以实现动态的"账卡物三相符"的仓储管理。船板管理系统的登录界面如图5所示。

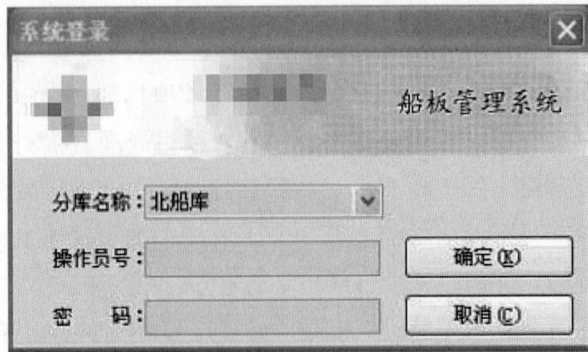

图5　船板管理系统的登录界面

1. 借助管理系统进行船板精准定位

针对板材需求实际情况，船板管理信息系统对船板进行唯一编号，即每张船板均具有区别于其他船板的编号，使管理精确到每张船板。中储青岛分公司北船联动项目部利用无线网络技术，在船板入库、卸船（卸车）接板等业务操作时，不同岗位的工作人员分别利用不同的手持设备终端，对船板出入库和在库状态进行管理。在卸货入库和检索发货的过程中，利用无线信号发射装置将现场数据同步传输到计算机主服务器，进而完成各终端的数据汇总、统计和共享，实现了船板仓储物流信息的动态管理。船板管理系统的网路拓扑图如图6所示。

从船板卸货开始，理货员在船板卸货时填写码单，在卸货完成后将码单交与料账人员。随后，料账人员将码单信息录入船板管理信息系统，通过系统电子数据化管理实现货物和信息的存储管理和同步更新。在接到生产要板计划时，根据北船重工的需求，理货员利用手持终端查找、核对所需船板的信息，确定船板位置。在吊装设备对货物进行操作时，理货员在信息终端设备上同步进行操作、记录货物的装卸搬运信息。数据通过网络实时反馈到系统及其他各终端，使不在现场的工作人员也可即时观察到船板的动态信息，真正实现了货动账动、即动即改。

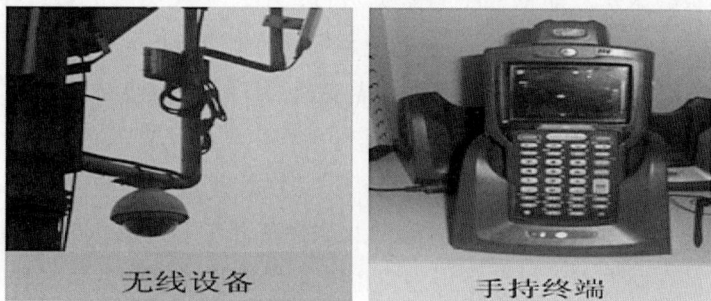

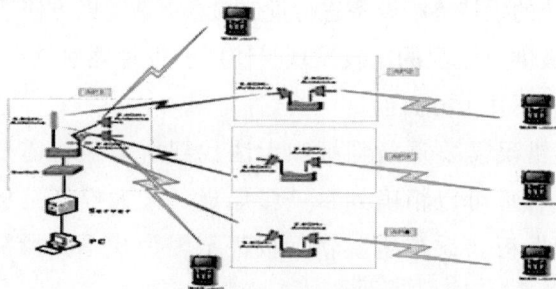

图6　船板管理系统的网络拓扑图

2. 信息系统对接

为保障北船重工和中储青岛分公司的信息联通，尤其是北船重工物资部、汽运部与中储青岛分公司北船联动项目部的信息对接，方便工作任务指令的下达和反馈，北船重工与中储青岛分公司设立了专用邮箱。北船重工相关部门以电子版 Excel 文件的形式，通过固定的格式向中储青岛分公司北船联动项目部下达作业任务，并接收任务完成后的反馈；同时，采用纸面文件验收交接确认，对于电子版和纸质版的文件同时进行存档。

船板管理信息系统的引入是北船联动项目的核心内容。该系统使北船重工实现了对所有船板的细化管理，节约了翻板找板的时间，提高了船板供应效率，而且避免了"死板"情况的出现。同时，北船重工生产部门也借助船板管理信息系统实现了部门间的信息对接，可以直接通过船板管理信息系统的信息共享及时了解想要获取的船板信息。

（三）实现船板管理流程再造

船板管理信息系统是结合北船重工船板管理实际需求进行开发的，使北船重工实现了船板管理的流程再造，缩短了船板供应操作环节，提高了整个生产链的工作效率。

联动前的流程情况如图 7 所示。船板管理涉及北船重工物资部、采购部、汽运部和生产部门。船板的使用过程包括船板采购、接卸、入库和调用等多个环节，全程采取手写单据管理。此外，生产用船板型号众多，船板在生产调用时还可能发生货位的变化。由于船板的跟踪只能依靠手写单据进行，不便实现实时更新，容易产生差错，从而出现无法准确定位的"死板"。在船板翻板以及生产接板的作业环节，无法找到所需船板或板材发送错误的情况时有发生，需要返回厂区重新搜寻或重新发送船板采购请求，降低了船板管理的效率，也影响了整个船只生产的完成工期。

联动后的流程如图 8 所示，船板的采购仍然由北船重工采购部负责；中储青岛分公司北船联动项目部对北船重工汽运部和北船物资部负责，承担船板的卸船（卸车）收货、钢板库区仓储管理、料场翻板理货以及生产需求板材的发货等作业任务。当生产部门向项目部提出板材需求时，项目部根据船板的最新货位进行板材供给，并在搬运作业后利用管理系统的手持终端设备进行货位信息更新，以方便下次作业。

通过联动前后船板供应流程的比较发现，使用船板管理信息系统后，船板供应流程的优化主要体现在以下几个方面：

（1）消除了发板错误需要重新翻板和无法找到所需板材需要重新采购等无效工序。联动后，船板管理可以精确到每一张船板，大大提高翻板的准确性和可靠性，消除了以往因为发板错误被迫重新翻板甚至因为找不到所需板材需要重新采购等无效工序。

（2）消除了供应环节的部门职责割离。联动后，船板从接卸、入库直到供应均由联动项目部负责，无须北船重工汽运部、物资部分别负责各个环节，提高了管理效率和业务操作衔接的流畅性。

（3）生产部门得以实时跟踪船板状态信息，避免产生"死板"。通过船板管理信息

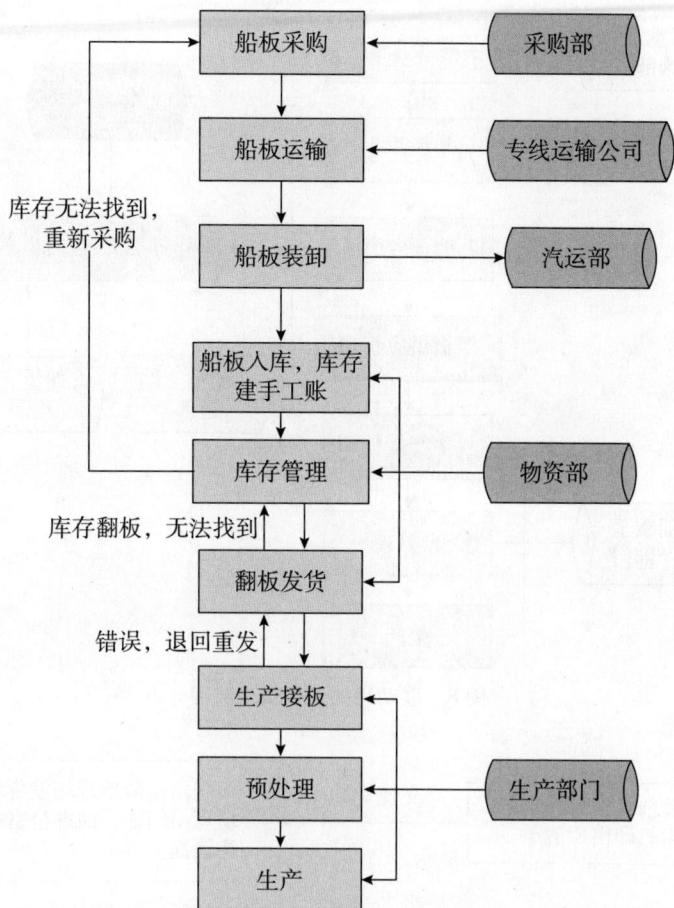

图7 联动前的船板供应流程

系统的信息共享，生产部门可以实时了解船板状态信息，避免产生"死板"。对已经入库的所需船板，可以下达要板计划；对不足的船板，可及时向采购部下达采购需求计划，保障船舶制造工期的要求。

（四）实现作业方式的变革

中储系统自主开发的船板管理信息系统，不仅带动北船重工实现船板管理的流程再造，还带来船板管理作业方式的变革，进一步提升了船板供应效率。

船板管理信息系统运用所带来的作业变革体现在如下几点：

1. 船板出库全程实现无纸化

通过手持终端设备，理货员在理货、发货过程中将船板实时的变动情况及时录入船板管理信息系统，通过系统电子数据化管理实现货物和信息的存储管理同步，无须通过纸质码单进行信息传递。由于出库全程实现无纸化，避免了原来业务过程中单证破损、遗失、涂改等现象的发生。出库环节联动前后流程如图9、图10所示。

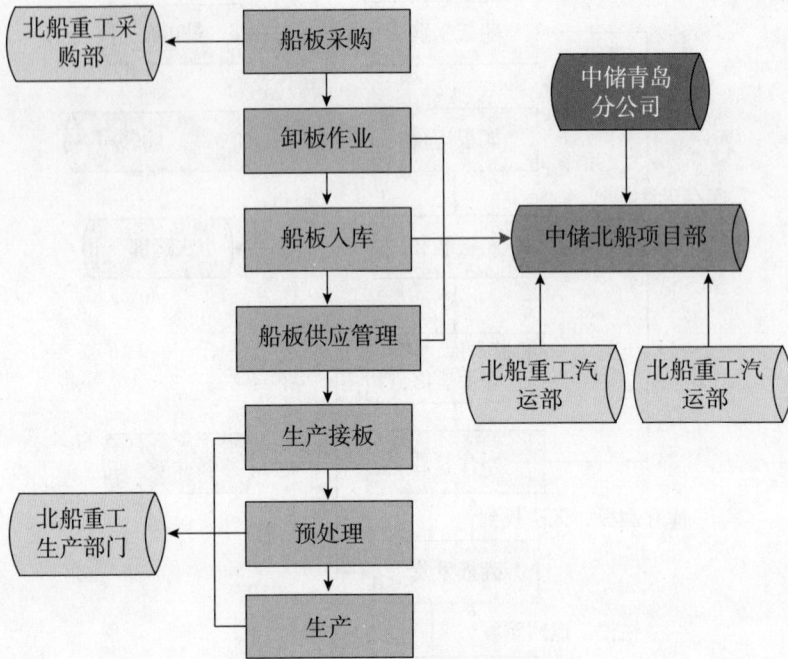

图8　联动后的船板供应流程

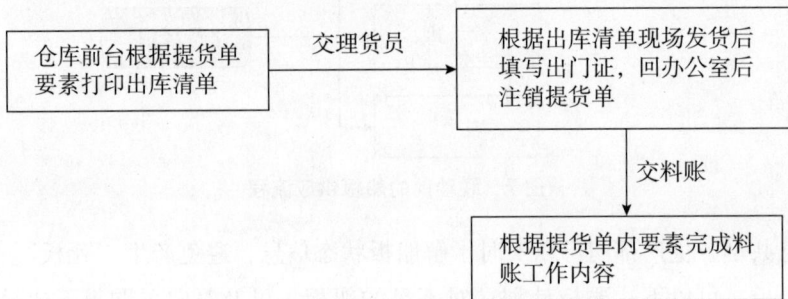

图9　联动前流程：通过纸张完成业务交接

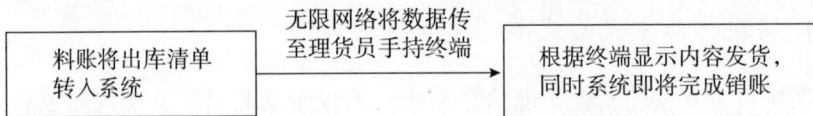

图10　联动后流程：通过无线网络完成业务交接

2. 做到账务的即时更新，方便现场物资的盘点管理

在以前的业务实施过程中，工作人员手动完成出库单、库存量等信息的变更，任何一个环节出现延迟、遗忘都会造成库存物资账务信息的不准确，影响作业质量，降低作业效率。由于船板物资账务不清，也会加剧船板盘点工作的难度。船板管理信息系统的引入，彻底杜绝了上述问题，保障了库存物资数据的准确性。

3. 缩短人员上岗培训时间

船板管理信息系统的操作简单易学，新员工经过短期培训即可上岗操作，顶班替补的理货员也能迅速完成工作交接，及时上岗。

（五）联合运用库区设施设备

中储青岛分公司北船联动项目部入驻北船库区进行管理，直接接管北船的仓储设施和起重设备。北船重工还专门为中储青岛分公司提供集装箱式办公室、作业休息室等，以便项目部的日常办公。

北船联动项目部成立之初，在北船重工的支持配合下，中储青岛分公司还专门进行了库区的监控设备架设及改造，信息设备、服务器、办公用 IT 设备的安装调试，为项目部进驻后的正常作业做好了硬件设施准备。

联动项目运作过程中，除船板管理信息系统相关的硬件设备由中储青岛分公司提供外，其他仓储、装卸搬运等设备均由北船重工提供。厂区船板管理的主要设备是起重机械（行车）类设备，其中较为昂贵的设备由北船重工职工进行操作并负责日常维修保养，中储青岛分公司北船联动项目部的工作人员承担装卸指挥、司索等调度指挥类职责；普通设备则直接由中储青岛分公司北船项目部成员进行指挥调度和实际操作，并进行简单的日常保养。库内和堆场内臂架式起重机和桥式起重机等设备操作由中储青岛分公司进行，并进行简单的日常保养。

六、创新成果的主要创新点

（一）使用先进的物流技术为联动项目的实施保驾护航

（1）精准库存实时定位信息化软件系统：船板管理信息系统。该船板管理信息系统是由中储上海浦东分公司借助多年的船板管理实战经验，并运用现代化的软件开发技术逐步完善优化形成。中储青岛分公司在充分学习借鉴中储上海浦东分公司的船板管理经验及先进管理信息系统的基础上，有针对性地提出了新的要求，完成了系统升级。

（2）无线 AP 技术：运用无线 AP 设备形成一个局域网，实现操作区域的网络全覆盖。操作过程中，在无线 AP 的网络范围内，理货员利用手持 PDA 进行收发货。

（3）手持 PDA：承载信息接收的终端，安装了 Windows CE 系统。理货人员在理货、发货过程中利用手持 PDA 将船板实时的变动情况及时录入系统，通过系统电子数据化管理实现货物和信息的存储管理同步。

（二）准确分析、准备充分，合理选择外包模式助项目顺利实施

实际项目运作过程中，北船重工和中储青岛分公司通过对现状的详细分析，提出了部分外包和完全外包两种模式，并最终合理选择了完全外包模式。该模式有利于物流企业针对北船重工的个性化需求进行调研和分析，采用精准定位的专业船板库存管理技术全面介入船板供应链管理，系统地解决业务操作问题，保证服务的完整性。

（三）组织结构的及时调整保证了联动项目在两个企业间的无缝连接

由于制造业和物流业的联动项目需要在两个完全不同类型的企业中联合开展，在实施过程中往往因两个企业不同的企业文化和运作方式而造成一定的障碍。北船重工和中储青岛分公司的联动项目之所以能够顺利开展，且在信息系统之间进行完美对接、完成流程再造，两个企业在组织结构和项目人员安排方面的合理调整功不可没。如北船重工在组织结构上做了相应调整：改变了物资部门的组织架构，在物资部仓库管理科下设立专门服务于北船联动项目部的协调部门——船板计划组。

七、创新成果的应用效果

该项目实施后对北船重工和中储青岛分公司都起到了较好的实施效果。

（一）对北船重工的成效

1. 盘活北船重工资产

经过中储青岛分公司北船联动项目部对库区内原有板材的重新整理归位，并应用先进的船板管理信息系统将板材打理得井井有条，使北船重工原来积压在库区内始终无法查找使用的近5000吨"死板"重获"生机"，年盘活船板数千吨，减少了船板库存的资金占用，初步估算年均盘活资金近千万元。

2. 提高北船重工生产效率

项目启动之后，中储青岛分公司北船联动项目部应用先进的船板管理技术，辅以多年研究开发的现代化船板管理软件，将卸收货速率提高了近30%，并使目前船厂库区内的存板量保持相对较低的水平。与此同时，在仓储面积没有增加的前提下提高了仓储能力，使得实际仓储能力由原来的6万吨（设计能力8万吨）提升到前所未有的15万吨，而发货能力也由原来的单日24小时最大发货量800吨提高至1400吨。北船重工以前因船板供应不及时、不精准而影响生产计划的情形得到了根本改观。

（二）对中储青岛分公司的成效

中储青岛分公司在北船联动项目的投资累计约为 150 万元，主要用于操作系统（软件及硬件）的安装；北船项目的收入主要来自船板进出库的相关业务。目前，中储青岛分公司已经收回了前期的资本投入并且业务形势良好。

中储青岛分公司北船项目部 2010—2011 年货场收益情况如表 1 所示。

表 1　　　　　　　　中储青岛分公司北船项目部 2010—2011 年货场收益情况

年　份	吞吐量（万吨）	收入（万元）	利润（万元）
2010	52.2	307	183
2011	57.3	315	189

通过北船船板管理联动项目，中储青岛分公司的业务能力得到了显著提升，同时也积累了更为丰富的业务操作经验，为今后大规模、广范围地开展该项业务奠定了基础。

（三）中储系统的船板管理业务收益

目前，中储系统内共有中储上海浦东分公司和中储青岛分公司两家公司开展船板管理业务，累计实现收益如表 2 所示。

表 2　　　　　　　　　中储船板管理业务累计收益情况

年　份	2008	2009	2010	2011
吞吐量（万吨）	70.37	87.18	158.87	162.81
收入（万元）	619.66	590.96	979.97	1143.09
利润（万元）	253.29	230.92	429.46	532.57

八、创新成果的推广价值

中储青岛分公司通过实施船板供应管理优化项目，实现了与北船重工的联动合作，为制造类企业解决物资管理难题提供了一个很好的思路。船板供应管理优化这一管理创新成果很好地解决了大宗物资"实时精准定位"等管理难题，以信息系统全面带动流程再造的信息化管理手段极大地提高了复杂物资管理工作的可靠性和效率。该成果具有较大的应用与推广价值。首先，中储的船板供应管理业务模式适合在中储系统内甚至造船业内进一步复制推广，帮助解决造船企业的复杂的物资供应问题；其次，中储青岛分公司的船板管理项目并非简单的输出管理业务，而是在中储青岛分公司标准化管理体系指导下，将业务流程、业务模式、作业标准、管理制度、改进体系等标准化，其摸索出了一套针对不同客户的个性化需求提供具体解决方案的服务模式，具有很强的可复制性和服务质量稳定性，可以在其他物流企业进行广泛推广；最后，船板业务可进一步升级为一般材料物品的精确库存管理业务。不仅针对船厂，还可以在其他制造类企业原材料及零部件的生产供应链业务中进行应用和推广，为我国进一步开展两业联动提供了新的模式，具有较强的社会应用价值。

天津丰田物流汽车零配件采购
供应链集成化管理模式①

【摘要】天津丰田物流有限公司是一家主要承办海运、空运进出口货物的国际运输代理业务的综合型第三方物流企业。随着我国汽车行业的飞速发展，整车企业对汽车零部件的供应要求越来越严格，如何最大程度地发挥系统的各种资源优势来降低成本是物流企业面临的主要问题。天津丰田物流有限公司针对丰田汽车企业的国内外零配件采购物流需求，打造了一个为丰田企业服务的集成式供应链管理平台，优化了供应链系统的资源配置，实现了物流业务流程的进一步完善，大大降低了企业的营运成本，提升了企业的竞争力。其实施内容包括"需求驱动"的物流业务流程集成与优化、国际商贸通关与运输综合系统的优化、基于动态调度的仓储系统空间布局优化、VMI补货系统与按时间窗配送优化和基于"资产转移"的包装箱闭环物流系统运作模式创新五个项目。通过实施集成式供应链管理平台，天津丰田物流公司在总体运作上取得了很好的效果，同时取得了可观的经济效益和很好的社会效益。

【关键词】汽车零部件采购；供应链优化；物流系统创新

【适用领域】制造企业供应链优化；第三方物流服务创新

一、企业基本情况

天津丰田物流有限公司是一家由天津滨海物流泰达物流集团股份有限公司、丰田通商株式会社、株式会社上组、丰田输送株式会社共同出资，植根于天津经济技术开发区，在上海、大连均设有分公司的综合型第三方物流企业。

公司成立于1996年7月，注册资本金864.56万美元，现有员工1500余人。

公司主要经营范围包括承办海运、空运进出口货物的国际运输代理业务（包括揽货、订仓、仓储、包装、中转、集装箱拼箱拆箱、结算运费杂费、报关、报检、保险等相关的短途运输服务及咨询业务）、NOVCC无船承运业务、集装箱及普通货物的道

---

① 本成果由天津丰田物流有限公司提供，成果主要创造人：张迪、袁鹏，参与创造人：李仰乾、李咏梅、冯维维、金基男、周治、王楠、田美光、齐颖、岳俊鹏、田雪金，获2012年度物流行业企业管理现代化创新成果奖二等奖。

路运输业务及相关仓储设施建设经营、国内货运代理、商品车运输、危险品运输、冷藏保温运输，多式联运，冷藏箱作业，汽车仓储保管，车场作业（下线，点检，洗车，简单加工）、分批包装、配送服务、仓库作业（装卸、搬运、简单加工）、仓库租赁、物流解决方案、技术开发服务、咨询策划、提供运输过程的 GPS 卫星定位实时查询业务。

公司在 2009 年、2010 年、2011 年三年间的主营业务收入分别达到 7.4 亿元、9.5 亿元和 9.9 亿元，纳税总额分别达到 1508 万元、2322 万元、1081 万元，实现利润分别为 2855 万元、4423 万元、2464 万元。2010 年通过国家高新技术企业认证和天津市滨海新区高新技术企业认证，2011 年 7 月取得天津市企业技术中心资格，并获得 2010 年度中国国际货代物流百强排名第 49 名。

二、创新成果的名称

天津丰田物流有限公司的创新成果名称是天津丰田物流汽车零配件采购供应链集成化管理模式。该成果开创了多种业务模式的先河，这些业务模式不仅集成了物流中的采购、集散货、仓储、运输和配送，还包含从二级零部件供应商进口零部件的通关业务；而且还综合运用 VMI、JIT 等多种管理思想，实现了业务模式的创新。

三、创新成果的产生背景

天津丰田物流有限公司的创新成果产生背景来自以下两个方面：

（一）整车企业对汽车零部件的供应要求越来越严格

汽车零部件工业是汽车工业发展的基础。据统计，每辆国产汽车要使用 12000～13000 种零部件。随着我国汽车行业的飞速发展，整车企业对汽车零部件的供应要求越来越严格。整车生产厂为了实现零库存，要求汽车零部件供应商按其生产节奏和生产需求量进行供货。整车企业的零部件大多来自国内的一级零部件供应商，而一级零部件供应商又向国内外二级（或三级）供应商进行采购，由此在汽车零配件采购链上形成了一个多级供应的系统。

这种背景下，作为连接一级零部件供应商和二级零配件供应商的纽带，第三方物流企业的管理流程是复杂的和综合性的。和天津丰田物流有限公司合作的丰田汽车一级零部件供应商有 75 家左右，它们向国内外二级供应商（共 40 多家）采购零配件。这些运作中包括从国外采购货物的港口商务通关、国内牛奶便

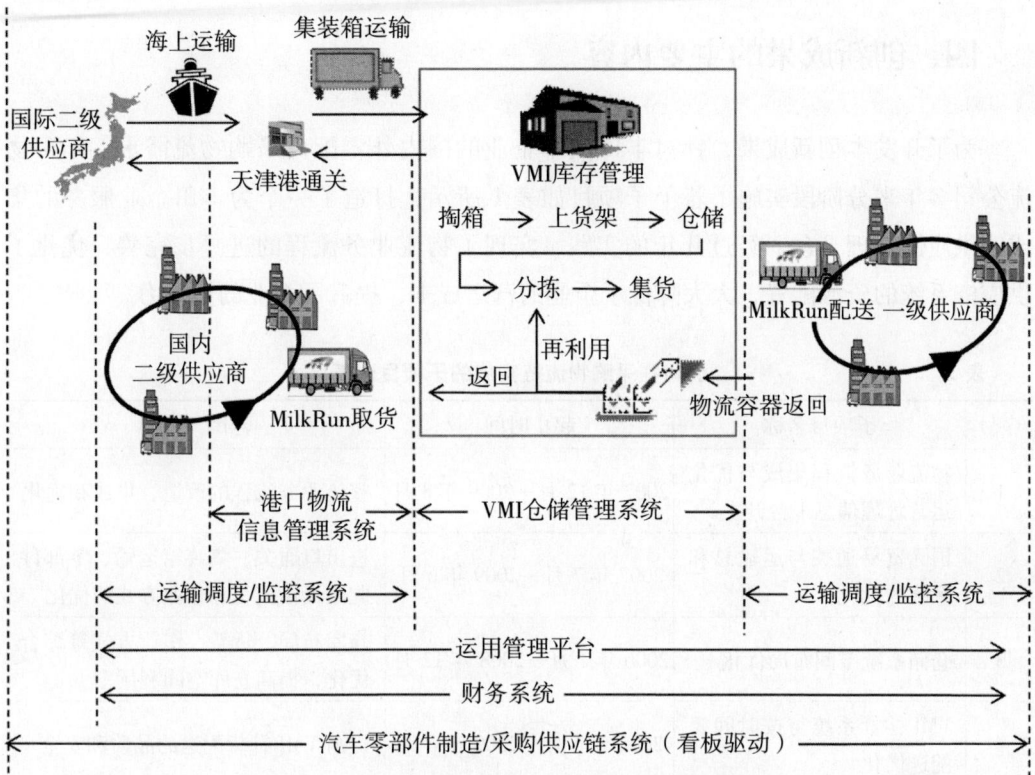

图1　天津丰田物流有限公司的采购物流系统流程

（Milk - run）集散运输、仓储和 VMI 补货、包装物返回出口等环节，如图 1 所示。可以看出，这是一个综合性的物流服务平台，因为其货物品类多、来源复杂、渠道不同、导致物流运作模式也不同，在这种情况下，如何使得系统各个流程之间紧密衔接，效率最大化是一个挑战。

（二）最大限度地发挥系统各种优势资源的需要

企业拥有世界上最大的一个 vendors - to - vendors 仓储系统，因为汽车零部件在仓库中存放的数量多达 6000 种。这样，如何开捆、分类、上架、摆放，怎样设定入库和出库规则与合理利用存储空间，也给企业带来了巨大的挑战。同时，由于丰田的一级零部件供应商均采用"零库存"运作模式，公司需要实现 VMI 补货系统，公司每天都需要根据客户的看板（即生产的计划和生产的节奏）为一级厂商配货、配载和出货。厂商不同，生产计划和生产节奏就不同，所需要出货的频率也就不同，从一天 12 次到一天 4 次，差别很大，如何科学制订仓储计划和出货计划，如何协调快慢节奏不同的出货频率，最大限度地发挥系统的各种资源优势来降低成本也是本项目解决的一个主要问题。

四、创新成果的主要内容

为了开发本创新成果，针对丰田汽车企业的国内外零配件采购物流需求，丰田物流公司多年来分阶段实施了若干子项目如表1所示，打造了一个为丰田企业服务的集成式供应链管理平台。经过几年的实践，实现了物流业务流程的进一步完善，优化了供应链系统的资源配置，大大降低了企业的营运成本，提升了企业的竞争力。

表1　　　　　　　　　公司在采购物流链实施的子项目列表

序号	子项目名称	起止时间	范围与目标
1	物流业务流程集成与优化运营管理信息平台开发	2007年12月—2009年8月	整体业务流程的改造、集成和优化
2	国际贸易通关与运输总和系统的优化	2007年7月—2009年6月	进出口通关、集装箱运输、零部件配送运输流程和作业方式的优化
3	仓储系统空间布局优化	2006年1月—2008年12月	仓库布局、货架、作业方式等综合优化，提高仓库空间利用率
4	VMI补货系统与按时间窗配送优化	2006年4月—2009年6月	提高VMI补货配送的品质和安全
5	包装箱闭环物流系统运作模式创新	2009年1月—2009年12月	循环使用物流容器，减少货损和物流容器的丢失

（一）"需求驱动"的物流业务流程集成与优化

因为丰田一级零配件供应商均采用以需求为导向的拉式供应链战略，这使得整个汽车零配件的采购提前期大大缩短，但同时对丰田物流公司运作与管理供应链也提出了更高的要求。为了达到这个目标，丰田物流公司实现了业务流程的改造、集成和优化的子项目，他们包括：

1. 对采购链上的流程进行了统一标准化，基本实现了全程的可视化和管理控制

采购链上的运作包括通关、仓储、运输、配送等多个环节，因为各个环节功能的独立性和信息系统发展等历史的原因，每个环节都有独立的信息子系统，其相关利益组织、业务流程、物流信息都各不衔接，严重影响了丰田物流公司的运作效率，而实现物流活动的全程可视化和追溯化就更不可能。为此，公司2007年启动了全公司范围的"流程梳理与优化"子项目。

该子项目通过调研采购链上的所有功能环节，详细绘制了各个业务功能的流程及其各个功能之间衔接的流程，分析了其中的信息流及其存在的问题。在此基础上，设计了一套采购链上针对每一个进出集装箱所有业务的统一标识体系（客户编码体系、业务编码体系和货物品番编码体系），统一了原来企业运作链上各子系统分别都有一套编码体系，相互子系统之间信息不畅的缺陷，实现了链上全程的标准化管理。

2. 开发企业运营管理信息平台，实现业务流程的顺畅衔接与优化

因为供应链上包括通关信息系统（港口物流信息管理系统）、VMI 仓储管理信息系统（TT‒logix）、运输调度/监控系统（GPS 运输管理与监控系统）和财务系统（用友软件），每个系统都相对独立，信息在各个子系统之间原来主要通过电话、传真或批量录入方式传递，造成信息出错、延迟等情况频繁发生，尤其在一级零配件供货商计划信息发生变动，要求供货信息能及时响应时，瓶颈会更突出。为此，公司在调研基础上开发了一个运营管理信息平台，以此来实现供应链上业务流程的优化和各个子系统的集成。系统优化前后比较如图 2 所示。

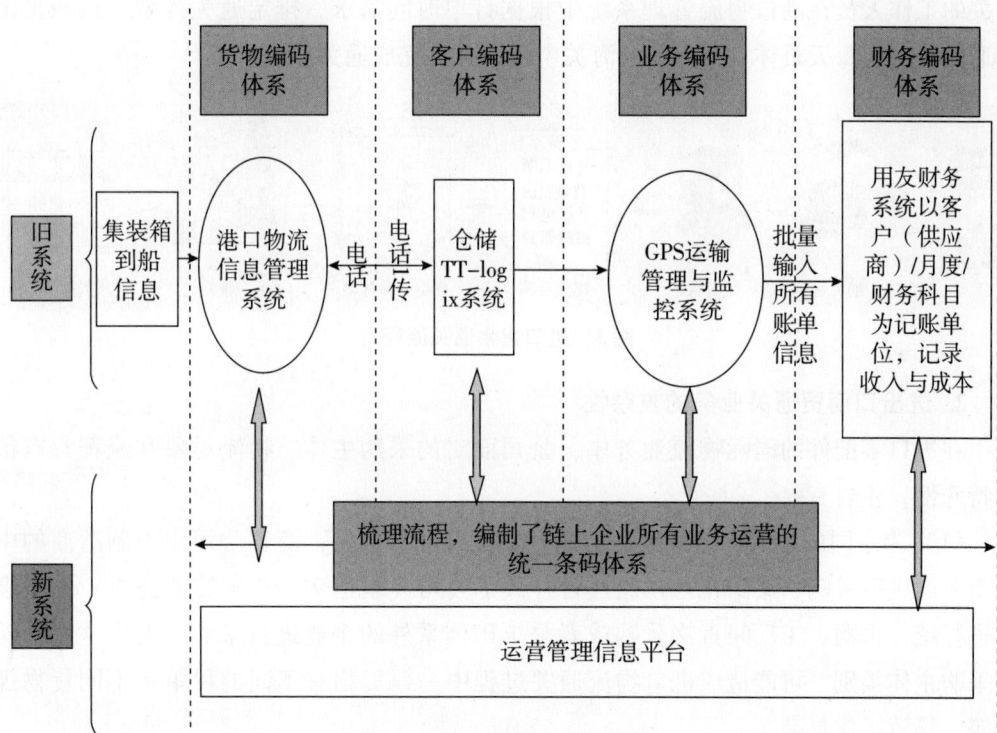

图 2 新旧系统信息传递对比

新开发的运营管理信息平台实现了供应链上流程的全程可视化，并通过和原有四个子系统的协作，以最小成本的模式实现了链上物流的运作和资金流的控制。

3. 建立了一套基于客户需求预测的供应链运作计划系统

丰田物流有限公司根据客户传递过来的未来三个月的生产计划系统和实时传递过来的需求看板，编制了一套按时间段滚动的动态适应客户需求的链上运作计划系统。该系统包括集装箱堆场计划（5 天的计划）、开捆计划和掏箱作业进度计划（2 天计划）、库存计划（3天计划）和出货计划（称为出货作业管理板），这套计划根据客户需求、先进先出运作特点、存储空间大小等因素综合考虑来进行实时滚动更新。同时为更好地提高公司物流业务运行效率，在营运 MIS 系统中还成功实现了对运输/仓储/堆场计划的协同管理。

（二） 国际商贸通关与运输综合系统的优化

1. 商贸通关基本流程

如图3所示，港口商贸通关流程如下：根据客户对零配件一段时间内的计划需求，采购商通过 E–mail 提前把进口通关的集装箱订单信息传给公司，公司负责通关的工作人员将该订单信息导入到运营 MIS 系统中，同时在业务管理和分析系统、港口物流管理系统、仓储系统、GPS 运输管理与监控系统中同步建立该订单的台账；这样，负责通关的工作人员在港口物流管理系统中根据订单时间需求，排定通关计划；按照排定的通关计划，每天具体业务人员向海关申请通关，完成通关作业。

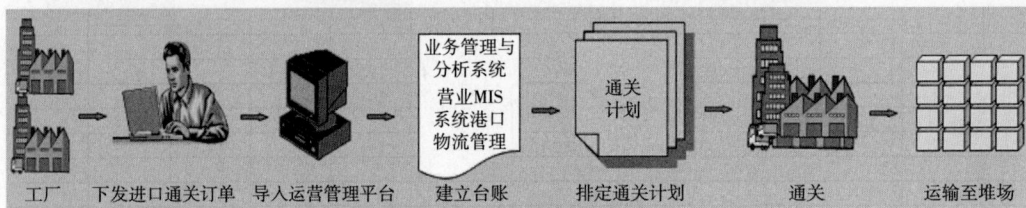

| 工厂 | 下发进口通关订单 | 导入运营管理平台 | 建立台账 | 排定通关计划 | 通关 | 运输至堆场 |

图3　进口货物通关流程

2. 进出口商贸通关业务的复杂性

在进口零配件的国际物流业务中，公司面对的采购主体、物流对象和流程都有很多特殊性，主要有：

（1）为不同的采购主体类别进行国际物流服务。包括：商贸公司作为制造商的中介服务商进行采购、集团化公司通过合并其子公司（多达9～10家的子公司）的需求后进行统一采购、工厂间直接采购或者是丰田体系外的企业进行采购。因为这些不同的采购主体类别，可能造成进口物流通关过程中一票货物有不同的税单和不同货物规制等，导致运作复杂。

（2）进口货物进港时的状态也是多种类型。包括：第一是整箱（CY）货物，若是一个厂家的货物，可以直送厂家；否则，将通关后的集装箱送往公司的仓库。第二是散杂（CFS）货物，两种拼箱方式，一种是和别的货主货物拼箱，在天津港里拆箱（2～3天）；另一种是本公司内部各个货主之间拼箱，集装箱将运回公司仓库进行拆箱。第三是保税仓的货物，可以在保税仓存储一段时间，然后再报关出关。

（3）集装箱中的包装物形状也各异，包括有铁箱、木箱、桶装、托盘等，主要装载的是：汽车零配件、金属材料和化学产品等。

(4) 紧急需求发生时，会采取紧急通关、或者通过空运、机场报关等方式满足客户对纳入时间的要求，不过因为成本较高，这种方式并不经常使用。

(5) 出口业务主要涉及进口空器具的返回，包括铁箱、铁架、TB 箱和遮盖物等，仅塘沽开发区的进口零部件基地，每周就有将近 800m³ 的折叠包装物整箱出口返回日本。其基本流程如图 4 所示：

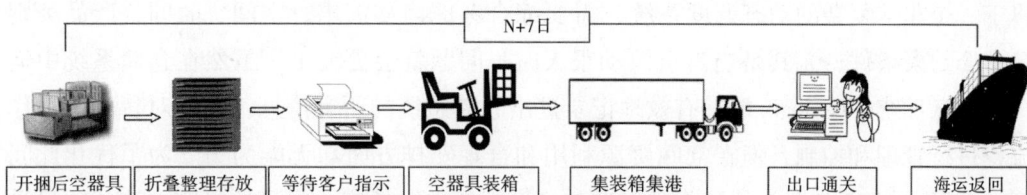

图4 进口空器具的返回流程

3. 运输模式的特色

如图 1 所示，整个链上的运输方式有三种：第一种是直送模式，如果来自国内、国际的整箱货物，收货方为单一厂商，且该厂商拥有掏箱能力，则采用该模式，可以大大减少中转成本；第二种是从仓储出货的配送运输，类似于 Milk – run，出货的频度是按照客户生产计划需求确定的。通过看板指示，配送路径结合厂商的地理位置，以时间顺序将多个厂商所需的零部件集中在同一运输车辆上，这种循环配送的方式，最适用于拉动式生产对于零部件多频度、小批量的需求；第三种即多式联运，是应用于跨区域零部件供应商之间的输送，通过整合海运、铁路、陆运等多种方式，以实现几大汽车零部件产业集群之间的物流最优化。

通过以上三个方面可以看出，该系统涉及的关系比较复杂，导致物流业务的流程繁杂，如集团化采购中物流流向下属的不同子公司，而资金流是流向集团化总公司；整箱、散箱或保税货物的不同导致其物流途径的站点、路径及所需的时间各不相同；再加上不同的需求紧急程度和包装物的正向流及逆向流，都使得国际商贸通关物流业务需要有强大的综合功能。经过多年的实践和流程的梳理，公司已经建立了一套针对该系统的管理规程，并在一套港口物流信息管理系统的支持下，实现了各类货物的顺畅衔接和管理控制。

（三）基于动态调度的仓储系统空间布局优化

公司仓储系统的业务流程总体包括进货、库存和出货三个部分。其中进货流程包括：集装箱堆场存放、从集装箱掏箱、分拣贴标签、分类货架存放；库存部分就是实现货物的存储；出货流程包括：按工厂看板（时间需求、品项和数量要求）拣货、拼装、拼载。这三个功能流程都涉及了仓储系统中的空间利用问题，如存放集装箱的堆场空间利用，库存中货架存储空间的合理安排及其出货环节中的货物拼装、在配送卡车上的拼载等。因为仓储系统管理的品类数多达 6000 个，且每天根据一级零配件供应商的看板需求进行配货、送货，仓储系统的运营是拉式（称为"后工程引取——后工程向前工程要货"）系统，要货的时间节奏是按几小时来计算，而库存和掏箱分拣的时间节奏按一天来计算，集装箱堆场按 3～5 天来计算。这种大规模的产品品类、不断更换的不同产品包装物、变化的空间运作流程和不同的需求时间节奏，使得该仓储系统属于一个非常复杂的动态调度系统，需要综合考虑诸如需求、空间、时间、产品类别等多个约束条件，尤其是当需求波动很大时，问题就会更突出。虽然在仓储系统中运行的信息系统 TT - logix 能够有效地记录进出仓储系统的所有信息，能够对货品的运作流程进行管理和控制，但在空间资源利用和合理安排方面却无能为力。为了优化此问题，公司在 2008 年联合天津大学管理与经济学部进行了该子项目的研究，该子项目受到国家自然科学基金委的资助（见证明材料），相关的科学技术内容包括：

1. 对已有的信息系统进行了局部的功能扩展，实现复杂的管理功能

改进了原有的一维条码，设计了二维码，可以把客户信息、仓储信息、来源信息等大量信息在二维码中展示出来，可以定位每箱零部件在仓库中的位置，保证了上架、取货的准确和效率；同时在原有数据采集过程中，改进了数据采集器，实现了采集器的可编程功能，即可在采集器上手动进行新的管理模块的增加和改动已有管理模块的设定功能。这些改进可以使得仓储系统运行过程中传递的信息量增大，有助于计划的更新决策。

2. 仓储空间布局的优化研究

计划的制定在生产波动幅度小的情况下，有助于仓储系统有效地利用存储空间。但客户的需求波动剧烈情形下，仓库的布局优化就受到挑战。该子项目结合理论分析和实践经验针对这两种情况都进行了分析研究，提出了一系列进行布局优化设计的策略。这些策略首先从全局角度进行分析，如坚持先进先出原则下，按照客户类别（代表出货方向不同）和运作类别（代表运作设备或人员不同）混合的仓库布局方案；按照进出库的数量和频率动态调整仓库的布局方案。在局部仓库布局设计中，采用了运筹学方法中诸如线性规划模型和智能分析中的数据分析技术与启发式分析算法等先进技术进行组合优化的模型建立和及求解计算分析，因为涉及的零配件规模很大，常常引入人工智能中的启发式算法来求解，从学术角度发表的高水平文章有 10 多篇（见证明材料附件）。根据研究结果和实践经验，在具体应用上，也有很多创新，有效地改善了仓储系统的空间利用率。这些创新包括：

（1）库存的分类存储模式。因为从集装箱中掏出的货品大小不一，加大了在存储空间进行合理配置的难度。根据掏出的货品大小和数量、出库频繁程度，设计了两种货架存储模式：低货架存放小件的、进出频率高的货品，高货架存放大件的、数量多的货品。同时低货架设计成一头高一头低的"河流水系"布局方式，适应高的出库频率，像一条流下的水系，流入出库的流程中；而高货架设计成标准化的 1.1m×1.1m× 1.1m 托盘的多层货架形式，按产品种类分配货架，单个货位称为"间口"。

（2）柔性的优化运作模式：因为客户需求的波动性，经常导致仓储系统中各种运作的不平衡性，如客户短时间内急需某一类零配件，导致大量掏箱运作（集装箱中的货品也是在国外拼装的）。这样开箱掏出来的大多是暂时客户不需要的货品，引起库存量急剧增加，对库存的货物空间利用和计划的正常执行都造成很大压力。为了应对这种需求波动，仓储系统中设计了多种按照不同类别设置的"缓冲"区域，正常情况下他们可以进行分拣或集货，应急情形下，就可以立刻成为"暂存区"等。

基于 TT－logix 支持的仓储系统在以上策略的实施下进一步优化了空间利用率，降低了库存成本，提高了运作效率。

（四）VMI 补货系统与按时间窗配送优化

VMI 库存补货系统的运作起点是仓储系统中的出货计划，即出货作业管理板，这是一个实时滚动计划。根据不同一级零配件供货商的需求，建立了一天从 4 次到 12 次不等的补货、Milk－run 配送运作。具体的技术内容包括：

1. 需求看板的"循环"运动拉动了供应链的整体运作

客户需求的看板是通过配送的车辆在 VMI 补货系统与客户之间传递的，看板信息包括客户需求消耗的品类、消耗的数量及补货的频次等，这些信息在仓储系统中一旦录入，系统会自动计算按时间的库存量、实际消耗量，并把信息沿着供应链向上游传递，拉动集装箱的掏箱计划、集装箱从港口的运输计划及其从国内外进货的计划等。

2. GPS 管理与监控系统支持下的按时间窗配送管理

补货配送采用了 Milk－run 的方式，在配送运作中，通过实施一个子项目，扩展了 GPS 监控系统功能，使之成为能够进行按时间窗管理的监控系统。首先根据厂商需求制定了补货配送的一天运行计划，再根据厂商的地理位置和配送线路，制定运行的补货次数，形成一个进行"到货时间管理"的二维表。这样，配送车辆上的 GPS 系统会根据已经计划好的配送时间窗（二维表）实时传递给公司监控信息，若出现堵塞或交通意外等不确定因素，公司会根据计划安排及时进行应对措施。

（五）基于"资产转移"的包装箱闭环物流系统运作模式的创新

图 5 给出一个进口空器具返回出口的示意图。事实上，公司包装物的循环利用包括了正向和逆向流两方面，并创新性地提出一种基于"资产转移"管理控制的运作模式。

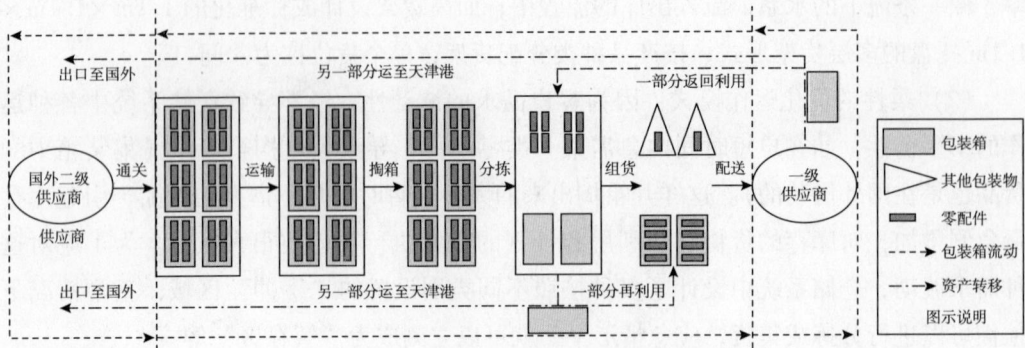

图 5　包装物回收利用流程

1. 包装物的正向流

参看图 5 所示，在供应链上来自国外的集装箱中，仓储掏箱运作掏出大量包装零配件的包装物（如黄色铁质包装箱，可以折叠）。在原有系统中，零配件掏出后，包装物就被淘汰了，造成很大的浪费。流程改善后，这些掏出的包装物进入仓储系统的资产管理中，并进入 VMI 补货环节，把补货产品重新集拼后装入这些包装箱，重复利用配送到生产客户，同时该包装物资产的归属权也转移到客户方，这是正向物流包装物的重复利用过程。

2. 包装物的逆向流

当客户从包装箱中掏出所有零配件后，需要收集所有包装箱，通过配送车辆的返程，带回仓库或带回港口，这时包装箱的资产归属权返回物流公司，仓储部门可以再利用该包装箱实现补货运作或通过商贸通关服务系统把包装箱海运到国外，同时资产归属权也实现了转移。如图 5 所示表示了这种重复利用包装物的闭环物流运作新模式。

该运作模式结合了正向流和逆向流中的运作流程，实现了包装物的最大化回收再利用，并把实物流和资金流（即实物的"资产"流动）合而为一进行统一管理，大大调动了供应链上各方充分利用这些资产的积极性和进行严格管理的力度，降低了运作成本。

五、创新成果的主要创新点

项目针对丰田汽车企业的国内外零配件采购物流需求，打造了一个为丰田企业服务的集成式供应链管理平台。该方案具有以下几个特点：

（一）实现了供应链上的全程可视性

通过实施企业流程的梳理和优化，消除了冗余不增值的流程；并通过标准化建设，设计了链上统一的业务编码体系，开发了横跨各子系统的平台——运营管理信息系统，实现最低成本下的全程可视化管理。

（二）具有强大的整体运作控制能力

通过一系列子项目的实施，形成了集进出口商贸通关、Milk - run 运输、仓储、VMI 库存管理等一系列综合功能为一体的集成化物流服务体系。在运作层面上，形成了按时间轴滚动展开的出货作业管理板、库存计划、开捆计划和掏箱计划、集装箱堆场计划及集装箱进港计划等一条链上的管理控制，结合包括货物拆拼箱、重新贴标签、重新包装、包装物逆向物流、按客户看板进行配装和配载等增值服务环节，实现了基础运作和增值服务运作无缝衔接，形成强大的物流整体运作控制力。

（三）具有应对动态变化的鲁棒运作能力

当客户需求发生变动时，常常使得某一环节运作压力加大，成为瓶颈；而经过各个环节流程的集成，响应速度明显加快，可及时采取应对措施；同时，在关键瓶颈环节都设置了一部分暂时缓冲区，可在短时间内扩大物流运作空间，以提高对需求波动的应变能力。

六、创新成果的应用效果

通过实施集成式供应链管理平台，天津丰田物流公司在总体运作上取得了很好的效果，同时取得可观的经济效益（如表 2 所示）和很好的社会效益。

（一）经济效益

表 2　　　　　　　　　　　　　　　　项目经济收益　　　　　　　　　　　（单位：元）

项目总投资额	940 万		回收期：2 年
年　份	新增利润	新增税收	节支总额
2008	236 万	57 万	88 万
2009	126 万	51 万	20 万
2010	24 万	152 万	70 万
2011	45 万	75 万	18 万
2012	1 万	13 万	3 万

（二）社会效益

（1）本项目的成功实施，使得一大批中小型第三方物流企业团结在丰田物流周围，不但为自身创造经济效益，同时也为其相关企业带来相当的效益，而且为使各物流功能实现紧密衔接，该项目链上的装载器具有效地实现了标准化、统一化、专业化，进而推动地区物流技术的发展和进步。

（2）本项目的成功实施，大大提高企业资源利用率，降低单位资源消耗，减少对环境的污染，响应国家节能减排和低碳经济的号召，为其他企业树立了一个榜样。

七、创新成果的推广价值

目前我国大多数企业在物流管理方面还处于比较落后的分散管理阶段，且由于大部分物流企业进行供应链管理的意识还很淡薄，供应链中的上、下游企业缺乏合作，从而导致物流的专业化与社会化程度不高，第三方物流发展缓慢，进而使得企业物流成本居高不下。因此，该项目的成功实施，有很好的推广价值。首先，该创新成果为我国物流企业提供了一体化整体物流服务解决方案的范例。通过管理流程的梳理和优化，借助于信息技术的开发与应用，本创新成果为同行物流企业提供了一种集成化的整体物流服务解决方案，使物流企业不仅能够实现采购链上各种物流活动的集成，而且基本实现了对整个物流过程的可视化控制，提升了物流企业面对市场竞争的生存能力。其次，汽车制造过程涉及零部件数量大、种类多、因素杂，该项目在如此复杂的系统中能成功运作，表明该项目在其他企业或行业具有更强大的适应性和突出的推广价值，其他如钢铁、家电、电子等行业均可借鉴本创新成果。

上海中石化工物流公司危化品物流 HSE 管理模式[①]

【摘要】上海中石化工物流股份有限公司是以各类危险化学品运输为主,集仓储管理、第三方物流管理、咨询、策划于一体的专业性综合性化工物流企业。自 2007 年起,公司积极倡导和践行了一个全新的安全理念,即"任何事故都是可以避免的"HSE(健康、安全、环境)理念。五年来,公司以"零事故"为目标,从"重实践、抓细节、担责任、促和谐"四方面积极践行"任何事故都是可以避免的"HSE 理念。通过不断强化安全生产主体责任,不断创新安全管理工作激励机制和约束机制,将事故防范和教育培训相结合,为营造良好的社会交通环境,确保城市运行安全作出应有的贡献。践行 HSE 理念后,公司每年新增业务量在 20% 以上,增加营业收入年均达6000 万元,年新增效益在 300 万元。HSE 的危化品安全物流运营模式可以有效控制运输过程中的事故次数,不仅保证了危险品的安全运输,同时也提高了员工的素质和企业的行业声誉,具有较大的推广价值。

【关键词】HSE;零事故;危化品

【适用领域】运输安全管理;危险品物流

一、企业基本情况

上海中石化工物流股份有限公司(以下简称中石化工物流),是由原中国石化集团公司全资企业——上海石化汽车运输公司改制建立,是以各类危险化学品运输为主,集仓储管理、第三方物流管理、咨询、策划于一体的专业性综合性化工物流企业。

公司现有员工 1200 余名,拥有各类化工危险品槽车、集卡和各类厢式车、栏板货运车等近 400 辆,其中危险品车辆 200 多辆,总运力 8000 余吨位,年运输能力 400 余万吨。仓储面积 3 万平方米,总占地面积 16 万平方米。

作为一家成功和负责任的企业,中石化工物流在生产经营过程中,严格注重环保

① 本成果由上海中石化工物流股份有限公司提供,成果主要创造人:谢林昌,参与创造人:赵勇、秦生、陈志平、陆平、李国庆、徐春年、张崇黎、何金弟、陆正军,获 2012 年度物流行业企业管理现代化创新成果奖三等奖。

和可持续发展，力求达到人、企业、社会与环境的和谐。

公司 2010 年、2011 年连续两年荣获全国"安康杯"竞赛优胜单位，被交通部评为"2010—2012 年重点联系道路运输企业"，被中国物流与采购联合会评为物流示范基地，连续五年荣获"上海市道路交通安全管理工作先进单位"称号，是上海市文明单位，上海市名牌企业，被认定为上海市高新技术企业。

近三年来，公司努力克服了国内外经济形势对物流业的影响和各种成本大幅上升的不利因素，主营物流收入 2010 年、2011 年、2012 年仍分别达到 3.85 亿元、4 亿元和 4.48 亿元，上缴税收分别为 1946 万元、1905 万元和 2662 万元，经营规模和营业收入处于上海危险品物流行业的前列。

二、创新成果的名称

上海中石化工物流股份有限公司以"零事故"为目标，从"重实践、抓细节、担责任、促和谐"四方面积极践行"任何事故都是可以避免的"HSE 理念，通过不断强化安全生产主体责任，不断创新安全管理工作激励机制和约束机制。因此，公司的创新成果名称为：上海中石化工物流公司危化品物流 HSE 管理模式。

三、创新成果的产生背景

中石化工物流创新成果的产生，首先，来自危险品物流安全管理的需要；其次，公司作为上海地区龙头物流企业，希望能够为上海危险品物流企业的安全作出表率；最后，HSE 作为一种国外成熟的管理模式，值得从事危化品物流的公司予以借鉴。

（一）加强危险品物流的安全管理成为许多部门和企业的工作重点

化工危险品物流安全不仅是物流企业管理者时时刻刻紧绷的神经，它可能引起的重大责任事故与巨大公众危害更是牵动着行业管理部门以及社会公众的视线。危险品物流运作过程中发生的各类事故，极易引发爆炸、燃烧、中毒、污染等严重威胁人民生命、财产安全和周边环境的恶性事件，其后果是相当严重而危险的。所以加强危险品物流的安全管理是危险品物流企业的首要责任，而加强对运输危险品车辆管理也成为各级交通管理部门的工作重点之一。

（二）中石化工物流希望为上海危化品物流企业的安全作出表率

上海乃至长三角地区是我国最发达的地区之一，城市安全、稳定是压倒一切的政治任务。随着上海经济的快速发展，危险化学品的需求量逐年递增，危险化学品物流从业单位也越来越多。但由于目前对危化品物流企业的门槛还较低，上海危化品物流企业的平均车辆数仅为 25 辆，70% 的危化品物流企业在 10 辆左右，在人力、技术等环节上都无法完全满足行业管理上对危险品运输的严格要求，存在着安全隐患和政府监管的盲点。中石化工物流作为本区域危险品物流重点企业，上海相关部门的领导对中石化工物流提出了为上海危化品物流企业的安全作出表率和引领示范作用的要求。

（三）HSE 作为国外成熟的运营管理模式值得国内公司学习和借鉴

中石化工物流在学习和借鉴拜耳、上海赛科公司等国内外知名企业的 HSE 管理成功经验、并结合公司内部和外部发生的一系列事故案例分析后，认为任何一件事故的发生寻其原因，都能找到事故产生的根源、存在的问题及需要采取的整改措施。因此，自 2007 年起，公司积极倡导和践行了一个全新的安全理念，那就是"任何事故都是可以避免的"HSE（健康、安全、环境）理念（以下简称 HSE 理念），同时在化工物流行业积极推进 HSE 一体化管理，所建立的职业健康安全管理体系、环境管理体系通过了第三方认证。实践证明，公司通过近 5 年的不断推行和实践，实施创新的安全管理工作机制，构建了良好的事故预防管理体系，安全管理工作步入了良性循环、有序管理的轨道，从而促进了公司的经济效益上了一个新的台阶，也勇于体现自身的社会价值、社会责任和义务。

四、创新成果的主要内容

（一）倡导 HSE 理念的内涵

内涵之一：中石化工物流倡导"任何事故都是可以避免的"HSE 理念，就是要突破 HSE 管理上的瓶颈，实现从传统安全观念向现代 HSE 管理理念的转变。当"任何事故都是可以避免的"HSE 理念确立后，对每一件事故去做深刻分析，就会发现，任何一件事故的发生寻其原因，都能找到事故产生的根源、存在的问题及需要采取的整改措施；就会逐步的理解，称 HSE 理念不只是一句口号，它已成为公司安全生产上的行动纲领和奋斗目标。

内涵之二：中石化工物流倡导称 HSE 理念，就是要让每个员工的责任和义务都体现公司的 HSE 表现，要让每个员工从被动的执行到主动的参与 HSE 管理体系的建立和运行。当然，称 HSE 理念并不等于不会发生事故，因为在现实工作中，人们的认识和行动上存在着差异，只是要通过理念的更新，要求公司努力抓好安全上的各个细节，将事故的发生减小到最小化状态，并向零事故目标迈进，就可以形成一个良好的安全环境和氛围。

内涵之三：中石化工物流倡导称 HSE 理念，是要将 HSE 的理念宣传推广到全社会，公司为此承诺，我们的企业将积极和主动承担社会责任，为促进人与企业、自然的和谐尽我们的责任，贡献我们微薄的力量。

（二）践行 HSE 理念的具体做法

践行 HSE 理念，主要围绕重实践、抓细节、担责任和促和谐等几个阶段和工作方法进行，层层深入，将 HSE 理念贯穿于整个物流运作的全过程，主要工作要点如表 1 所示：

表 1   HSE 理念工作要点

阶段	具体做法	工作要点
一	重实践。通过深入宣传、积极引导员工主动接受 HSE 理念，在公司范围内真正形成和确立这一理念存在的土壤和价值取向	1. 深化年度全员表彰活动，让更多的驾驶员能享受到安全成果 2. 开展"党群携手共进安全行车 50 万公里"活动。让党员的先进性与各级管理人员的领头羊作用，体现在以人为本、积极推进践行 HSE 理念的群众性实践中
二	抓细节。通过深化事故防范工作，从"深化"上抓细节、从"防范"上抓隐患	1. 从本质安全入手 2. 增加技防设施投入 3. 有针对性地开展隐患治理 4. 树立典型，重视培训教育
三	担责任。通过勇担社会责任，身体力行，树立企业良好社会形象	1. 承担企业的经济基本责任 2. 参与区域应急救援响应小组 3. 主动传播推广 HSE 理念
四	促和谐。通过促进和谐发展，为实现企业发展愿景，提供一个良好的、安全健康的环境	1. 正确处理安全生产禁令与构建和谐企业的关系 2. 正确处理安全生产禁令与以人为本，关爱员工的关系

1. 重实践

以正向激励为主，每年隆重表彰数十年如一日默默无闻、辛勤耕耘、在平凡驾驶员岗位上创造了不平凡的安全业绩的驾驶人员。自 2007 年 10 月，中石化工物流在 HSE 表彰大会上倡导并提出践行"任何事故都是可以避免的"HSE 理念，从全员承诺签名活动开始，公司每年都有一个"践行 HSE 理念"的主题。五年来，公司通过一年一度的安全表彰大会，累计表彰员工 1875 人次，用于安全奖励方面的资金总额超过了 150 万元，促使广大驾驶员自发地安全行车，保证了公司的 HSE 管理水平在新一年里有新的提高。

发起党群携手共进安全行车 50 万公里签名活动，上下共同做好安全行车工作。2009 年，在公司举行的春节团拜会上，公司党政班子共同发起"安全行车携手进 50 万公里"倡议签名活动，作为践行"任何事故都是可以避免的"HSE 理念的落脚点，渲染起浓重的"比、学、赶、帮、超"的安全行车氛围。目前公司以一个党员、管理人员与二名司机的比例结成对子达到了 200 余对，每一年的"七一"大会上，都会对年度表现优秀的指导员、示范员和挑战员予以表彰和奖励。

2. 抓细节

作为一个主要以化工危险品、剧毒品运输为主营业务的综合性化工物流企业，践行"任何事故都是可以避免的"HSE 理念，其关键点是在深化事故防范中，从源头上、各个岗位上、各个管理细节上，通过有效的落实责任，最大限度地控制事故风险、消除事故隐患，把一切可能发生的事故杜绝在萌芽状态，这是践行 HSE 理念的核心内涵和长期任务。因此，中石化工物流重点抓好了以下环节的安全防范工作：

从本质安全入手，把安全防范的关口不断向前移，放在抓细节管理、抓隐患治理上。例如公司从 2007 年至今，先后投入 1300 多万元，对液体化工槽车进行了更新改造，淘汰一批技术落后、效率较低和安全隐患较多的运力，增加适应市场需求的大吨位压力容器槽车、不锈钢保温集装罐槽车 25 辆 620 个车吨位。投入 1080 余万元，对固体化工品物流车辆实施更新和投入计划，新增 35 辆 1050 个车吨位的栏板车和集卡，确保投入运营的车辆设备处于一个良好的安全受控状态。

公司加强技术管理和新技术推广应用。针对传统的危险化学品槽车在装卸作业时存在因危险化学品气体介质的溢出；装卸作业时存在因装卸司工误操作，在装卸工序未全部结束就移动车辆；以及自卸汽车运输湿物料存在滴漏等安全隐患。公司积极开展技术攻关，研制出的防驶离装置、密闭装卸装置、防滴漏系统等技术获得国家四项发明专利、六项实用新型专利，有效提高了事故防范的科技含量。目前公司正在研究开发车辆罐体残液的处理装置，一旦成功，将有效地解决公司在残液处置上的老大难问题。

公司针对运输途中的安全风险，组织开展了道路测评工作，以项目为单元，实施安全行车路线的风险评估和测定，并在测定的基础上，编制安全行车线路线卡，标出线路上风险点的安全注意事项，规范运营线路。

公司针对挂车右转弯过程中存在盲区问题，通过增加技防投入，所有营运车辆右侧加装蜂鸣器进行转弯安全提示，在车辆后部安装了倒车蜂鸣器，有效解决了车辆盲区的隐患。目前公司正在开展车辆 3D 视频监控系统的尝试，这些监控视频信号除了能被公司安全、运作部门使用外，今后还可以满足为市交通局、其他危运企业联网的要求，并在发生紧急事件时，可利用应急指挥无线视频传输系统，随时随地为现场指挥提供视频指挥图像。

树立安全先进典型、重视全员的教育培训，并在落实上下工夫。一是进一步大张旗鼓地组织学习、宣传、推广、执行公司以六位员工名字命名的六大《安全行车操作法》活动。二是发起"未遂事故案例"有奖征集活动，并编制成《发生在我身边的未遂交通事故》案例集，成为员工安全学习的有益教材。三是深化员工的安全教育培训工作。公司从 2008 年起到今年为止，四年来，公司共组织各类安全培训、讲座 60 多期，参加员工达 3000 多人次。

3. 担责任

现代企业的社会责任简称 CSR。目前，国际上普遍认同的 CSR 的基本定义是：企业在创造利润、对股东利益负责的同时，还要承担对员工、对社会和环境的社会责任，包括遵守商业道德、生产安全、职业健康、保护劳动者的合法权益、节约资源等。CSR，是企业为改善利益相关者的生活质量，而贡献于社会可持续发展的一种承诺。中石化工物流从以下三方面来体现自身的社会价值、社会责任和义务。

一是承担公司的基本经济责任。公司需要保持良好的经营状况和持续赢利能力，这是公司承担社会责任的物质基础和前提。因此，以良好的业绩和效益回报股东和稳定员工队伍，是公司承担社会责任的组成部分。

二是承担社会的安全、环保责任。从公司行业的性质来看，是主要以从事化学危险品运输为主营业务的物流企业，是社会交通安全的焦点，需要公司以关爱生命、严守交通法规、杜绝事故为出发点，主动承担起实现交通安全、控制环境污染和环境保护的责任和义务，树立良好的企业形象，赢得社会的信任和支持，从而拓展我们发展的空间。

为此，公司在 2010 年购置了应急抢险车辆，组建了危险化学品泄漏应急抢险队伍，配备了专业的救援防化服、防爆工具、便携式液压多功能钳以及各类专业堵漏工具和器材，每年定期组织开展危险化学品运输应急预案的演练；同时公司还承担着上海市金山区周边区域的应急抢险任务。2010 年 7 月 10 日晚，G15 高速上海松江区和金山区交界处一辆装载 29.4 吨甲醇的槽罐车突然失控，仰翻在路基下，凌晨 0：50 分，公司接到政府部门应急救援电话后，出动一辆应急抢险车、一辆卸液槽车和 8 名安全技术人员赶赴现场，在现场抢险指挥部的通力协调下，顺利完成甲醇转驳的抢险任务。

三是承担有效传播"任何事故都是可以避免的"HSE 理念的义务。公司在积极倡导并践行"任何事故都是可以避免的"HSE 理念的同时，作为市行业协会的副会长单位，还在交通主管部门的指导下，积极向同行业物流企业传播、推广、践行这一理念，力求让周围更多的企业、更多的人员接受并参与到践行这一理念的活动中来，从而达到最大限度地减少事故、保障国家和人民生命财产安全的目的。

4. 促和谐

从 HSE 管理理念的角度来理解和谐发展的含义，构建和谐企业，促进社会和谐发展，是 HSE 管理理念的综合体现，也是 HSE 管理理念的终极目标。要求在公司的各项生产经营活动中，将"践行 HSE 理念"活动体现在每个岗位、每个环节上，将"以人为本，关爱员工"的人文关怀理念与企业的和谐同社会的和谐组合成为一个有机的统一体。为此，中石化工物流在践行 HSE 理念"促进和谐发展"中，有重点的把握好了以下几个关系：

一是把握好严格执行安全生产禁令与构建和谐企业的关系。安全生产是企业生产的基石，是构建和谐企业的保证，是企业一切工作的落脚点，没有安全作保证的企业，就谈不上企业的和谐发展，最终只能是被淘汰出局。因此，实现企业的安全生产，就必须有相对应的安全生产禁令，而这些安全生产禁令则是企业安全的一项刚性指标。

公司一方面通过下发《"践行 HSE 理念、杜绝违章行为"征询表》，让全体有驾驶证员工根据自身安全经历认真填写，从回收的 602 份征询表中，公司归纳总结形成了18 条具有代表性的安全承诺，组织全体有驾驶证员工开展签名承诺活动。另一方面，公司在广泛听取、征集全体员工意见和建议的基础上，颁布了《零宽容政策》，全体员工均已郑重签名承诺，有效净化了员工的工作行为，"遵章守纪、严融情中、有令必行、令行禁止"的企业氛围逐步养成。

二是把握好严格执行安全生产禁令与"以人为本、关爱员工"的关系。公司通过建立激励措施，从"关爱员工"的角度去理解、定位 HSE 的管理活动，把广大员工自身的安全需要和切身利益紧密结合。例如，公司对安全行驶里程达到一定标准的生产驾驶员、路救司机、专职送检驾驶员、教练员、公务车驾驶员实施了增保年金的奖励；出台了安全公里 50 万以上的危险品、剧毒品车辆驾驶员增加养老金制度；每一年，公司还奖励新晋级安全行车 100 万安全公里以上的司机与家属开展出境旅游，让有突出贡献的职工家属也能享受到安全行车成果。从而充分调动员工安全生产的积极性和创造性，让员工在安全生产中自我激励，与企业共求发展。

五、创新成果的主要创新点

中石化工物流提出 HSE 理念，突破了传统安全管理的理念，具有以下几个显著的特点：

（一）向传统安全观念的一次挑战

公司倡导和践行"任何事故都是可以避免的"HSE 理念，是以全新的 HSE 理念，向传统安全观念的一次挑战，这是中石化工物流三十多年来安全生产和经营管理观念的一次根本性的变革，实践证明，5 年来这种变革对推进公司安全生产与管理有着十分重大的现实意义和深远的历史意义。

（二）突破安全先进评选框架，空前规模的表彰安全先进

结合奖惩机制的修订，以正向激励，奖励为主，奖惩结合的原则，修订和完善全员参与实践的 HSE 奖惩措施。如按累计安全行车公里数为标准，每年定期向一年无事故驾驶员予以不同表彰和奖励；每年选派新晋级安全行车 100 万公里的驾驶员携带家属出境游；给予安全行驶里程达到一定标准的驾驶员增补年金的奖励等措施，让更多的驾驶员能享受到安全成果。

（三）弘扬先进，树立先进典型

公司不仅编制了以驾驶员个人名字命名的《六大安全行车操法》，从 2007 年起，连续开展了汇编、评选员工"闪光点"活动，将员工的一些平凡又感人的事例汇编后，进行积极宣传，2010 年公司发起了"未遂事故案例"有奖征集活动，编制成《发生在我身边的未遂交通事故》案例集，为公司驾驶员的安全行车提供了学有榜样的可靠依据。

六、创新成果的应用效果

HSE 理念推行后，中石化工物流取得了很好的社会效益和可观的经济效益。

（一）经济效益

化工危险品物流市场客户对安全理念非常关注，所以特别强调服务商的安全保障能力和意识，近几年中石化工物流通过不断提升自己安全管理水平屡次获得客户赞誉，公司向客户推出包含完整的车辆管理、安全管理体系的特别重视安全的物流方案屡获成功。如表 2 所示，公司自 2007 年倡导和践行"任何事故都是可以避免的"HSE 理念后几年中，每年新增业务量在 20% 以上，增加营业收入年均达 6000 万元，年新增效益在 300 万元，即使这两年受国际金融危机的影响和国内增长趋缓的影响，利润受高油价和人工成本大幅增长（2011 年油价及人工成本增长约为 1500 万元、2012 年又加上国家"营改增"税收的因素，成本增加和税收增加约 2000 万元）的影响下降之外，营业收入仍达到平均 10% 左右的增长。

表 2 　　　　　　　　　　　主要经营指标的对比情况

主要指标	2007 年	2008 年	2009 年	2010 年	2011 年	2012 年
主营收入（万元）	18581	20756	25041	35905	40490	44868
主营收入增长率（%）	23.90	11.70	20.64	43.39	12.8	10.8
利润总额（万元）	767.3	1053.7	2237	3526	2452	1823

车辆工作率由 60% 提高到 72% 以上，经第三方测评的客户满意度达到 90%，安全行车间隔里程由 2005 年 51 万公里上升到 2011 年的 192 万公里，每年减少交通事故损失费达 150 万元以上，车辆保险费率明显下降，降低年车辆保险费 20%，约为 100 万元。

（二）社会效益

1. 安全行车业绩不断提升

在 HSE 理念的指导下，在全体员工的积极参与下，中石化工物流的各类事故发生总量逐年下降。据统计：2005—2011 年，公司车吨位从 7000 吨增长到 8500 吨，公司行车事故则由 2005 年 51 起逐步降低到 2011 年的 12 起，安全行车间隔里程由 2005 年 51 万公里上升到 2011 年的 192 万公里。

2. 驾驶员队伍安全素质不断增强

中石化工物流倡导和践行的 HSE 理念，起到了积极的促进作用。五年来，公司董事长、总经理和公司十余名一线安全行车驾驶员已先后荣获"市一级安全行车先进个人"荣誉称号；公司以驾驶员个人名字命名的六大安全行车操作法的诞生，更为是公司广大驾驶员树立了安全行车的典范。截至 2012 年 12 月底，公司安全行车累计超过 10 万公里的驾驶员达到了 275 名，占全体驾驶员的 69.7%，其中累计安全行车里程最高的驾驶员已突破 160 万公里大关，公司安全行车的队伍正在不断的壮大中。

3. 公司在行业中的声誉明显提升

（1）中石化工物流在实现自身发展的同时，发挥市三大行业副会长单位的地位和作用，在行业内外积极推广 HSE 理念，分享安全、健康、环保的建设成果，"任何事故都是可以避免的"HSE 理念正在行业中得到广泛的认同。

（2）中石化工物流积极融入到金山区域经济社会的发展中，在社会治安稳定、文明社区建设、突发事件应急援救和劳动就业安置等方面承担着企业的社会责任，受到了金山区域社会各界的广泛认可。

（3）中石化工物流积极参与行业的诚信体系建设，依照诚信考核的五大要素指标，在规范经营行为、强化安全管理、提升优质服务、担当社会责任、树立企业形象五个方面承担起企业的主体责任，构建企业诚信建设长效工作机制，起到了行业的示范引领作用。

（4）中石化工物流积极参与业主、客户物流运行管理标准、流程的制定、修改和试行，尤其是在参与中石化工销售公司储运处组织的《危险品车辆准入标准》、《普货车辆准入标准》、《危险品车辆门检标准》、《普货车辆门检标准》等标准的制定中发挥了重要作用，受到了业主领导的高度肯定。2010 年、2012 年获得"上海市服务名牌企业"称号。

七、创新成果的推广价值

HSE 体系的核心思想是"以人为本"为前提，以"任何事故都是可以避免的"为终级目标。"任何事故都是可以避免的" HSE 理念的提出，突破了传统安全管理的理念。HSE 体系可以有效控制运输过程中的事故次数，不仅保证了危险品的安全运输，同时也提高了员工的素质和企业的行业声誉。因此，该创新成果具有较大的推广价值。一方面，可以给我国危化品物流企业提供安全管理方面的经验借鉴，通过采用 HSE 的管理理念和运营模式，企业能够提升安全运输的服务质量；另一方面，还可以给其他从事道路运输的物流企业提供管理模式的参考，帮助物流企业减少运输事故发生次数，并向零事故的目标迈进。

新颜物流应收账款有效管控模式[①]

【摘要】浙江新颜物流有限公司是一家以制造业物流总承包为核心竞争力的综合型第三方物流企业。世界金融风暴下债务危机，中国政府采取相对的银根紧缩政策，给国内制造业及物流服务商造成很大影响，应收账款成为制约物流企业持续发展乃至关乎生死存亡的问题。为此，浙江新颜物流对有效管控应收账款的举措开展了新的探索：健全公司内部的业务流程和财务流程，加强客户管理，针对不同情况不同行业的客户采取不同的应收账款管控措施，促进与制造业客户良性互动，形成长期合作伙伴关系，也保证应收款的财务稳健。新颜物流所实施的应收账款管控创新措施在公司内部取得了明显效果，也可以为同行中小物流企业化解财务风险提供借鉴。

【关键词】应收账款；财务管控措施；中小物流企业

【适用领域】中小物流企业财务风险管控；物流企业服务创新

一、企业基本情况

浙江新颜物流有限公司是一家以制造业物流总承包为核心竞争力的综合型第三方物流企业。成立于1989年，总部设在浙江传化物流基地，是杭州回程配载元老企业，注册资金1000万元，是国家AAA级综合型物流企业、杭州市AAA级信用企业，在业内较早通过ISO 9001国际质量管理体系认证，蝉联2010年度和2011年度中国物流管理优秀案例单位，2011年10月荣获央视网物流频道"中国物流行业最具号召力企业口号"单位之一。

经过20多年发展，目前已拥有杭州早早物流公司、杭州第一事业部、杭州第二事业部、杭州第三事业部、企业长寿与仿生管理咨询研究所、成都分公司、杭州三匹艾尔公司、陕西专线、重庆专线、柳州专线、广州专线及各项目合作公司等30多个分支直营网点，各网点设货物周转站和临时配送站等，网络覆盖全国物流连锁公司。现有员工100多人，自有车辆40辆，长期合作辆306辆，常用社会车辆资源10万辆；杭城

---

① 本成果由浙江新颜物流有限公司提供，成果主要创造人：吴晓剑，参与创造人：余志华、姚国龙，获2012年度物流行业企业管理现代化创新成果奖三等奖。

及周边每天干线运输 200 多车次（不含配送），日吞吐运量达 3000 吨，全年运输量 108 万吨。

公司专注于钢结构安装工程、电子电器、机械与环保设备、通信器材、包装材料、汽车零配件制品、塑料橡胶制品、食品饮料等几大核心制造业领域，并成为在华东地区这些领域的优秀物流服务供应商，供应链管理方面优势尽显。

新颜物流近 3 年企业发展迅速，各项指标均有所提高。2009 年主营业务收入为 11372 万元，税金为 389 万元；2010 年主营业务收入为 13952 万元，税金为 478 万元；2011 年主营业务收入为 17840 万元，税金为 617 万元。

二、创新成果的名称

新颜物流的创新成果名称是新颜物流应收账款有效管控模式。该创新成果的核心思路是：一方面，公司在开发每个潜在客户时，首先评估客户的信用资料，认为值得与其合作且风险在可控的范围内之后，才会商谈合作意向及具体条款；然后通过企业规定的合同审批流程，各部门在明确的职责范围内对合同和客户进行综合评审。另一方面，在对外进行客户分类管理的同时，针对信用缺失及有意拖欠款项的客户建立外部回款诚信制度，针对暂时财务状况不良的客户实行分期付款，针对长期合作的大客户实行推荐制或转介绍制。

三、创新成果的产生背景

银根紧缩时期，央行实行差别存款准备金率，上调再贷款利率和再贴现率，迫使银行收缩信贷，控制风险，影响投资者信心，放缓经济发展速度。

由于近年来世界范围内金融危机爆发，我国宏观政策紧缩，银根收紧，制造业流动资金受到严峻挑战，同时大型制造业由于自身规模过大，投入产出的周期长，内外因结合，使制造业雪上加霜，城门失火、殃及池鱼，与制造业紧密联系的物流业也未幸免，制造业资金压力迅速蔓延到物流行业，原本与物流公司在合同中约定的付款周期，因制造业自身货款回笼周期长，无法按合同付款。

新颜物流作为制造业物流服务商，随业务不断发展，资金投入在不断扩大，同时迫于物流市场的压力，公司只好在大型制造业不断拖欠运费的情况下，自筹大量资金来垫付保证继续操作。大量的代垫费用产生了数额巨大的应收账款，从而引起物流企业资金压力大，周转困难，资产负债率不断提高，坏账风险加大。

在这样的背景下，新颜物流公司希望能够探索出一种应对银根紧缩的应收账款有效管控的模式，以应对当前许多制造企业客户拖欠资金的情况，保证企业资金的有序流动。

四、创新成果的主要内容

该创新成果主要包括：优化内部业务流程和财务流程；与制造业客户良性互动，形成长期合作伙伴关系；建立外部回款诚信制度——针对信用缺失及有意拖欠款项的客户；分期付款——针对暂时财务状况不良的客户；推荐制或转介绍制——针对长期合作的大客户。下面详细介绍该创新成果的主要内容。

（一）公司应收账款情况

物流企业应收账款主要是指企业在提供物流业务服务时应向客户收取的代理费用及各种代垫款项。衡量应收账款好坏，主要有两个指标，即应收账款周转率和应收账款周期。其中，应收账款周转率就是反映公司应收账款周转速度的比率，它说明一定期间内公司应收账款转为现金的平均次数。

新颜物流一方面要及时向上游的供应商（司机）及时支付账款（运费），另一方面却要给下游客户赊账（运费），一般有 30 ~ 360 天的应收账款周期。

据公司内部统计，2010 年年底，公司销售额达到 1.5 亿元，应收账款达 4000 多万元，包括保证金 1200 万元，应收账款周期为 360 天，其中以大型制造业所占比重最高。其次，是以钢结构行业应收账款周期最长、金额最多，具体数值为 1500 多万元，应收账款周期为 270 天以上。再次是机械与环保设备金额为 800 万元左右，应收账款为周期达 240 天左右。最后是通信器材业 100 万元，应收账款周期为 180 天；电子电器行业应收账款 400 万元，应收账款周期为 30 ~ 60 天。

（二）应收账款非正常回收的几种情况及其原因分析

1. 大部分客户都设立保证金制度

保证金制度产生的应收账款周期至少 1 年，占应收账款率总额 30%，这个比值一般在公司大中型客户中都有体现。

之所以要设立保证金制度，一是因为一般制造业产品确实价值较高，为了监督物流服务商提升服务，进行 KPI 考核，根据考核结果对保证金减扣以示惩处；二是制造商对投标的物流企业提高门槛；三是制造商为了缓解自身的资金压力。

2. 客户在付款审批程序中无意或故意拖延占 37.5%，以钢构行业为多

客户经常寻找各种借口，如以单证手续不齐全、运输途中有服务质量问题为理由，拖延开发票的时间，从而达到拖延付款的目的。还有些客户违反合同的规定在付款时擅自将现金支付改为 6 个月以上到期的银行承兑汇票，让物流公司无偿贴息。

应收账款无法及时收回，也有些原因在于物流承运方对运输的产品在服务质量上存在问题，如未按照约定的时间到达、运输过程中存在货损货差、运输单证未在规定的期限内送交结算方等，从而造成委托方拒绝履行合同。

3. 客户财务状况不良，无法支付账款占20%，机械设备行业为多

当银根紧缩，很多中小型制造业抗风险能力差、融资渠道窄的特点凸显，资金流不足甚至断裂，给日常经营带来极大困难，也给物流服务商结算带来严重影响。

4. 公司内部员工催账不积极占5%，业务量较小的客户为多

公司个别操作人员，为了扩大或保持原有的业务，财务风险意识渐渐淡薄，盲目采取赊销策略去抢占市场，只注重营业收入，忽视了大量被客户拖欠占用的流动资金能否及时收回的问题，往往造成企业流动资金极度紧张。

5. 客户信用缺失，故意赖账占2%

（三）新颜物流应收账款管控措施

新颜物流应收账款管控措施主要包括贯彻指导思想、强化内部管理、规范客户管理三个方面的内容。

1. 指导思想：心平气和，开放交流，长期共赢

新颜物流董事长颜滨先生，对如何加强与制造业的合作和提高服务水平，提炼了四字方针："长、链、升、谏"：一是新颜坚持以长远合作的态度跟某公司合作，不拘泥于眼前利益，突出"长"字；二是从整条供应链切入解决物流各环节存在的问题，突出"链"字；三是欢迎某公司对新颜物流提出严格要求，制造业的压力将变成物流业的动力，突出"升"字（管理升级）；四是新颜以主人翁姿态积极主动对某公司物流问题提出意见建议，突出"谏"字。总之，制造业与物流业，平等交流，协同发展，遵守契约，不欠运费，抓住本质与长远，提升合作质量。

2. 内化管理

内化管理是指对企业内部进行流程优化，建立质量诚信制度，并对物流企业的应收账款进行预警及管控。

（1）建立内部《质量诚信制度》

为了强化企业质量诚信意识，实现物流服务的规范化、标准化，提高各部门的操作质量，结合公司的实际情况，制定了《质量诚信制度》。

质量诚信管理统一由总公司管理部负责，管理部对该制度拥有解释权、执行权、监督权，负责对相关规范进行修改，对公司流程进行优化与改进，以及提高公司的运营质量、降低差错率，提高客户满意度。

公司各部门都要按照诚信制度进行规范操作，确保服务质量和信誉。

（2）优化操作流程

公司与客户自交易之日，公司软件系统自动生成对账单。在交易周期内，双方对账负责人每隔 15 个工作日将通过系统进行一次账单的确认，双方确认无误后签字并进行担保；尤其在付款期期间，对于没有按时付款的企业，我们将缩短对账周期，交易双方每 7 天进行一次系统对账，对按时交易的优惠以及交易超时的罚金记录一一核对，并在系统上生成相关记录，双方货款负责人签字确认。交易中账单在每次双方确认后将进行保存，以便日后核对。

在客户款项到期一周之前，公司以邮件或短信的方式提醒对方负责人到期要付款；到期后，对方公司还没付款，再通过电话催收；对逾期的应收账款，负责人每个月把信息整理出来，报给上级主管及总经理，同时这些收款信息将定期发给相关业务员；若应收款延迟 1～2 个月，就会转移到副总层面去解决，公司高管直接和对方客户的相关高管进行对话；如果到时还不能解决问题，公司就会出警告信或者催款函，甚至采取法律诉讼手段。

此外，对收款员工实行奖罚策略，提高员工的积极性：①在相关部门建立合理化建议制度，定期举办针对账单的回收、核对等具体操作流程的经验交流会，总结优秀员工优化操作流程，年终时评选一个最佳收款建议贡献奖；②收款与业绩挂钩，对收款不积极的操作人员，采取降低服务费率或延迟发薪的制度，督促其加快收款步伐。

（3）对物流企业的应收账款的预警及管控

公司在开发每个潜在客户时，首先评估客户的信用资料，认为值得与其合作且风险在可控的范围内之后，才会商谈合作意向及具体条款；然后通过企业规定的合同审批流程，各部门在明确的职责范围内对合同和客户进行综合评审。

物流公司相关部门将从收益的角度对合同的价格、毛利率等进行评估，如果营销部确认没问题，营销部经理签字确认；第二步交由财务部审查，主要是评估回款周期是否合理，如果没问题，由财务部经理签字确认后交给事业部进行审查；事业部对此进行法律风险评估，主要审查合同条款有没有法律陷阱，是否公平，若不能合作，退出的风险和退出成本有多高，由事业部经理签字确认后交给总经理审查确认。

此外，对于大中型客户，我们不仅做到事前评估，公司在客户现场设立驻厂项目部进行事中监控，直接监控和了解经营状况和财务状况，每月进行应收账款确认等，间接收集和解读财务报表，咨询信用评级机构及商业银行等外部组织及时了解财务状况；至此，事后跟踪还要不断总结归纳。

为减少收款压力，增强现金流周转速度，最近两年，公司在选择客户时不再像过去一样照单全收，盲目追求营业额，而采取 80/20 原则，有所为有所不为，坚持做信用度好的大中型客户，放弃信用度低收款难的小客户，财务状况是否良好，应收账款是否及时，成为判断是否是优质客户的首要标准。

加强企业的应收账款审计，确定被审计单位的应收账款是否真实；确定应收账款的余额是否正确；确定应收账款是否归被审计单位所拥有；确定应收账款的可回收性；确定应收账款和预收账款的分类是否恰当；确定应收账款在会计报表上的披露是否恰当。

3. 外分客户

（1）建立外部回款诚信制度——针对信用缺失及有意拖欠款项的客户

针对信用缺失及有意拖欠款项的客户建立外部回款诚信制度的目的是为了在面对中大型企业拖欠费款问题时，更加公正更加合理地对需交还费款企业制定出回款方案提供最有利的依据。这一措施的具体内容包括以下三点：

1）整理出需要存档的中大型企业。

2）调出已存档的中大型企业的交易档案，计算出它们已有的诚信度。

3）对信用缺失及有意拖欠款项客户，直接拉进黑名单，拒绝再为其提供服务。

（2）分期付款——针对暂时财务状况不良的客户

1）付定金，若原来应交的定金为 a 且该企业的诚信度为 b，则该企业最后应付的定金为：$Q = a \times (c - b + 1)$，其中 c 为新颜物流由实际情况确定的会员可信度，即只要诚信度超过会员可信度就可以享受一定的 VIP 优惠。

2）根据双方的协定与调和，确定出合理的分期付款的分期期限和每个期限欠款企业所必须回款的数额。

a. 若有足够的能力可以提前付款则可以缩短相对应的分期期限并且可以以此来提高其企业的诚信度。诚信度的计算：$a = b + (q/Q) \times (t/T)$，其中，$a$ 为企业新的诚信度，b 为企业原来档案中的诚信度，q 为此次提前付款的数额，Q 为企业一共要回款的数额，t 为此次回款提前的时间，T 为物流公司给企业还清所有款项的总时间。

b. 若企业有何原因而导致费款不能及时归还，则公司给 c 天的缓冲期，但要扣除企业一定的诚信度，若 c 天后还未能即使归还付款的话，不仅要扣诚信度而且未归还部分物流公司将收取一定的利息。诚信度计算：$a = b - (q/Q) \times (t/T)$，其中，$a$ 为企业新的诚信度，b 为企业原来档案中的诚信度，q 为此次拖欠付款的数额，Q 为企业一共要回款的数额，t 为此次回款延迟的时间，T 为物流公司给企业还清所有款项的总时间，c 可由实际情况而定。

（3）推荐制或转介绍制——针对长期合作的大客户

针对长期合作的大客户，公司采取推荐制或转介绍制，这样能够在不影响双方下一次合作的前提下，以其他方式来延迟费款回收的时间，从而使双方都获利。

1）中大型企业在无法按期回款时，可推荐其他一些中小型企业或者私人业务等到我们公司来寻求物流业务类的帮助，此次推荐业务所获得的利润中的 $a\%$ 来抵消该中大型企业的这部分费款的偿还时间，而被推荐来的企业或公司在此次物流业务不再有因无法按时回款而再次推荐他人的权利，并且被推荐的公司或企业必须交付 b 元的首付金（a 的值可根据物流公司的实际情况制定，b 可由物流公司的实际情况以及公司拖欠费款的金额和时间而定）。

2）各企业在按时回款的情况下也是可以进行推荐的，推荐业务所获得的利润中的 $b\%$ 可以充当下一次该企业与我们物流公司的推荐优惠，即可以不用付这一笔钱。而该企业的诚信度也会根据其推荐物流业务的利润而有所增加（b 的值可根据物流公司的实际情况制定）。

五、创新成果的主要创新点

新颜物流应收账款管控创新在优化内部业务流程和财务流程、改善与客户企业的合作关系、对客户企业进行分类管理等方面具有创新。

（一）优化内部业务流程和财务流程

新颜物流为了强化企业质量诚信意识，实现物流服务的规范化、标准化，提高各部门的操作质量，结合公司的实际情况，制定了《质量诚信制度》，并对操作流程进行了优化，加强企业的应收账款审计。此外，对收款员工实行奖罚策略，提高员工的积极性。

对物流企业的应收账款采取有效预警及管控措施。对于大中型客户，我们不仅做到事前评估，期间也在不断监控和评价，事后跟踪还要不断总结归纳。

为减少收款压力，加快现金流周转速度，公司坚持做信用度好的大中型客户，放弃信用度低收款难的小客户，财务状况是否良好，应收账款是否及时，成为判断是否是优质客户的首要标准。

（二）与制造业客户良性互动，形成长期合作伙伴关系

新颜物流董事长颜滨先生，对如何加强与制造业的合作和提高服务水平，提炼了"长、链、升、谏"四字方针。制造业与物流业，平等交流，协同发展，遵守契约，不欠运费，抓住本质与长远，提升合作质量。

（三）针对不同类型的客户采取不同的措施

针对信用缺失及有意拖欠款项的客户建立外部回款诚信制度目的是在面对中大型企业拖欠费款问题中，为更加公正更加合理地对需交还费款企业制定出回款方案提供最有利的依据。针对暂时财务状况不良的客户采取分期付款方式。针对长期合作的大客户采取推荐制或转介绍制，以利于双方的下一次合作。

六、创新成果的应用效果

新颜物流应收账款管控措施实施前后的财务数据如下表所示。

新颜物流公司简化财务数据情况对比　　（单位：万元）

资　产	2010.12.31	2011.12.31	对比变化	负　债	2010.12.31	2011.12.31	变　化
现金	112	245	现金比增3.4%	短期借款	600	710	—
应收账款净值	4008	3625	应收账款周转率提高170%	流动负债合计	3757	3746	—
流动资产合计	4537	4564	流动比率提高1%	负债合计	3757	3746	—
主营业务收入	13952	17840	营业收入比去年增加27.8%	净利润	180	400	比去年提高222%
保证金应收款	1200	1300	应收账款周转率提高289%	通信行业应收款	100	80	应收账款周转率提高1000%
钢构业应收款	1500	400	应收账款周转率提高400%	设备业应收款	800	300	应收账款周转率提高480%

注：

（1）现金比率是流动资产扣除应收账款后的余额与流动负债的比率。

现金比率＝（现金＋有价证券）/流动负债×100%

（2）应收账款周转率＝应收账款回收额/应收账款平均余额。

（3）流动比率指流动资产总额和流动负债总额之比。

公式：流动比率＝流动资产合计/流动负债合计×100%

（4）流动负债率是指流动负债占总负债总额的比例。

公式：流动负债率＝流动负债总额/总负债

以上新颜物流实践数据说明：有效管控应收账款不仅可以大幅度提升现金流比率和应收账款周转率及流动资产比率，也大大降低了很多应收账款的相对值，降低了资产负债率及坏账风险，为公司财务稳健发展保驾护航。

七、创新成果的推广价值

物流企业特别是中小物流企业，在与制造业企业的合作当中难免处于契约劣势地位，特别是在银根紧缩的国内外形势下，财务风险加大，新颜物流所实施的应收账款管控创新措施对内改善客户管理业务流程，对外进行客户分类管理。不仅大幅度提升现金流比率和应收账款周转率及流动资产比率，也大大降低了很多应收账款的相对值，降低了资产负债率及坏账风险，为公司财务稳健发展保驾护航。该创新成果在公司内部取得了明显效果，可以为同行中小物流企业化解财务风险提供借鉴。

正本物流"保姆式"石化企业供应链服务解决方案^①

【摘要】 正本物流致力于为石油化工客户企业提供"安全、便捷、经济"的"保姆式"物流服务。保姆式供应链物流服务是正本物流公司创立的面向石化行业的物流服务解决方案，针对化工生产企业存储能力有限、应对市场变化能力弱的状况，正本物流发挥自身优势，提供石化企业生产之外的上下游产业链服务，在原料的进口、运输、仓储以及成品的仓储、运输方面，全程打包服务，为石化企业提供个性化、专业化、供应链一体化服务。保姆式供应链物流服务实现了制造业与物流业的联动发展，使得正本物流逐步发展成为内陆地区液体化工物流和中转基地，同时促进了本地区一批石油化工企业的发展，实现了经济效益、社会效益、环境效益的共赢；为石化物流企业与石化企业的联动发展提供了有益借鉴。

【关键词】 石油化工企业；供应链服务；解决方案

【适用领域】 第三方物流企业；石化物流企业

一、企业基本情况

山东淄博是石化名城，也是国内重要的化工工业基地，市场十分巨大，规模以上地炼企业有十余家。日益紧缺的原料及存储问题成为整个地炼行业发展的最大瓶颈，根据调查，全市 2011 年燃料油总加工能力将突破 1500 万吨。化工企业原料的购进，产品销售的仓储和运输问题一直是困扰企业发展的瓶颈。同时，进口燃料油货值高、税负重，按照每家企业年平均进口 150 万吨计算，税负就高达 24 亿元。

正本物流是在淄博石化产业快速发展的背景下注册成立的。正本物流有限公司成立于 2005 年，注册资金 2 亿元，坐落于淄博鲁化学工业区内，地理位置十分优越，区位优势明显。可以直达青岛、日照、龙口、莱州、东营等港口，连接国内国际市场，以淄博为基点，以铁路为依托，覆盖山东，辐射全国。

---

① 本成果由正本物流有限公司提供，成果主要创造人：王洪敏、张立国，参与创造人：张志勇、石永昌、徐从波、常祖军，获 2012 年度物流行业企业管理现代化创新成果奖三等奖。

公司立足于化工产业聚集的区位优势，建设了铁路专用线和存储罐区，以海公铁联运为载体，以仓储为基础，开展三方物流业务，特别是公司拥有中国内陆唯一的液体保税仓库，保税仓库可经营燃料油、溶剂油、石脑油、甲醇、丙醇、苯、二甲苯等液体化工产品的保税仓储业务。依靠取得的燃料油进口资质，为周边化工企业提供进口、储存、运输等一体化服务。

公司现为中国物流与采购联合会 AAAA 级物流企业，AAA 级信用企业，全国先进物流企业，仓储服务金牌企业。公司有三条铁路专用线，其中两条为危化品专用线，公司建有 50 万立方米的液体罐区。

近年来，公司的业务取得了快速发展。2009 年，公司营业收入 3.1 亿元；2010 年，营业收入 4.7 亿元；2011 年，营业收入 10.1 亿元；2012 年营业收入有望突破 25 亿元。

公司总体规划占地千余亩，一期工程已经建成，全部建成后，将充分发挥保税、仓储、国内物流配送、进出口和转口贸易、物流信息处理等功能，有效连接国内国际两个市场，逐步成为区域性的国内采购配送和物流中心，对优化供应链管理，改善本区投资环境，延伸产业链，加快加工贸易转型升级起到重要作用，并成为拉伸并提升临淄乃至鲁中半岛区域经济和贸易发展的核心竞争力。

二、创新成果的名称

正本物流的创新成果名称是正本物流"保姆式"石化企业供应链服务解决方案。该成果特别强调与石化企业建立战略合作关系，在供应链物流服务解决方案的设计思想、理念和管理模式上注重与石化企业的全面对接。该成果以客户为中心，以公司强大的软硬件设施和运营体系为载体，通过各系统的协调运作，为客户提供专业化的服务和解决方案，为地方石油化工企业提供全天候保姆式服务，双方建立长久的战略合作联盟，取得了较好的经济和社会效益。

三、创新成果的产生背景

由于化工行业的特性，化工原材料（燃料油）经常受国际原油市场价格影响，波动起伏较为明显，对运输的时效性要求很高，但是一般国外进口一次性数额较大，短时间内运完有很大难度，如果运输达不到要求，不仅影响企业根据市场价格变化安排生产，而且还要承担港口高昂的罐租费用，此外，企业一次存储大量原料也存在困难。同时，大的存储能力有助于企业根据价格变化及时地调整存储，有效降低市场风险。

目前燃料油因为货值高、税负重，生产企业在进口燃料油方面一直受到困扰。一般化工生产企业的存储能力有限，很难大规模存储原料和成品，应对市场变化能力弱，迫切需要采取新的运营模式改变这个状况。

四、创新成果的主要内容

为了解决淄博石化企业碰到的物流问题，正本公司从多环节下手，为问题的解决做了大量的物流基础能力建设工作，为项目的实施提供了必要的基础。

首先，正本物流建立了强有力的物流运输能力。正本物流成立之初就立足于为化工企业提供专业、社会化服务，为了解决大宗油品的运输问题，公司建立了铁路专用线，其中两条为危化品专用线，具有整列到发的条件，同时开通了从港口的油品专列，解决了大宗油料的运输问题。

其次，公司加强了库存能力的建设。为了解决存储问题，公司规划建设了125万立方米的存储罐区，目前已经投入使用了50万立方米，初步解决了油品的存储问题。此外，为了给企业解决税负重的问题，公司25万立方米的保税仓库获得海关批复，成为内陆第一家公用型保税仓库，实现了海关监管的互联互通，大大降低了生产企业成本。

再次，正本物流的保姆式服务还解决了生产企业的原料及成品的存储问题，据调查，企业的物流成本占产品总产品的30%左右，而物流时间能占到总时间的90%。正本物流与生产企业建立紧密的合作关系，降低企业物流成本，大大减轻了生产企业的材料和成品物流时间，生产企业需要考虑的仅仅是生产的问题，其他物流问题均由正本物流完成。

最后，正本物流在提供运输、仓储服务的同时，还具有国家商务部非国营燃料油进口资质，可以从国际市场上采购燃料油，正本物流可以根据生产企业的原料品类，采购相应的原料，完成报关、运输、仓储等一体化服务。

（一）保姆式供应链物流服务解决方案的设计思路

正本物流在企业诞生的那一天起就开始注重与制造企业建立战略合作关系，在供应链物流服务解决方案的设计思想、理念和管理模式上注重与制造企业的全面对接。具体设计思路如下：

在服务理念上，正本物流以客户为中心，构建稳定、高效的服务体系，以正本物流强大的软、硬件设施和运营体系为载体，通过各系统的协调运作，为客户提供专业化的服务和解决方案。

在运营管理上，正本物流从关注客户体验出发，推行流程优化，不断丰富和优化企业的管理活动，实现用最佳的服务带给客户最好的客户体验，提升客户满意度。

在体系建设上，正本物流打造完整的服务链条，通过整合内部资源，综合运用物流运输、仓储管理、信息系统等手段，提供标准化服务和个性化解决方案，形成完善的服务产品体系和高效的服务运作能力，使得客户服务成为公司的核心竞争力之一。

在合作方式上，正本物流致力于为地方石油化工企业提供全天候保姆式服务，双方建立长久的战略合作联盟。正本物流制造企业的"保姆"提供"食、住、行"服务，保证企业的稳定生产。

（二）正本物流公司保姆式供应链服务解决方案——以山东方宇润滑油有限公司联动发展为例

1. 与山东方宇润滑油有限公司的联动背景

山东方宇润滑油有限公司（以下简称 A 厂）成立于 2009 年 12 月，注册资金 3 亿元，是一家以生产润滑油基础油和成品润滑油为主的生产加工型企业。公司位于淄博市临淄区齐鲁化学工业园内，公司拥有国内先进的生产设备，技术力量雄厚，在建的"60 万吨/年石蜡基润滑油加氢项目"工艺采用已通过省级科技成果鉴定，达到国际先进水平。目前，该项目先后被淄博市政府列为 2010 年市重大项目和"淄博 2010 年百项重点工业项目"。项目全部达产后，产值将达 100 亿元。

A 厂技术先进，产品前景好，最大的问题就是原料的运输问题，A 厂的原料为燃料油，开工每日需求量为 4000 吨，因厂区限制和成本考虑，A 厂无法建设存储罐区，原料存储存在问题，同时 A 厂没有燃料油进口资质，只能寻求国内代理公司，从港口购买，如果从港口汽车运输的话，为保证原来供应需要，每日都需接卸近百辆油罐车，这从道路运输和接卸能力来看，都是不能完成的，同时成品也存在运输和存储的问题。而且一次大宗购买原材料对企业来说也是一个不小的负担，税负重，成本高。

A 厂与正本物流毗邻，正本物流正好可以借助自身优势，为 A 厂提供供应链一体化服务，正本物流具有非国营贸易燃料油进口资质，原料的采购、运输、存储，及成品的运输和存储正是正本物流擅长的业务。同时正本物流还可依托自身的保税仓库，使 A 厂可以根据生产计划，分批次进行提货，大大降低 A 厂的缴纳税金，降低其成本。

2. 面向 A 公司的保姆式供应链服务解决方案

A 厂成立前期，正本物流已经初具规模，双方就初步达成合作协议，正本物流承担 A 厂的原料供应运输和仓储以及成品火车运输部分。年周转运输量约为 100 万吨。当时正本物流尚不能完成这样的吞吐量，于是正本物流及时调整了二期项目建设的布局，优先在厂区南侧，毗邻 A 厂区域，规划建设了 15 万立方米的存储区，其中 10 万立方米为燃料油的罐，5 万立方米为润滑油成品罐。在建设时期，双方技术人员就罐区的设计建造进行了多次协调沟通，采用定制化的方式满足个性化需求。

双方合作最大的问题就在于协调工作和一些专业技能的操作。为了规范作业流程，2011 年 3 月，A 厂开始试生产。在合作过程中，协调不力的问题开始暴露，缺乏统一调度，造成服务的时间性不强，双方互相不熟悉对方业务，正本不能及时掌握 A 厂的生产计划与原料需求，A厂也不是十分了解正本物流的采购运输情况，这造成工作的被动。

经过双方协调，决定成立总调度室。调度室负责两个公司的信息传递和命令下达工作。总调度由双方公司共同成立，不单独隶属某一个公司，总调度下设正本调度和A厂调度两个直接部门，两个部门负责各自公司生产调度工作，总调度根据各自情况统一安排协调，总调度直接对各自公司的总经理负责。双方的组织对接图如图1所示。

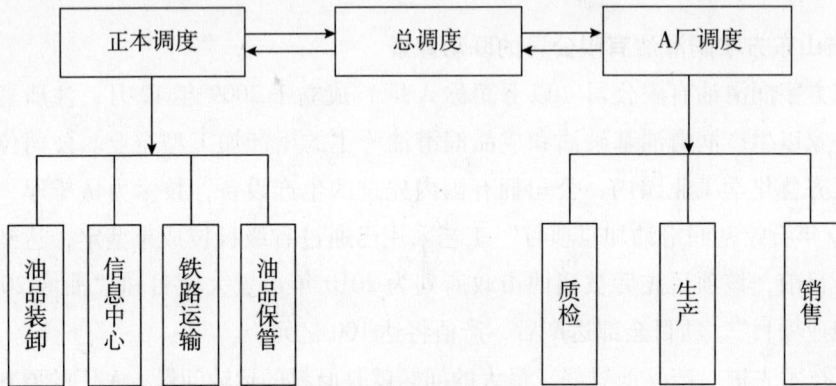

图1 双方公司的组织对接

两家企业达成合作协议后，正本物流利用自身的铁路运输优势，采用油品专列的方式，将从国际上采购燃料油的燃料油运至保税仓库，分批次供应给A厂，正本物流直接将管道顺至A厂，节省了短途的运输费用，提升了运输效率，保证了A厂的正常生产。A厂有更多的精力专注于生产制造质量的提升和市场的开拓。业务流程如图2所示。

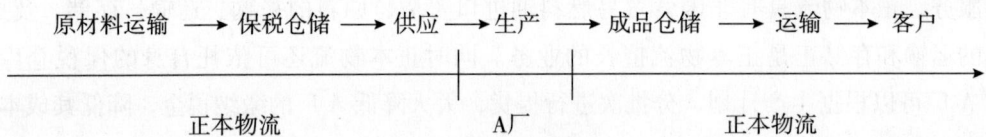

图2 双方的业务流程

项目实施初期，存在一个问题：A厂需要原料时，需要用汽车从正本提货，然后送至A厂。这样导致成本高速度慢，存在损耗，并且有一定的安全隐患。后来双方将流程做了改进，将两个仓储共计10000立方米作为原料中间罐，中间罐管道直通A厂生产装置，正本物流与海关实现信息对接。在总调度的协调下，根据生产计划，正本物流直接将保税出库物资通过管道输送到中间罐，这样实现了管道直接到生产装置，大大提升了效率，减轻了成本。正本物流的保姆式服务体现在提供"食、住、行"服务，"食"保证企业的原料供应，让企业既要吃的饱又要花钱少；"住"保证企业原料和成品的仓储服务；"行"为企业提供交通运输服务。

3. "保姆式"供应链服务解决方案的实施效果

项目实施一年来，经济效益、社会效益明显。2011 年，A 厂共用燃料油 40 万吨，仅保税一项缓税额 7 亿元，直接减少财务成本 3000 万元。因运输和仓储带来的竞争优势更加明显，5 大类 30 多个品种的产品已经在全国开始销售，产品的成本优势开始显现，同等质量的情况下，比其他润滑油品牌价格便宜 10% 以上。

五、创新成果的主要创新点

正本物流公司根据淄博石化企业的需求特点，因地制宜地设计符合客户要求的供应链服务解决方案，该方案具有以下几个特点：

1. 具有多环节系统化整合的特征

正本物流公司的供应链解决方案突破了传统制造企业物流管理的视角，创新使用了液体保税仓库这一平台和铁路运输的优势，在供应链的上下游上做文章，担负起众多化工企业难以胜任运输和仓储问题，打造了完整的供应链条，具有较强的系统整合特征。

2. 具有很强的个性化设计特征

个性化设计也是正本物流公司供应链解决方案的特色之一。正本物流公司为了保证个性化解决方案的实施，公司深入到每个石化企业供应链的内部，研究客户的供应链全过程，及时把握客户的个性化需求，提供从系统分析、物流链设计、成本分析到完整的供应链服务体系，形成了完整的供应链综合解决方案。

3. 具有较强的成本控制能力

供应链优化是对企业原材料、流程清单、成品及有关信息从起点到终点的全过程的策划、实施和控制的过程，而不是单独某一项运输或仓储等服务的交易行为，在这一过程中客户成本的压缩空间是十分巨大的。正本物流公司保姆式供应链解决方案除了个性化特征以外，其提供给每个石化企业的解决方案都是集成式服务，具有很强的成本控制能力。

六、创新成果的应用效果

正本物流与 A 厂的战略合作，取得了很好的经济效益和社会效益。这一供应链的服务模式，得到了齐鲁化学工业区内众多石化企业的青睐，目前山东清源石化有限公司也已经与正本物流建立了合作关系。山东清源石化有限公司成立于 2005 年，注册资金 23000 万元，位于淄博市齐鲁化学工业区。公司主要产品有普通道路沥青、改性沥青以及低凝点柴油、汽油、润滑油和润滑油基础油，年综合加工能力 100 万吨。

清源石化随着产能的进一步扩大，随之暴露出来的问题越来越突出，首先，其原有厂区已经无空间建立新的存储罐，现有的存储罐容量小很难满足大产能的需要，时常存在原料短缺或者因市场行情波动，造成产品积压，自身罐区无法容纳，面临停产或者低价抛售的风险。清源石化一直采用汽车运输，受天气和外界因素影响较大，在与 A 厂成功合作的基础上，正本物流探讨与清源石化的合作方式，首先铺设了 1.7 公里的管道，与正本罐区相连。正本物流提供了 4 个 3000 立方米的液体罐作为原料和成品罐。同时实现了与保税仓库的互联，这样正本物流国际采购的油品直接可以通过管道输入清源石化装置。石化的成品也可以直接输入到正本的罐区，而且销售装卸可以在正本完成，特别是火车运输部分大大降低了企业的物流成本，有效避免了汽车运输带来的交通拥挤和安全隐患。正本物流石化物流的解决方案对清源石化来说发挥的作用是巨大的，企业物流费用直接降低了每吨 15 元成本。同时企业成品的议价能力得到提升，原料供应有了稳定保障，企业物流瓶颈得到解决。

在合作过程中，正本物流也实现了与制造业的联动发展。2010 年，营业收入 4.7 亿元；2011 年，营业收入 10.1 亿元；2012 年营业收入有望突破 25 亿元。企业自身的物流管理水平也得到了提升，运输存储各个环节全部实现了信息化管理，电子单证率 100%，订单的完成率 100%，责任货损率控制在千分之三内，企业顺利荣获了 AAAA级物流企业，AAA 级信用等级企业、仓储服务金牌企业、全国先进物流企业、山东省服务名牌、中国物流实验基地等多项荣誉。

七、创新成果的推广价值

正本物流公司"保姆式"供应链服务解决方案是多环节系统化整合的方案，这种设计思路值得我国专业化的第三方物流企业特别是石化物流企业在服务创新中予以借鉴。立足当地化工产业聚集的实际，着眼化工企业发展存在的瓶颈问题，以供应链的思想提供"保姆式"物流服务，该供应链服务解决方案设计了多个业务合作点，也就产生了多个业务利润点。既满足了客户的个性化业务需求，也获得了较好的规模经济效益，双方相互嵌套，紧密合作，真正实现了联动发展与互利共赢。正本物流公司利用保姆式供应链服务不仅实现了企业服务能力的提升，也有效拓展了企业的市场份额，同时为石化客户降低了服务成本。

天津外代 3PTS 人力资源管理模式的构建与实施①

【摘要】中国天津外轮代理有限公司人力资源管理结合了当前最先进的人力资源管理理念，创新构建出一套以人为本、以激励为核心、以战略为导向的 3PTS 人力资源管理模式。该模式有效地整合了人力资源管理中的职位管理、绩效管理、薪酬管理、人才管理四大核心领域的管理方案，并与员工满意度管理有机地结合，建立起一套面向全公司的信息化人力资源管理平台。3PTS 人力资源管理体系的应用极大地激发了员工的工作积极性和主动性，为天津外代的战略实施提供了人力资源保障。创新成果实施后，天津外代的员工满意度大幅提升，促进了企业战略目标的实现，企业经济效益得到明显增长，员工素质持续提高，企业的社会效益显著，为提升企业竞争力提供了有力支撑。3PTS 人力资源管理模式不仅适用于同类物流企业特别是船代和货代企业，也适用于其他第三方物流企业。该创新成果的推广将能提高企业人力资源管理的水平，促进企业的和谐、健康和可持续发展。

【关键词】3PTS；人力资源管理；以人为本；船代企业

【适用领域】船代企业；货代企业；其他企业的人力资源部门

一、企业基本情况

中国天津外轮代理有限公司（以下简称：天津外代/PENAVICOTJ）成立于 1953 年 1 月，是天津港股份有限公司和中国外轮代理有限公司共同出资组建的由天津港股份有限公司控股/控制的有限责任公司。天津外代高层领导由股东提名，董事会聘任，并根据战略实施的要求和自身实际情况，建立了扁平式组织结构，提高了组织结构对战略的适应性。

半个多世纪以来，天津外代由单一的船舶代理服务逐步拓展为以船舶代理为主、货运代理、堆场服务、报关服务为辅的综合代理服务。在我国和世界各国的船舶、港口、货主之间架起了一座通向成功的金桥。与全球 180 多个国家和地区的数千家航运

---

① 本成果由中国天津外轮代理有限公司提供，成果主要创造人：许景宏、王长勇，参与创造人：于洪利、刘晓婷、刘柳、邢秀芬、孙晓瑜，获 2012 年度物流行业企业管理现代化创新成果奖三等奖。

和经贸企业建立了密切的业务联系，为促进我国与世界的经贸合作，为国际远洋运输事业的发展做出了突出贡献。

近年来，在股东天津港（集团）有限公司"发展港口、成就个人"的核心价值观和中国外轮代理有限公司"专家型代理、人性化服务"理念指引下，天津外代致力于打造行业标杆，为广大客户提供规范、及时、精准、超值的专业化服务。天津外代2011 年、2012 年连续两年被中国质量协会评为全国实施卓越绩效模式先进企业；2012年度天津外代荣获中国质量协会颁发的天津市首家"全国现场管理五星级窗口"、第五届"海洋王"杯全国 QC 小组成果发表赛一等奖、2012 年全国优秀质量管理小组；荣获中国交通企业协会颁发的 2012 年度交通质量奖、"全国交通行业优秀质量管理小组"、天津市第三十四次质量管理小组成果发表金奖等荣誉奖项。

2012 年，天津外代总收入增长 19.93%，年度代理船舶 5260 艘次，市场占有率28.84%，代理集装箱量 275 万 TEU。

二、创新成果的名称

该创新成果的名称是：天津外代 3PTS 人力资源管理模式的构建与实施。该成果结合了当前最先进的人力资源管理理念，创新出一套综合职位管理、绩效管理、薪酬管理、人才管理与员工满意度管理的新型人力资源管理方案。并与员工满意度管理有机地结合，建立起一套面向全公司的信息化人力资源管理平台。3PTS 人力资源管理体系的应用极大地激发了员工的工作积极性和主动性，为天津外代的战略实施提供了人力资源保障。

三、创新成果的产生背景

（一）适应天津外代战略发展规划的需要

为确保天津外代五年滚动战略落地实施，人力资源部以五年滚动战略目标为中心，推行以人为本、以激励为核心、以战略为导向的 3PTS 人力资源管理体系，为实现企业愿景和战略提供重要的人力资源保障。

（二）适应公司发展的人才需要

天津外代在现行的人力资源管理体制下，招聘对象仅限于当年应届大学毕业生和劳务员工。两种招聘模式很难获得天津外代急需的高端人才，这样导致了人力资源管理不能满足其生产经营和发展战略的需求，此种体制的变革势在必行。此外，天津外代延续传统的"师傅带徒弟"方式向新员工传授业务操作，员工的成长方式也是单一的向行政管理一个方向发展。

（三）完善员工激励机制的需要

天津外代现有的薪酬体制在一定程度上对下属部门和企业起到激励作用，而且对员工也起到不同程度的激励作用。但现行的考核方法主要是对下属部门和下属企业的考核，缺乏对员工的考核。因此，必须对人力资源激励机制加以创新。

四、创新成果的主要内容

人力资源是天津外代的关键资源，是确保天津外代战略落地、取得竞争优势的关键因素。天津外代人力资源管理结合了当前最先进的人力资源管理理念，创新构建出一套以人为本、以激励为核心、以战略为导向的3PTS人力资源管理系统，有效地整合了人力资源管理中的职位管理（position management）、绩效管理（performance management）、薪酬管理（payment management）、人才管理（talent management）四大核心领域的管理方案，并与员工满意度管理（employee satisfaction management）有机地结合，并建立起一套面向全公司的信息化人力资源管理平台，极大地激发了员工的工作积极性和主动性，为天津外代的战略实施提供了人力资源保障。

（一）基于战略目标，工作系统向扁平化调整，优化职位设置

天津外代采用3PTS人力资源管理系统，不断优化和整合组织机构，形成了以战略为导向的扁平化组织架构，管理层次简洁清晰，提高了运作和沟通效率，以确保工作系统与天津外代发展战略相一致。在对组织机构进行梳理后，天津外代以长短战略为导向，以组织的价值链增值过程及职能分工为基础，采用流程分解法、职能分解法和职责匹配法，确定职责定位，规范工作要求，对各个岗位制定《职位说明书》。

如图1所示，公司采用以人为本、以激励为导向的岗位竞聘机制，通过双向选择的公开竞聘方式，充分调动员工的积极性、主动性和创造性，提升成就感和责任感。同时，通过岗位竞聘机制完成人岗匹配，优化人力资源岗位配置。

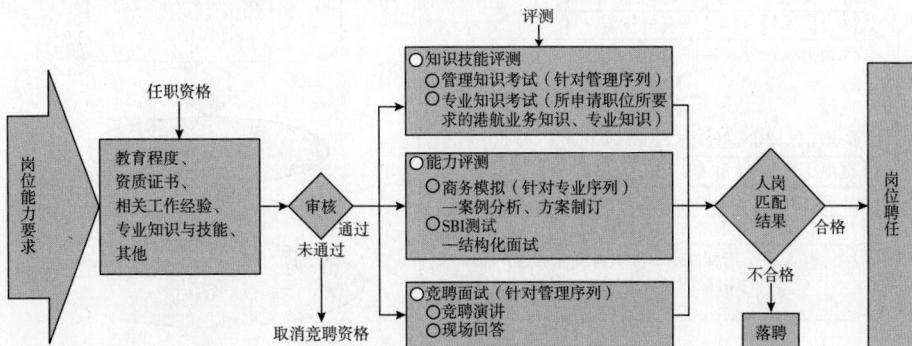

图1　岗位竞聘模型

（二）船代企业3PTS人力资源管理的薪酬激励

天津外代依据3PTS人力资源管理系统中员工职位体系，结合人岗匹配的结果，实施职级和薪级相结合的薪酬管理，实现了客观、公平、公开的薪酬激励。针对战略发展的关键人才（如物流工艺工程、系统集成等人才），将在现有薪酬管理的基础上，按照特殊人才的职级实施薪酬管理，以适应市场薪酬水平。

此外，天津外代采用薪酬激励与多元化激励相结合的激励机制，对获得优秀绩效的个人和团队给予提升薪级、晋升、特殊奖励和职业发展等多种激励措施，确保每一位对天津外代的发展做出贡献的个人和团队得到肯定，使员工的潜能得到充分发挥。

（三）建立天津外代独具特色的三维加权绩效管理

1. 天津外代3PTS人力资源管理中的三维加权绩效管理

如图2所示，为了对员工绩效进行评价，建立以人为本、以激励为导向的三维加权绩效管理体系，即关键绩效指标（Key Performance Index，KPI）、关键行为指标（Key Competency Index，KCI）、重点工作指标（Key Process Area，KPA）和否决类指标。

根据天津外代年度经营目标制订周期绩效计划，通过绩效指标的层层分解，员工绩效的完成直接支持了部门及企业整体绩效目标的实现。

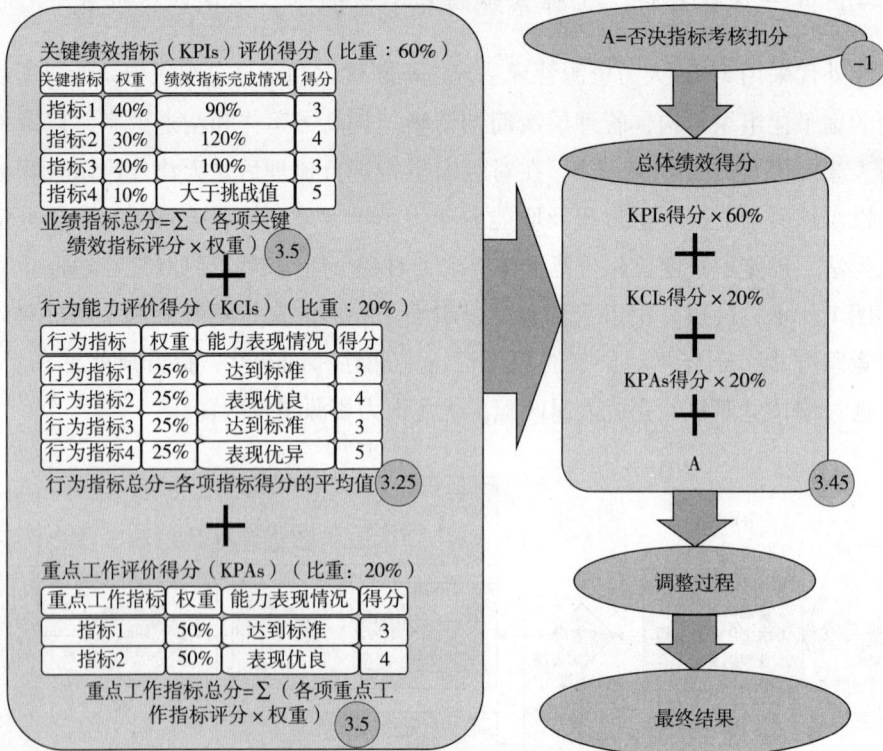

图2 天津外代绩效管理操作流程

（1）天津外代三维加权绩效管理指标的制定

根据3PTS人力资源管理项目的需要，建立"天津外代3PTS人力资源管理系统"，提高人力资源管理效率，实现信息化技术支持，如图3所示。3PTS人力资源管理系统中的绩效管理使组织更加关注顾客，运用平衡计分卡工具，从财务、顾客与市场、内部运营、学习与成长四个维度确定关键绩效指标（KPI）。结合天津外代战略目标的实施要求，KPI指标随之滚动调整，如图4所示。

图3　人力资源管理系统图

2012年天津外代班轮部绩效指标体系

被评价人姓名：　　被评价人岗位：经理　　部门：班轮部　　评估者：

	维度	指标名称	指标定义	绩效目标	权重	考核办法	数据来源
1	财务	考核利润	绩效周期内收入-绩效周期内营业税金及附加-绩效周期内直接成本费用	目标值：xxxx元 最高值：xxxx元 最低值：xxxx元	15%	实际值≥x，5分 xx≤实际值<xx，4分 xx≤实际值<xx，3分 xx≤实际值<xx，2分 x≤实际值<xx，1分 实际值<x，0分 单位：	数据提供者：计财部 数据来源文件：财务报表
2	财务	应收帐款回收率	应收帐款30（60）天回收率=Σ业务发生30（60）天内已回收帐款/绩效周期内应回收帐款总额 应收帐款回收率=（应收帐款30天回收率得分+应收帐款60天回收率得分）/2	应收帐款30天回收率： 目标值：x% 最高值：x% 最低值：x% 应收帐款60天回收率： 目标值：x% 最高值：x% 最低值：x%	10%	应收帐款30天回收率 实际值≥x%，5分 x%≤实际值<x%，4分 x%≤实际值<x%，3分 x%≤实际值<x%，2分 x%≤实际值<x%，1分 实际值<x%，0分 应收帐款60天回收率 实际值≥x%，5分 x%≤实际值<x%，4分 x%≤实际值<x%，3分 x%≤实际值<x%，2分	数据提供者：计财部 数据来源文件：财务报表
3	客户	代理箱量	TEU	目标值：x万 最高值：x万 最低值：x万	10%	实际值≥x，5分 x≤实际值<x，4分 x≤实际值<x，3分 x≤实际值<x，2分 x≤实际值<x，1分 实际值<x，0分 单位：万TEU	数据提供者：计财部 数据来源文件：财务报表
4	客户	公共班轮市场占有率	天津外代代理的班轮艘次/天津港班轮总艘次	目标值：x% 最高值：x% 最低值：x%	10%	实际值≥x%，5分 x%≤实际值<x%，4分 x%≤实际值<x%，3分 x%≤实际值<x%，2分 x%≤实际值<x%，1分 实际值<x%，0分	数据提供者：计财部 数据来源文件：财务报表
5	客户	公共班轮上线率	天津外代争取到的新航线的条数/天津港新增航线的总条数	目标值：x% 最高值：x% 最低值：x%	10%	实际值≥x%，5分 x%≤实际值<x%，4分 x%≤实际值<x%，3分 x%≤实际值<x%，2分 x%≤实际值<x%，1分 实际值<x%，0分	数据提供者：计财部 数据来源文件：财务报表
6	客户	客户满意度	TCSS第三方调研分值（船代得分）	目标值：x 最高值：x 最低值：x	10%	实际值≥x，5分 x≤实际值<x，4分 x≤实际值<x，3分 x≤实际值<x，2分 x≤实际值<x，1分 实际值<x，0分 单位：分	数据提供者：业务管理部 数据来源文件：客户满意度调查结果
7	内部运营	计划准确率	按计划执行的艘次/总艘次数×100%	目标值：x% 最高值：x% 最低值：x%	10%	实际值≥x%，5分 x%≤实际值<x%，4分 x%≤实际值<x%，3分 x%≤实际值<x%，2分 x%≤实际值<x%，1分 实际值<x%，0分	数据提供者：业务管理部 数据来源文件：业务报表
8	内部运营	单证差错率	通过客户投诉、业务管理部、相关部门的处罚等发现的单证责任错误、延迟的个数/年度部门单证操作总个数	目标值：x% 最高值：x% 最低值：x%	5%	实际值=x或x或x，5分 实际值=x，4分 实际值=x，3分 实际值=x，2分 实际值=x，1分 实际值>x，0分 单位：次	数据提供者：业务管理部 数据来源文件：客户投诉记录、处[illegible]等
9	内部运营	制度、流程的改进个数	需要达到关键环节的改变（解决一类事情），能够有效提高服务质量、提升效率或节约成本	目标值：x 最高值：x 最低值：x	10%	实际值>[illegible]5分 实际值=5，[illegible] 实际值=4，[illegible] 实际值=3，1[illegible] 实际值<3，0[illegible] 单位：个	数据提供者：[illegible]经理事务部、企业[illegible]部 数据来源文件：发文或备案记录
10	学习与成长	员工满意度	公司所有部门、下属企业的员工满意度调查的排序	目标值：x分位 最高值：x分位 最低值：x分位	10%	实际值≥90%，5分 76.67%≤实际值<9[illegible]，4分 60%≤实际值<76.67%，3分 40%≤实际值<60%，2分 20%≤实际值<40%，1分 实际值<20%，0分	数据提供者：工会 数据来源文件：员工满意度调查结果
					100%		

图4　天津外代关键绩效指标体系

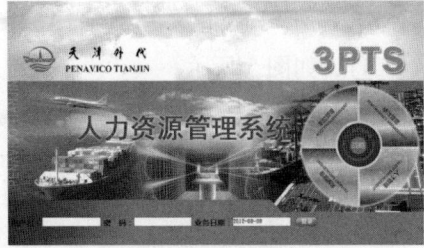

按序列对员工从劳动纪律、工作态度、工作质量三个维度设定关键行为指标（KCI），如图5所示。

现场操作员工行为表现评估表

	评价项目	扣分/加分标准
1	无故旷工	每出现一次扣10分
2	消极怠工、打架、斗殴	每出现一次扣10分
3	因个人原因，出勤未达到绩效周期内应出勤天数	每天扣2分
4	上班脱岗、串岗、私自调班	出现第一次扣2分，第二次扣3分，第三次扣5分
5	私自动用单位设施、设备、工具、办公用具等用于私人用途	每出现一次扣3分
6	上班时间从事与工作无关的活动（吃东西、聊天、玩游戏、看电影等）	每出现一次扣3分
7	个人仪容仪表不符合公司规定	每出现一次扣1分
8	未在规定时间内接听电话	每出现一次扣2分
9	接打电话时嘴里有异物，语言使用不符合标准	每出现一次扣2分
10	不服从分配或不服从指导	每出现一次扣5分
11	抢功诿过、不诚实行为	每出现一次扣5分
12	团队合作不足，不能主动沟通或给予信息反馈，缺少对他人的支持与配合	每出现一次扣5分
13	未经批准不参加有关会议，不参加集体活动	每出现一次扣3分
14	不能在规定时间提交部门内部要求的文件、工作	每出现一次扣3分
15	错误地将客户业务/管理等信息传达到他人，未造成影响和损失	每出现一次扣3分
16	服务态度有待改进，不能耐心解释或语气生硬或情绪化	每出现一次扣3分
17	服务质量引起内外部客户不满或抱怨	每出现一次扣3分
18	绩效期间有部门内部的公开批评	被科室/部门公开批评分别扣3/5分/次
19	防止、发现并及时排除事故、工作隐患，保证工作任务完成	加5分/次
20	绩效期间受到其他公开表扬（客户及相关方的书面表扬、公司会议表扬）	加5分/次
21	员工获得公司级以上荣誉称号等奖励	公司加5分，集团加8分，部级及以上加10分/次
22	合理化建议被采纳	被科室/部门采纳分别加/5分/个
23	尽最大的努力为客户圆满解决重大难题	加5分/次
24	愿意承担他人的工作	加5分/次

图5　天津外代关键行为指标

根据天津外代的年度重点工作，分解月度系统重点工作，并下发员工重点工作指标（KPA），如图6所示。

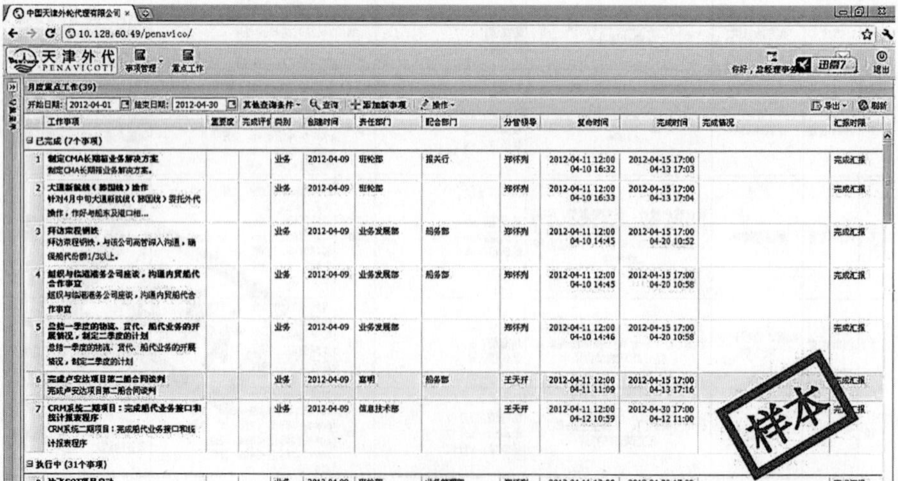

图6　天津外代重点工作指标

（2）员工绩效的评估实施及绩效反馈

天津外代三维加权绩效管理采用逐级评估的办法，评估者（直接上级）通过人力资源管理系统进行评定，作为绩效考评结果的依据。评定者定期对被评定者的业绩和能力进行绩效面谈，包括绩效沟通与反馈、绩效指标改进与调整和下季度绩效指标的制定建议等。评定者对被评定者的工作进展情况提供不定期的绩效辅导和指导，保持沟通和反馈。为提高员工绩效，促进绩效改进，提供相应支持，绩效等级评定表如表1所示。

表1   绩效等级评定表

绩效等级	含义	行为描述
A	全面超越绩效目标要求	评定结果远超出先前协议的目标，显示出很高的专业和个人技巧水平，时常能够预期到各类变化并做出适当地回应，被其他人认同
B	符合绩效目标要求，在某些方面超越目标要求	评定结果能达到先前协议的目标，部分会超标，显示出在某一岗位应有较高的专业和个人技巧水平，有很少部分需要改进和指导，对于变化能迅速做出适当的回应
C	符合绩效目标要求	评定结果能达到先前协议的目标，显示出在某一岗位应有的专业和个人技巧水平，在比较复杂的工作上需要指示和指导，对于变化能做出回应
D	不完全符合绩效目标要求，需要改进	评定结果部分达到先前协议的目标，缺乏在某一岗位应有的专业和个人技巧水平，需要发展目标，时常需要指示和引导，对于变化只能做出有限的回应
E	与绩效目标存在很大差距或完全不符合目标要求	评定结果不能达到先前协议的目标，严重缺乏专业和个人技巧，未能对绩效评估指标做出充分的回应

2. 实施多方位薪酬激励，提升整体绩效

天津外代依据3PTS人力资源管理系统中员工职位体系，结合人岗匹配度，实施职级、薪级和绩效考核相结合的薪酬管理，实施薪酬激励。针对战略发展的关键人才（如物流工艺工程、系统集成等人才），在现有薪酬管理的基础上，按照特殊人才的职级实施薪酬管理，以适应市场薪酬水平。

此外，根据业务稳定性和运作周期，天津外代对各类员工的绩效管理周期不同。针对不同类别岗位的员工设定不同的固定薪酬和绩效奖金比例，进行差异化激励。绩效评估周期表如表2所示。

表2   天津外代绩效评估周期表

员工类别			评估周期	兑现周期	固定薪酬比例（%）	绩效奖金比例（%）
管理序列	高层管理人员		半年	月度	6	4
	中层管理人员	业务	季度	月度	6	4
		支持	季度	月度	7	3
专业序列	员工	市场类	季度	月度	7	3
		业务类	月度+季度	月度	6	4
		技术类	季度	月度	7	3
		支持类	季度	月度	8	2

天津外代采用薪酬激励与多元化激励相结合的激励机制，对获得优秀绩效的个人和团队给予加薪、晋升、特殊奖励和职业发展等多种激励措施（如表3所示），确保每一位对天津外代的发展作出贡献的个人和团队得到肯定，使员工的潜能得到充分发挥。

表3   天津外代绩效激励措施一览表

激励类别	奖励依据	措施
薪酬激励	绩效考评结果 职称晋升 岗位晋升 取得相关专业硕士以上学位 获得相关专业和技术奖项荣誉 合理化建议 项目成果报告等	绩效奖金 特殊奖励 一次性奖励 提高薪级 职称补贴 学位津贴 总经理基金奖励等
多元化奖励	绩效考评结果 精湛的专业技术和技能 优秀的思想品德 绩效考评中的员工工作态度和 积极性评价等	专业（特殊技能）培训 休假、考察机会 岗位晋升 委以重任 荣誉及内部标杆等

（四）实施人才管理，促进员工学习与发展

天津外代依据战略发展要求，按照3PTS人力资源管理中的人才管理，建立一体化培训体系（如图7所示），提高员工的能力和绩效水平，对员工的职业生涯发展实施有效的管理，使天津外代整体战略目标得以实现。

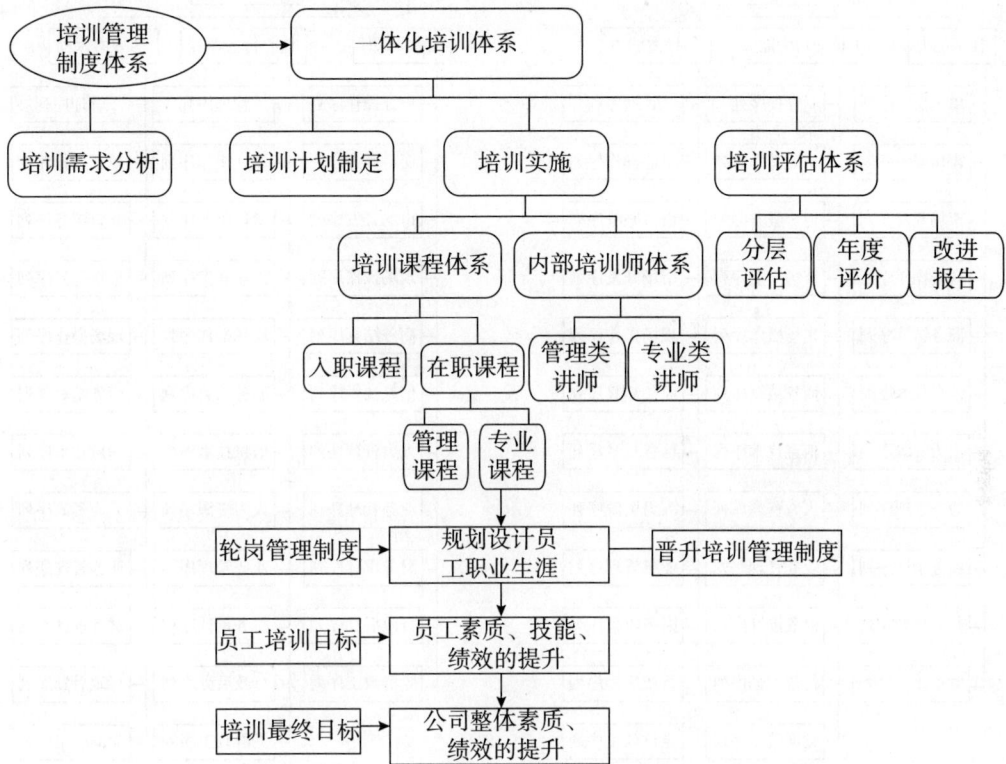

图7　天津外代培训体系流程

运用国际先进培训开发理念，结合天津外代培训管理流程，形成战略规划、文化、岗位绩效要求、任职资格标准、培训课程设置、培训师安排、培训机构选择及培训管理的一体化体系。

以各类各级职位的任职资格标准为依据，建立入职与岗位培训制度、培训课程体系、内部培训师体系以及培训管理体系，从而形成推动员工成长与发展的一体化培训体系。

1. 建立企业知识管理体系

依据各类各级职位的任职要求，针对岗位的专业能力、核心能力、领导能力要求，设计与之相匹配的培训课程体系，如图8所示。即将能力框架按序列分类，转化为课程库框架，确保培训课程体系更加具有高实用性。

根据天津外代人力资源规划及岗位能力素质标准，针对各个岗位的不同要求，对员工在岗位上的各个成长阶段都有相应的任职要求和培训，即分类、分层实施培训课程。

通过分析员工岗位胜任能力差距和部门培训需求，选择培训课程。根据实际情况，

一、二、三级分类保持一致

能力体系框架			课程库框架		
技术能力	核心行为能力	领导力能力	技术类课程	核心行为课程	领导力课程
单证操作序列	管理序列	管理序列	单证操作序列	管理序列	管理序列
窗口服务序列	单证操作序列	单证操作序列	窗口服务序列	单证操作序列	单证操作序列
市场开发序列	窗口服务序列	窗口服务序列	市场开发序列	窗口服务序列	窗口服务序列
现场操作序列	市场开发序列	市场开发序列	现场操作序列	市场开发序列	市场开发序列
商务结算序列	现场操作序列	现场操作序列	商务结算序列	现场操作序列	现场操作序列
信息技术序列	商务结算序列	商务结算序列	信息技术序列	商务结算序列	商务结算序列
人力资源序列	信息技术序列	信息技术序列	人力资源序列	信息技术序列	信息技术序列
业务管理序列	人力资源序列	人力资源序列	业务管理序列	人力资源序列	人力资源序列
财务审计序列	业务管理序列	业务管理序列	财务审计序列	业务管理序列	业务管理序列
行政后勤序列	财务审计序列	财务审计序列	行政后勤序列	财务审计序列	财务审计序列
党群政工序列	行政后勤序列	行政后勤序列	党群政工序列	行政后勤序列	行政后勤序列
	党群政工序列	党群政工序列		党群政工序列	党群政工序列

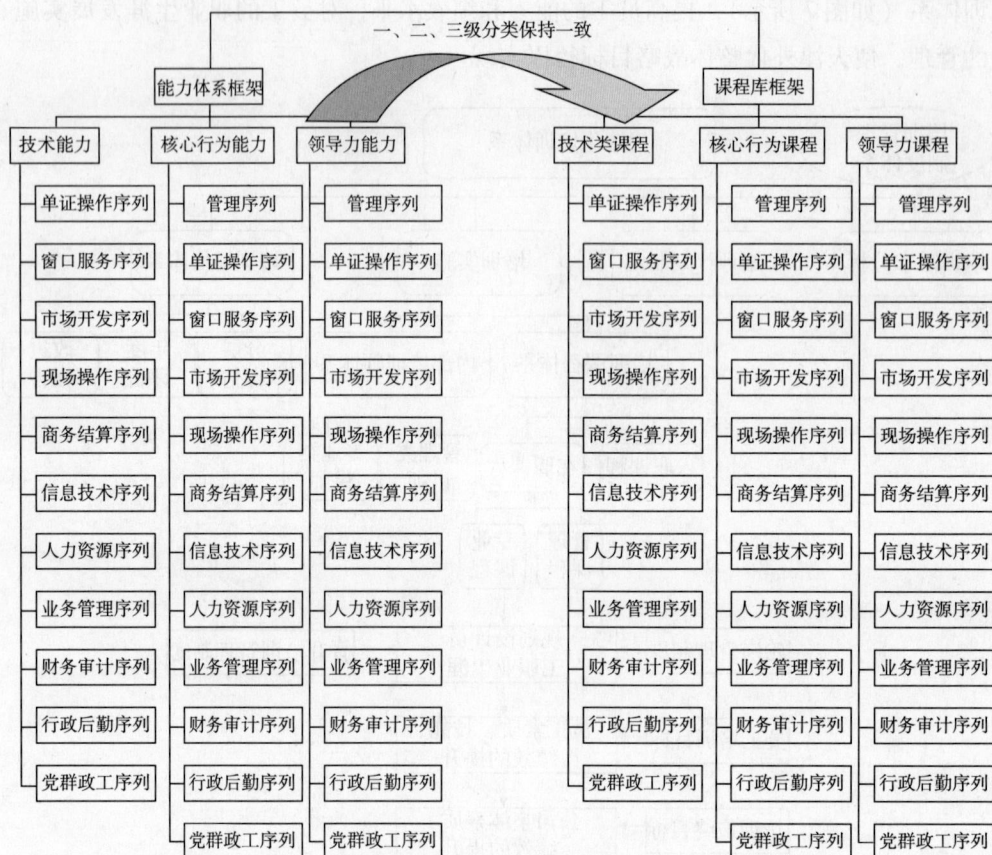

图 8　能力体系与培训课程体系转化

采取多样化授课形式：内部讲师面授、外部培训、无领导小组讨论、E - learning 网络培训、技术能手标杆培训、外派参观学习等。为了激发员工积极性，学习岗位操作技能。在天津外代内部选拔本岗位业绩突出的技术能手作为标杆员工，对特定技能提供标杆培训；定期对业务水平较高的优秀员工派至国内外知名企业学习参观，实现新模式多样化培训，发挥员工潜力。

2. 建立企业内部培训师体系

建立内训师的岗位胜任力标准，依据不同等级的内训师行为能力要求编写内训师培训教材，对内训师的授课技巧、课程开发、培训项目管理、培训体系管理等职业能力实施培训和资格认证。

（五）实施员工满意度管理，实现以人为本

天津外代通过实行首席员工代表制度和员工观察报告制度，充分调动了员工主动参与公司经营管理的积极性，实现了双向互动参与沟通的效果，也激励了员工自发自动的自我实现。员工意见的渠道如表 4 所示。

表4 员工意见建议的采集渠道与形式

对象	渠道与形式	责任部门	频 率	采纳情况
员工	首席员工代表制度	工会	半年	书面报告、座谈会
	员工观察报告	工会	每月	
	职代会	工会	每年	
	内部网站论坛	党办、工会	无固定期	
	日生产会	业务管理部	每天	

通过民主推荐、公开选举产生首席员工代表，针对公司重点工作及热点问题向全体员工收集建议，指导员工填写"员工观察报告"，如图9所示，并及时反馈主管部门，主管部门每月将办理情况在司务会上汇报，同时反馈给报告人，征求满意度。每年投票评选出"优秀员工观察报告"和"优秀报告人"，对报告人给予奖励和晋升。

中国天津外轮代理有限公司员工观察报告表

编号	20110401	类别	员工生活	时间	2011.4.1
报告人	魏巍/刘哲		所在部室	嘉明公司	
主题	改善亚健康				

观察分析：亚健康已经不再是一个新鲜的名词了，可以说它也悄然的在我们身边驻扎！现在大家基本上从早到晚都一直坐在办公室里，极少有活动的时间，更不用说是户外活动了，致使颈椎病、肩周炎、鼠标手等等疾病过早的到来，亚健康也致使大家抵抗力下降，成批次的感冒发烧给我们的工作也带来的很大的困扰。所以，健康问题，不容忽视。

意见建议：
现在春意盎然，天气日渐转暖，希望可以考虑增加文体活动，尽可能的让大家都参与其中，增强我们的体质。

首席员工代表协调沟通	感谢员工提交的报告，针对员工业务繁忙，缺乏锻炼的情况，工会准备近期开展多种形式的文娱活动，以丰富大家的工间生活，较少工作压力。希望贵司员工积极参与。
工会协调	工会办公室采纳员工建议。
主管部门拟办意见	拟举办多种形式文娱活动，以缓解大家的工作压力，增强员工体质。
主办部门意见	1. 采纳意见： 采纳 2. 办理回复意见： 工会将充分利用公司现有条件，开展员工乐于参与的体育活动，提高员工参与体育活动的热情，增强体质。同时建议员工利用公司多功能厅现有的健身、运动设施，参加健身活动、乒乓球、台球、毽球活动。 3. 持续改进措施： 适时开展员工体育活动。

主办部门办结意见		处理人	力冬梅
工会意见	2011年计划开展员工篮球赛、员工趣味运动会、毽球运动会等活动。		
报告人确认完成情况及满意度	希望公司多组织相关活动。		
	魏巍/刘哲/马晓红	满意度	基本满意

图9 天津外代员工观察报告表

天津外代员工观察报告制度充分调动了员工主动参与公司经营管理的积极性，广泛提供意见建议。参与报告办理的各职能部门高度重视此项工作，认真与首席员工代表反复沟通，采纳的报告办理满意度达到100%。

表5 员工观察报告的主要问题与处理结果

报告类别	主要问题	处理结果
环境治理类	拖地防滑问题	设置拖地防滑警示牌
	办公区域手机信号较弱	移动公司定期的手机信号发射器维护
	饮用水安全	购买直饮水设施，保证饮用水安全
企业管理类	发布公司及部门重点工作	根据公司的年度重点工作，分解月度系统重点工作，并下发员工重点工作指标
	规范员工着装	制定员工关键行为指标（KCI），并纳入绩效考核体系
	向货运系统提供船舶动态	通过船货互动会议促进信息交流
	Internet 出口带宽增加	增加信息投入，出口带宽由 10M 提升至 100M
生活福利类	休息日值班员工午餐	公司推行"爱的管理"理念，为值班员工提供餐食补助
	食堂刷卡管理	规范食堂用卡制度，方便员工用餐
企业文化类	开展员工文体活动	组织开展读书沙龙、运动会等多项文体活动，促进员工沟通交流
	加强公司网站和论坛建设	及时更新网站和论坛内容，促进员工交流沟通
教育培训类	普及员工业务知识	建立健全内部培训师制度
	教育培训体系建立	设计并实施一体化培训体系方案

五、创新成果的主要创新点

天津外代 3PTS 人力资源管理的构建与实施主要有以下几个方面的创新：

（1）整合了人力资源管理中的职位管理（position management）、绩效管理（performance management）、薪酬管理（payment management）、人才管理（talent management）四大核心领域的管理方案；建立了以人为本、以激励为导向的岗位竞聘机制；实施了职级和薪级相结合的薪酬管理；建立以人为本、以激励为导向的三维加权绩效管理体系；形成了推动员工成长与发展的一体化培训体系。

（2）将人力资源管理中的职位管理、绩效管理、薪酬管理、人才管理四大核心领域的管理方案，与员工满意度管理（employee satisfaction management）有机地结合，并建立起一套面向全公司的信息化人力资源管理平台，极大地激发了员工的工作积极性和主动性，为天津外代的战略实施提供了人力资源保障。

（3）充分认识到了人力资源的关键作用，并进行了一系列的人力资源整合，提高企业运行效率，确保公司战略发展的有效实施。

六、创新成果的应用效果

3PTS 人力资源管理的构建与实施创新成果在天津外代中得到了应用，不仅使员工满意度得到大幅度提升，而且取得了显著的经济效益和社会效益。

（一）以人为本，员工满意度大幅提升

天津外代始终坚持"创造价值桥梁，成就员工家园"的企业使命，推行"以人为本、以激励为核心、以战略为导向"的 3PTS 人力资源管理系统，为员工提供良好的工作环境和参与氛围，维护员工权益，调动了员工主动性和积极性。天津外代内部各层次之间通过问卷调查、员工代表反馈和员工满意度调查等，进行全方位的、随时的、公开的交流沟通。如图 10 所示，2012 年员工满意度达到 91%，较 2011 年提高 3.99%。随着 3PTS 人力资源管理系统的不断完善，员工满意度逐年增加。

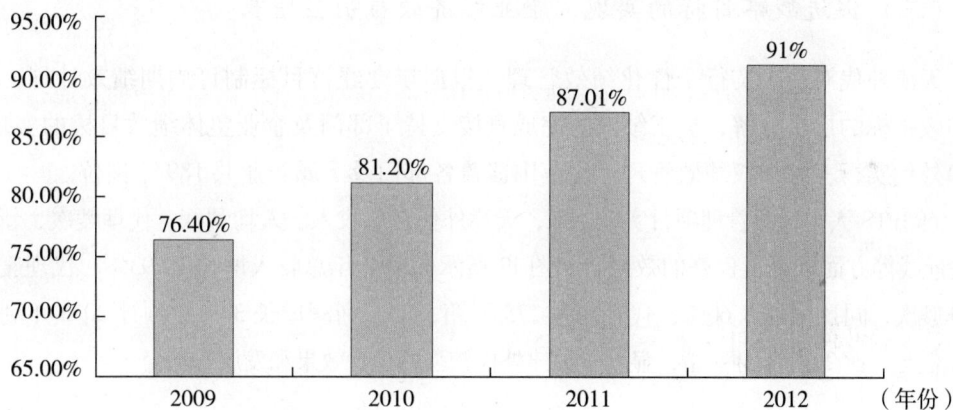

图 10　近几年天津外代员工满意度调查结果

（二）提高人力资源管理水平，提升了企业竞争力

天津外代采用 3PTS 人力资源管理系统不断优化和整合组织机构，建立了以战略为导向的扁平化组织架构；建立了"岗位竞聘"机制，根据职位职责划分职级，采用以人为本、以激励为导向的公开竞聘方式，充分调动员工的积极性、主动性和创造性，提升成就感和责任感。同时，通过岗位竞聘机制完成人岗匹配，优化人力资源岗位配置。

天津外代 3PTS 人力资源管理为提升企业竞争力提供了有力支撑。如图 11 所示，2012 年天津外代的船代市场占有率为 28.84%，较 2011 年增加了 8.4%，领先于一般

的船代企业。顾客忠诚度水平也逐年提高，根据 2011 年调查结果，顾客忠诚度达到 91.57%，其中 A、B 类关键和重要顾客的忠诚度极高，分别达到 92.56% 和 91.33%。全球前三大集装箱班轮公司的全部航线在天津口岸均由天津外代代理。

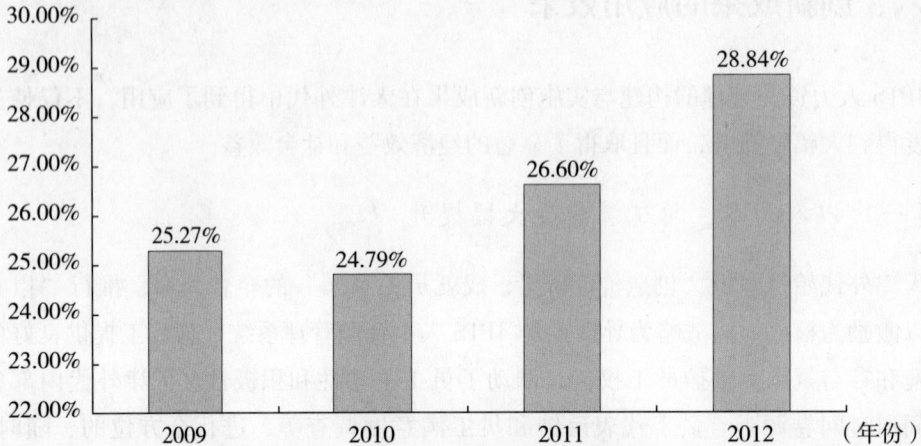

图 11　近几年天津外代市场占有率

（三）促进战略目标的实现，企业经济效益明显增长

天津外代对员工实行个性化绩效管理。根据年度经营目标制订周期绩效计划，通过绩效指标的层层分解，员工绩效的完成直接支持了部门及企业整体绩效目标的实现。天津外代实行三维加权绩效管理运用范围覆盖各部门及下属企业共 189 个岗位。

自 3PTS 人力资源管理项目实施以来，天津外代在总收入、人均利润、代理艘次、新增班轮航线等方面取得了良好的效果。如图 12 所示，2012 年总收入增长 19.93%；代理艘次 5260 艘次，同比增加 8.60%；代理箱量 275 万箱，实现利润增长 30%；预计 2015 年利润 1.72 亿元，比 2010 年翻一番，显示了天津外代较强的经营效果和发展趋势。

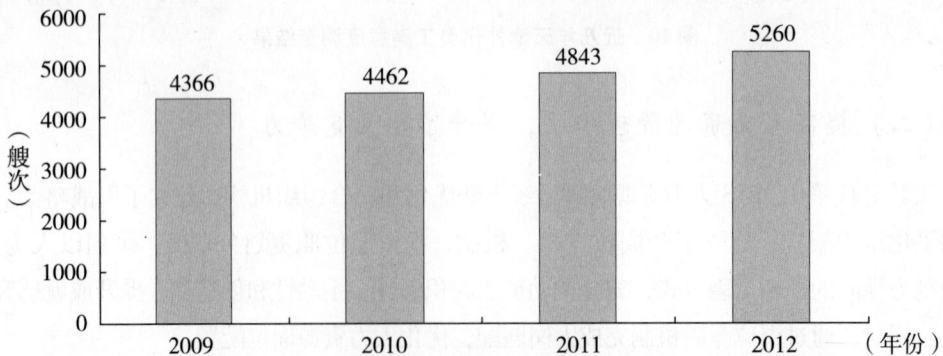

图 12　天津外代代理艘次

（四）员工素质持续提高，企业的社会效益显著

天津外代鼓励员工根据自身的职业发展计划参加学历教育，并给予相应奖励。2012 年，公司获得学位教育补贴员工人数 8 人，奖励总额 12 万元。截至 2012 年，公司本科以上学历员工 204 人（其中研究生 16 人、博士生 1 人），占员工总数的 69.39%；取得学士以上学位的员工 173 人（其中取得硕士学位 51 人）。

天津外代努力在企业中创造浓郁的学习氛围，努力建设一支知识化、高素质的员工队伍。2012 年全体员工中具有中级以上技术职称的占 42.56%。管理人员中有 69.14% 具有中级以上技术职称。

近年来，天津外代在提供优质服务的同时，在解决劳动就业、上缴国家税金方面也做出了显著的贡献，曾连续多年被评为区纳税大户。天津外代重视社会责任的履行，积极参加治安综合治理，积极推进创建"平安港口"，构建和谐社会活动，同天津港集团签订了目标责任书，积极防范邪教组织、暴力恐怖组织势力的渗透破坏活动，截至目前没有发生任何治安、交通事故等不良事件，维护了社会稳定。此外，天津外代逐年加大公益投入，参加公益活动，不断扶助社会困难群体，参加义务献血、社会绿化，支持医疗事业、教育事业和环保事业，组织青年参加志愿者活动，提高了天津外代在社会上的知名度，为社会做出了贡献。

在天津外代推行船代企业 3PTS 人力资源管理后，企业人力资源管理水平得到了很大的提高，人才队伍不断壮大，服务质量逐步提升，经营绩效不断提高。2011 年、2012 年连续两年被中国质量协会评为全国实施卓越绩效模式先进企业，并荣获中国质量协会颁发的天津市首家"全国现场管理五星级窗口"、天津市质量协会颁发的"天津市质量管理奖"。天津外代正向着"成就企业、成就员工、成就客户、承担社会责任"的方向快步前进，今后将继续完善 3PTS 人力资源管理体系，持续改进绩效，促进企业与员工共同发展，为构建和谐企业、和谐社会贡献力量。

七、创新成果的推广价值

物流行业的飞速发展使船舶代理行业竞争市场不断规范，在此背景下，合理整合资源、规范管理是保持企业高速发展的根本。人力资源是企业的关键资源，是确保企业战略落地、取得竞争优势的关键因素。天津外代 3PTS 人力资源管理模式结合了当前先进的人力资源管理理念，创新构建出一套以人为本、以激励为核心、以战略为导向的管理体系，极大地激发了员工的工作积极性、主动性和创造力，为企业的战略实施提供了人力资源保障。该创新成果不仅适合同类物流企业特别是船代和货代企业，也适用于其他第三方物流企业。该创新成果的推广将提高企业人力资源管理的水平，促进企业的和谐、健康和可持续发展。

英特物流第三方医药物流管理模式①

【摘要】浙江英特物流有限公司是浙江省首家具有第三方药品物流资质的企业。为降低药品物流成本，提高药品流通质量，完善药品物流活动的服务功能，帮助所服务的医药企业增强市场竞争力，英特物流针对不同的客户选择合适的第三方物流模式，物流全程实行信息化、条码化管理；第三方委托客户通过英特物流自行开发的第三方物流系统平台进行药品的到货、出库等操作。英特物流第三方医药管理项目的实施让英特物流为客户提供的服务更加专业化、一体化、信息化。项目的实施减少了医药流通企业物流成本、提升了物流效率，实现了药品在物流过程中的规范化、可视化，保证了药品质量。随着英特第三方医药物流项目的良好运作，越来越多的医药企业开始发展第三方医药物流项目，英特物流在行业中起到了良好的示范作用。

【关键词】医药物流；第三方物流模式；物流信息化

【适用领域】第三方医药物流企业；商贸物流配送企业

一、企业基本情况

浙江英特物流有限公司（简称"英特物流"）是浙江英特药业有限责任公司控股的全资子公司，2005年注册成立，注册资金3000万元，2010年营业收入达到5528.84万元，利润达到2365.36万元；2011年营业收入达到6338.8万元，同比增长14.65%，利润达到2145.63万元，同比增长15.57%。现有员工260余人，拥有一批医药专业技术人员和训练有素的物流人才，是一支年轻有朝气的活力团队。

公司已投入使用的物流中心面积达6万多平方米，集药品储存、验收养护、物流加工、装卸搬运、集中配送和信息服务六大功能于一体，配备系列具有国际先进水平的物流设施；依靠自身的力量开发了 ERP、WMS 系统、第三方物流系统，建立了英特物流网站，大量运用办公自动化系统（OA），强大的物流能力与现代化信息技术完美结合，支持客户终端30000个，日发货量20000件，日处理订单行20000行，储存品规

---

① 本成果由浙江英特物流有限公司提供，成果主要创造人：吴华庆、邵越炯，参与创造人：吴俭、朱春利、王晓晨、金建凤、谢剑钢、潘国华、袁晓亚、王建强，获2012年度物流行业企业管理现代化创新成果奖三等奖。

15000 个，货位 4 万个，库存 25 万件，销售 200 亿元以上，具备年吞吐量 1000 万件以上的物流能力，能够整体提升供应链的价值。

英特物流于 2008 年 6 月通过浙江省食品药品监督管理局认证，成为浙江省首家具有第三方药品物流资质的企业，拥有先进的物流设施、规范的信息化操作流程、高效的省内配送能力、优质的服务、敬业的团队，是可持续性发展服务的坚强后盾。并且提供包括冷链药品在内的绝大多数药品的物流服务，从药品入库到出库，严格按照国家 GSP 管理要求，提供包括冷藏药品在内的药品物流服务。目前与国内国际知名企业保持合作，包括赛诺菲安万特、联邦制药、葵花药业、南京长澳、浙江医保、内蒙古京新、浙江贝达等 20 多家。

作为浙江省、杭州市两级政府医药储备定点单位，英特物流承担着 70% 的重大灾情、疫情、事故的急救药品供应工作，公司始终把履行企业社会责任全面融入公司发展战略、经营管理和企业文化建设之中，努力追求企业经济效益和社会效益同步发展。浙江英特物流是浙江省供应链协会理事单位、中国物流与采购联合会会员单位、杭州市物流与采购行业协会会员单位；2006—2012 年被浙江省人民政府列为现代物流发展重点联系企业；2007 年制定了浙江省地方标准《药品冷链物流技术与管理规范》；2008 年被杭州市委、杭州市人民政府评为"社会责任先进企业"；2009 年被评为国家 AAA 级物流企业、"英特医药物流服务"荣膺浙江名牌产品称号；2010 年通过 ISO 9001：2008 复认证，英特药业医药物流服务被授予"浙江服务名牌"；2010 年被中国交通运输协会评为"全国先进物流企业"；2011 年被中国物流与采购联合会评为"AAA 物流企业"；2011 年"第三方医药物流"被评为浙江省物流企业优秀创新项目；被长三角地区物流发展联席会议、长三角地区现代物流合作联盟评为 2010—2011 年"守行规、讲诚信"先进物流企业称号；2011 年被人力资源和社会保障部、中国物流与采购联合会评为"全国物流行业先进集体"。

英特物流拥有目前浙江省最大的专业医药冷库，容积达 4000 立方米，货位 4000 余个，可储存药品 10000 件，按冷链药品存储要求，分设缓冲区、待验待发区、包装物料区、托盘储存区、搁板储存区和多温层设置。

英特物流定位于"立足浙江、辐射华东、走向全国，努力成为国内最具影响力和竞争力，最具活力和实力的区域专业医药物流企业"，并将以"优质、快捷、准确、高效"的服务理念，竭诚为广大医药企业提供医药物流服务。

二、创新成果的名称

英特物流的创新成果是英特物流第三方医药物流管理模式。该成果的理念是降低药品物流成本，提高药品流通质量，完善药品物流活动的服务功能，为所服务的医药企业增强市场竞争力。该成果的实施过程中，公司针对不同的客户选择合适的第三方物流模式，物流全程实行信息化条码化管理，同时，随着公司电子商务平台的启用，在原有第三方物流平台基础上，使物流信息化、网络化达到新的高度，第三方委托客户全都通过英特物流自行开发的第三方物流系统平台进行药品的到货、出库等操作。

三、创新成果的产生背景

由于医药产品的特殊性，其对流通运输的要求较高，一般的第三方物流企业很难满足这些高要求，使得许多医药企业在药品流通环节低效而且运作费用居高不下。一方面，在无形中增加了药品成本，抬高了药价，进而给普通消费者增添了许多不必要的经济负担；另一方面，从医药行业流通现状来看，流通环节的低效正成为医药企业自身发展过程中一个不得不正视的现实问题。而第三方医药物流针对的服务对象的就是医药行业的产品流通，医药企业将药品流通环节委托专业的第三方医药物流运行后，一方面，提高了药品流通环节的运作效率、保证了药品流通的质量，且降低了运作费用，减少了药品成本，对解决当今药价虚高问题产生了一定的效果；另一方面，医药企业在解决流通问题后，可以专注于其药品生产及经营的核心项目上，提升企业在同行业中的竞争力。

随着市场竞争的日益激烈及医药行业本身对流通运输的高要求，越来越多的企业开始重视"第三利润源"——医药物流的发展。然而，一些医药批发及大的制药企业内部自建的物流平台，其服务内容大都集中在药品运输和仓储两个传统项目，这样不仅提高了药品流通费用，还分散了企业在药品生产经营这个核心业务上的精力。因此，发展全面的专业化第三方医药物流是大势所趋。

英特物流发展第三方医药物流的理念就是要降低药品物流成本，提高药品流通质量，完善药品物流活动的服务功能，为所服务的医药企业增强市场竞争力。

四、创新成果的主要内容

公司针对不同的客户选择合适的第三方物流模式，实行物流全程信息化、条码化管理。公司依靠自身的力量开发了 ERP、WMS 系统、第三方物流系统，建立了英特物流网站，大量运用办公自动化系统（OA），在强大的物流能力的基础上实现与信息化技术的完美结合，提升供应链的价值。

（一）选择合适的第三方物流模式

公司采用的第三方客户委托合作模式包括以下五种：

1. 全委托业务模式

该模式适用于拥有 GSP 资质的商业企业。服务内容包括：质量方面，配合委托企业进行 GSP 验收、药品质量监管等工作；仓储方面，设有独立的存储区域，由专人负责管理，包括药品的到货验收、保管养护、拣货出库、电子监管码扫描等工作；配送方面，根据客户订单，进行全国范围内的药品配送，并提供实时的药品跟踪、到货确认工作，以及签收回单整理与客户交接服务。

2. 仓储业务模式

该模式适用于拥有 GMP 资质的工业企业（延伸库）。服务内容包括：设有独立的存储区域，提供专人验收、保管、发货以及电子监管码扫描，以及在库药品的拆零、拼箱服务，并提供每个工作日、每周、每月的出入库报表、库存报表。

3. 配送业务模式

该模式适用于拥有 GSP 资质的商业企业及冷链配送。服务内容包括：进行全国范围的药品配送，主要以冷藏药品配送为主，公司对冷藏药品采用专业冷藏箱或者冷藏车运输，对药品状态进行实时监控，保障冷藏药品的运输质量，并提供实时的药品跟踪、到货确认工作，以及签收回单整理与客户交接服务。

4. 仓储配送业务模式

该模式适用于拥有 GSP 或 GMP 资质的商业或工业企业。服务内容包括：

（1）仓储：设有独立的存储区域，由专人负责管理，包括药品的到货验收、保管养护、拣货出库、电子监管码扫描等工作。

（2）配送：根据客户订单，进行全国范围内的药品配送，并提供实时的药品跟踪、到货确认工作，以及签收回单整理与客户交接服务。

5. 包装业务模式

该模式适用于快销品以及药品二次分装企业。服务内容包括：设有独立包装工作小组以及存储、加工区域，提供验收、保管、包装、发货等服务，每个工作日发送包装进度表、出入库报表以及库存报表。

包装服务内容有产品的二次包装以及包装完成后的产品批号、有效期喷码服务，贴分拣签、零头签服务以及进口产品的中文标签打印、贴签、喷码服务。

（二）物流信息化建设

公司自主研发的门户网站——浙江英特物流网站（http://www.ytyywl.com/）——为公司主要的对外信息窗口，具有公司介绍、企业资讯以及第三方物流客户登录窗口等功能，承担着公司信息展示、第三方物流信息对接等作用。

公司在库存管理系统（WMS）中采用了先进的物流信息设备，应用德马泰克公司的螺旋提升机（23 米，2500 件/小时）、自动分拣机（16 道口，3000 件/小时）、托盘提升机、电子标签（1000 个）、无限射频设备（100 台）、条码打印设备（一、二维同时打印）、动力流水线、叉车、高层货架等设施进行正向物流与逆向物流的操作与管理。设备与 ERP 系统的高度结合，使得整个供应链流程实现自动化、信息化管控。公司同时采用 GPS 车辆管理系统、一卡通考勤系统、温湿度监控系统、安防监控系统、业务办理叫号系统等，信息化在车辆管理、人员管理、库区安全管理等方面都得到了应用，并发挥了很好的管理作用。2011 年年底，调度指挥中心完成验收，物流信息系统完成了可视化管控目标。调度指挥中心以作业监控、语音调度为主，可以实现跨地区、跨部门的统一指挥协调，快速反应、统一应急、联合行动，真正实现运作联动，有效处理日常操作和突发性事件，可实现：作业管控、调度配送、设备监控、远程视频、应急指挥等功能。集团目前在主推移动商务 PDA 项目，设想以后能在运输过程中进行信息化管控，运输配送环节信息可追溯，可控制。

物流全程实行信息化、条码化管理，随着公司电子商务平台启用，在原有第三方物流平台基础上，使物流信息化、网络化达到新的高度，并与强大的物流能力实现的完美结合，提升供应链的价值。

公司依靠自身的力量开发了 ERP、WMS 系统、第三方物流系统，建立了英特物流网站，大量运用办公自动化系统（OA），在强大的物流能力的基础上实现与信息化技术的完美结合，提升供应链的价值，是浙江省目前最大的专业医药物流中心。

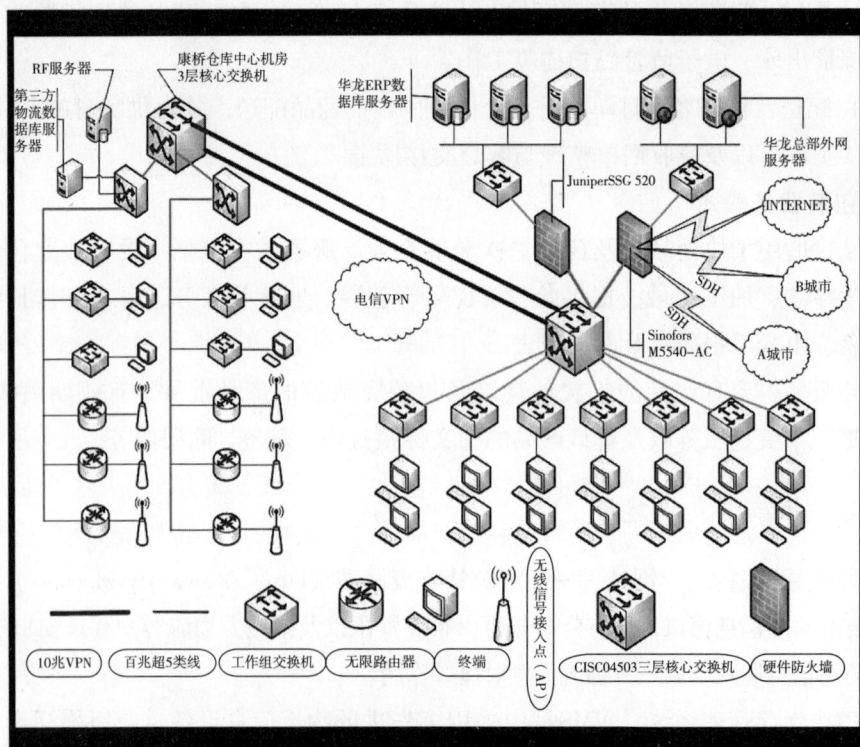

图1　调度指挥中心网络拓扑图

（三）第三方物流管理信息化系统流程

第三方委托客户全都通过英特物流自行开发的第三方物流系统平台进行药品的到货、出库等操作。

1. 入库

英特物流第三方物流管理信息化系统中，入库包括从网上下单、药品质量验收到药品商家储存的全过程。具体流程图如图 2 所示。

所有进货入库单据都在信息系统中流转，根据系统的数据和提示完成整个入库动作，辅以一些信息设备，大大提高了入库验收效率。具体包括以下流程：

（1）委托客户网上下单

目的是规范委托客户网上下单的管理，保证客户的指令准确性。

客户通过英特物流网站（http：//www.ytyywl.com/）接口进入药品现代物流系统登录界面，通过英特物流提供的供应商委托客户 ID、密码及验证码即可进入浙江英特物流有限公司网上信息流向系统。委托客户可以在此查询储存在英特物流公司的相关货品物流状态和物流信息（如库房配货状态、拣货完工状态、复核装箱完成、订单完成状态等），并通过"网上下单"根目录下相应功能分别对收货、进退、配送、退回进行网上下单。

（2）药品质量验收程序

目的是规范药品验收、抽样方法，保证抽取的样品具有均匀性、代表性，保证委托客户入库药品的质量符合标准。

药品质量验收程序分为正常进货入库验收以及销售退回入库验收两部分。正常进货入库验收包含预检、验收、验收结果处理三个步骤，在预检环节，预检员在药品验收前应对封页药品的出厂检验报告书、来货凭证进行核对，然后通过信息系统查询合同，并打印收货通知单交由验收员。系统收货通知单通过勾兑采购合同生成，在验证来货单据的同时可以核对合同信息。收货员凭"收货通知单"及来货凭证进行收货，核对药品品名、规格、批号、数量，若相符，则货单上签收；若不相符，则应拒收。验收员通过数量、包装及标识、药品质量抽检等一系列验收动作后，完成对药品入库的人工检验工作，其中水针剂还需要经过灯检环节。在完成验收工作后，验收员对验收结果进行处理，合格药品，验收员用 RF 进行收货确定工作。RF 收货方式为验收员收货录入信息提供了便捷，验收员通过 RF 扫描收货通知单条码，只需要在根据 RF 提示的内容核对品名规格产地，再通过扫描容器（托盘）条码，选择仓房 ID、根据提示信息录入数量、批号、生产日期、有效期、货品状态，即可完成收货系统录入工作。RF 手持无线设备在收货环节的应用，大大方便了验收员的信息录入核对工作，无须再排队在电脑中录入收货单，验收员 RF 信息录入后，即自动在系统中生成了收货单，整

```
委托客户网上下单
        │
     送货单
     ┌──┴──┐
   无合同    有合同 ←─────┐        业务开销
     │        │           │        退通知单
  通知采购    预检         │           │
  补全合同 ───┘            │        打印销退
              │            │        通知单
          打印收货         │           │
          通知单           │        凭销退通知
              │            │        单提回药品
            收货           │           │
       ┌──────┴──┐         │        销退组
     无药检      有药检     │           │
       │          │        │           │
     补全药检 ────┤        │           │
                  验收 ←────────────────┘
            ┌──────┴──────┐
     注射液、滴          其余药品
     眼液灯检
       ┌────┴────┐          │
    不合格      不合格      合格
       │          │          │
   可见异物      拒收     扫描预检单
   检查登记        │          │
               开拒收报告   完成验收
               通知业务        │
                  │        RF扫描上架
               业务联系        │
               上游客户     采购点单，
                  │        生成库存
                退货
```

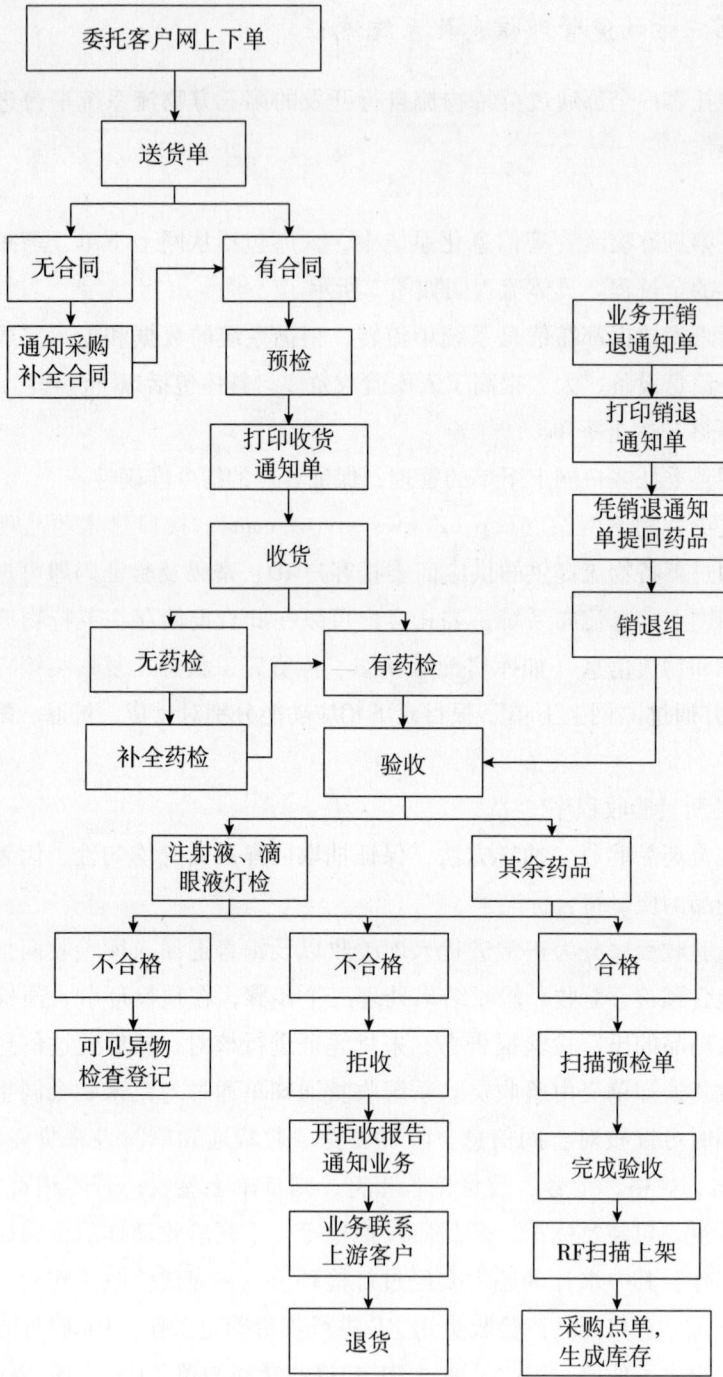

图 2　进货入库流程

个收货动作更加便捷、准确。不合格药品，验收员有权拒收，将药品放入退货区，并通知业务员联系委托客户进行相应处理。

销售退货入库验收中，销退员凭销退通知单核对药品品名、数量、规格、产地等信息，同样通过 RF 进行收货确认，处理方式与进货入库一致。

叫号系统在验收环节的应用：为保证验收工作以及来货车辆的有序性，公司在验收环节应用了 LED 叫号系统，模式与银行叫号排队类似，来货车辆根据 LED 叫号提示有序进行卸货验收工作。

（3）药品上架入库储存程序

目的在于明确药品储存库房与条件，使委托客户药品的质量状况在储存过程中能够保持符合要求，并做到药品入库及储存期间的账、货、票相符。

上架员用 RF 扫描容器条码，根据 RF 上提示的内容一一核对，无误后扫描货位条码（可扫描推荐货位的条码，也可以扫描适当位置空货位的条码），把药品放到该货位后用 RF 再次扫描该货位条码进行确认。上架员在上架过程中，对出现货不符、质量异常、包装不牢或破损、标志模糊或其他可疑质量问题的药品，有权拒收并通知验收员。RF 在上架环节的应用，大大提高了上架员对货品信息的核对效率以及上架储存的准确性。药品上架完成后，业务可在系统中查询到上架完成状态，点单确认后系统生成正式库存。至此进货入库整个流程完成。

2. 出库

英特物流第三方物流管理信息化系统出库流程主要包括药品拣货、药品复核出库两个步骤，其具体的运作流程如图 3 所示。

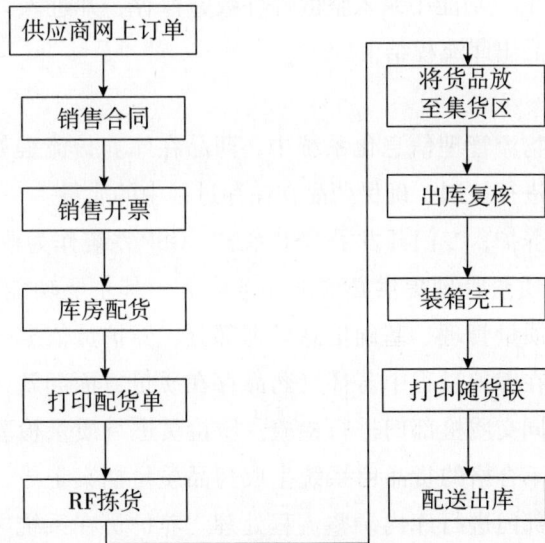

```
供应商网上订单                      将货品放
     ↓                              至集货区
  销售合同                             ↓
     ↓                              出库复核
  销售开票                             ↓
     ↓                              装箱完工
  库房配货                             ↓
     ↓                              打印随货联
  打印配货单                            ↓
     ↓                              配送出库
   RF拣货
```

图 3　销售出库流程

所有销售出库单据也都在信息系统中流转，同时在拣货、复核等环节应用 RF 无线射频、电子标签、叉车、分拣机、螺旋输送机等现代物流设备，极大提高了出库的效率和准确率。出库流程说明如下：

（1）药品拣货程序

目的是规范药品出库品种、规格、数量及批号的准确性，特殊药品出库的规范性及药品出库质量符合标准。

首先在系统中进入库房配货功能，对销售出库的药品进行配货，同时打印集货单，并凭集货单挑选药检单。配货完成后，拣货员进入拣货单管理功能打印拣货单，凭拣货单用 RF 做拼单，关联托盘条码；扫描托盘条码 RF 会提示相应货位及数量，拣货员按 RF 提示进行拣货。拣货完成后将该容器推至复核区。RF 在拣货环节的应用，能准确提示货位及拣货数量，提高了拣货的效率和准确率。对于药品从仓房到集货区的搬运过程，可通过螺旋输送机、托盘提升机等先进物流设备，提高大批量药品出库的效率。螺旋输送机每小时可出库 2500 件，自动分拣机每小时可分拣 3000 件，设备与系统的信息完全对接，通过对库内条码的识别，药品自动进入相应的集货区。

（2）药品复核出库程序

目的在于规范药品出库品种、规格、数量及批号的准确性及药品出库质量符合标准。

药品进入复核区后，复核员用 RF 扫描拣货单，核对购货单位、品名、剂型、规格、批号、有效期、生产厂商、数量、销售日期、质量状况等。同时核对药检单位，在集货单上注明整件件数、拼箱件数和药检单份数并签字。复核完成后，凭集货单信息在计算机"装箱完工"功能中录入整散件件数并保存，并进入"备货完工"功能打印送货单。至此，药品出库流程结束。

3. 养护

英特物流第三方物流管理信息化系统中，药品在库养护流程如图 4 所示。目的是对药品在库养护过程进行控制，确保药品在储存过程中的质量。

公司针对药品的养护，专门开发了 GSP 系统。GSP 系统作为业务系统的延伸产品，为全国性医药行业的质量管理提供必要的业务服务，其主要功能有：质量验收管理、日常养护管理、库内质量管理、基础信息管理部分。养护员依据公司制度对药品进行定期检查定期养护，在养护过程中若怀疑药品存在质量方面问题，填写质量复检通知单并打印，同药品一同交质检部门进行检验。质检员进行质量检验并依据检验结果填写检验报告书。质量不合格的货品由系统生成药品质量档案记录，养护员填写并打印停售通知单，交仓库部门进行库内调整流程处理。养护员在系统中填写养护记录，系统生成养护档案以备查询。若无法进行养护加工则转入不合格品流程处理，若可以进行养护加工则由养护员对药品进行养护加工处理，若品种发生变化则进行变更处理。养护加工完毕后养护员填写质量复检通知单并打印，同药品一同交质检部门进行检验。质检员进行质量检验并依据检验结果填写检验报告书。若质量合格则解除停售，并重点养护。若不合格则转入不合格品流程处理。

养护流程图

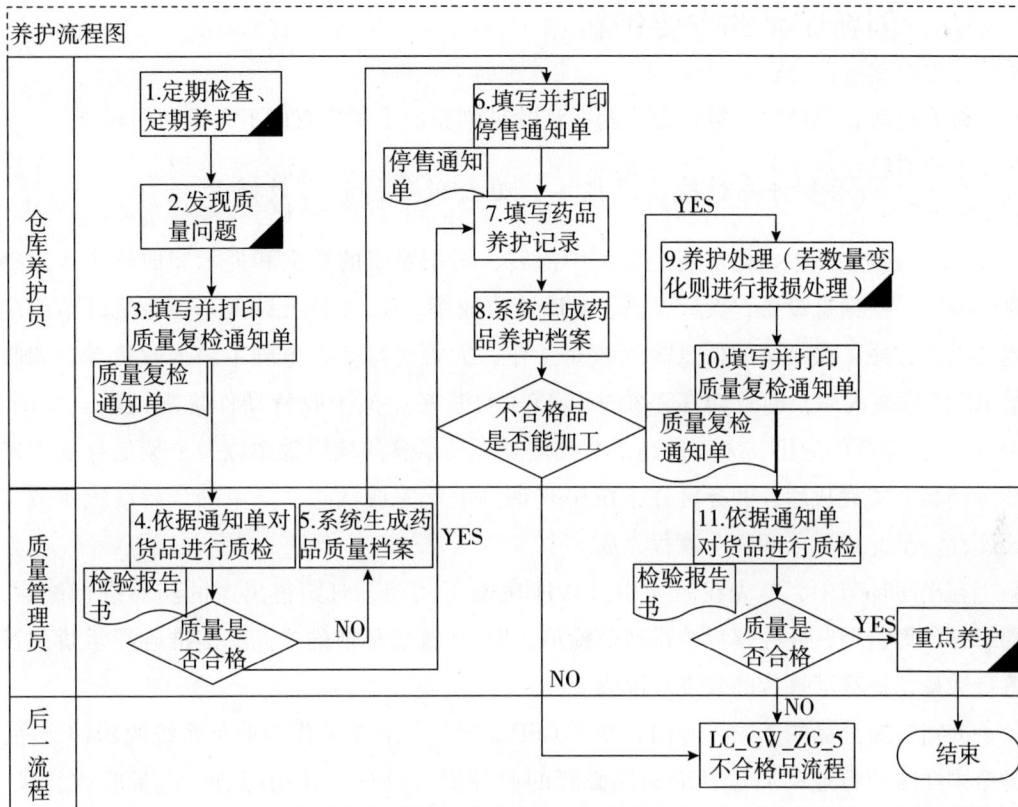

图4　药品在库养护流程

4. 运输配送

公司信息系统中拥有车辆管理、运输线路管理、运输地点管理、运输回单管理功能，分别对车辆信息、运输线路和地点进行制定划分。配送员领取送货单（备货完工中打印的随货同行联），按线路和调度台分配车辆，配送员提取药品装车（装车时与随货同行联核对购货单位、件数等信息），送达终端客户后由客户核对签收，配送员带回签单，交由内勤进行运输回单录入。

针对运输过程环节，公司应用了 GPS 系统，对整个运输过程进行调度管理。GPS系统能准确定位每辆车的位置、行驶里程、速度、油耗等信息，同时实时读取冷藏车内的温度，便于对冷藏车的温度监控。系统还拥有行驶线路历史回放功能，能调取每辆车每天的行驶记录，便于对整个运输环节的管控。

目前公司在主推移动商务 PDA 项目，配送员通过 PDA 设备，在装车完成、到货确认两个环节扫描随货联条码，及时上传货品发出和到货信息。在 PDA 使用规划中，英特物流公司将计划进行装车每件扫描核对装车信息、配车单系统自动分配管理等功能，从源头上控制装车的错误率，在提高装车准确率的同时，实现整个运输配送过程的可控性。

五、创新成果的主要创新点

综合而言，英特物流第三方医药物流管理创新成果主要有以下方面的创新：

(一) 采用多种高科技信息技术，办公效率得到有效提升

所有进货入库单据都在信息系统中流转，根据系统的数据和提示完成整个入库动作，辅以一些信息设备，大大提高了入库验收效率。RF 手持无线设备在收货环节的应用，大大方便了验收员的信息录入核对工作，无须再排队在电脑中录入收货单，验收员 RF 信息录入后，即自动在系统中生成了收货单，整个收货动作更加便捷、准确。RF 在上架环节的应用，大大提高了上架员对货品信息的核对效率以及上架储存的准确性。药品上架完成后，业务可在系统中查询到上架完成状态，点单确认后系统生成正式库存。至此进货入库整个流程完成。

在出库环节中，首先在系统中进入库房配货功能，对销售出库的药品进行配货，同时打印集货单，并凭集货单挑选药检单。RF 在拣货环节的应用，能准确提示货位及拣货数量，提高了拣货的效率和准确率。

公司针对药品的养护，专门开发了 GSP 系统。GSP 系统作为业务系统的延伸产品，为全国性医药行业的质量管理提供必要的业务服务，其主要功能有：质量验收管理、日常养护管理、库内质量管理、基础信息管理。

(二) 利用管理信息系统对技术进行有效集成

公司信息系统中拥有车辆管理、运输线路管理、运输地点管理、运输回单管理功能，分别对车辆信息、运输线路和地点进行制定划分。配送员领取送货单（备货完工中打印的随货同行联），按线路和调度台分配车辆，配送员提取药品装车（装车时与随货同行联核对购货单位、件数等信息），送达终端客户后由客户核对签收，配送员带回签单，交由内勤进行运输回单录入。针对运输过程环节，公司应用了 GPS 系统，对整个运输过程进行调度管理。GPS 系统能准确定位每辆车的位置、行驶里程、速度、油耗等信息，同时实时读取冷藏车内的温度，便于对冷藏车的温度监控。系统还拥有行驶线路历史回放功能，能调取每辆车每天的行驶记录，便于对整个运输环节的管控。

(三) 有效降低医药企业成本，提高药品流通效率

当前医药企业自建物流平台的服务内容主要集中在药品仓储及运输两个项目，缺乏专业的物流管理技术及软硬件设施；而第三方物流企业的服务内容主要集中在运输项目，对医药流通的相关法规并不熟悉、对药品的管理也不够专业。

英特物流开展的第三方医药物流项目是集药品储存、验收养护、物流加工、装卸搬运、集中配送和信息服务六大功能于一体，配备系列具有国际先进水平物流设施的专业第三方医药物流服务项目，在熟悉医药行业体制、能对药品进行专业管理的同时提供专业化物流服务。

六、创新成果的应用效果

目前英特第三方医药物流已有合作客户 27 家，包括赛诺菲安万特、联邦制药、南京长澳，浙江医保、内蒙古京新、浙江贝达等国内外知名企业；实现收入从 2008 年的67 万元到 2012 年的 742 万元、吞吐量从 2008 年的 9.77 万件到 2012 年的 121.63 万件飞跃增长，仓库利用已近 100%。详见下表和图 5 所示。

英特物流 2008—2012 年度吞吐量和收入统计

年份	吞吐量（万件）	收入（万元）
2008	9.77	67
2009	49.69	323
2010	72.64	504
2011	104.23	583.63
2012	121.63	742.61

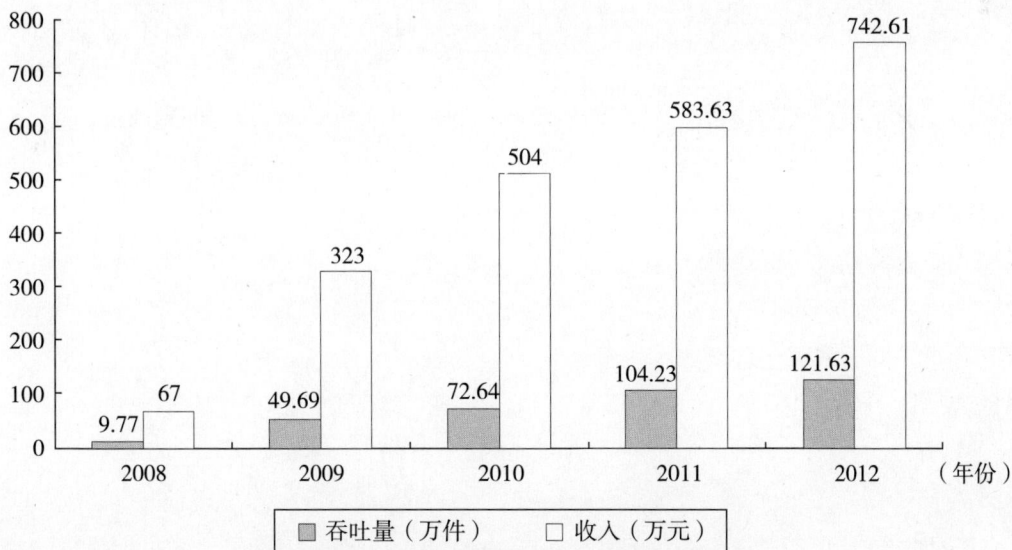

图 5　英特物流 2008—2012 年度吞吐量和收入统计

第三方医药物流的实施让英特物流为客户提供的服务更加专业化、一体化、信息化，在减少医药流通企业物流成本、提升物流效率的同时，实现了药品在物流过程中的规范化、可视化，保证了药品质量。

随着英特第三方医药物流项目的良好运作，越来越多的医药企业开始发展第三方医药物流项目。目前，浙江省内获取第三方医药物流资质批文的有5家，已批准试点的6家，各企业在拼质量、拼服务、拼技术的良性竞争中逐步壮大，进一步促进了医药流通行业的规范性，推动了医药行业发展。

七、创新成果的推广价值

英特物流发展第三方医药物流，降低了药品物流成本，提高了药品流通质量，完善了药品物流活动的服务功能，在促进自身发展的同时为所服务的医药企业增强市场竞争力。因此，英特物流第三方医药物流管理创新对物流企业具有较大的借鉴价值。一方面，该创新成果值得从事医药物流的专业化第三方物流企业进行借鉴，提高在医药流通中的效率和服务水平；另一方面，该创新成果也比较适合应用到小批量、多批次、高频率的物流作业中，值得从事商贸物流配送的第三方物流企业在提升物流管理水平中予以借鉴。

宁夏伊品公司汽车运输管理改善方案①

【摘要】内蒙古伊品生物科技有限公司是宁夏伊品生物科技股份有限公司的全资子公司。2012 年公司各产品产量翻番，外运需求同步增加，但外部资源并不能同步增长，因此目前的汽车运输组织模式已无法满足即将到来的发运需求。公司在分析现有汽运模式不足的基础上提出了汽车运输管理改善方案。改善方案涉及运行模式规划、合作方选择、竞争机制引入和费用结算等多方面，针对可能出现的一系列问题如相同流向竞价联盟问题、多家询价形成的部分虚假需求对市场的扰乱问题和合作队伍的稳定性问题，公司制定了相应的保证措施与风险规避措施。方案的实施实现了公司汽车运输业务"安全、快捷、成本可控，提升客户满意度、提高公司市场竞争力"的预期目标。对同行业中面临相似问题的企业具有较好的参考价值。

【关键词】汽运模式；第三方物流外包；运输成本；运输时效

【适用领域】制造企业物流部门；第三方物流企业；汽车运输成本控制；社会化车辆整合

一、企业基本情况

宁夏伊品生物科技股份有限公司是由宁夏伊品投资集团有限公司控股的民营股份制公司；是国家级高新技术企业、农业产业化龙头企业、农产品深加工示范企业，拥有国家认定的企业技术中心；是中国轻工业发酵行业十强企业、循环经济试点企业；是自治区重点扶持的非公有制骨干企业。公司拥有一家全资子公司内蒙古伊品生物科技有限公司。

公司主要产品有赖氨酸、苏氨酸、色氨酸、味精、复混肥、淀粉及玉米副产品。产品市场覆盖全国 30 多个省、市、自治区，出口 50 多个国家和地区，目前拥有员工4000 余人。

2009 年，公司投资 16 亿元建设了 45 万吨玉米深加工项目。项目主要产品包括味

---

① 本成果由宁夏伊品生物科技股份有限公司提供，成果主要创造人：韩会平，参与创造人：买彦花、杨松、刘雪竹，获 2012 年度物流行业企业管理现代化创新成果奖三等奖。

精、苏氨酸、复混肥和玉米淀粉，味精产品规模居于国内行业的前三位，苏氨酸产品规模位居国内行业第一位；2011 年，计划投资 62 亿元建设赤峰基地，项目主要产品为氨基酸系列产品和生物医药产品；2011 年，投资 2 亿元建设年产 10 万吨过瘤胃饲料添加剂项目。

公司已通过 ISO 9000 国际质量体系认证；HACCP 食品安全认证；ISO 14001 环境管理体系认证；OHSAS18001 职业健康、安全管理体系认证；HALAL 国际伊斯兰清真认证；KOSHER 国际犹太认证；FAMI – QS 欧洲饲料质量认证等。2010 年结合公司的体系管理状况，将体系整合成为 QH – EHS 一体化管理体系，实现了产品从原材料采购到销售的质量、安全全过程的可追溯。

公司与国内多所著名的科研院所、高等院校建立了产学研合作关系，搭建了广泛的科学研究和技术交流平台。与中国科学院微生物研究所合作成立了氨基酸联合实验室；建立了宁夏氨基酸产学研合作示范基地、宁夏氨基酸发酵技术及装备工程实验室。企业技术中心是中国科学院生物产业科技创新联盟成员之一。

公司本着"做实、做细、持续"的工作理念，遵循"大胆想象、小心求证"的原则，鼓励和组织员工开展基于岗位、立足改善的创新改善活动，持续优化工作质量和效率，不断提升企业的核心竞争力。

公司党组织机构健全，党员人数占员工总数的 5%，先后有 8 个党支部和 38 名党员受到银川市委、永宁县委和发改局党委的表彰，2011 年公司党委被永宁县委评为"学习型党组织"。公司工会下设 11 个分工会，36 个工会小组，截至 2011 年年底，共有会员 4085 人，其中女会员 1050 人。工会被评为自治区五星级企业工会，公司被评为自治区劳动关系和谐企业。

二、创新成果的名称

该创新成果的名称是宁夏伊品汽车运输管理改善方案。公司在分析现有汽运模式不足的基础上提出了汽车运输管理改善方案。改善方案涉及车辆运行模式规划、合作方选择、竞争机制引入和费用结算等多方面，针对可能出现的一系列问题如相同流向竞价联盟问题、多家询价形成的部分虚假需求对市场的扰乱问题和合作队伍的稳定性问题，公司制定了相应的保证措施与风险规避措施。

三、创新成果的产生背景

（一）传统汽运模式不能适应现代生产需求

在运用新的发运模式前，公司公路发运主要是依靠中小型的货运信息部承运，因全国大型的物流公司相对比较少，而信息部只起到一个中介的作用，货物安全、发运时效、运输成本等都不能得到很好的保障，从而无法满足客户的需求。而目前的物流服务中心满足市场及客户需求，这将改变公路发运的现状；其次，物流作为服务部门，其服务水平必须与现代经济的生产、贸易以及消费发展水平相适应，这就要求公路运输需引入现代化管理手段，通过提高管理水平和客户服务水平，为客户及销售做好有力的后勤保障。

（二）公司运输业务量翻番，运输需求压力增大

2012年公司各产品产量翻番，外运需求同步增加，但外部资源并不能同步增长，因此物流将面临空前的运输压力，目前的汽车运输组织模式已无法适应即将到来的发运需求。

（三）汽运的第三方物流服务水平急需改进

目前企业物流发展的一个方向是第三方物流外包，这样可以集中企业的核心竞争力，使企业在新产品开发、工艺革新、营销建设等方面取得更具优势的行业竞争力，也是企业物流向专业化、规范化方向发展的必经之路。目前公司汽车运输的组织模式也是第三方物流外包的一种存在形式，而且是非常适合公司现状、行之有效的模式，我们需要做的是提供资源满足需求、改进管理、提升服务，把公司的物流管理工作更上一层楼。

四、创新成果的主要内容

（一）传统汽运组织模式缺陷

传统的汽车运输组织模式为：公司物流部负责和几家货运信息部签订固定线路运输服务合同，几家信息部每周为公司提供各去向的运输价格；当销售部门下订单后，物流部根据去向通知货运部落实运价和车辆；车辆落实后物流部根据货运部出具的派车单办理提货手续（审验资质、拍照存档、签订协议等）。

1. 传统汽运模式的优点

（1）单一线路由一家货运部负责，可以使货运部培养相对固定的社会车辆，资源相对集中，运输途中各种情况（路径规划、路况、运输管制、意外事件处理等）相对熟悉，应对措施相对全面。

（2）货运部派车后公司与司机签订运输协议并拍照留档，风险控制上有一定基础，并且司机信息留档后为公司组织挂靠运输队伍提供了便利条件。

（3）货物在途信息查询及微小运输事故的处理简单快捷。

2. 传统汽运模式的不足

（1）安全方面

①法律主体责任不明确：传统汽运模式下虽然与货运部签订了运输协议，但从本质上讲是中介协议，货运部只是收取信息费、介绍车辆。一旦事故发生，货运部也是视损失大小及合作过程中的收益状况来确定赔付事项，管理混乱及执行难的现象就会发生。

②赔付能力问题：通过对实际运行的调查了解，事故发生后产生损失，司机的赔付愿望及能力在 1000～5000 元，货运部的赔付愿望及能力在 30000 元左右。相对于公司的高价值货物来说偏差较大，为汽车运输工作的开展留下了隐患。

（2）运输成本的控制方面

①运输价格可控度不强：原有模式下每个线路由一家货运部来负责，没有引进竞价机制，势必造成货运部占据主导地位，公司只能被动接受。虽然有周报价作为参考，同时物流部也定期调查货运市场，但对运输价格的控制起不到有效作用。

②运输价格透明度不够：原有模式下表面上货运部只按车收取信息费，实际上货运部通过垫付启程运费、强压硬扣等手段获取更多的收益，致使部分运输价格高于市场转嫁到公司的成本中，并且货运部与司机之间的博弈时间也会影响到运输时效。

（3）运输时效无法控制

①通常情况下，货运部接到运输订单后为获得更多的收益，与司机之间会进行讨价还价，甚至为保证利润而放弃车辆；司机也会多家打探，这样势必延长发运时间。

②公司与货运部之间框架协议中只提到找车的时间限制（简单的描述），关于单笔运输业务没有合同或协议，更没有业务完成时效的约束（只有外销业务与司机签订到货时限的约定）。

（4）特殊订单的解决方面无保障，公司的特殊订单是指具有时限要求非常紧急、订单批量小、去向冷门基本无回程货物等特性的订单。

①时限要求紧急的订单目前主要集中在外销产品方面，原因有生产保障方面销售需求计划与生产时间安排不匹配的，更多的是营销部门关于订单确定、货款回收、货物交付时间等安排上缺乏系统性。

②批量小的订单主要集中在市场开发阶段或终端直销的产品，如小包装味精等，无法满足车辆整装吨位（一般指双桥或半挂车型），为了控制运输价格使发运时限受到影响。

③去向冷门订单主要指该地区整体物流需求小、物流环境发展缓慢并且路途遥远的，如江西赣州一带、青海格尔木地区、西藏大部等。

（5）特殊运输环境下订单的安排难度较大，主要是指因天气或重大政治、军事、社会等活动影响，使订单的解决存在问题。

（二）改善目标及措施

1. 预期目标

以公司汽车运输货物流向为主体，点对点选择资质齐全、实力较雄厚的运输型物流单位（含货运信息部）进行合作。实施的预期目标是实现公司汽车运输业务"安全、快捷、成本可控，提升客户满意度、提高公司市场竞争力"。

2. 运行模式规划

（1）货物流向的划分。根据 2010 年汽车运输总量及各个省区数量分布进行确定，确定时关注以下事项：

①虽然省区不同，但流向上可合并为一个，如云贵川为西南流向，黑吉辽为东北流向，等等。

②对 2010 年各流向的运输量进行分析，从产品构成、批量大小、常规需求、运输方式、季节变化分布等方面分析，同时结合今年的预算情况来统一划分为大、中、小三类流向。

（2）合作方的选择

①资质证件必须真实齐全：经工商部门注册的证照、道路运输许可证等。

②服务保证：合同签订后合作方须授权专人或兼职人员负责公司的业务（授权书须在公司留存）；为了保证相关服务的实现，合作方须有相应的信息管理工具：如进行车辆在途信息查询的"管车宝"系统，进行订单确认、派车管理的电脑打印工具。

③经营实力：议标前物流部已对部分的合作方进行市场调研，落实其经营理念、车辆组织能力、市场美誉度等，合同签订后要求合作方交质押金 20 万元，同时必须有运费垫付能力（50 万元左右）。

3. 流向和合作方的搭配

初步规划是每一个流向必须由三家合作方参与，同样每一家合作方可以参与三个流向的运输业务，保证每个流向都有较稳定的合作方供公司来选择。

4. 竞争机制的引入

公司物流部须另行制定《汽车运输管理办法》作为合同附件，办法中须明确比价订单的标准量（依据 2010 年汽车运输业务订单结构确定，初步意向是将单笔业务量或同一天、同一流向的不同订单累积量超过 100 吨进行比价）、流程、组织形式、考核评价等内容。保证每个流向或订单的运价都是通过竞价确定的。

5. 费用结算

原有汽车运输的结算是在业务结束后，公司财务根据物流部提供的信息向税务部门统一开具发票做账务处理。现在由运输合作方根据确定的运价定期开具发票，然后向公司来结算。

（三）预期目标实现的保证措施

1. 货物安全的保证

（1）合作方的选择上必须是资质齐全、实力较雄厚的物流公司；

（2）合同协议的签订须严格把关，明确双方的权利与业务，尤其是竞价机制、考核评价等须单独形成附件。

（3）提高合作门槛：质押金设定为20万元，一是考量合作方的实力，二是货物安全方面的考虑。

（4）与所有合作方进行沟通，考虑是否由公司牵头、合作方投保的方式来作为风险保证。

2. 运输成本的控制

运输成本控制的目标是单笔运输业务运价不高于市场价且保持相对稳定，具体措施如下：

（1）同一流向由三家货运公司来参与，通过竞争的方式来确定最终合作方及运价。

（2）缩短结算周期（须与合作方沟通确定为一周或半个月），避免货运公司考虑因垫付运费形成的资金沉淀成本。

3. 时效的保证

物流部在组织竞价的同时，根据订单量、运输市场行情、客户要求等对发运时限也做出要求，并且依据完成情况对合作方进行考核评价。如单笔业务的执行期超过时限要求则将剩余量按一定标准进行考核，如在时限内提前完成，则后面的竞标业务在同等条件下有优先权选择权进行奖励。

4. 考核评价

物流部需要形成合作方的考核评价管理办法，根据运价、安全、时效、服务、信息传递等内容进行月度定性、定量评价。

（四）相关问题及风险的规避

1. 相同流向竞价联盟问题

相同流向与三家货运公司长时间合作，有可能会形成价格联盟。针对此问题提出以下措施：

（1）物流部根据已划分确定的流向及合作方的选择意愿，对流向和合作方进行搭配，搭配的结果掌握在物流内部即可，不向货运公司进行公示。

（2）物流部随机对非本流向的其他合作方进行询价以验证运价的合理性，或定期对货运市场进行调研（形成报告）来评价业务合作的有效性。

（3）从目前初步确定的合作方的构成看，有全国性的物流公司（安得物流、远程物流），也有地方性的物流公司（银古物流、吴忠华通），各自有不同经营目标，可避免价格联盟的问题。

（4）制定相应管理制度作为运输合同的附件，一旦发现价格联盟的存在即对相关方进行严格处罚，以保证业务运行。

2. 多家询价形成的部分虚假需求对市场的扰乱问题

（1）从本次招标公告发出后报名参与的十多家企业中，经筛选满足公司要求的拟合作单位有 7~8 家，分布于银川的众一物流市场、银古物流市场，吴忠货运市场及石嘴山货运市场。应该说车辆来源较广，多家询价不会扰乱市场。

（2）单笔业务经过竞价确定承运方后，由一家负责组织车辆也可部分的规避同一辆汽车应多个婆家的问题。

3. 合作队伍的稳定性问题

多次参与竞价但因价格问题不能获得订单的合作方可能会消极应付。针对此问题的解决措施是：

（1）物流在订单合作方的选择上不能单纯的以运输价格为依据，要根据时效保证、服务、响应速度及月度评价等综合信息来确定。

（2）每个流向除了需比价的订单外还有部分小订单，这部分订单由物流部汽车运输业务人员进行平衡调配。

五、创新成果的主要创新点

宁夏伊品汽车运输管理改善方案主要有以下几个方面的创新点：

（1）问题分析透彻，解决思路明确。成果从安全、成本、时效性等方面充分分析目前汽运模式的不足，并基于此提出运行模式，合作方选择，价格竞争机制，费用结算等方面的改进目标。

（2）针对上述分析的不足与提出的改善方法，该方案还考虑了其相应的保证措施，确保改善方法正确实施，保证改善效果。

（3）针对竞价联盟、市场稳定、合作方稳定性等问题提出风险规避措施，完善了改善方案，降低了企业实施方案的风险。

六、创新成果的应用效果

自新的汽车运输发运模式运行以来，物流服务发生了质的变化，发运时效（2 天内订单完成率）由原来 85% 提高到 92%，通过对货物运输在途状况全程追踪，使货物安全和质量得到有效的保证。通过比价竞标模式，有效地降低了运输成本，为公司的拓宽运输渠道奠定了基础，运费支付的准确快捷也使企业在物流行业树立了良好的口碑。

通过近一年多的运行，2012 年的客户满意度也较同期相比有所提高，质量和货物安全及运输延误的投诉较去年相比下降 10%，客户服务水平有所提升。

七、创新成果的推广价值

宁夏伊品生物科技有限公司充分地认识到公司目前在汽车运输中存在的问题，深入地分析了目前汽运方式在安全、运输成本控制、运输时效、特殊订单解决、特殊运输环境等多方面的不足。公司针对上述不足提出了一系列目标和解决措施，并细致地考虑了改善方案的保证措施和风险防范措施。总的来看，该创新成果具有较广泛的推广价值。首先，该创新成果适用于制造企业物流部门整合利用社会化的车辆资源，可以帮助他们提供或改进社会车辆利用方案；其次，该创新成果也适用于专业化的第三方物流企业实施车辆资源整合，成果中的车辆管理创新模式有助于加强第三方物流企业社会车辆风险管控。

物流技术篇

青岛远洋大亚集装箱堆场实时管理系统[①]

【摘要】青岛远洋大亚物流有限公司针对目前集装箱管理面临的作业信息不准确、不完整、不完全等现实问题，设计开发了远洋大亚集装箱堆场实时管理系统。该系统可实现实时采集集装箱和货物作业信息并记录到数据库；在该系统基础上，公司重新设计集装箱和货物的实时化操作流程；通过优化的流程，建立良好的调度管理体制，从而打造全新的集装箱堆场、物流中心管理秩序和管理方式；以此平台为基础，青远大亚又全面打造面向客户的实时化信息服务，以方便客户实时跟踪集装箱及货物。公司设计了一整套智能算法与自动化功能，这些智能化、自动化的功能进一步深入挖掘了公司流程管理的潜力，全面实现了集装箱和货物的实时化管理，保证了公司内部管理可控性、有序性、准确性和实时性，同时降低了作业成本、运营成本，提高了作业效率和质量，也为其他企业进行集装箱管理提供了有益借鉴。

【关键词】集装箱堆场；实时管理；自动化；智能化；信息查询

【适用领域】各种集装箱堆场管理；海关集装箱监管；外贸型物流企业

一、企业基本情况

青岛远洋大亚物流有限公司（简称"青远大亚"），成立于1996年3月18日，是青岛中远物流有限公司与新加坡万邦航运集团共同投资设立的中外合资企业，注册资本8286万元，资产总额5.2亿元，主要经营海运进出口货物的运输代理以及国际集装箱综合物流业务，包括揽货、订舱、签单、报关报验、多式联运、无船承运、CFS服务、项目运输、集装箱箱务管理、冷箱技术服务、干箱技术服务、罐箱技术服务、陆路运输、仓库进出口货物集运、保税物流、物流配送等，是目前青岛地区规模较大、服务功能较齐全、综合实力较强的物流企业，并连续多年荣膺"全国物流百强企业"称号，致力于打造基于完全信息化管理的多功能、多网络、大空间联动互动组合的物流供应链（网）。

[①] 本成果由青岛远洋大亚物流有限公司提供，成果主要创造人：吕晓军、沈季敏，参与创造人：唐建伟、王世荣、李崇耀、侯建、王林广、邱萌、高鹏、秦亮亮、匡顺家、王军，获2012年度物流行业企业管理现代化创新成果奖二等奖。

公司先后获得全国 5A 级综合服务型物流企业、中国国际货代物流百强企业、全国物流业标杆企业、大陆桥运输十大突出贡献企业、全国信息化应用先进企业、全国最佳信息管理物流企业、改革开放三十年中国海运物流百家精英、全国物流行业先进集体、全国优秀报关企业、低碳山东模范单位等荣誉称号，并通过美国 C－TPAT 海关——商贸反恐认证及中质协 ISO 9001：2008 质量管理体系认证。

二、创新成果的名称

青远大亚的创新成果是青岛远洋大亚集装箱堆场实时管理系统。该系统通过采用先进的技术方案，针对目前集装箱管理的实际问题，实现实时采集集装箱和货物作业信息并记录到数据库。在此基础上，青远大亚重新设计集装箱和货物的实时化操作流程，通过优化的流程，建立良好的调度管理体制，从而打造全新的集装箱堆场、物流中心管理秩序和管理方式。以此平台为基础，公司又全面打造面向客户的实时化信息服务。

三、创新成果的产生背景

长期以来，集装箱管理面临无法有效采集机械作业的难题，由此导致作业信息不准确、不完整、不完全等现实问题。在这种情况下，集装箱堆场的管理无法不混乱，无法有秩序，更无法有条理。从而出现进出场记录不全、盘存不准、费用不对、盘点难度高等情况。

针对上述情况，公司采用先进的技术方案，利用 2.4G 无线技术、RFID 技术、数据库、GPS、GIS 等，针对集装箱、货物管理的实际问题，实现实时采集作业信息并记录到数据库，设计实时化操作流程，建立良好的调度管理体制，从而打造全新的集装箱堆场、物流中心管理秩序和管理方式。

从青远大亚的信息化进程来看，分为两个阶段：

（1）1991—1998 年，Dos 版管理系统

这一阶段，公司使用单机 Dos 版管理系统，该系统仅能实现简单的记录和打印功能，不能实现实时记录，系统中记录的箱子位置和实际现场的位置往往是不同的。也就是说，根据系统记录的位置，一般是在现场的该位置上找不到相应的箱子；同时也存在现场有的箱子，在系统里面可能看不到的情况。这是一种非常混乱的管理系统，尤其是急需某个箱子的时候，必须发动大批人员分区划片地毯式搜寻，成本非常高，而效率却很低。

（2）1998—2001 年，Windows 版管理系统

1998 年开始，青远大亚配合中科院开发中远下属堆场的新版集装箱管理系统。这一系统比上一系统有两个明显的优点，一是系统为网络版，可以多人同时操作，二是可以植入模拟人脑的智能化算法，以提高作业效率和降低成本。但是，该系统依然没有解决实时管理问题，找箱子的难度依然存在。

在这种背景下，青远大亚加大攻关力度，采用各种可能的技术，一定要解决实时化的难题，向实时化管理挺进。由于集装箱作业的特殊性，机械都很庞大，而且需要移动，因此场地比较大，采用有线通信是不现实的。操作机械的司机主要工作是集装箱的装卸，无暇参与过多的电脑操作，而且对计算机知识了解很少。所以，电脑终端的操作必须力求简单、直观，最好是触摸屏。设备的选型要考虑超高温、超低温因素，难度还是很大的。

为了解决这些问题，青远大亚花费大量资金，用了一年多的时间进行研究，经过多次实验失败和重新选择技术和终端设备，青远大亚最终通过多种先进技术集成而实现了集装箱作业信息实时采集，进而有了集装箱实时管理系统、物流中心实时管理系统。

四、创新成果的主要内容

青远大亚集装箱堆场实时管理系统，通过采用先进的技术方案，针对目前集装箱管理的实际问题，实现实时采集集装箱和货物作业信息并记录到数据库。在此基础上，重新设计集装箱和货物的实时化操作流程，通过优化的流程，建立良好的调度管理体制，从而打造全新的集装箱堆场、物流中心管理秩序和管理方式。以此平台为基础，公司又全面打造面向客户的实时化信息服务。

（一）设计要点

（1）项目采用无线网络、触摸屏技术，率先在大型机械上面设置无线触摸屏终端，实现实时作业信息采集。利用大型机械配置的无线触摸屏终端采集信息，并通过无线网络连接数据库，使得信息能够快速准确共享，并用于流程控制和服务效率的提升。

（2）采用 RFID 技术，在仓库进出门处设置读写点，自动采集货物信息，并控制货物进出。货物入库时，通过库门口设置的读写器实时采集货物数据。

（3）采用 2.4G 无线网络技术，实现所采集数据实时传输至服务器端，如下图所示。

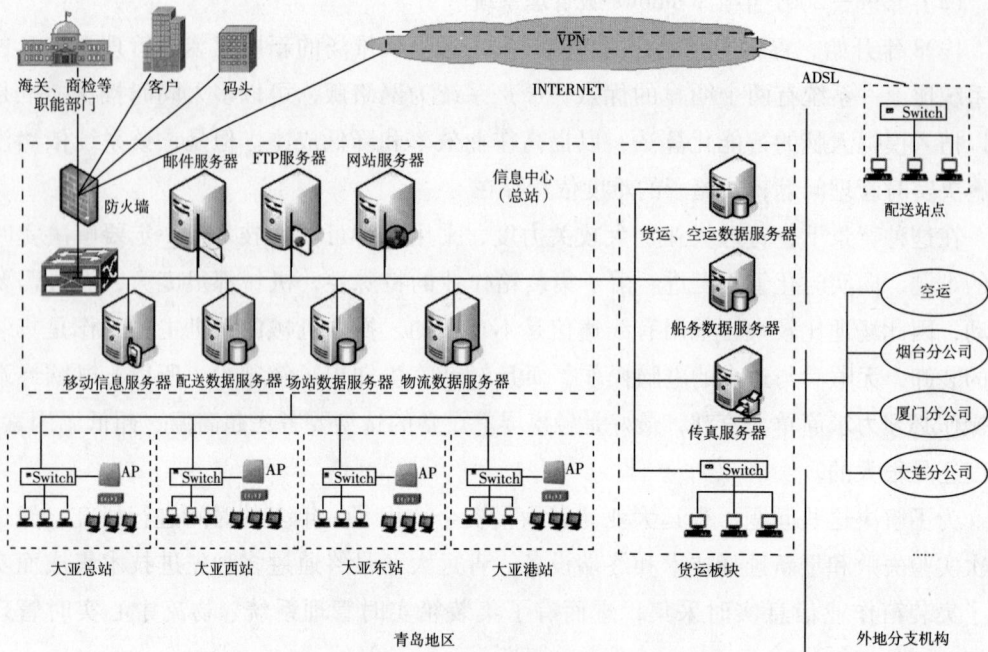

青岛远洋大亚网络结构示意图

（4）采用人工智能算法，实现集装箱、货物选位、选箱的自动化操作，提高准确率，降低劳动强度，降低成本和管理难度。

通过数据库技术、互联网技术，实现客户信息实时查询。实现与客户间实时互动数据采集发送、自动接收并分析导入数据库。采集作业信息时，自动记录工作量，采用计件工资等方式，提高员工的积极性。通过合理科学设计机械作业软件，既不影响司机正常作业，又采集到了有价值的信息。

与其他传统的堆场、仓储管理系统相比，本系统具有以下突出特点：

（1）通过触摸屏技术解决堆高机、叉车作业信息采集的问题，解决了大型机械信息采集的难题，实现了集装箱和货物实时化管理，保证了集装箱堆位、货物库位的100%准确率。

（2）采用智能算法，实现了自动选箱，保证了作业效率和质量；实现了自动选位，保证了作业效率和质量；实现了智能配载，保证运力的合理有效使用，降低了运营成本。

（3）通过实时化管理，进一步整体流程的优化，为企业内部管理降本增效；通过多种自动化通信方式，保证与外部上下游物流环节通畅，信息流流畅。

（4）通过 RFID 技术，自动识别货物托盘；真正实现了货物进出库、装箱的实时管理，使管理人员可以实时查询和跟踪货物。

（5）根据货物装箱计划，实现了自动识别货物并智能判断指导货物装箱过程；根

— 292 —

据货物出库指令，实现了自动识别货物并智能指导货物出库过程。

（6）通过门户网站，客户可以实时查询、跟踪自己的货物情况；客户可以根据自己实际需要，采用邮件、短信、MSN 机器人等多种方式，灵活地查询自己的货物。

（7）通过多年从业经验的积累与提炼，加上先进技术，设计智能化算法，实现了系统的灵活性、可靠性、稳定性、自动化、智能化；实现资金流、物流、信息流有效融合，形成完善、成熟、稳定的集装箱堆场、物流中心的应用体系。

（二）应用场景和适用范围

青远大亚集装箱堆场实时管理系统主要有以下五个方面的应用：

1. 集装箱实时管理

通过无线网络、触摸屏、数据库等多种技术，实现了集装箱和物流中心的货物实时动态管理。解决了集装箱堆场数据采集的难题，实现了堆位和库位的实时数据100%准确率。不仅使内部管理实时化，也为客户提供了实时货物跟踪信息，使客户能实时、安全、可靠地监控、跟踪、管理自己的货物，并能对堆场和物流中心的服务进行有效监督。

2. 物流中心实时管理

在无线网络、触摸屏、数据库等多种技术基础上，进一步采用 RFID 技术，不仅实现了库存货物的准确管理，对于货物进出库动作都能够实时准确监控并详细记录。此平台还实现了与客户共享实时数据，便于客户实时跟踪查询自己的货物信息，还能进行远程监控。并且自动监装机器人的设计，很大程度上节省了人力，节约了成本，还提高了效率和质量。也有助于提高口岸物流上下游环节的总效率，并有助于全国物流整体效率。

3. 客户服务

青远大亚在解决了自身内部管理问题的同时，也非常重视客户服务的问题。以前的系统本身不准确，更无法谈及提供给客户信息的准确性。使用实时系统之后，青远大亚可以提供客户想要的任何关于其货物的实时信息，受到客户的极大欢迎。青远大亚又根据不同客户需要量身定制了不同功能，并提供多种查询方式，包括邮件、网站、MSN 机器人、短信等，受到了客户的好评。很多客户业务员甚至把公司网站设为浏览器的首页，每次打开浏览器直接进入远洋大亚查询系统。

4. 智能化算法

智能化算法是青远大亚管理的特色，公司把专业知识和多年经验结合，提炼成管理、调度、作业各环节的智能算法，通过这些算法把复杂问题直观化、明确化，达到提高效率、降低差错率、保证作业质量、保证系统质量指标的目的。员工不必记住复杂的业务细节，只需把初始指令输入计算机，由计算机模拟人脑智能判断来解决复杂问题，明确给出作业指令，让流水线保持高速高质高效运转。传统的人工判断方法，不仅没有效率，质量也很难保证。这种智能算法的采用和不断改进优化，是青远大亚实时系统的精华所在，是效率和质量的体现和保证。

5. 自动化功能

自动化处理思路的采用源于解放人力的需要，有些工作需要在固定的时间来完成，为此专门安排人员完成非常浪费人力，尤其是晚间工作。对于时效性要求比较高的工作也有这样的需求，比如报文传输的处理中，处理速度直接关系到电子商务的效率。以及内部流程控制方面，作业指令及时的发出和完成，关系到整个生产线的运转效率。公司的大量自动化功能，绝大多数是为了上述需求开发的。实际上，自动化功能投入使用后，起到了非常好的效果，大大提高和保证了整个流水线的效率，也参与到了其他公司的信息处理流程，对实现高效的管理提供了一种支持和帮助。也直接提高了青岛口岸的物流效率。更大范围来讲，也有助于全国、国际的物流总效率的提高。

（三）实施效果

系统实施后，通过优化无线网络节点设置，实现场库区全面覆盖，保证了信息采集无盲点；触摸屏电脑、RFID 设备调整了响应速度，保证了信息采集的可靠与稳定；根据实际管理需要，优化智能算法，保证了作业调度的准确，首次实现了实时、准确、快速、高效的集装箱管理和物流中心实时管理；解决了集装箱领域信息获取困难、不准确、不实时的难题，大大提高了管理效率，降低了成本，使企业能够管理大规模、集中式、复杂化的集装箱堆场，全面提高其综合实力；货主、船公司、货代、船代、码头、海关、商检等外联单位，使用网站查询、邮件查询、MSN 查询、短信查询等方式，可以实时跟踪集装箱和货物情况；内部管理实现实时化，有问题暴露出来，及时解决；作业记录实时准确，便于员工绩效考核；通过 RFID 的采用，使货物进出库、装箱实时化管理，便于货物实时有效地跟踪与管理；电子报文自动生成与收发，大大提高传输效率，并解放部分人力，提高可靠程度；堆位、库位的准确率100%，可以不用在场区、库区安排现场人员，提高了安全程度，节约了成本；详尽的作业记录，为决策分析、人员考核提供了翔实的数据；物流、信息流、资金流有效融合，公司综合实力大幅提高。

五、创新成果的主要创新点

青岛远洋大亚集装箱堆场实时管理系统的实施在信息技术、智能化、自动化、管理方法等方面具有一定的创新性。

（一）注重信息技术的应用

青远大亚集装箱堆场实时管理系统运用多种信息技术，通过数据库技术、人工智能算法实现实时有序集装箱、货物管理；通过数据技术、互联网技术实现客户实时信息和跟踪服务；通过 FTP 终端，自动接收、导入、发送电子报文。

（二）运用先进技术改进管理方式

青远大亚集装箱堆场实时管理系统通过多种先进技术的应用，改进管理方式、提高作业的效率和准确性。通过触摸屏技术解决堆高机、叉车作业信息采集；通过 RFID 技术解决货物信息采集和实现自动识别货物托盘；通过无线网络技术实现所采集数据的实时传输。

（三）大力推广自动化智能技术的应用

青远大亚集装箱堆场实时管理系统运用了许多自动化智能技术：根据场地设置情况和进场计划情况，系统自动判断出最合适堆放的箱位；根据库位使用情况、货物码放要求、货物堆存需求，系统自动智能判断出合适的位置；根据货物装箱的要求，自动智能计算货物堆放在库内的顺序，并依顺序自动生成进库指令；根据货物装箱计划，自动识别货物并智能判断指导货物装箱过程；根据货物出库指令，自动识别货物并智能指导货物出库过程；根据货物尺码、重量、运输目的地、装船要求等，自动智能配载配送车辆；通过短信平台，自动接收短信查询请求，并自动智能检索查询数据，回复到查询手机；通过邮件设置，自动接收邮件查询请求，并自动智能检索查询数据，回复到查询邮箱；通过 MSN 机器人，自动接收 MSN 查询请求，并自动智能检索查询数据，回复到查询人。

（四）注重技术的实用性和可行性，以人为本

青远大亚集装箱堆场实时管理系统在应用多种技术的同时注重技术的实用性和可行性，以为客户提供高质量服务为准则。根据船公司用箱要求和货主用箱需求及现场堆存情况，自动智能判断出合适的具体的箱子；通过网站，为客户提供集装箱和货物的实时查询与跟踪服务。

六、创新成果的应用效果

通过技术革新，公司彻底改变了以往纯手工、半手工的劳动模式，在集装箱管理方面率先采用先进的信息技术主导的管理方式，并取得了令人满意的效果。

（一）改善内部管理

随着流程进一步优化，充分发挥技术的力量，推动公司业务量稳步上升。改善后效果明显，具体如下：

箱货准确率一直保持100%，劳动生产率提高33%；

机械装卸效率提高125%，仓库利用率提高2倍以上；

综合成本节约20%以上，业务量每年以两位数百分率递增；

实时系统自2001年10月投产，至2009年每年公司主营业务增加10%以上，2002—2004年增加更达50%或更多，经济效益明显；

企业综合实力大幅度提升。

青岛远洋大亚2009—2011年经济效益汇总表　　　　　（单位：万元）

年份	新增利润	新增税收
2009	1631	460
2010	648	191
2011	526	170

各栏目的计算依据：

新增利润＝新增收入－业务成本

2009年新增税收＝新增收入×3%营业税率＋新增利润×20%所得税率

2010年新增税收＝新增收入×3%营业税率＋新增利润×22%所得税率

2011年新增税收＝新增收入×3%营业税率＋新增利润×24%所得税率

（二）完善客户服务

公司内部实现实时管理系统后，向客户推出灵活的多种方式的实时信息查询服务，受到客户的极大欢迎。公司已经为电子口岸青岛分中心、青岛港EDI中心、深圳市中正国际货运代理有限公司青岛分公司、青岛宜嘉华运国际物流有限公司、青岛旌航国际物流有限公司、上海美捷船务有限公司、青岛鼎世国际货运代理有限公司、深圳市环球通物流有限公司青岛分公司等二十余家客户公司提供服务（青岛永创国际货运代理有限公司、青岛昊源达国际物流有限公司、北京五元物流有限责任公司青岛分公司、青岛航达国际货运代理有限公司、青岛华航国际物流有限公司、青岛麦特国际货运代理有限公司、全通（天津）实业有限公司青岛分公司、青岛盛海国际物流有限公司、青岛杭羿国际货运代理有限公司、青岛恒跃国际货运代理有限公司、青岛俊鑫国际物流有限公司、海程邦达国际物流有限公司、青岛海发实业有限公司、青岛川汇国际物流有限公司），可以为客户实现以下功能：

通过邮件查询跟踪货物情况；通过MSN机器人查询跟踪货物情况；通过短信平台

查询跟踪货物情况；通过网站查询跟踪货物情况，一些客户业务员甚至把青远大亚公司网站设为浏览器的首页，这样每次打开浏览器可以直接进入远洋大亚查询系统；根据双方接口可以与远洋大亚实现电子数据的即时交换与互联共享。

（三）引领行业进步

该系统有助于提高集装箱堆场、物流中心的自身作业质量和效率，经济效益明显，随着远洋大亚的技术创新，其他堆场纷纷仿效，掀起了一场堆场领域的技术改革热。通过技术、服务、效率等各方面的竞争，有效提升了物流堆场行业整体的技术水平和服务水平。同时，也带动了IT行业的技术进步和发展。

青岛物流行业的发展很快吸引了全国各地同行来参观和交流，交流活动涵盖了从上下游环节的衔接到具体某个流程的细节，还有具体的分工、责任划分，包括对外贸易中的注意事项、风险等。相信这些活动必将推动物流行业向更加成熟、更加健康、更加先进、信息化应用更加深入的方向发展。

（四）项目有广阔的发展前景

运用数据库处理、有线无线传输、扫描与识别、RFID射频等综合技术，形成异地多点、即时互动的物流信息广域网；进一步深入应用探讨，可以参与形成本地区物流的网状结构中有效、积极的组成部分，为本地物流业的发展贡献力量；加强国际合作，强强联合，可以与国外同行形成优势结合，分工合作的大物流。

七、创新成果的推广价值

青远大亚集装箱堆场实时管理系统适用于集装箱管理，能够实现实时采集及记录集装箱和货物作业信息、集装箱和货物的实时化操作流程，能够智能选择放置进场集装箱的位置、智能选择出场集装箱合适的箱子、智能选择进库货物堆放位置、智能选择配载配送货物运输车辆等，能够自动生成并发送电子报文、自动分析导入海关报文、自动生成集装箱作业指令、自动出库货物监控、自动装箱货物监控、自动生成报表等。系统还能提供面向客户的实时化信息服务，为方便客户实时跟踪集装箱及货物，量身定做基于Internet的实时信息查询，包括给货代公司开发的箱号信息查询、提单信息查询、整船货物信息查询等，给物流客户开发的仓库货物信息查询、进出库信息查询、库存货物查询等。

远洋大亚实时堆场管理系统，解决了以往行业的难题，打造了全新的集装箱堆场管理模式，推动了行业技术革新，拉开了物流行业全面进步的序幕。该创新成果可以在多个领域推广应用。首先，该创新成果可以在集装箱堆场系统，特别是海运集装箱系统中直接推广复制，并可引领区域海运物流的技术革新；其次，该创新成果可以推广复制到铁路集装箱堆场、公路集装箱堆场以及保税物流园区的堆场等各类堆场管理中，远洋大亚的集装箱管理的技术创新思路值得借鉴；最后，该创新成果也可供集装箱管理的相关港口部门、货代企业、海关监管堆场等机构与部门使用和借鉴。

长久物流商品车无人装卸运输模式①

【摘要】 北京长久物流股份有限公司主要经营乘用车及商用车运输、仓储、物流规划、零部件配送、增值服务等业务。因为进口整车物流要求物流企业必须有很高的运力投入和丰富的承运经验，行业壁垒较高，所以目前行业内进口高端整车物流服务提供商并不多。为了将企业打造成为进口高端整车物流服务方面的行业领先者，长久物流实施无人装卸项目，采用稳定性好、故障率低的国际先进自动装卸车，大大提高工作效率，完全满足豪华车离地间隙小通过性要求高的装卸需求，最大限度降低质损率。同时，使用先进的 GPS 定位系统装置和无线传输手持移动数据终端等高科技配套设施，在信息平台的统一调配管理下，可实现实时商品车跟踪和实时商品车起运及交付信息的传输，充分满足客户各项高品质的物流需求，提升了长久物流现有的物流服务质量。无人装卸运输项目使长久物流在物流管理、企业管控等多个方面都取得了显著成效，为整车运输物流公司的服务升级提供了有益借鉴。

【关键词】 无人装卸；整车运输；挂车轻量化

【适用领域】 专业的汽车物流公司；第三方物流企业

一、企业基本情况

北京长久物流股份有限公司（简称长久物流）注册资本 1.623 亿元，是吉林省长久实业集团有限公司核心子公司，总部设在北京，业务涵盖乘用车及商用车运输、仓储、物流规划、零部件配送、增值服务等。

秉承"至诚、志专、致远"的企业价值观、"敬业、求实、创新、奉献"的企业精神和"真诚服务，奉献价值"的服务理念，经过二十年的专业积累，长久物流制订出一整套严谨、科学的物流管理体系和运营流程，在业内赢得了广大客户的高度赞誉。长久物流在全国各地设有多家全资、控股子公司，业务网点达 40 余处，已形成以华北、东北、华东、华南、西北、西南为基地的全国大循环汽车物流资源网络布局，乘

---

① 本成果由北京长久物流股份有限公司提供，成果主要创造人：陈钢、方乃冲，参与创造人：刘栋、于长安，获 2012 年度物流行业企业管理现代化创新成果奖三等奖。

用车和商用车综合运输能力达 150 万辆，员工数千人，固定资产超亿元，年产值超过二十亿元的全国性现代化大型汽车物流综合服务供应商。

长久物流 2003 年 9 月通过 ISO 9001：2000 标准质量管理体系认证，2006 年 1 月被"中国物流与采购联合会"评为 5A 级综合物流企业。2008 年 2 月，长久物流以绝对优势中标"奥运火炬传递"核心车辆承运项目，成为 2008 北京奥运火炬传递全程物流服务唯一指定承运商，为奥运火炬在中国境内 113 个城市的火炬传递活动提供汽车物流运输服务。整个活动历时 3 个多月，运输里程 560000 公里，全程无延迟、无事故，圆满完成"奥运火炬传递"核心车辆承运项目，用实际行动履行了对百年奥运的庄严承诺。

2011 年 11 月，长久物流获得自营进出口资质，标志着长久物流从此可依法自主地开展进出口业务。长久物流的专业化服务得到了业界及客户的高度认可，获得众多荣誉，如"2010 中国物流十大成长力企业"、"中国物流百强企业"等。

表1　　　　　　　北京长久物流股份有限公司财务状况表　　　　　（单位：万元）

项　目	2011 年	2010 年	2009 年
资产总额	129937	88038	73504
固定资产原值	24250	24007	22773
固定资产净值	12395	14037	12776
负债总额	76602	46870	45508
净资产	53335	41168	27996
所有者权益	53335	41168	27996
主营业务收入	217952	166316	127755
资产负债率	58.95%	53.24%	61.91%

2011 年乘用车市场全年累计产量为 1442 万辆，同比增长 4.3%；全年累计销量达到 1370 万辆，同比增长 2.8%。长久物流（不含合资公司）全年商品车（一次品牌发运）发运量完成 1201164 台；在乘用车物流市场的占有率为 8.77%，在轿车物流市场的占有率为 10.37%。2011 年公司品牌发运量（不含合资公司）呈曲线上升趋势，月均发运量超过 10 万台，12 月单月品牌发运量超过 12 万台，创历史新高峰。

二、创新成果的名称

长久物流公司的创新成果名称是长久物流商品车无人装卸运输模式。该创新模式主要应用在进口整车物流服务，尤其进口高端整车物流服务承运中。进口整车的车辆价值高，要保证物流运输安全和货物完好，需要高品质的运输车和完善的管理措施，另外，高端整车物流的客户需求往往比较特殊、复杂，对时效性要求较高。公司采用稳定性好、故障率低的国际先进自动装卸车，可完全满足豪华车离地间隙小、通过性要求高的装卸需求，最大限度降低质损率。同时，使用先进的 GPS 定位系统装置和无线传输手持移动数据终端等高科技配套设施，在信息平台的统一调配管理下，可实现实时商品车跟踪和实时商品车起运及交付信息的传输，充分满足客户各项高品质的物流需求，提升长久物流现有物流服务质量。

三、创新成果的产生背景

我国居民生活水平提高，高收入人群量不断攀升，同时居民消费结构不断升级，汽车消费成为热点。进口汽车市场的繁荣带来进口整车物流行业的蓬勃发展。尤其随着国内汽车消费逐渐多元化，高端汽车消费日趋增多，进口高端整车物流也发展迅速。目前我国已成为通用、大众、现代 - 起亚、日产的全球最大市场，也是本田、PSA 标致的全球第二大市场。由于进口高端整车物流通常采用高端定制化服务，较高的服务价格为物流行业带来丰厚的利润空间，因此备受各大汽车物流企业的青睐。进口整车市场，尤其高端车市场成为各大物流企业竞相争夺的市场。

然而，因为进口整车物流要求物流企业必须具备很高的运力投入和丰富的承运经验，行业壁垒较高，所以目前行业内进口高端整车物流服务提供商并不多，特别是针对进口高端整车的高品质物流服务提供商几乎没有。进口整车物流服务，尤其进口高端整车物流服务承运的车辆价值高，要保证物流运输安全和货物完好需要高品质的运输车和完善的管理措施，另外，高端整车物流的客户需求往往比较特殊、复杂，对时效性要求较高。

长久物流作为国内高端车运输行业的领头羊，为满足高端国际品牌整车不断增长的需求，必须具备足够数量的高端运输车，并通过自主研发，实现运输车的批量化升级优化，快速顺应目标市场需求；高端商品车对装卸和运输要求非常严格，国内尚没有完全符合其服务质量要求的专业运输车以及信息网络。长久物流依托 10 多年的经验完全自主研发的无人装卸运输模式，实现高端品牌商品车作业的安全化、智能化、可控化，属于国内首创。通过本项目建设，公司可依据客户对整车物流的服务需求、服务内容、完成标准的不同设立差异化的阶梯服务标准，制订一整套包括价格、时间、内容等在内的不同服务标准的客户解决方案，提供菜单式服务，建立起完善的高端车队运营体系服务标准，可从而拉动整个行业的服务标准体系化，促进整个行业的服务品质。

四、创新成果的主要内容

为解决采用标准车宽度难以装运较宽、较重的高级轿车的问题，避免出现高级商品车装车和卸车过程的剐蹭和磨损，同时考虑绿色环保的国家政策要求，长久通过自主设计高端厢式自动装卸半挂车，采用高新材料及电控、电气等专业技术，实现后门旋转、垂直升降落地自动装车，车厢外捆绑、固定商品车，同时减轻运输车辆自重，减少油耗及废气排放，可大大提高工作效率，完全满足豪华车离地间隙小通过性要求高的装卸需求，最大限度降低质损率。同时，使用先进的 GPS 定位系统装置和无线传输手持移动数据终端等高科技配套设施，在信息平台的统一调配、管理下，可实现实时商品车跟踪和实时商品车起运及交付信息的传输，充分满足客户各项高品质的物流需求，提升了长久物流现有的物流服务质量。

（一）项目实施进程

1. 设立研发中心

设立研发中心，设计并研发全自动装卸运输车总体构图，与材料、液压等专业机构合作开发关键部件，形成样车并批量生产，实现高端运输车后门旋转、垂直升降落地自动装车，车厢外捆绑、固定商品车，解决采用标准车宽度难以装运较宽、较重的高级轿车的问题，实现高端车装车过程真正无人式装卸。

2. 系统平台建设

融合云计算、物联网和三网融合等最新一代技术，结合服务器端，客户移动终端，网络终端，司机手持终端和车载综合监控记录系统，形成国内最先进高端汽车物流服务及信息共享平台。

3. 行业推广，设立培训中心

邀请国外专家进行先进物流技术和管理理念培训，申请国家相关专利技术，并得到行业协会认证和全行业推广。

（二）无人装卸运输模式主要技术方案

长久物流自主研发的全自动装卸运输车如图 1 所示。

该车主要特点：后门旋转、垂直升降落地自动装车，车厢外捆绑、固定商品车，解决了采用标准车宽度难以装运较宽、较重的高级轿车的问题。

1. 主要结构

（1）通过液压马达带动丝杆螺母，实现后门 90°旋转、垂直升降、落地装车，解决高档轿车底盘离地间隙小、低通过性的问题；

图1　长久物流自主研发的全自动装卸运输车

（2）自动装车，通过液压马达、减速机带动链条作循环转动，带动活动踏板作进出运动，实现自动装车，在车厢外捆绑固定商品车，解决车厢内空间小，无法捆绑固定的问题；

（3）提升立柱采用马达驱动丝杆，带动上层踏板上下运动，上层踏板调节范围大，占用空间小；

（4）采用 PIC 程序控制实现电液控多路阀电气控制，无线遥控，操作方便；

（5）小轮胎车桥，降低承载面高度，增加通过车辆高度空间；

（6）安装桥轴温度控制系统，随时掌握桥轴温度变化，保护车辆安全。

2. 挂车轻量化优化设计

（1）采用铝合金钢圈

铝合金轮圈不仅使整车的重量降低，更主要的是减少了发动机扭矩的扭力，降低了车轮的转动惯性，提高了汽车加速性能，并相应减少了制动能量的需求，从而降低了油耗，节省燃油。铝合金轮圈散热性好，能延长轮胎寿命，由于行驶过程中轮胎温度低，从而延长轮胎使用寿命 20% 以上；铝合金轮圈散热性好，节省了滴水喷淋水箱装置，挂车减轻重量 430 千克。高端厢式半挂车采用铝合金轮圈，挂车重量可以减轻370 千克。

（2）轻量化优化设计

大梁选用 T700 低合金高强度钢，桁架选用 Q345 钢材，二层架、滚动踏板、后门采用铝合金挤压高强度板，外侧蒙铝合金板，重量减轻 1500 千克。

（3）空气悬挂

高端车安装空气悬挂，能有效减轻和吸收车辆运行中的震动，使车辆行驶更平顺舒适。车辆运行平稳，能保护运输高端商品车和车架免受车辆运行时产生的颠簸、振荡和冲击。空气悬挂结构，选用 3D（三维）弹簧梁设计，配合钢套/橡胶/轴套的衬套，能有效减震，减小车架大梁的扭曲，增加车辆运行的稳定性。理想的制动性能，空气悬挂的各气囊通过空气管路相互连接，使车轴的静载荷、动载荷及制动时的载荷达到平衡，所以车辆在制动时各轴的制动力的大小保持一致，保障车辆随时都达到最佳的制动性能，使行驶更为安全。当车辆空载或部分载荷行驶时，通过车轴提升装置把一根车轴提升起来，有效地降低了轮胎的磨损，减少车辆油耗。当道路通过高度受到限制时，空气悬挂通过升降装置可以升高或降低车身的高度，提高车辆的通过性，避免造成商品车磕顶。空气悬挂由弹簧梁、支承架、气囊等组成，大大增加了车轴的有效载荷，并减轻了悬挂的自重200千克。

3. 装卸车作业用电瓶组电源

商品车装卸车作业发动机熄火，启用电瓶组电源，节约柴油，减少二氧化碳排放，绿色环保。装卸车作业用电瓶组电源组成如图2所示。

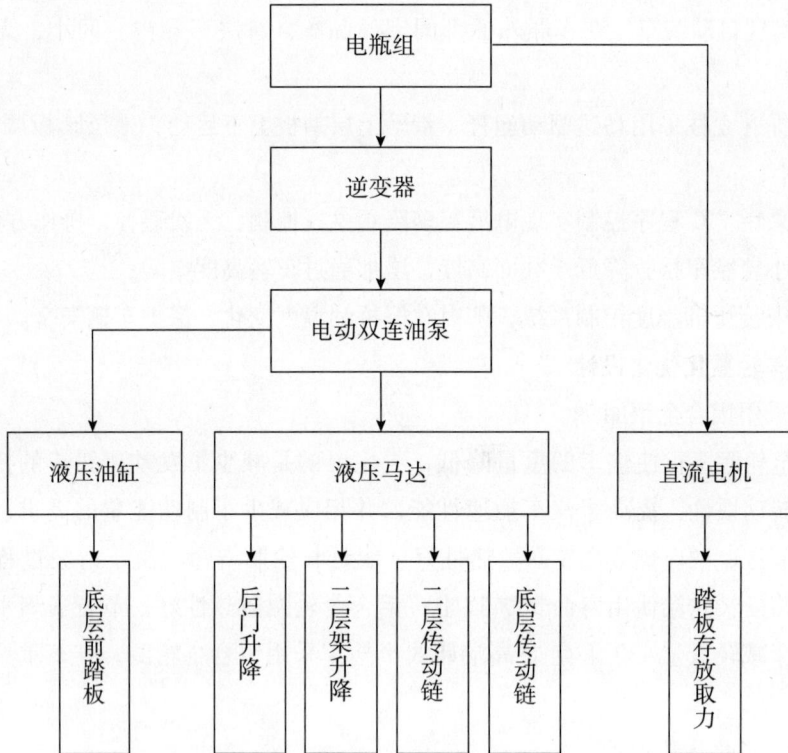

图2　装卸车作业用电瓶组电源组成

4. 降低碳排放绿色环保

生产制造过程中降低二氧化碳排量：生产1吨钢铁的碳排放量为1700千克，通过轻量化优化设高端车减轻重量2吨，减少碳排放量3400千克。

降低油耗减少碳排放：以每天行驶500公里计算，500公里/天×2升（每100公里降低的油耗）×300天×0.785千克（每升燃油的碳排放量）＝每年降低碳排放2355千克。

对环境的保护，安装了空气悬挂的车辆，能有效地减少对道路的冲击，并能更好地降低运行时的噪声污染。

　　长久全自动无人装卸运输车的装车全过程如图 3 所示。

后门锁止机构解除　　后门开启

后门升降机构下降　　商品车移出

商品车移出　　商品车下降

商品车水平落地　　商品车卸载

图 3　长久全自动无人装卸运输车的装车全过程（全程手动遥控）

五、创新成果的主要创新点

长久物流采用稳定性好，故障率低的国际先进自动装卸车，使用先进的GPS定位系统装置和无线传输手持移动数据终端等高科技配套设施，在信息平台的统一调配管理下，可实现实时商品车跟踪和实时商品车起运及交付信息的传输，充分满足客户各项高品质的物流需求，提升长久物流现有的物流服务质量。

（一）高端厢式自动装卸半挂车的主要特点及创新

（1）后门旋转、垂直升降落地自动装车，车厢外捆绑、固定商品车，解决采用标准车宽度难以装运较宽、较重的高级轿车的问题，为轿运车中的高端车辆；

（2）采用先进的电气、电控、自动化等技术，通过自主研发，对结构、材料等进行改进，研发基于移动互联的新型轿运车以及公共运输信息平台，最大程度地综合社会资源，减少空载，提高运力利用率，减轻运输车辆自重，减少油耗及废气排放，符合绿色环保的要求。

（二）无人装卸运输模式的主要优势

普通轿运车与无人装卸运输车性能对比如表2所示。

表2   **普通轿运车与无人装卸运输车性能对比**

性 能		A. 普通轿运车	B. 无人装卸运输车	对比结果
节能方面	拖车自重	重	减轻2.5吨	B优于A
	油耗（升/100公里）	大	减少2升	B优于A
	车辆主框架	普通钢材	低重量锰钢	B优于A
	轮胎/轮毂	钢圈/大胎	铝合金轮毂/小胎	B优于A
环保方面	CO_2 排放量/年	大	降低2355千克	B优于A
	二层平台举升装置	发动机，柴油液压	电动液压	B优于A
	对道路的冲击	较大	较小（安装空气悬挂，有效降低和吸收车辆运行中的震动）	B优于A
	噪声污染	较大	较小	B优于A
	未来材料可回收性	较低	较高	B优于A

续　表

性　能		A. 普通轿运车	B. 无人装卸运输车	对比结果
安全性方面	车身材料	普通钢材	高强度钢	B 优于 A
	装卸过程	车辆驶入拖车	通过托盘，牵引至拖车内	B 优于 A
	捆绑过程	司机进入拖车内操作	在车外托盘上操作	B 优于 A
	司机装卸	司机进入拖车内，开门容易造成损伤	司机不能进入拖车内	B 优于 A
	操作流程	烦琐	简易	B 优于 A
资源共享及运行效率方面	司机手持终端	简易	精密	B 优于 A
	条码扫码技术	无	有	B 优于 A
	远程摄像监控	简易	精密	B 优于 A
	行驶记录仪	简易	精密	B 优于 A
	远程运行数据监控	简易	精密	B 优于 A
	基于 3G 网络的无线呼叫系统	无	有	B 优于 A

六、创新成果的应用效果

无人装卸运输项目有效地保证了高端车运输的安全性，使长久物流在物流管理、企业管控等多个方面都取得了显著成效。

（一）给企业带来巨大的经济效益

第一，长久自主研发的无人装卸运输车投入使用后，有效地提高了商品车司机及管理人员的工作效率，降低了工作强度，实现高端车运输的安全性，并将质损率降低到几乎为零。自动化的作业减少了因人为操作不当而造成的损失，减少高端商品车因装卸过程的磕碰造成的损失约 10 万元；同时节省了操作时间和运营成本。该成果带来的效益提升如表 3 所示。

表 3　　　　技术应用带来的效益提升

运营效率	运营成本	事故率	利润	碳排放
130%	93%	0%	140%	92%

第二，全封闭无人装卸高端运输车投入使用后，平均年利润同比增长 40%，有效地提高了经济效益。

第三，物流信息系统投入运行后，可以将公司的运营效率提高 30%，间接创造利润，同时，还可以通过提高公司的无形资产价值和品牌知名度来提高公司的品牌价值。

第四，经统计分析建立信息平台后全国乘用车平均每辆成本可以降低约 276 元，约占每辆车运输平均费用 1500 元的 18%。三年内建立初具规模的全国一体化运力资源体系，回程空驶率每年降低 5%，四五年后由目前的 39% 降到 20% 以内，以目前约 1400 万辆乘用商品车计算，为汽车制造企业物流成本降低、汽车物流企业增加收益。随着企业规模和市场总量的进一步扩大，为企业带来成本降低和效益增加会更加明显。

（二）满足客户需求，拓展业务范围

项目的实施，使得长久物流可以将高端商品车的运输情况通过互联网开放给客户，提高了客户的满意度，对长久物流拓展进口整车物流业务及高端商品车特殊发运业务起到积极促进作用。

长久物流目前在进口整车物流业务领域已与马自达、大众等公司建立起稳定的合作关系，承担进口马自达、雷克萨斯、兰博基尼和布加迪等众多汽车品牌国内整车物流，还多次承担奥迪、宝马、布加迪、迈巴赫、宾利、劳斯莱斯等高端品牌全国车展、巡展、试验、试乘、试驾等活动用车的特殊运输任务。随着各国际汽车品牌纷纷看好我国汽车消费市场，加大投入力度，拓展销售渠道，本公司在现有与众多汽车品牌厂商合作关系的基础上，将面临更多新车运输物流和各种车展、巡展和赛事活动等特殊物流服务市场需求。公司在进口整车，尤其高端整车物流服务方面涉足较早，积累了丰富的经验，占有大部分市场份额，现有运力不能满足未来的市场需求。

长久物流凭借规范的操作规程、灵活的运作流程、良好的服务态度、高品质的服务水平，多次承担迈巴赫、宾利、劳斯莱斯等高端品牌商品车的全国销售巡展、试驾活动，全程保障了活动车辆运输的安全、快速、及时。

2009 年 10 月长久物流与大众（中国）合作，承运国内进口的全部兰博基尼（Lamborghini）品牌商品车，长久物流将完成奥运火炬传递使命的运输用车，经专业的技术改造后，用于 Lamborghini 运输项目，完全符合客户的要求，同时保障了商品车的安全性、及时、准确地将商品车送达经销店及客户手中。

长久物流精选心理素质强大、技术过硬的驾驶员：不同的作业对人员的安全生理、安全心理、安全文化及安全素质要求是不同的。长久物流高端车司机经过严格筛选，并持续地进行培养与训练，使之达到系统对该岗位人员安全品质的要求。

优选专用车辆、精心检修保养：精选车龄新、车况优良的高端轿运车、全自动无人装卸车、全平落地板救援车；发运前进行全面检修与保养；远程在途车况监控及途中停车检查保养，保障车辆优良状况，确保安全无故障。

（三）项目的实施能够带来良好的社会效益

第一，智慧物流平台将实现行业全国联动可视化、信息交换和资源共享，降低整个行业的运作成本近亿元。

第二，经行业协会认可设立培训中心，将国外先进的现代物流技术和管理理念引入并投入实际运用，将带动行业整体发展。

第三，有效拉动顺义地区经济的发展，满足市政府提出的绿色环保的要求，同时带动顺义地区人员就业。

七、创新成果的推广价值

无人装卸运输车项目，为长久自主研发项目，实现运输车后门旋转、垂直升降落地自动装车，车厢外捆绑、固定商品车，解决采用标准车宽度装运较宽、较重的高级轿车困难，为轿运车中的高端车辆，此项技术属于国内首创。

本项目的技术方案及管理理念应用前景广阔，对于推进物流行业标准化规范及标准化作业做出重要贡献。无人装卸自动化的运输模式未来不仅仅应用于高端品牌商品车运输，随着国内商品车运输行业的发展，商品车制造企业及客户对商品车个性化的需求越来越突出，满足需求的高端运输车及运输模式的运用会日显重要。除应用于汽车物流行业，一些大型设备的普货物流也将结合各自行业及商品的特点运用此项技术。此项目技术及管理理念将促进物流企业集约化管理，并将使管理的效率和客户满意度得到大幅度的提升，促使物流企业实现向安全化、智能化、可控化的现代物流管理方式的转变。因此，无人装卸运输模式及信息化实施对于第三方物流企业运输过程的优化具有较好的推广价值。

安吉物流信息可视化管理平台[①]

【摘要】 现代物流服务竞争的基础是信息网络技术。为了适应汽车物流行业发展的客观需要，加强客户需求管理，安吉汽车物流有限公司推出了安吉物流信息可视化管理平台。该平台主要是通过设定目标管理体系，构建两大核心（信息化系统、KPI 管理体系），为客户汽车企业提供九大功能（运输监控报警、整车公路运输监控看板、重车延误看板、物流信息监控自动展示、库位显示、KPI 报表、全国公路气象预报、视频监控功能、总部监控中心大屏幕可视化）；同时通过监控体系进行日常监控与报告，提供辅助的决策功能。通过可视化的管理平台，管理者有效掌握汽车物流信息，让企业的流程更加直观，实现管理上的透明化与可视化，使管理效果可以渗透到企业人力资源、供应链、客户管理等各个环节。该项成果融合多种信息技术，使日常监控与报告具有透明化的特点，也实现了管理模式和业务流程的优化重组。安吉物流信息可视化管理平台实施后，经济效益和各项业务指标均有提升，取得了显著的经济效益和管理效果。

【关键词】 物流信息可视化；物联网技术；汽车物流

【适用领域】 汽车物流企业；物流企业信息管理

一、企业基本情况

安吉汽车物流有限公司（以下简称"安吉物流"）是上海汽车集团股份有限公司旗下的一家专业从事现代服务业务的全资子公司，业务范围包括汽车整车物流以及物流策划、技术咨询、管理、培训等服务，能够为客户提供一体化、技术化、网络化的独特解决方案，是一家专业化运作的第三方整车物流服务供应商。

作为国内最早、规模最大的整车物流服务供应商之一，安吉物流目前是上海大众汽车、上海通用、上汽通用五菱和上汽汽车的整体物流总包方，并提供天津丰田、广州丰田、深圳比亚迪、海南马自达、东风日产、重庆长安、北京现代、一汽大众等国

[①] 本成果由安吉汽车物流有限公司提供，成果主要创造人：余德、莫金康，参与创造人：林万隆、周丕栋、徐佳毅、范峰、陶健、赵楠、樊炯、白璐，获 2012 年度物流行业企业管理现代化创新成果奖三等奖。

内主要汽车生产厂家的部分整车物流业务，在国内拥有公路、船务、铁路等9家专业化的整车运输公司、1家第四方整车物流管理公司以及25家仓库配送中心，仓库面积近300万平方米。目前，公司及下属子公司在整车物流业务领域拥有自有公路运力2600余辆，加盟公路运力2000余辆，自有铁路车皮348节，自有滚装轮10艘（其中海轮7艘、江轮3艘）；在全国管控总面积近320万平方米的仓储资源，建立了"十大运作基地"，形成了全国性的整车物流网络。在零部件物流领域拥有自有运力60余辆，移动装卸设备近400辆。在口岸物流领域与上海港务局等合资建造了上海外高桥4号、6号码头，成为上海进出口商品车的唯一口岸。2010年合并报表销售收入达80亿元，净利润达到6亿元，市场占有率超过30%。

二、创新成果的名称

安吉物流公司的创新成果名称是安吉物流信息可视化管理平台。该平台利用IT信息系统，构建可视化管理模式，让管理者有效掌握企业信息，实现管理上的透明化与可视化。该平台主要是通过设定目标管理体系，构建两大核心（信息化系统、KPI管理体系），为客户汽车企业提供九大功能（运输监控报警、整车公路运输监控看板、重车延误看板、物流信息监控自动展示、库位显示、KPI报表、全国公路气象预报、视频监控功能、总部监控中心大屏幕可视化）；同时通过监控体系进行日常监控与报告，提供辅助的决策功能。

三、创新成果的产生背景

安吉物流公司建设物流信息可视化管理平台，不仅是汽车物流行业发展的客观需要，也是在新的形势下加强客户需求管理的必然要求。

（一）建设可视化管理平台是适应汽车物流企业信息化建设发展的需要

物流企业的信息化建设历经10年的发展，虽然已经有多样化的成果，但仍然是方兴未艾。未来物流企业信息化将朝着以需求对象为主体的专业物流管理信息平台、基于"物联网"的可视化监控物流管理系统、跨平台的数据交互等方向发展。

从汽车企业物流信息化来看，企业物流管理信息平台的重点主要突出在两个方面，分别是以采购为主体的供应物流和以分销为主体的成品分销物流。部分汽车企业已经建立了自身的WMS、TMS、进销存等平台，或者将这些物流服务分包给具有以上平台功能的物流服务承包商。但是目前的信息平台在可用数据采集的实时性、准确性方面存在着巨大的漏洞，协同能力较弱。特别是不同经营体制下的汽车企业，在这方面表现得尤为突出。所以从汽车企业的物流信息化角度看，以集中采购管理为主体的采购物流信息平台、以企业内部供应链计划管理为主体的信息化平台、跨企业的供应链可视化协同平台、以物联网为核心的数据信息识别与信息平台等平台将更加受到汽车企业的重视。

（二）建设可视化管理平台是安吉物流为进一步满足客户需求的需要

随着业务的扩展、客户需求水平的提高以及社会对物流行业服务认识的加深，客户对安吉物流服务的需求趋向于多样化和个性化，从产品角度来看，物流供应链整个过程的节点可视化成为了客户新的管理需求。现代物流竞争依托的是信息网络技术优势。安吉物流从提高资源利用效率、加强物流管理手段、提高物流管理效率方面增强自己的行业竞争力。因此安吉汽车物流有限公司提出了建立一个以物流业务链为基础，横向跨越企业运营、管理、财务、采购等多个部门信息，纵向触及业务运营现场监控、客户深层次服务体验的可视化立体式信息服务平台系统。通过信息化的决策方式，解决物流网络的布局规划、运输路径规划、运输车辆调度、装载计划、库存管理等问题，优化了供应链的服务功能。安吉物流建立的可视化系统，极大地满足了顾客查询、跟踪运输过程的需求，提高了顾客满意度。

四、创新成果的主要内容

安吉物流信息可视化管理平台主要是通过设定目标管理体系，构建两大核心（信息化系统、KPI 管理体系），来为客户汽车企业提供九大功能，同时通过监控体系进行日常监控与报告，提供辅助的决策功能。

（一）理论依据与框架结构

1. 理论依据

可视化管理是指利用 IT 系统，让管理者有效掌握企业信息，实现管理上的透明化与可视化，这样管理效果可以渗透到企业人力资源、供应链、客户管理等各个环节。可视化管理能让企业的流程更加直观，使企业内部的信息实现可视化，并能得到更有效的传达，从而实现管理的透明化。

可视化管理是用眼睛观察的管理，体现了主动性和有意识性。可视化管理包括看板管理和目视管理等所有现场管理内容。

可视化管理的五步骤是：第一步，让问题看得出来；第二步，接触事实；第三步，5S；第四步，公布标准；第五步，设定目标。

2. 框架结构

物流信息可视化管理平台以数据交换中心为依托、BO 服务为平台,借助各种图表工具展示业务实时数据,与考量值比较给出不同层级的警报。该平台还融合多媒介信息,譬如各重要作业现场的视频信息、全国公路干线天气预报等。

数据交换中心结合了中央调度系统(TMS)、分供方系统(FMS)、GPS 车辆监控系统、仓库管理系统(WMS)、安吉物流财务管理系统(SAP)这五大整车物流管理信息系统所产生的数据,并通过 BO 的工具把数据进行有机整合,实时化地展示安吉物流服务全过程。

安吉物流在各地装卸场地、水路码头和铁路火车站安装监视器,可直观获取商品车现场存储和发运情况;在调度中心滚动显示各地客户订单和全国可用运力情况,并从多渠道获取与整车物流相关的天气情况和道路情况等,方便业务调配和基地间的分工协调。同时,安吉物流将客户关心的整车物流信息直接通过可视化平台传送给客户,使客户可实时跟踪和掌握商品运输过程。

(二) 目标管理体系

可视化管理的核心目标是"使改善的目标能清晰化"。安吉物流围绕每一个指标,针对每一个客户、运输公司、时间段的情况,设计了一套目标管理体系,确保实际运行的状态与目标能够及时地进行对照,发现差距并予以及时调整。

(三) 信息化可视平台的两大核心

1. 信息化系统

可视化管理的核心前提是"让问题看得出来"。为了能把实物的运作转换成信息,安吉物流非常关注日常运营信息化管理的工作,公司以调度指令流转为核心,构建了由运输管理系统 TMS、分供方管理系统 FMS、仓储管理系统 WMS、全球卫星定位系统 GPS、财务管理系统 SAP 组成的体系,通过信息化,各个环节有机串联。

(1) 安吉物流的神经中枢——运输管理系统

运输管理系统是安吉物流管理信息系统的核心平台,负责基础数据维护、客户订单获取、调度指令调配和业务结算等工作。通过 EDI 传送或者手工录入方式,TMS 从不同客户处及时收集需要发运的订单信息,并转换成统一格式,由调度人员根据运输资源和路线分配原则进行配载,生成信息化格式的调度指令,由 TMS 同时下发给 WMS 和 FMS,通知仓库和运输公司准时完成装货。根据结算周期,对安吉物流所承接业务根据不同客户、不同运输方、不同路线进行金额和数量审核,与客户、运输方、仓库等进行核对确认后,提交 SAP 开票。

（2）安吉物流的业务精英——分供方管理系统

FMS 是 TMS 的延伸，是安吉物流对运输公司日常业务进行管理的平台。FMS 的主要职责是高效地完成调度指令，通知驾驶员及时出车，完成运输任务，并在系统中生成详尽的出车成本；在驾驶员回来后，根据实物单据和调度指令信息进行费用结算。

（3）安吉物流的管车鹰眼——全球卫星定位系统

GPS 主要负责对运力资源的驻点和途中管理。目前，安吉物流大多数的运力资源已安装 GPS 终端，而部分没有安装 GPS 终端或暂时无法接通的，则通过管车宝的方式将驾驶员的手机与 GPS 进行绑定。通过 GPS，安吉物流可随时随地获取全国运力分布情况，监控在途货物情况，掌握车辆在途是否存在延误情况，预测出未来几天的运能情况，从而有序实施调配。

（4）安吉物流的收发存线——仓储管理系统

WMS 覆盖了安吉物流的全部仓库，实施对商品车出入库及库位管理。根据既定的规则，WMS 在商品车入库扫描时自动地分配最合理的停泊库位，进行定置定位管理；根据 TMS 调度出库时间，自动安排发运道位，最大限度利用仓库空间；实时了解库存情况，实施库存管理。

（5）安吉物流的财务管家——SAP 系统

SAP 是安吉物流运输业务的财务管理系统，全部业务信息均通过 TMS 和 FMS 采集，确保财务数据与业务数据的完全统一，实现资金流的有效控制。SAP 同时对应收账款、固定成本和变动成本等进行管控，通过各运输公司间横向比较数据，为管理层决策提供依据。

2. KPI 管理体系

可视化管理的核心方法是"接触事实"，就是要使作业人员及督导人员能当场直接地接触到现场的事实。但碍于物流现场分布于全国各地的情况，不可能直接地接触现场，而信息化时代让这个"不可能"变成了现实——安吉物流构建了一套完备的 KPI 考核体系，将作业人员的每一个动作都规范成有据可寻的指标，通过指标的分解和集成，来反映运作的具体状况。

（1）KPI 考核体系构成

安吉物流的 KPI 指标由三部分构成：一是服务指标，代表考核作业人员的服务响应水平，如车辆上报率、运力保障率、GPS 完好率、OTD 及时率等；二是业务绩效指标，代表考核管理人员业务发展及优化能力，如主营业务收入、重载率、平均行驶里程等；三是安全工作指标，代表考核全体人员的物流过程安全作业能力，如夜间行车、行驶速度、连续驾驶时间等。

（2）应用案例：OTD 及时率的信息管理

OTD（On Time Delivery，及时送达），指从获取汽车生产厂的整车物流订单开始到送达目的地的时间间隔，以及该时间间隔中各个业务环节业务操作时间、周期和及时性标准的规定和要求等。整个OTD包括12个时间节点，分别是订单生效时间、调度指令生成时间、计划装车时间、商品车进场时间、驳运车到起运库时间、商品车出库时间、计划出发时间、驳运车出起运库时间、计划到达时间、驳运车到目的地时间、商品车到目的地时间和驳运车出目的地时间。

安吉物流制定了《整车OTD信息管理规范》来确保过程信息采集与分析的标准化。通过对这些时间节点信息的掌握，基本掌控了物流业务的全程。

（四）提供九大功能

1. 运输监控报警

（1）夜间行车报警：系统提供按统计时间、运输公司或者板车牌号的组合查询条件，反馈夜间行车查询记录列表，供相关管理人员查询。

（2）偏离预设线路报警：系统提供按运输公司、报警状态、查询时间段、车牌号码以及报警内容等组合查询条件，反馈偏离图示信息。

（3）超速报警：系统提供按运输公司、报警状态、查询时间段、车牌号码以及报警内容等组合查询条件，反馈查询记录列表，供相关管理人员查询。

（4）重车途中滞留时间超长监控：系统提供按运输公司、报警状态、查询时间段以及车牌号码等组合查询条件，反馈查询记录列表，供相关管理人员查询。

（5）司机疲劳驾驶监控：系统提供按运输公司、报警状态、查询时间段以及车牌号码等组合查询条件，反馈查询记录列表，供相关管理人员查询。

2. 整车公路运输监控看板

系统提供在全国地图（中国地图）上的公路实时运力可视化显示。显示块可通过点击获得详细区域待命运力信息。系统提供的信息首先按运力状态信息分类，同时可以获得某一小区域的详细运力信息。

通过三种图形方式来展示板车在途运输的状态。

（1）物流运输状态统计折线图。展示内容包括所有运输公司12个小时内每半小时的无GPS信息商品车数量、延误状态商品车数量、警告商品车数量、预警商品车数量、正常商品车数量。

（2）物流信息监控状态总览条形图。展示内容包括当前时间的无GPS信息商品车数量、延误状态商品车数量、警告商品车数量、预警商品车数量、正常商品车数量。物流信息监控状态总览条形图每隔半小时自动刷新，显示当前所有在途商品车的运输状态统计。

（3）物流运输状态饼图。展示内容包括当前时间14家结算公司的无GPS信息商品车数量、延误状态商品车数量、警告商品车数量、预警商品车数量、正常商品车数量。

每个饼图代表一个结算公司总体运输状况（目前只显示运量最大的前14家结算公司）。物流运输状态饼图每隔半小时自动刷新一次，按运量排序展示运量最大的14家结算公司运输情况统计图。

3. 重车延误看板

通过三种图形方式来展示板车在途运输的状态。

（1）每天重车延误状况柱状图。以柱状图展示某天重车延误状况，展示内容包括7家运输公司（安富、安捷、安吉迅达、安吉运输、安吉日邮、上海嘉顿、江苏安吉）指定日期的平均延误时间。向运输公司管理人员只展示各自运输公司当月每天的平均延误时间。

（2）每月重车延误状况柱状图。每月重车延误柱状图展示管理人员选择的指定年份各自运输公司每月的平均延误时间，默认显示当前年份各自运输公司的平均延误时间，另外以2月7家运输公司平均延误时间，作为最优延误时间线，以便比较每月板车运输达标程度。向运输公司管理人员只展示各自运输公司当月的平均延误时间。

（3）运输公司板车数滚动图。统计自有运输公司总的板车数。

（4）驳运车延误时间排行榜。展示当月延误时间最长的前20辆板车号及延误时间，方便各运输公司查看及考核板车运输情况。

4. 物流信息监控自动展示

自动展示的运输监控内容通过两个页面进行展示，分别为自有运输公司自动展示运输监控和非自有运输公司自动展示运输监控。自有运输公司、非自有运输公司的运输监控的自动展示页面风格一致。自有运输公司、非自有运输公司的运输监控的自动展示页面数据来源一致，都来自数据交换中心。自有运输公司、非自有运输公司的运输监控的自动展示数据逻辑一致。

5. 库位显示

（1）系统提供实时显示在全国地图（中国地图）上的仓库库位情况，绿色代表空闲库位，红色代表已用库位。

（2）用户点击库位显示条（红绿条），系统提供详细实时库位信息，其中包含被点击仓库的库位总数信息、上日库存数、当日进库数、当日出库数、总计库存等信息的统计表格以及仓库平面库存直观图示。当前已经完成部门车库的平面图制作。

6. KPI 报表

系统提供按品牌、及时率、质损率、事故率等条件进行查询的功能，实时反馈 KPI 报表图示信息。

7. 全国公路气象预报

系统提供时间跨度为24小时的全国公路天气预报信息，供用户查看。系统需要根据天气预报反馈受影响的路段。

8. 视频监控功能

（1）视频监控滚动显示调度指令信息。视频监控显示某个监控地点时，系统将在监控图像上方滚动显示距当前时间4小时内的调度指令信息。绿色字体表示装卸正常车辆，红色字体为装卸异常（延误，质损，取消等）车辆。

（2）总部远程摄像监控控制。系统提供给总部的管理功能中必须包含远程实时控制任何监控摄像头的能力。控制范围包括旋转、缩放等操作。

（3）监控视频切换。系统提供视频信号的实际切换功能，用户可以在权限允许范围内，通过点击小图像的方式切换任何摄像监控画面到主显示区域中。

9. 公司总部监控中心可视化大屏幕工程

（1）大屏显示功能：分屏显示、多屏软拼接、处理器硬拼接、画面跨屏功能、画面叠加功能、信号源切换、场景定时切换、自定义模式选择、远程开机及关机。

（2）扩音系统功能：扩声功能、无线话筒。

（3）远程视频监视功能：视屏采集、远程登录。

（4）无线遥控功能。

（五）日常监控与报告

最后，为了让一切都真的实现可视化，安吉物流建立了一套监控体系来让各个层次的人员对业务运作了如指掌。

在安吉物流的总部大楼内，由84个46英寸液晶显示屏组成的组合大屏幕构成了监控中心。该监控中心的特点是一次性显示多个屏幕信息，让总部调度人员、OTD管理人员、车辆管理人员能实时地监控订单信息、OTD信息、车辆在途分布信息等，实现中央监控。而分布于运作现场、运输公司的分监控中心，也可通过大屏幕了解相关的信息。

另外，安吉物流通过建立基于B/S结构的监控终端，实现了监控信息在公司高层管理人员、客户中进行监控的效果，无须书面或口头报告，即可在办公室的电视屏或电脑屏上看到实时的运作信息。

五、创新成果的主要创新点

（一）可视化管理平台融合多种信息技术

物流信息可视化管理平台以信息技术为支撑，包括了运输管理系统、分供方管理系统、仓储管理系统、全球卫星定位系统和财务管理系统。为全面、有效地提升安吉物流管理水平和物流效率创造了必要条件。

（二）日常监控与报告具有透明化的特点

安吉物流通过监控中心大屏幕、公司高层管理者的电视屏、客户端电脑屏、运作现场大屏幕等显示屏，动态显示了物流信息可视化管理平台日常处理的各种物流数据及其业务形态，既确保安吉物流能实时、准确地掌握企业运营状况和物流业发展趋势，实现企业管理和决策的可视化、透明化和科学化，又能与供应商和客户等合作伙伴建立协同商务体系，进而实现物流供应链的资源整合和效率提升。

（三）管理模式和业务流程的优化重组

构建物流信息可视化平台的过程中实现了管理模式和业务流程的优化重组，进一步建立和完善了以物流业务链为基础，以订单生命周期管理为主线，覆盖企业计划、采购、财务和绩效考核等主要业务的物流企业管理体系，有效解决了安吉物流网络的布局规划、运输路径规划、运输车辆调度、装载计划、库存管理和供应链服务等一系列实际问题，提升了企业的管理水平和物流效率。

六、创新成果的应用情况

近年来，安吉物流的服务能力赢得了用户的一致好评，得到了客户乃至行业的高度认可，连续几年获得上海大众汽车、上海通用、广汽丰田等主机厂颁发的整车物流方面的各种奖项。安吉物流信息可视化管理平台实施后，近三年的经济效益和各项业务指标均有提升，如下表所示。

企业近三年经营状况 （单位：万元）

年份	2009	2010	2011
主营业务收入	333818.00	551342.45	729556.20
上缴税金	3407.23	10349	20619.29
实现利润	24565	25899.7	50752.08

KPI 指标提升

年份	2009	2010	2011
准时到达率	93.6%	93.9%	94.3%
万元产值能耗数	0.24	0.21	0.19
质损率	0.52%	0.49%	0.34%

七、创新成果的推广价值

物流信息可视化管理有利于客户及物流服务供应商集成各方面的业务信息，实时了解运作状况，及早发现问题。运用物流信息可视化管理可以正确把握和处理信息化与工业化的关系，以信息化带动工业化，以工业化促进信息化，这对有效运用信息技术来推动我国物流企业乃至物流业的快速发展，进而加快我国工业化的进程至关重要。

一汽—大众奥迪 CKD① 中心仓储优化方案②

【摘要】汽车物流被公认为是涉及面最广、技术复杂度最高的物流运作领域之一，零部件供应物流又被认为是汽车物流良性运作并持续优化的关键环节。其中，零部件的仓储工作是影响零部件供应物流的重要因素。为了不影响生产物流的连续运行，在不大范围改变现有库存布局的条件下，对零部件存储方案持续优化非常重要。伴随着汽车行业的迅猛发展，一汽大众一厂和二厂的多种车型的产量都有所增加，尤其是新奥迪产量的增加，加大了 CKD 中心的零部件库存量和越库作业量。为了提高作业质量，克服土地资源、投资规模等限制因素，CKD 中心通过安装钢结构平台和 GLT③ 组合式货架、优化零件存储周期、提高现有库房的空间利用率、减少库房间越库运输等组合措施，有效提高了库房的空间利用率，使仓储得以优化。该创新成果适用于集仓储、配送、包装于一体的第三方物流企业、仓储企业和生产物流企业，特别是汽车物流企业。

【关键词】仓储优化；库房空间利用率；CKD 中心；

【适用领域】汽车物流 CKD 中心仓储优化升级；制造型企业仓储优化

一、企业基本情况

长春一汽国际物流有限公司成立于 1997 年 7 月，是中国第一汽车集团进出口公司的全资子公司，是中国第一汽车集团进出口货物的物流集散地，同时也是中国东北地区最大的零部件拆散中心和配送中心。

公司地处吉林省长春市，地理位置优越，交通便利。占地 50.6 万平方米，其中库房面积 32 万平方米；注册资金 6600 万元，资产总额 51200 万元，营业收入 45746 万

---

① CKD（Completely Knock Down）全散装件。CKD 是以全散件形式作为进口整车车型的一种专有名词术语，在当地生产的零部件以较低的关税和较低的工资，利用当地劳动力组装成整车，并以较低零售价出售。

② 本成果由长春一汽国际物流有限公司提供，成果主要创造人：张萌、高跃峰，参与创造人：李海峰、龚淑玲、郭城、郑洪涛、田原媛，获 2012 年度物流行业企业管理现代化创新成果奖三等奖。

③ GLT（德文 GroßeLastteile）指大负荷零件，根据零件的包装尺寸定义零件的分类，其中包括 KLT、GLT、SLT 三种，GLT 零件是指尺寸大于 T6428 内尺寸，长宽在 1500mm 和 1250mm 以内，高度在 1400mm 以下的零件，采用高架存储的方式。

元。同时开展大连码头至长春、北京机场至长春、天津塘沽至长春的运输工作。拥有铁路专用线 750 延长米，拥有先进的集装箱物流管理系统以及世界上最先进的专业物流作业设备，可实施全天候海关监管，能为客户提供 24 小时不间断服务。公司现有员工 6004 人，其中合同制 1599 人，具有较高的企业管理水平及较强的物流服务意识；国际物流中心拥有一支由 263 人组成的专业物流技术管理队伍，其中具有硕士学历的人员 29 名，具有中级、高级职称的 25 人，并有 23 人获得"ILT 物流运营经理"资格证书。

目前，在海关检查监管场站有集装箱停放场地、铁路专用线等物流基础设施。总占地面积约 20 万平方米，年吞吐集装箱（标箱）约 70000 箱，占长春市进口总量的 95%。随着汽车制造业的发展，物流配送已成为公司的主要业务，前景看好。

长春一汽国际物流有限公司的主营业务包括集装箱业务、产前配送业务、预装配业务、出口包装业务以及保税业务。公司主要规划实施的物流项目包括 FJC 项目、PQ35 项目、WMS 系统项目、丰越公司返日器具物流项目、LILA2 项目、LILA1 整合项目、CKD 一期项目、CKD 二期项目、二厂物流超市项目、一厂焊装江森项目、新集装箱场站项目等。公司经过 3 次创业，成为了一汽集团唯一的一家保税仓库。2006 年开始承接一汽大众产中物流配送业务。2008 年 2 月 1 日整合了长春大众物流公司，全面接管一汽—大众 LILA1 业务。

2009 年 6 月，公司通过 AAAA 级标准化企业认证，顺利晋升为 AAAA 级物流企业；并荣获"中国物流与采购联合会汽车物流分流分会 2010 年度汽车物流企业创新奖"等奖项。

公司的未来发展战略是为一汽集团国际化经营提供物流运作支撑，为一汽集团的国际合作能力提供保障体系支撑，为一汽集团掌控全球采购资源提供能力手段，为国际供应链成本管理优化提供核心价值。

二、创新成果的名称

该创新成果名称为：一汽—大众奥迪 CKD 中心仓储优化方案。在该创新成果中，CKD 中心通过安装钢平台和 GLT 组合式货架、优化零件存储周期、提高现有库房的空间利用率、减少库房间越库运输等组合措施，有效提高了库房的空间利用率，使仓储得以优化。

三、创新成果的产生背景

2011 年 1 月，公司与法布劳格公司外方专家共同对 CKD 中心的物流操作过程和基础数据进行了分析，发现 CKD 中心的仓储主要存在以下三个问题：

（1）原规划存储周期与实际零件存储周期严重不符。需根据实际库存周期分布对初始的 14 天库存周期进行调整。

（2）库房内空间利用率较低。

经过考察，发现该公司 CKD 中心库房内空间利用率较低。为了进一步提高库房内的空间利用率，该公司充分考虑了 CKD 中心零件数量、种类较多的实际情况，提出优化 CKD 中心零件的存储方式。

对于 CKD 中心零件的存储方式，公司提出以下四种概念方案作为候选项，如表 1 所示：①对于库存包装量大的部分 GLT 包装采用多深度高位货架。②对于存储包装量的 KLT[①] 零件采用多深度流利式货架存储，并采用拣选式叉车进行作业。③将存储量较大的 GLT 和 KLT 包装码放在托盘上，进入高位货架存储。④对于由 GLT 转换成 KLT 的料箱，采用双深度流利式高位货架进行存储，并进行多层拣选。

表 1   四种概念方案简介

序 号	物料类别	存储方式	存储方式说明
方案 1	GLT	多深度滑移式高位货架	
方案 2	GLT/KLT	双深度滑移式高位货架—多层拣选	
方案 3	KLT	多深度滑移式小料架—多层拣选	
方案 4	KLT	双深度滑移式高位货架—多层拣选	

① KLT（德文 Kleine Lastteile）小负荷零件，根据零件的包装尺寸定义零件的分类，其中包括 KLT、GLT、SLT 三种，KLT 是指入库包装尺寸小于 T6428 内尺寸，或出库包装为 5 类通用料箱（T3214、T4314、T4328、T6414、T6428）的零件。

因为整个优化项目的前提是尽量减少对现有库房格局的改变，并且 GLT 和 SLT① 这种体积偏大的零件的存储周期较短、存储量较小，而 KLT 零件的库存周期较长、存储量大，所以决定对 GLT 和 SLT 采用目前的存储方式——地面堆垛，对 KLT 考虑多种存储方式，包括多深度货架、多层拣选、钢结构平台和组合式货架等，且尽量减少对当前 CKD 中心库房内布局的改变。

（3）零件按照装配车间分库房存储，在入库、出库等环节均存在较多越库运输。当产量增长后，一个库房不能容纳该装配车间的所有零件时，越库运输将显著增加，并更复杂。

如何能在对当前 CKD 中心库房内的布局少做改变的情况下，解决以上三个问题，这就增加了 CKD 中心仓储优化项目的困难程度。

为解决以上三个问题，本着优化零件存储周期、提高库房的空间利用率、减少库房间越库运输的原则，坚持"为客户节省就是为客户创造"的经营理念，经小组讨论决定，展开 CKD 中心仓储优化项目，提高 CKD 中心的运作效率，节约仓储和配送的成本，为客户创造价值。CKD 中心物流操作流程和 CKD 中心仓储的各种车型零件分布分别如图 1 和图 2 所示。

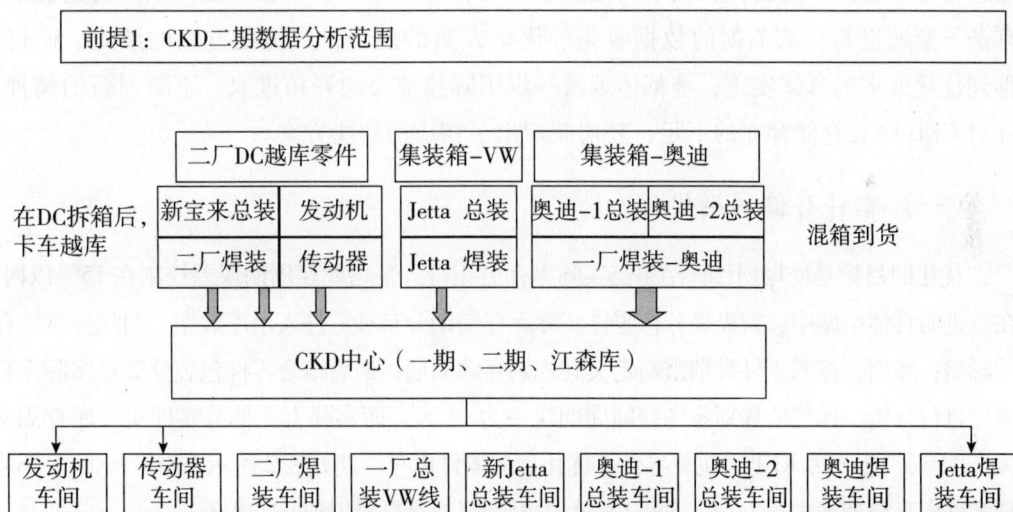

图1 CKD 中心物流操作流程图

四、创新成果的主要内容

长春一汽国际物流有限公司 CKD 中心仓储优化项目是一项复杂而细致的工作，优

---

① SLT（德文 Super – Loads Parts）指超级负荷零件，根据零件的包装尺寸定义零件的分类，其中包括 KLT、GLT、SLT 三种，其中 SLT 指尺寸大于 GLT 的界定标准的零件。该种零件多采用地面堆垛的存储方式。

前提2：规划车型及其产量

➤新奥迪产量按照日产700辆份进行规划，其他车型按照PP1101版规划产量进行计算。

PPA 1101

2011年各生产线每日产 Tagesstueck jeders Linie(PPA1101)   Trade:FFAUDI

Monat	1	2	3	4	5	6	7	8	9	10	11	12
Jetta-2				80	200	200	200	200	200	200	240	255
Jetta-1	590	670	555	440	200	215	235	230	240	240	250	255
CP1 New Bora	365	320	400	480	585	705	730	725	715	715	705	715
CP1 VW	955	990	955	920	765	920	965	955	955	955	965	970
Sagitar	380	240	340	370	410	410	430	430	365	355	345	345
Golf A6	220		220	320	360	360	400	400	290	270	270	270
CP2 New Bora	290	525	215	80								
Magotan B6	210	260	260	260	210	205	15					
Magotan B7				5	15	60	150	165	350	380	380	380
CC	55	130	120	120	160	120	160	160	150	150	160	160
CP2	1155	1155	1155	1155	1155	1155	1155	1155	1155	1155	1155	1155
New Bora SUV	655	845	615	560	565	705	730	725	715	715	705	715
Jetta-CD	135	130	120	120	120	120	120	120	120	120		
NCS								5	10	40	80	
CP3 NCS	135	130	120	120	120	120	120	120	125	130	160	200
Jetta SUV	725	800	675	640	520	535	555	550	560	560	580	575
Audi C6	340	300	370	370	370	370	370	370	350	350	350	350
T99												25
CP1 AUDI-1	340	300	370	370	370	370	370	370	350	350	350	375
Audi B8	200		220	280	330	330	330	330	270	250	250	250
Audi Q5	150		160	170	170	170	170	155	170	170	170	
CP1 AUDI-2	350		380	450	500	500	500	500	425	420	420	420
CPI	1645	1290	1705	1820	1835	1950	2035	2025	1930	1925	1835	1965
FAW-VW	2935	2575	2980	3095	3110	3265	3310	3300	3210	3210	3250	3320

CKD二期规划产量前提

生产车间 Plant	车型 Car type	2011年日产/辆 production per day of 2011	规划基础车型 based on
CPI-VW	Jetta A2	460	Jetta A2
	New Bora	715	New Bora
Welding II	New Bora	715	New Bora
	Golf A6	290	Golf A6
	Sagitar	365	Sagitar
	Magotan B6	0	Magotan B6
	Magotan B7	380	Magotan B7
	Passat CC	160	Passat CC
AUDI-assembly	Audi A4 B8	462	Audi A4 B8
	AudiC6	350	AudiC6
	Audi C7	25	AudiC6
	Audi Q5	238	Audi Q5
Welding I	Jetta A2	460	Jetta A2
	Audi A4 B8	462	Audi A4 B8
	AudiC6	350	AudiC6
	Audi C7	25	AudiC6
	Audi Q5	238	Audi Q5

图2　CKD中心仓储的各种车型零件分布

化过程必须按照改进目标，在不大范围改变现有库存布局、不影响正常生产的前提下，有条不紊地进行。从前期的数据收集、优化方案的制定，到优化方案的细化、研讨，再到优化方案的具体实施，全都体现着一汽国际物流公司开拓进取、不断创新的精神。针对 CKD 中心仓储存在的不足，公司制定出了相应的解决方案。

（一）零件存储周期优化

优化的目标是使规划计算结果与实际库存更相符，平均库存周期误差控制在 15% 以内。在改进的具体措施中，首先是分析零件实际库存周期分布和零件入出库数据，剔除异常库存的影响；然后，按照零件类别重新定义其规划存储周期；最后结合零件包装分类对实际库存周期进行分析。优化前规划零件存储周期统一为 14 天，而实际上大部分零件实际库存周期大于 14 天，主要为 KLT 小包装零件；优化后的零件库存周期如表 2 所示，KLT 与 GLT 小包装零件库存周期远大于 14 天，而 SLT 超大包装零件存储周期均小于 14 天。

表 2　　　　　　　　　　　　　　　优化后的零件库存周期

	AUDI	Welding I AUDI	Engine & Jetta & GB	Welding II	New Bora
KLT	28	36	36	14	14
GLT1	21	21	24	14	14
GLT2	14	14	21	21	10
SLT	10	10	14	14	5

（二）提升库房空间利用率

公司设计安装组合式货架以提高库房上层空间利用率，通过设计安装钢结构平台，并对钢平台区域内的零件根据存储量分类，利用托盘和流利货架存储。所有 GLT 和以满箱形式入库的 KLT 将在托盘式货架上存储；所有以混箱到货的 KLT 零件，如果周需求小于 1 个入库 GLT 包装，则进入流利式小货架存储；如果周需求大于或等于 1 个入库 GLT（CK3726）包装体积，将进入托盘式货架存储。公司经研究设定的目标是提高库房上层空间利用率，使原拆散区与小包装存储区存储容量提高到 2 倍以上。

优化前，CKD 中心仓储拆散区的零部件是以一层托盘的方式摆放，空间有效利用高度仅仅为 1.8 米左右。设计安装组合式货架和钢结构平台后，拆散区的空间有效利用高度提升至 4.5 米左右，并且布局更加合理。平台一层利用托盘存放转换包装后存储量较大的零件，平台二层则利用流利式货架存放转换包装后存储量较小的零件。CKD 中心仓储优化前后对比效果如图 3 所示。

□　提升库房空间利用率

优化前——拆散区
➤ 拆散区以一层托盘方式摆放，空间有效利用高度为1.8m左右

优化后——拆散区
➤ 增设钢结构平台
➤ 平台一层利用托盘存放换包装后储量较大的零件
➤ 二层利用流利式货架存放换包装后储量较小的零件
➤ 空间有效利用高度为4.5m左右

图 3　CKD 中心仓储优化前后对比效果

优化前，CKD 中心仓储小包装存储区以流利式货架摆放，空间有效利用高度仅为 1.8 米。安装组合式货架后，如图 4 所示，将存放小包装的流利式货架与托盘式高位货架结合，货架上方设置多层托盘货位用于存放托盘式包装零件，货位下方设置流利式货架用于存放小包装零件，小包装存储区的空间有效利用高度提升到 6.5 ~ 7.2 米，大幅增加 CKD 中心仓储的空间利用率。

☐ 提升库房空间利用率

优化前——小包装存储区

▷ 小包装货物区以流利式货架摆放，空间有效利用高度有1.8m左右

优化后——小包装存储区

▷ 设置组合式货架，将存放小包装的流利架于托盘式高位货架组合

▷ 在流利架上方增设了多层托盘货位

▷ 空间有效利用高度提升为6.5~7.2m

货架上方设置多层托盘货位，用于存放托盘式包装零件

货架下方设置流利架，用于存放小包装零件

图4 CKD中心仓储优化前后对比效果图

（三）减少库房间的越库运输

根据库房面积、各组别零件面积需求，按照分组排序的优先级进行组合，考虑是否进行零件包装转换，细化零件分组存储原则与拆箱入库原则，同类零件尽量存储在同一个库房内。

转化包装与否，对CKD中心仓储的工作效率有很大影响。公司在对汽车零部件物流特征做出具体分析的基础上，提出了两种汽车零部件转换包装流程优化方案。如图5所示。

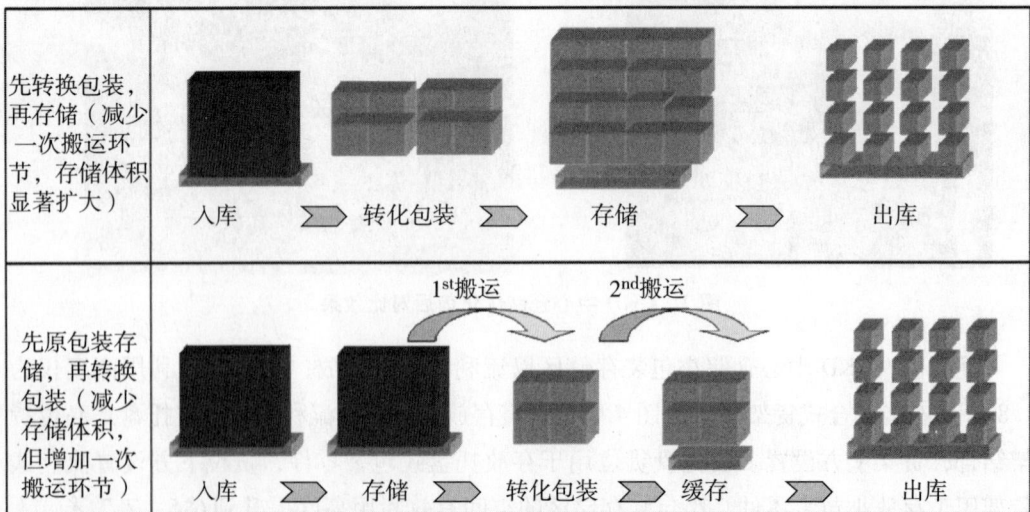

图5 汽车零部件转换包装流程优化方案

经过具体试验后公司决定采用后一种方案，即先原包装存储，再转换包装从而减少存储体积。改善后，这部分零件仓储体积减少了约40%，同时通过设计符合人机工程的转换包装工作台及转换包装后的存储方式，减少了搬运工作量。

CKD零件以集装箱的形式入库，在拆箱时要尽可能将不同种类的零件存储在与其相对应的存储区，尽量减少入库时的越库运输。在装配车间对各类零件进行合并处理，减少出库时的越库运输。在仓库摆放时，将需要转换包装的部分零件靠近转包区，尽量避免往复运输，减少库房内的交叉运输。在超市内部拣选零部件时，先规划好拣选顺序，遵循库内布局一次性拣完所需零部件，减少在超市内的交叉运输。

通过在入库流程上的改进，有效减少了零件在出入库时的越库运输，提高了CKD中心仓储出入库作业效率。具体操作步骤如图6所示。

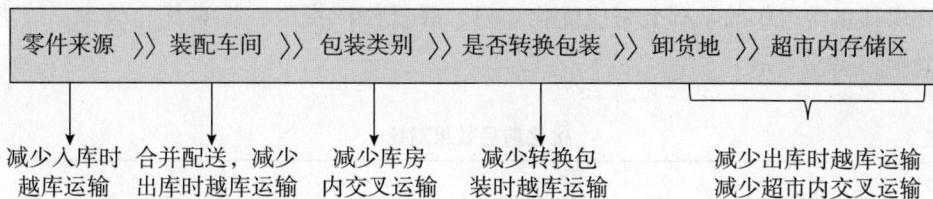

零件来源 〉〉 装配车间 〉〉 包装类别 〉〉 是否转换包装 〉〉 卸货地 〉〉 超市内存储区

减少入库时 越库运输 | 合并配送，减少 出库时越库运输 | 减少库房 内交叉运输 | 减少转换包 装时越库运输 | 减少出库时越库运输 减少超市内交叉运输

图6　入库流程

五、创新成果的主要创新点

高端物流不等于高成本物流，降低成本也是高端物流的运作要求之一。汽车零部件物流属于高端物流，第三方物流必须做到"心里有成本、心里有数据"，秉持"为客户节省就是为客户创造"的理念，才能得到更好的发展。

（1）通过消除对零件规划存储周期与实际存储周期之间的不符，提高库存周转率。在仓储过程中，客户给定的规划存储周期与零件实际存储周期不符是物流公司的常见问题，这将严重增加库存持有成本、降低库存周转率。该公司通过对出入库数据的进一步分析，识别不用的零件，并剔除这部分零件对存储周期分析的干扰。这有利于加快库存周转，减少库存持有成本，提高资金的周转速度。

（2）通过立体仓库的创新思维，在不大范围改变现有库存布局、不影响正常生产的情况下，设计安装组合式货架以提高库房上层空间利用率；设计安装钢结构平台，并对钢平台区域内的零件根据存储量分类采用托盘和流利货架存储。通过这种方式降低库存的单位成本，提高仓库空间利用率。

（3）在库存中打破原始存储规则，进行组合，实现工作效率提升。公司打破了零件按照装配车间分库房存储的规则，细化零件分组存储原则与拆箱入库原则，根据库房面积、各组别零件面积需求，按照一定的优先级进行组合，同类零件尽量存储在同一个库房内。这就减少了零件入库时的越库运输，提高了工作效率。

六、创新成果的应用效果

一汽国际物流 CKD 中心仓储优化项目在尽量不改变当前 CKD 中心库房布局的前提下，加快零件的库存周转，减少了库存持有成本，提高了资金周转速度；提高了库存的空间利用率，缓解了在生产高峰时库存空间紧张的情况；提高了工作效率，降低了越库运输的隐性成本，一定程度上减少了零件入库时的工作量。

通过存储周期再次划分、转换包装以及组合化仓储规则，CKD 中心的仓储效率得到了极大的提高，同时减少了仓储运输的隐性成本。对于 CKD 的优化是以不大范围改动原有的格局布置为前提进行的，这样就大大减少了优化的成本，增加了优化的可行性。在保证正常运作的基础上完成优化项目，降低停产损失，提高优化效率。改进前后的效果如表 3 所示。

表3   优化前后效果对比

改进项目	存储周期	空间利用率	越库运输量
改进前	统一为 14 天	散拆区码放高度 1.8m 小包装存储区码放高度 1.8m 布局混乱不利于仓储管理	采取按来源划分入库，越库运输较多
改进后	KLTGLT > 14 天 SLT < 14 天	散拆区码放高度 4.5m 小包装存储区码放高 6.5 ~ 7.2m 空间利用率提高 2 倍左右。布局清晰便于管理	通过打破原有的仓储规则，进行组合，越库运输较少 提高了 CKD 中心仓储出入库作业效率

该项目在一汽大众百万辆 CKD 零部件配送中心应用和实施，有效地提高了库房上层空间的利用，减少了约 20% 的仓储面积需求，同时减少了操作人员和搬运设备，为项目节省投资约 1500 万元。

七、创新成果的推广价值

仓储是物流最基础的、不可或缺的职能之一。库存的优化直接关系到整个物流体系的运作效率和效果。CKD 中心仓储优化项目通过实施仓储优化策略，在不大范围改变现有库存布局、不影响正常生产的情况下，实现了优化运作。其经验适用于集仓储、配送、包装于一体的第三方物流企业、仓储企业和生产物流企业，尤其是汽车物流企业。该项目的可复制性为将来类似的库存优化项目奠定了坚实的基础。该创新成果值得第三方物流企业在开展仓储优化项目中予以借鉴，具有较好的创新性、先进性和实用性。

宇石国际制造业物流公共服务平台①

【摘要】2004 年，巨石集团有限公司通过母公司振石控股集团有限公司出资并购了嘉兴市宇翔国际集装箱有限公司（振石集团浙江宇石国际物流公司的前身），并且响应中央号召积极开展"两业联动"。通过联动，巨石集团得到了高效率和定制化的物流服务；振石集团浙江宇石国际物流公司获得了企业发展所渴求的资金，而且通过服务巨石集团赢得了拓展自身业务规模的机会；振石集团则通过并购物流企业走出了集团企业纵向一体化发展的关键一步。宇石物流在为巨石集团提供物流服务时，采用了报关前进出口集装箱混用、甩挂运输以及铁路与水路运输等多种先进的物流运作方式和理念，减少了车辆行驶里程和装卸等待时间，提高了车辆使用效率，降低了运输能耗，从而达到了提高物流效率、降低物流成本的目的，并实现了能源的节约和排废的降低。这一以产权关系为核心的并购思路和通过公路甩挂运输组织方式打造公共物流平台的模式，对其他制造行业企业和物流企业均具有较高的借鉴和推广价值。

【关键词】公共物流平台；两业联动；并购重组；甩挂运输

【适用领域】公路甩挂运输；制造业物流管理模式创新；物流重组

一、企业基本情况

振石集团浙江宇石国际物流有限公司成立于 2001 年，注册资本 2045.5 万元，总资产达 6.32 亿元，是浙北地区具有相当规模的多功能物流企业、浙江省综合交通物流行业协会理事单位、浙江省物流与采购协会副会长单位。

公司主要从事进出口货物的国际货运代理、订舱、报关报检、集装箱运输、国内货运代理、仓储配送、国内货物运输、机动车维修养护和粮油贸易等业务，公司具有 NVOCC 资格证书。

公司总部位于浙江省桐乡经济开发区，现有职工 460 余人，拥有大型集装箱牵引车 208 辆，挂车 263 辆，其他营运车辆 11 辆，拥有与集装箱配套的装载机械设备。公

---

① 本成果由振石集团浙江宇石国际物流有限公司提供，成果主要创造人：寿燕军、陈正阳，获 2012 年度物流行业企业管理现代化创新成果奖二等奖。

司下设子公司5家，并在上海设立有办事处。

公司近年来的财务指标数据较好。2009年，公司实现产值2.89亿元，创造利税4843万元，上缴税金1717万元；2010年，公司实现产值4.27亿元，创造利税6074万元，上缴税金2056万元；2011年，公司实现产值5.5亿元，创造利税7010万元，上缴税金2505万元。

作为浙江省重点物流龙头企业和省发改委重点物流联系企业，公司先后被国家税务总局确定为全国物流企业税务改革试点企业，被交通部确定为全国物流甩挂运输首批试点企业，被国家发展和改革委认定为全国制造业与物流业联动发展示范企业，被国家物流与采购联合委员会认定为嘉兴市唯一一家国家AAAA级物流企业，并荣获"全国物流行业先进集体"、长三角地区物流业"守行规、讲诚信"先进企业、"嘉兴服务名牌企业"、"浙江省服务名牌企业"、"浙江省十佳物流企业"、"嘉兴市交通重点扶持龙头企业"等荣誉称号。

二、创新成果的名称

巨石集团和宇石物流的联动是一种典型的收购式联动模式。在资产重组基础上建立公共物流平台，有效突破了联动后的发展瓶颈，提升了物流综合服务能力。因此，该创新成果名称为：宇石国际制造业物流公共服务平台。

三、创新成果的产生背景

"两业联动"是制造业与物流业发展的一个趋势，但同时，这种方式在中国发展相对滞后。随着浙江省物流业增加值快速增长，物流基础设施日益完善，制造行业对物流的要求也越来越高，而巨石集团及其母公司振石控股集团有限公司的强大实力也成为巨石和宇石联动的先决条件。

（一）国内行业背景

我国工业企业中，原材料物流的36%和46%分别由企业自身和供应商承担，由第三方物流企业承担的仅18%；产成品物流中，由企业自营或企业与第三方物流企业共同完成的比例分别为24.1%和59.8%，完全由第三方物流企业承担的仅占16.1%；在商业企业中，物流由企业自营的比例高达76.5%，供货方承担的占17.6%。我国制造业和物流业发展相对较快，可两者联动发展相对滞后，我国"两业联动"发展与无联动发展并存的状况还将会持续较长时间。

但是，可以预见，在未来几年我国制造业物流业务分离、制造业物流运作分立和制造业物流业务整体外包将逐步成为趋势。随着物流业主动深度介入制造业，参与制造业的生产、供应和销售的全过程，制造企业，特别是大型制造企业将越来越重视并应用供应链一体化管理与技术。

同时，伴随着国际国内燃油价格的整体上浮，驾驶员人工成本的上涨，以道路运输为主的物流成本急剧上升，建立在单一运输模式基础上的物流业面临着重大压力。制造业与物流业的联动发展和创新，无疑将极大降低物流成本，同时也有利于制造业企业服务外包。

（二）省内行业背景分析

伴随着经济的高速增长，浙江省物流业迅速发展。一是物流业增加值快速增长，2011年浙江省实现物流业增加值3070亿元，同比增长20.4%；二是物流基础设施日益完善，三是传统物流业开始向现代物流业转变。同时，伴随着一系列行业政策的集中出台，如《浙江省"十二五"物流业发展规划》（浙政发〔2011〕41号），行业发展环境整体好转，服务能力得到增强。

与此同时，浙江物流业也存在着诸多问题。一是企业竞争力不强。浙江省目前仅有5A级物流企业4家，而作为嘉兴市唯一的4A级物流企业，宇石物流已经具有相当的综合实力。二是物流企业成本高，过路过桥费占运输成本的34%，土地成本也相对较高。

（三）企业发展的背景

宇石物流自2004年与振石控股集团有限公司实现资产重组以来，依托巨石集团等桐乡市本土大型制造业企业，以资产为纽带，逐步尝试开展制造业与物流业的联动发展，保持了企业的快速、稳定、科学发展，经营规模不断扩大，车辆数量不断增加，并逐步跻身至浙江省最具实力的物流企业行列，有效带动了当地物流业的发展。

作为浙江省桐乡玻纤出口基地的公共物流平台，宇石物流目前担负着基地内巨石集团有限公司、振石集团恒石纤维基业有限公司、浙江倍特耐火材料有限公司等二十余家企业的玻璃纤维产品调配、运输的任务。截至2011年，巨石集团产能达上百万吨，对物流提出了更高的要求。同时，作为一个公共平台，宇石物流也将担负更多的服务功能和社会责任。

以现代物流业为突破口，促进生产性服务业的发展，对于促进经济社会和谐发展和落实科学发展观意义重大。一方面，制造企业的物流需求分散在各个部门和企业，没有转化为社会化的需求，物流运作成本高、效率低；另一方面，由于社会化需求不足，专业化物流的发展受到制约，适应制造企业需要的物流服务能力不高。

宇石物流与巨石集团等玻璃纤维制造业企业的联动发展，有效综合了各方存在的优势，充分发挥宇石物流专业车队力量，为制造业企业降低物流成本，并提高货物配载效率，同时，公共物流平台的搭建，也有利于提高车辆的实载率。

（四）宇石与巨石的合作要求

桐乡市从事玻璃纤维生产及下游加工的30余家企业中，其玻纤出口额占到桐乡市总出口额的近17%，占全省玻纤出口量超过70%，年货运量上百万吨。为了完成叶蜡石粉、叶腊石微粉等玻纤原材料的运输配送，玻璃原丝、玻璃纱、玻璃纤维布、玻璃毡等产品的代理报关报检和出口，需要有一家集国内公路货物运输、国际货运代理、代理订舱等于一体的大型物流公司来完成基地内玻纤配送。

巨石集团作为全球玻璃纤维生产的龙头企业，在业务扩张的过程中逐渐显现出仓储资源不足、物流零散外包方式效率不高等物流瓶颈。经过多种方案比选，2004年开始，巨石集团选择并购物流企业以解决物流问题。

与此同时，宇石物流在为巨石集团等玻纤制造企业提供物流服务时，采用了报关前进出口集装箱混用、甩挂运输以及铁路与水路多式联运等多种先进的物流运作方式和理念，节约了车辆行驶里程和装卸等待时间，提高了车辆使用效率，降低了运输能耗，从而达到了提高物流效率、降低物流成本的目的，并实现了能源的节约和排废的降低，有效满足了各玻纤制造企业的物流配送需求。

四、创新成果的主要内容

振石集团与宇石物流之间的两业联动以产权关系联动为核心，建立公共物流平台，根据联动合作思路提供物流解决方案。

（一）以产权关系为核心开展联动

经过先后两次对宇石物流进行注资，振石集团拥有宇石物流超过70%的股份，对宇石物流的发展方向拥有决策权。以产权关系为纽带，依托母公司振石集团，宇石物流与巨石集团可以开展深入联动合作。宇石物流接受振石集团注资，在充足的资金支撑下加快自身实力的壮大和业务规模的扩张，进一步扩大专业运输车辆的采购力度，拓展内陆运输市场，实现企业的跨越式发展。

从振石集团的角度来看，如图1所示，注资并购宇石物流成为振石集团的成员企业，使振石集团在集团企业纵向一体化发展的道路上走出坚实一步。宇石物流为巨石集团等振石集团的成员企业提供适应各企业运量高低潮波动的稳定物流服务，确保满足其物流需求；通过宇石物流及时反馈的物流市场信息，各成员企业可以迅速了解市场变化，进行相应采购和生产调整；借助紧密的关联关系，各成员企业可通过宇石物流向客户提供流通加工等增值服务，赢得新的竞争优势。简言之，通过注资并购宇石物流，振石集团对集团企业所在供应链的掌控力度会得到明显提高，各成员企业的市场竞争力也将得到进一步提升。

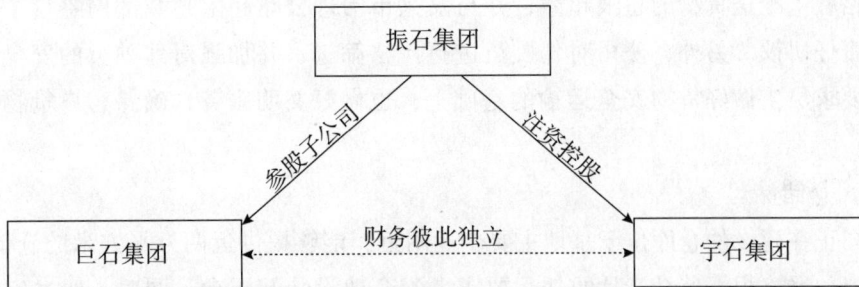

图1　联动项目涉及主体的产权关系

（二）公共物流平台的设计和运行

2011 年，经全国现代物流工作部级联席会议办公室认定，宇石物流被认定为"全国制造业与物流业联动发展示范企业"，同时，由宇石物流主导建设的公共物流平台被认定为桐乡市玻璃纤维出口基地三大公共服务平台之一，这为宇石物流开展研究"两业联动"物流管理创新奠定了基础。

1. 平台建设的总体思路

宇石物流投资建设宇石物流园区，规划在 150 亩园区土地上，建设占地面积近 2 万平方米的仓储，形成集公路运输、仓储、国际货运代理于一体的综合性物流公司；并在现有 173 辆牵引车基础上，再投资 2600 余万元，购置 LNG 天然气牵引车 32 辆及铝合金粉罐专用车，整体上满足基地内企业成员辐射全国的公路运输货运要求。

同时，公司将加强与船公司的联系合作，建立合作伙伴关系，提升国际货运代理实力，为基地内成员企业的玻纤出口提供最为完善的物流方案，并在公司物流园区安装建设集装箱门式起重机一台，提高集装箱运载效率。

2. 平台运行机制

宇石物流与巨石集团在玻璃纤维出口项目上的合作已超过五年，并且完全实现了物流业务的整合和流程再造，在玻璃纤维的出口托运、报关报检、订舱等环节实现了物流的整体外包。同时，宇石物流制定实施了规范化的物流解决方案，具有规范的服务流程和完善的操作规范，确保了物流的及时、高效、安全。

对于桐乡市玻璃纤维出口基地内其他成员企业，宇石物流搭建的公共物流平台，具有对内公平一致的特性。在服务上，宇石物流秉承客户至上的理念，以优质的服务完成物流配送。在车辆配送上，公司竭力确保车辆的准点达到，以及货物的平安送达。在运作上，以物流信息系统为配送平台，通过信息化，实现平台的正常运转。

3. 平台建设技术方案

（1）公路货物运输

公司在每辆车上均安装有 GPS 跟踪定位系统，对车辆动态进行实时监控。同时，公司严格杜绝配送货物的超限超载，并与嘉兴市治理公路超限超载部门签订了相关履行社会责任协议。另外，公司对驾驶员进行严格筛选，并加强对驾驶员的安全教育培训，在要求员工做好货物安全运输的基础上，也做好文明服务，确保客户货物的安全抵达。

（2）仓储储运

公司正在建设的仓库位于基地主要企业附近，能够提供近两万平方米的仓储容量。在设计上，严格根据玻纤产品的托运要求，配套建设装卸平台。同时，通过安装集装箱门式起重机，能够有效提高集装箱周转效率，优化仓储系统，利于玻纤制品的散装整运、整装整运等。

（3）国际货运代理、报关报检

目前，公司在嘉兴和桐乡分别设立有代理报关报检的办事机构，负责直接与海关接触，及时了解商检信息，并将信息传递给基地客户。同时，公司在上海设立有办事处，为基地客户货物出口及时办理放箱、订舱的业务，实现了货运的高速化。

（三）根据联动思路提供的具体物流解决方案

经过巨石集团与宇石物流多次协商沟通，在确定联动合作方案设计思路并充分了解巨石集团物流需求的基础上，宇石物流结合自身既有的物流业务和资源基础，为巨石集团量身设计运用了一系列高效率、低能耗的物流解决方案。

1. 报关前进出口集装箱混用

宇石物流发挥多年来开展国际货运代理和集装箱运输的优势，与上海多家货运站场成为合作伙伴，为巨石集团等开发了特殊的集装箱掏箱服务。这不仅缩短了运输路程，提高了工作效率，也节约了从生产基地到海关堆场一个运输来回的费用。由于运输里程得到了缩短，相应的车辆磨损、车辆折旧、油耗等也得到了降低。此外，运输车辆的尾气排放也因为运输里程的缩短得到了减少，具有较高的环保价值。

除报关前进出口集装箱混用外，宇石物流还对巨石集团的进出口业务安排专人进行管理。一方面规范管理巨石集团手册用量，避免出口产品数量超过手册在当地海关备案数量；另一方面将巨石集团与其他客户的出口需求进行整合，以巨额的业务量向船公司争取最优惠的海运价格，进一步降低巨石集团和其他客户的国际海运成本。

2. 大力开展公路甩挂运输

宇石物流近年来在地方政府和振石控股集团的支持下大力发展甩挂运输，并将甩挂运输良好地运用于与巨石集团的联动项目中。举例来说，宇石物流在服务巨石集团的同时也是沃尔玛华东配送中心（嘉兴王店）的运输物流服务商。宇石物流的集装箱卡车从桐乡出发，将巨石集团卸货后的集装箱送到沃尔玛华东配送中心，卸货后，将已经装好货物的挂车送至沃尔玛上海店。在沃尔玛上海店完成卸货后，牵引已经完成卸货的空挂车到上海出口港区，将上海港区堆放的集装箱送到桐乡卸货，再运送巨石集团的集装箱至沃尔玛华东配送中心。如此往复进行，形成了"巨石集团桐乡生产基地—沃尔玛华东配送中心—沃尔玛上海店—上海港区—巨石集团桐乡生产基地"的完整闭环回路。这一利用进口箱拆空后带货的运输配送模式规避了集装箱装箱和掏箱作业时间过长的不足，等待装卸的过程中完成了其他运输任务，提高了运输效率和车辆利用率。

联动项目中，宇石物流正是采取了这种"一线多点，循环甩挂"的模式，为巨石集团服务的同时也完成了其他业务。宇石物流开展甩挂运输试点的3条路线中，"桐乡—上海港"路线便是服务于巨石集团以及桐乡市浙江华友钴镍股份有限公司等其他制造业企业客户的甩挂运输线路。这条线路衔接了桐乡市各客户的生产基地与上海码头堆场，运输的出口货类为玻璃纤维等产成品，进口货类主要为华友钴镍生产原材料。在桐乡市内则依托宇石物流的站场设施开展站场与客户生产基地之间的短驳甩挂业务。

就宇石物流而言，利用甩挂运输的特点，减少了装卸货物时的车辆等待时间，解决了装卸等待时间过长的问题，实现了车辆大多数时间的重载运输，降低了车辆空驶和无效运输频率，也提高了车辆和人员的利用率。就巨石集团而言，宇石物流使用一定的人员、设施设备和时间同时完成了巨石集团与其他公司的物流业务，不需巨石集团完全承担物流作业产生的费用，降低了巨石集团分摊到的物流成本。

3. 积极尝试开展回程配载

建立在回程配载基础上的资源整合，是现代运输型物流企业必备的经营手段，尤其是各大中型物流企业，因为拥有充分的货源、较强的承运能力，在回程配载上表现得尤为突出。

宇石物流自2004年10月实现资产重组以来，各子公司相继成立，企业规模不断扩大，业务量不断提升，客户数量稳步上升，利用回程配载开展资源整合的条件愈趋成熟。公司在嘉善、衢州、上海等地开辟的几家新客户，业务量比较可观。过去托运巨石货物出口，返回桐乡跑空车，效率低下，利润微薄；但近年来提出要降低关联交易、拓展外围业务后，宇石物流调整营销思路，综合市场走向，挖掘经营商机。

比如宇石物流装载巨石集团散货从公司出发到常州卸货，然后转江阴运输桐昆集团PTA粉返回桐乡，仅此票业务就完成回程配载近千吨。又比如宇石物流用散装粮食挂板送巨石集团散货至合肥，再到合肥运送粮食回桐乡；也有运送货物到南昌后，通过子公司九江宇石，运送散货至常州，再到常州运货回桐乡，这都是典型的回程配载业务。如此，宇石物流经过仔细计算和合理安排，尽量确保实现车辆满载货物环线运输，即从头至尾，车辆都不空驶。

在战略思维的层面上，资源整合是要通过组织和协调，把企业内部彼此相关但却彼此分离的职能，以及企业外部既参与共同的使命又拥有独立经济利益的合作伙伴整合成一个为客户服务的系统。在战术选择的层面上，资源整合是优化配置的决策。无疑，建立在回程配载上的资源整合，为宇石物流降低关联交易起到了典型的促进作用。作为运输型的物流企业，建立回程配载的运输模式，对于宇石物流拓展市场有重要意义；在营销路线上，回程配载的方式起到关键的指导性作用。

4. 积极拓展铁路与水路运输

在内陆运输方面，宇石物流积极践行节能减排理念，改变以往纯公路运输的模式，探索发展公铁联运、公水联运的多式联运方式。由于铁路、水路运输方式具有运输量大、运输费用较低等特点，尤其铁路运输还具有气候适应能力强、安全性高等特点，对降低货物运输成本、保障满足大运量运输需求、确保运输安全具有十分明显的作用。因此，联动项目实施过程中，在不影响货物出口日期的情况下，宇石物流为巨石集团提供的内陆运输服务大多采用铁路运输或者水路运输方式，开展公铁联运和公水联运。

铁路运输方面，宇石物流九江子公司和宇石物流成都子公司重点针对巨石集团九江分公司和巨石集团成都分公司开展铁路运输。以四川为例，采用公路运输方式将集装箱装载的货物从巨石集团成都分公司送到铁路货运站，经由铁路运输，将货物送到广东沿海港口，再通过国际海运渠道，出口至环太平洋地区和欧洲部分地区。

内河运输方面，宇石物流正在积极准备购置江浙沪内河（江）省际普通货船，主要是用于玻纤原料石灰石运输的槽罐船，吨位预计在 500 吨/条左右。

5. 自行开发信息管理软件并进行信息对接

宇石物流自 2006 年起自行开发了一套管理操作软件，建立了自有的服务器，并在每辆集装箱卡车上装载了 GPS 全球卫星定位系统，从 2007 年 1 月开始全面实行信息化管理、操作、核算与结算。

联动项目实施过程中，宇石物流利用既有的技术基础对联动项目实施全面的信息化管理。巨石集团的每一票业务均产生专业的业务编号，并与巨石集团的客户编号对应一致。有效保证了双方信息的对接，时刻保持联动双方获得对等的信息量。联动项目开展以来，电子单证管理比例从 55.5% 提高到 97.5%，提高了 42 个百分点，对订单完成率的提高也起到了很大作用。

6. 运用先进物流方式满足个性物流需求

振石集团核心资产剥离形成的巨石集团是宇石物流的主要服务对象。巨石集团的物流需求均可得到宇石物流的满足。除前述因振石集团纵向一体化战略带来的服务之外，巨石集团还可以获得宇石物流为巨石集团量身打造的物流服务产品。宇石物流一方面不断根据巨石集团需求创新报关前进出口集装箱混用运作方式，开发运用甩挂运输陆路运输方式，推广水运与铁路运输方式的应用等，以满足巨石集团日益增长的物流需求；另一方面配合巨石集团的发展步伐，随着巨石集团各地公司的相继成立，宇石物流也相继会在各地成立子公司，对巨石的进出口业务、国内运输业务进行一对一服务。

巨石集团的物流需求也将为宇石物流业务拓展提供良好的环境。通过满足巨石集团物流需求，宇石物流将具备迅速壮大的集装箱和甩挂运输车队。在满足巨石集团运输需求的基础上，宇石物流可以凭借强大的运输能力招揽外部货源，拓展企业业务规模，优化企业业务结构。此外，宇石物流借助服务巨石集团在各个地区开设分公司的机会进入周边地区的物流市场，服务巨石集团的同时也可拓展自身业务网络，加快宇石物流发展壮大的步伐。联动项目相关方之间的关系和合作内容如图 2 所示。

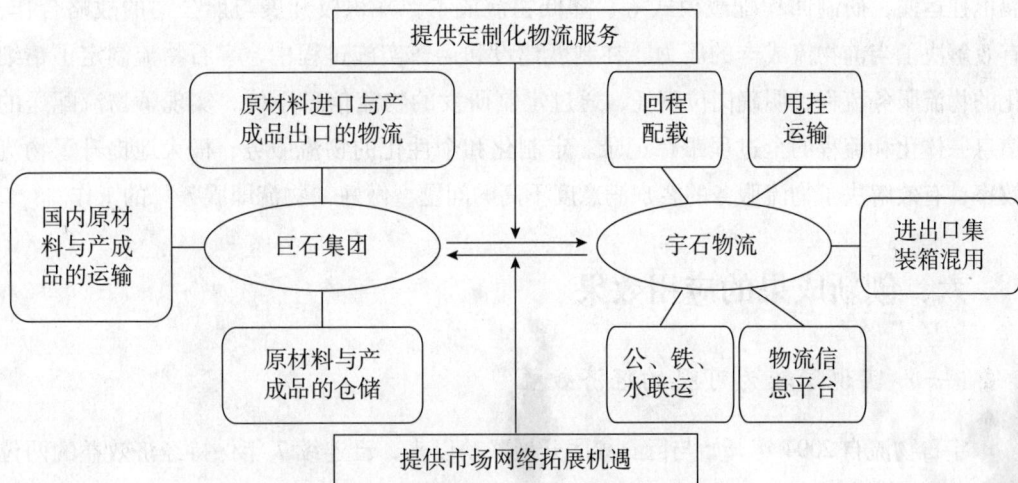

图 2　宇石物流与巨石集团联动合作内容

五、创新成果的主要创新点

巨石集团与宇石物流通过实施两业联动，达到了双赢的目的，他们之间的联动合作具有以下特征：

（一）具有产权联动先行的特征

在如何真正实现制造业与物流业联动发展的问题上，巨石集团和宇石物流以资产为纽带，通过收购重组，既提供了物流的定制化和个性化服务，也实现了利润回笼和企业的迅猛发展，有效解决了当前普遍存在的联而不动的问题。

（二）公共物流平台的建立

在物流企业不断发展的过程中，创新性地建设公共物流平台，为地区内同行制造业企业提供公共物流服务。主要战略模式有报关前进出口集装箱混用、公路甩挂运输、回程配载与资源整合、铁路水路等多式联运、自主研发信息系统软件等，有效解决了物流企业在"两业联动"中长期合作面临的发展瓶颈问题。在提高物流企业外包水平过程中，大力拓展供应链物流，通过搭建公共物流平台，吸引其他制造业企业共同参与联动，实现了宇石物流与多家制造业企业的同时联动。在战略实施上，联动项目和联动企业不断增多。

（三）管理理念与方式创新

在管理理念和方式上，宇石物流专注发展第三方物流，通过开展"油改气"，大力发展甩挂运输，研制回程配载模式等，降低物流成本，并积极开展与船公司的战略合作，有效解决了当前物流成本的压力。在制度建设和运作实施过程中，宇石物流制定了精细化的物流服务流程，明确岗位责任，通过定制研发的物流信息系统，实现了物流配送的信息一体化和流程的全过程跟踪记录。定制化和个性化的物流服务，极大地提升了物流效率，有效解决了物流服务的客户满意度不高的问题，做好"物流即服务"的工作。

六、创新成果的应用效果

（一）实现了较为可观的经济效益

宇石物流自 2004 年开始与巨石集团开展联动以来，已连续 7 年保持经济效益的两位数增长，企业牵引车数量由十余辆增加至两百余辆，员工也达到 460 余人。同时，2010 年开始的公共物流平台建设，促进了企业经济效益的持续增长。较 2009 年、2010 年产值增幅达 47.75%，利润增幅达 25.42%；2011 年，企业继续保持了较好的增长势头。

通过运用高效的配载方式和灵活的模式设计，在行驶里程上升 10.83% 的情况下，货运量提升了 137.48%，运输效率也得到显著提高。

宇石物流近三年经营情况

项 目	2009 年	2010 年	2011 年
行驶里程（万公里）	1106	1561	1730
货运量（万吨）	84	115	273.1
周转量（万吨公里）	19200	24100	26700
产值（亿元）	2.89	4.27	5.5
利税（万元）	4843	6074	7010
上缴税收（万元）	1717.17	2056.47	2505

同时，该项目也产生了良好的社会效益和环境效益。

公司上交地方税收一直呈上升趋势，并且连续多年被评为"桐乡市经济开发区纳税十强企业"，地方财政贡献位居桐乡市前列。

公司购置的 47 辆 LNG 天然气牵引车通过运行测试，一氧化碳排放量降低 90%，碳氢化合物排放量降低 70%，氮氢化合物排放量降低 35%，节能减排效果十分明显。

（二）运输效率得到提升，物流成本得到控制

宇石物流对巨石集团出口物流业务进行整合，提高了物流运作效率，订单完成准时率从 82% 提高到 95.5%，订单完成周期也从联动前的 15 天缩短到 7 天，周转速度提高一倍有余。通过进出口集装箱混用、公路甩挂运输、铁路运输和水路运输等途径，大大降低了巨石集团的物流成本，使巨石集团可以投入更多精力和资金加大研发、生产和销售的投入力度，免除了巨石集团在出口物流运输方面的后顾之忧。

以巨石集团成都子公司为例，2010 年，通过开展联动，宇石物流成都子公司为其承运玻璃纤维 25900 吨，在为宇石物流成都子公司创造营业收入近 600 万元的同时，也为巨石集团成都子公司节省物流成本上百万元。

2010 年，宇石物流完成进出口集装箱运输 56122TEU，2011 年达到 74413TEU，物流运输效率得到明显提高。而在国际燃油价格持续上扬、劳动力成本不断增加的情况下，宇石物流通过购置 LNG 天然气牵引车，开展绿色物流，使物流成本得到有效控制，营业成本增幅低于集装箱运输量增幅。

（三）物流信息化水平提升明显

自与巨石集团开展联动以来，宇石物流便开始着手实施信息系统的研发，极大地促进了物流外包和流程再造。2010 年，宇石物流开始搭建公共物流平台，为桐乡市玻璃纤维出口企业提供定制化物流服务；为满足物流配送的需求，宇石物流开始着手研发现代物流信息系统；到 2011 年，宇石物流已经完成了物流信息系统的研发，并投入使用。从使用情况来看，数据库系统的投入，为公司积累了大量的配载信息，及时跟踪了客户货运的运输和配送，为基地客户的玻纤运输和报关报检等带来了极大方便，也使客户能够及时了解到货运信息。

（四）吸引了其他制造企业参与联动

巨石集团与宇石物流通过注资，以资产为纽带进行联动合作的模式，经过前期的探索后很快见到成效。同时，通过公共物流平台的建设，降低了制造企业物流成本。这一模式也被宇石物流成功运用于区域内其他制造业企业，包括同属桐乡市经济开发

区的桐昆集团有限公司和浙江华友钴镍股份有限公司等大型制造业企业。

2008 年以来，宇石物流吸引了桐昆集团等制造业企业入股宇石物流，吸纳资金 200 余万元，进一步壮大了企业规模，也开拓了业务范围。2009 年 9 月，宇石国际物流公司再次获得投资并成立了控股子公司——桐乡洲泉宇石国际物流有限公司，参股公司包括桐昆集团、浙江双箭股份有限公司、浙江京马电机有限公司、新凤鸣合纤有限公司，注册资金达 1000 万元。

七、创新成果的推广价值

巨石集团和宇石物流的联动是一种典型的收购式联动模式，具有较大的推广价值。其推广价值主要表现在三个方面：

第一，巨石集团和宇石物流的两业联动是"两业联动"示范工程推动以来运作较为成功和典型的联动模式。同时，宇石物流在联动的中期，为突破业务发展瓶颈而建设的公共物流平台，实现了单家物流企业与多家制造业企业的共同联动发展。很多物流企业在与制造企业开始联动的初期效果很好，而往往由于服务对象的单一，致使物流企业的发展严重受限于制造业企业。宇石物流搭建公共物流平台的模式，对其他开展"两业联动"的物流企业具有很好的借鉴意义。

第二，这一模式适用于同时具有大量制造业物流需求和强大资本实力的制造业企业。巨石集团通过母公司振石集团向宇石物流进行注资，满足物流需求的同时也回笼了物流业务利润，达到了"肥水不流外人田"的目的；同时宇石物流在接受注资后与母公司具有了相同的利益诉求，开展业务完全针对巨石集团的需求进行，提供了良好的定制化和个性化物流服务。这一模式适用于专业化的第三方物流企业，尤其当这些企业面临企业成本控制能力瓶颈和资金瓶颈时，可参考本创新成果进行借鉴。

第三，宇石物流开展甩挂运输的公路运输模式特色突出，在整合货源、提高公路运输效率，尤其是装卸环节效率上作用显著。宇石物流将挂车放置在各个客户的需求地点，循环取货送货，形成封闭的甩挂作业路径，极大地节约了装卸作业时间，提高了运输配送效率，并可以复制和套用在其他行业地物流企业运作中。这种做法可供从事道路运输的物流企业开展甩挂运输时予以参考。

万和国际钢铁产业园区信息管理系统方案[①]

【摘要】万和国际物流有限公司是集现货交易、仓储加工、物流配送、钢铁信息、电子商务、研发培训、高端金融于一体的大型现代化物流企业。由于长期以来唐山物流存在资源配置能力弱，缺乏现代物流理念和物流发展环境与区域经济发展不匹配等问题。因此，万和国际物流有限公司建立产业园区信息管理系统平台。其中包括园区仓储管理系统、园区物业管理系统、园区运输管理系统、园区客户关系管理系统、园区呼叫中心管理系统和园区停车场管理系统六个系统的建设。该信息平台的建设有效地发挥其凝集和辐射作用，使万和国际成为唐山市物流业的龙头企业。该创新成果为区域钢铁物流的信息化、便利化创造了更为有利的条件，值得在我国专业型物流园区信息化建设中予以借鉴。

【关键词】信息管理系统；钢铁物流园区
【适用领域】钢铁产业园区管理系统建设；物流园区信息系统设计

一、企业基本情况

万和国际物流有限公司注册资金 1 亿元，总资产 6 亿元，是由盛唐集团全资控股的集现货交易、仓储加工、物流配送、钢铁信息、电子商务、研发培训、高端金融于一体的大型现代化物流企业。

万和国际物流有限公司在很大程度上改善了唐山钢铁现代服务业结构，提高了钢铁现代服务业的能力和水平。万和国际全体同仁将以展现现代钢铁文化为己任，以市场需求为导向，紧跟钢铁产业发展步伐，立志将园区打造成以钢铁电子商务为平台、以物联网为发展理念的集钢铁运输、钢铁仓储、钢铁加工、钢铁贸易、电子交易、车源配置、钢铁服务、钢铁设备为一体的现代钢铁服务业综合体和钢铁全产业链总部基地。

万和国际钢铁产业园区，简称万和钢城，项目规划总面积 3000 亩，计划总投资 30

---

① 本成果由盛唐集团—万和国际物流有限公司提供，成果主要创造人：吴继平，参与创造人：周小翠、李世东，获 2012 年度物流行业企业管理现代化创新成果奖三等奖。

亿元，属于河北省钢铁物流产业重点建设项目以及国家"两化融合"重点建设示范区。万和钢城主要涵盖万和国际钢铁集中采购中心、万和国际物流分拨配送中心、万和钢铁全产业链总部基地三大功能版块。

（1）万和国际钢铁集中采购中心规划总面积1600亩（含300亩生态水域景观区），核心业务功能区域包括钢铁现货交易区、钢铁精密加工区、钢铁智能仓储区、钢铁工业展览展示区、钢铁产品综合体验馆、外埠园区采购中心等，是唐山乃至中国北方地区首屈一指的现代钢铁服务业综合体和钢铁全产业链总部基地。

（2）万和国际物流分拨配送中心规划总面积600～800亩，其中一期开发建设300亩，核心业务功能区域包括仓储加工中心、智能化停车场、信息交易中心、多式联运中心、零担快运中心、配套服务中心等，是唐山市乃至冀北地区最具规模的综合物流仓储、加工、运输、配送资源整合及配置平台。

（3）万和钢铁全产业链总部基地规划总面积600亩，开发、建设、运营的核心功能区域包括总部基地办公中心、国际高端金融中心、综合商务支持中心、滨河钢铁雕塑公园、钢铁文化创意产业园等，是中国北方地区钢铁物流资源整合平台及钢铁产业"中国创造"中心。

二、创新成果的名称

创新成果的名称是万和国际钢铁产业园区信息管理系统方案。该创新成果建立利用信息流调控和主导物流优势的信息化平台，包括园区仓储管理系统、园区物业管理系统、园区运输管理系统、园区客户关系管理系统、园区呼叫中心管理系统和园区停车场管理系统六个系统的建设。同时，根据区域总体规划，合理的布局物流服务体系，使信息化与区域经济协调发展，相互适应。

三、创新成果的产生背景

万和国际钢铁产业园区信息管理系统方案的提出得益于国家对钢铁、建材等流通问题的重视，加上唐山地区的物流资源配置需要信息化技术的强力支持。万和国际物流公司利用这一有利的契机，构建了符合地区和产业发展需要的信息化平台。

（一）项目实施的背景和依据

党和国家历来重视钢铁、建材生产、流通问题，《国民经济和社会发展第十一个五年规划》、国务院《物流业调整和振兴规划》，以及中共中央、国务院关于振兴东北老工业基地的决定、国家发展和改革委员会《物流业调整和振兴规划》中，都明确指出要大力发展成为大型钢铁和建材企业服务的物流机构，支持鼓励物流机构搞好企业的生产原料和产品流转，使企业实现生产规范化、优化配置，不断提高产品质量，节能降耗，取得更好的经济效益。在 2009 年 3 月 14 日，温家宝总理在十一届全国人大二次会议上所做的《政府工作报告》中，提出认真实施现代物流等重点产业的调整和振兴规划，加强物流设施的建设，发展配送业务，特别要加强大型企业生产原材料储存和流通环节的建设，更好地为企业生产搞好服务。

同时，由于长期以来唐山物流资源配置能力弱，内陆资源进出境货物形态差异大而造成大量资源闲置和浪费，信息不对称导致车辆空载率超过 60%；服务范围停留在原始储运阶段，没有引入现代物流的发展理念；物流发展环境与区域经济发展不匹配。因此，迫切需要在唐山地区建立利用信息流调控和主导物流优势的信息化平台，同时，根据区域总体规划，合理的布局物流服务体系，使信息化与区域经济协调发展，相互适应。

（二）项目实施的政策依据

本项目的实施也有许多有利的政策支持，这些政策主要包括：

（1）《中华人民共和国国民经济和社会发展第十一个五年规划纲要》；

（2）2009 年国务院《物流业调整和振兴规划》（国发〔2009〕8 号）；

（3）《国务院关于发布实施促进产业结构调整暂行规定》（国发〔2005〕40 号）；

（4）温家宝总理在十一届人民代表大会第二次全体会议《政府工作报告》；

（5）2009 年 10 月国家商务部《关于加快我国流通领域现代物流发展的指导议见》；

（6）国家发展和改革委员会产业结构指导目录。

四、创新成果的主要内容

万和国际钢铁产业园区信息管理系统主要包括仓储管理系统（WMS）、园区物业管理系统（PMS）、园区运输管理系统（TMS）、园区客户关系管理系统（CRM）、园区呼叫中心管理系统（Call Center）和园区停车场管理系统（Parking System）六个系统的建设。具体内容如下：

（一）项目建设总体思路

万和国际钢铁产业园区在构建信息化平台之前，提出了具体的项目建设思路，即系统应该在时间和空间上满足从生产要素到消费者之间的需求，及时处理物流各个环节中产生的各种信息，使信息能够通过物流信息管理平台快速准确地传递，提供物流系统共用的信息支撑环境，提高物流信息运用的效率，为制造商和消费者提供一个信息交流的平台，降低信息交易成本，提高区域物流效率，实现信息资源整台，使其逐渐成为物流信息交换的枢纽。

（二）产业园区信息管理系统建设

万和钢铁产业园区信息管理系统方案主要包括园区仓储管理系统（WMS）、园区物业管理系统（PMS）、园区运输管理系统（TMS）、园区客户关系管理系统（CRM）、园区呼叫中心管理系统（Call Center）和园区停车场管理系统（Parking System）六个系统的建设。其中园区仓储管理系统（WMS）主要包括16个子系统、62个模块，是对钢材仓库的验收入库、出库和加工等过程进行数据流的跟踪，兼顾业务和财务两方面协同工作，做到仓储管理的物流、资金流清晰明确；园区物业管理系统（PMS）主要包括7个子系统、41个模块，是对物业服务的客户以及物业安全管理、日常管理、财务结算等的有机结合；园区运输管理系统（TMS）主要包括20个子系统、116个子模块，是为了实现对车辆的安全以及货物的安全、财务结算等更清晰明确的控制和管理；园区客户关系管理系统（CRM）主要包括3个子系统、10个子模块，主要是实现客户信息的有效记录、客户沟通的有效进行以及客户关系的维护；园区呼叫中心管理系统（Call Center）主要包括1个子系统、8个子模块，主要为了实现电话语音接入、接出、转内线、监听等功能，保证客户服务满意度；园区停车场管理系统（Parking System）主要包括4个子系统、24个子模块，主要为了实现车辆入场、出场、日常管理控制以及脱网情况下的正常运转等功能。六个系统的具体子系统如表1～表6所示：

表1 　　　　　　　　　　　　园区仓储管理系统（WMS）

板块	说明	模块数（个）
1	仓储管理	3
2	入库管理	2
3	出库管理	6
4	存货管理	4
5	存货通知	3
6	结算管理	4
7	客户关系管理	5
8	增值服务	1
9	物流金融	3
10	安全质量	2
11	库房监控	3

续　表

板块	说明	模块数（个）
12	决策分析	3
13	警示提醒	4
14	数据接口	3
15	系统维护	7
16	短信客户服务（采用网关或短信猫技术）	5
17	移动条码终端（采用 GPRS 移动无线技术）	4
合计	17 个子系统，62 个子模块	

表 2　　　　　　　　　　　园区物业管理系统（PMS）

板块	说明	模块数（个）
1	系统管理	5
2	客户管理	6
3	物业管理——安全管理	10
4	物业管理——日常管理	8
5	结算管理	4
6	财务管理	3
7	查询统计	4
合计	7 个子系统，41 个模块	

表 3　　　　　　　　　　　园区运输管理系统（TMS）

板块	说明	模块数（个）
1	客户订单	4
2	调度发运	4
3	装卸跟单	3
4	回单核报	3
5	收入结算	3
6	支付结算	7
7	财务管理	13
8	安全事故	3
9	快速查询	2
10	客户关系管理	5

续　表

板块	说明	模块数（个）
11	车辆管理模块	12
12	决策分析模块	4
13	警示提醒	4
14	系统维护	7
15	客户服务网站（采用 Web 网站模式）	4
16	短信客户服务（采用网关或短信猫技术）	5
17	定位监控（采用 GPS 或手机定位技术）	7
18	移动终端（采用 GPRS 移动无线技术）	4
合计	20 个子系统，116 个子模块	

表4　　　　　　　　园区客户关系管理系统（CRM）

板块	说明	模块数（个）
1	客户管理	6
2	客户统计	2
3	警示管理	2
合计	3 个子系统，10 个子模块	

表5　园区呼叫中心管理系统（Call Center）

板块	说明	模块数（个）
	呼叫中心	8
合计	1 个子系统，8 个子模块	

表6　　　　　　　　园区停车场管理系统（Parking System）

板块	说明	模块数（个）
1	入场控制	7
2	出场控制	6
3	中心控制与管理功能	5
4	其他功能	6
合计	4 个子系统，24 个子模块	

通过产业园区内六个系统的建设，形成完整的信息管理系统方案，具有物流信息、财务管理、专业市场管理以及完善的监管系统。完整的信息管理系统使各个批发市场

要网络互联，信息共享，并向外界传递在批发市场形成的价格、交易量等信息，协调物质的生产、流通和消费，从而使批发市场向物流中心过渡。通过扩大信息共享的范围，促进信息标准体系的形成。制定保证政务信息公开的具体规则与办法，通过计算机记录产品的相关信息，通过网络快速传输，并做到能够方便、快捷的查询，出现问题追本溯源，保证产品质量和食品安全。

（三）产业园区信息管理系统方案技术要求

万和钢铁产业园区信息管理系统方案要求应达到以下十个方面技术要求：

（1）形成集成物流交易系统；

（2）具备超强的扩展性，提供一致性的信息化运营平台；

（3）众多的子系统和功能模块，覆盖供应链及物流行业的主要业务领域；

（4）全面的系统接口，可与其他系统和数字设备智能接口；

（5）多方位的客户服务技术，推动物流企业建立以客户为中心的运营体；

（6）体系结构兼备 B/S 的客户端免安装维护和 C/S 强大的桌面操作能力；

（7）安全保证，数据集中和加密处理，服务器可选择自有、托管，伸缩自如；

（8）快速个性化二次开发手段，使系统完全贴近客户实际操作流程和方式；

（9）终生技术支持，免费升级，支持物流企业信息化逐步扩展；

（10）网络化维护手段，加快异常处理速度，降低现场服务费用。

根据国家有关部门调查，在区域物流运输和货物仓储中操作人员素质较低，导致物流服务的效率和质量受到很大影响，而物流费用占 20%～40%，用于生产的时间约占 10%，而用于物流过程的时间却占到 90%。所以降低物流成本和缩短物流时间对企业降低总成本来说有着重要的意义。企业的物流活动涉及多个外部企业，光靠企业自身是难以达到物流总成本降低这一目标的，所以必须采用供应链管理这一先进的管理思想，通过在供应链伙伴间信息共享，协同运作，来有效地降低协同成本。因此，本项目实施的重点就是通过将网络技术和数字设备应用到区域物流自有整合和电子交易当中，大大缩短物流各环节之间的信息不对称，加快物流的流通速度，使得物流各环节的信息更加准确、及时和透明，供应链各伙伴之间可以协同运作、科学决策，从而达到降低物流总成本的目标。为了完善建立六个管理系统，一定要达到以上十点技术要求。

五、创新成果的主要创新点

万和国际钢铁产业园区信息管理系统方案具有以下三个特点：

（一）实现物流信息化

使唐山地区物流信息化基本与现代物流发展相适应相协调，解决跨域信息的互联互通问题，实现多样化的信息传递方式，使电子商务与物流相结合，令现代物流在唐山这片沃土上充分发挥作用，实现区域经济快速、稳定的发展。

（二）较强的集成化优势

万和国际钢铁产业园区集信息交易、仓储、运输、配送、流通加工、生活配套等功能为一体，有效承担区域物流信息服务职能，建设并运营社会化物流信息服务体系，为区域经济发展和社会生活提供全面的物流信息服务和运营保障服务，提高整体物流运营水平，对社会财富内涵式增长起到支撑作用，带动生产性服务业迅速发展壮大，构成现代服务业的重要支点，使资源型经济的发展具有接续性延伸。

（三）有效地凝集和辐射作用

产业园区信息管理系统建设可以有效地发挥其凝集和辐射作用，使万和国际成为丰润区乃至唐山市物流业的龙头企业，每年能向全国各地供应钢铁、建材及其他产业的大批优质产品，年周转量达到 500 万吨，既满足有关企业生产的需要，为企业生产提供高效、快捷、优质的服务，也为唐山地区、河北省乃至全国的钢铁、建材及其他产业的生产企业提供了储存、运输、周转的场地，解决了这些企业因产品积压而资金周转困难的问题，有利于进一步发展生产，促进企业效益的提高，形成一种良性循环，必将会受到钢铁、建材及其他产业企业的欢迎。

六、创新成果的应用效果

产业园区信息管理系统实施后取得了很好的经济效益和社会效益，为唐山地区、河北省乃至全国的钢铁、建材及其他产业的生产企业做出了许多贡献。

（一）经济效益

该项目运营后，正常年份下年储存钢铁、建材及其他物资 80 万吨，配送钢铁、建材及其他物资 200 万吨，年加工钢铁及其他物资 80 万吨。经营期正常年均仓储收入 16000 万元、运输收入 32000 万元、加工收入 12800 万元。经营期正常年均利润总额为 34778 万元，所得税按销售利润的 25% 征收，应缴纳所得税 8695 万元，税后利润 26083 万元。

（二）社会效益

（1）产业园区信息管理系统的建设满足了唐山及周边多省份地区日益迫切的物流服务需求，降低了整体运营成本，提升了区域核心竞争力。整体推动唐山现代物流体系之进程，加速唐山工业化进程，强力拉动唐山经济发展。

（2）具有完善信息管理系统的产业园区的建成产生了一批新型中间种类企业（如包装、加工等企业），和一批年营业额过亿的第三方物流企业，增强了唐山的商贸流通领域活力，产生了大量的就业机会。同时带动当地其他行业，如：汽车修理、餐饮、住宿、文化娱乐等服务业的发展，新增就业岗位3000多个，对提高当地居民收入、促进丰登坞镇的小城镇建设、加快实现城乡等值化起到积极的推动作用。

（3）产业园区信息管理系统的建设具有很好的人才、资金、信息汇集作用。首先，本项目大量聚集物流方面专业技术人才，改变现在信息化专业技术人才不足，技术落后的局面，为今后唐山物流的全面发展奠定人才基础。其次，由于各行各业物流交易的发生，并吸引带动周边地区物流交易的进行，将会汇集相对较大的资金量，如果能统筹调配，将有利于促进物流业的发展和物流中资金不足的问题。最后，由于信息系统的运行，会产生和聚集大量的市场、车源、货源方面的信息，包括区域内、国内、周边口岸，有利于物流信息港的不断扩大和发展。

七、创新成果的推广价值

万和国际钢铁产业园区信息管理系统方案具有较大的推广价值。一方面，万和国际钢铁产业园区信息管理系统具有多模块系统化整合的特点，并从供应链一体化角度谋求交易成本最小，这种信息系统的布局与构架值得其他物流园区在构建信息平台时候予以借鉴。另一方面，该创新成果是建立在对钢铁产业发展趋势、区域经济发展形势的科学分析基础上的，这种物流园区信息系统设计思路值得其他园区经营主体借鉴。

深圳凯依克物流供应链整合服务平台[①]

【摘要】深圳市凯依克物流有限公司是一家专注于制造业一体化物流及供应链管理的现代物流服务商。为了寻找新的成本挖掘手段、提高客户响应速度和优化客户的业务流程，凯依克物流公司顺应供应链整合的要求，建设了基于第四方物流的供应链整合服务平台。该平台由知识管理、运营运作、资源整合三大平台构成，支持公司构筑包括提供供应链诊断、供应链模式再造、流程设计和优化、物流体系优化、供应链优化实施计划等服务在内的一体化供应链服务。平台的建设实现合作伙伴之间的共生共赢，共同降低供应链整体成本，提高供应链整体竞争力。创新成果的实施使公司保持了 30% 以上的复合增长率，2012 年营业额突破 5 亿元。因此，该创新成果的推广有助于推动供应链技术在物流及供应链领域的成功应用，并且可以提升物流企业的服务水平。

【关键词】第四方物流；供应链整合服务平台；供应链优化

【适用领域】供应链公司；综合型物流企业

一、企业基本情况

深圳市凯依克物流有限公司（以下简称"公司"）成立于2000年，注册资本5000万元，人员超过300人，在全国有超过40个网点。公司近三年的营业收益分别为3.1亿元、4.3亿元、5.6亿元。到2015年，公司营业额预计将突破7亿元。公司实行稳健的财务策略，资产负债率不超过30%。

公司是一家专注于制造业一体化物流及供应链管理的现代物流服务商。经过十多年发展，逐步形成了以供应链管理为核心，基础物流及高端物流为支撑的"一体两翼"创新业务模式。基础物流是公司业务基础，主要有沿海内贸海运、铁路货代、汽运等。这些年公司已经建立了依托分公司、办事处及合作伙伴的服务网络。在此基础上，公司开始拓展高端物流服务，如一体化的仓储配送服务、VMI（供应商管理库存）、JIT

[①] 本成果由深圳市凯依克物流有限公司提供，成果主要创造人：叶红斌、罗润华，参与创造人：唐剑锋、陈广仁、陈少亮、曾送来、姜双伍，获2012年度物流行业企业管理现代化创新成果奖三等奖。

精益配送、增值服务等。

公司一直致力于研究大型制造领域企业的物流需求及运作模式，深入挖掘客户价值主张，提供有针对性的服务。目前公司正在开发拥有自主知识产权的下一代智能信息系统。公司还专门成立了沃尔森供应链管理公司，搭建支持第四方物流运作的供应链整合服务平台。以期整合各种服务资源，设计满足客户个性化需求的服务产品，以高效的服务能力和完善的服务设施为国内外知名企业提供专业化、定制化、一体化的物流解决方案服务。公司通过创新服务模式、强化和提升物流技术与运作能力，为客户提供集商流、物流、资金流、信息流为一体的物流外包方案与精益物流服务，从而帮助企业提高物流管理水平及效率，推动企业供应链创新，构筑企业核心竞争力。

在中国物流学会第十次学术年会上，公司荣获"中国物流学会产学研基地"称号。公司通过国内权威资信评估组织——深圳南方资信评估有限公司的评估，喜获 AAA 级资信等级证书。"AAA"示意信用极好，是资信等级中的最高级。这说明公司经营稳健，管理规范，资产质量良好，风险抵御能力强，信用程度极高。

以立足深圳，服务全国为目标，公司将积极整合资源，进行整合创新，打造投融资平台，探索协同发展的新型模式。同时进一步优化公司治理结构，提升经营管理水平，丰富发展内涵，提升持续竞争能力，力争在发展规模、经营效益、管理水平、品牌影响等方面实现新突破，成为全国最优秀的现代物流及供应链管理服务商。

二、创新成果的名称

深圳市凯依克物流有限公司搭建了高效完善的 4PL 共享平台，提出独具特色的第四方物流系统架构与模型，全面完善一体化供应链解决方案及服务产品与运营体系。因此，该创新成果名称为：深圳凯依克物流供应链整合服务平台。

三、创新成果的产生背景

为了寻找新的成本挖掘手段、提高客户响应速度、降低服务总成本和优化业务流程，深圳市凯依克物流有限公司顺应供应链整合的要求，建设了基于第四方物流的供应链整合服务平台。

（一）新的成本挖掘手段

供应链作为一种资源配置的手段，通过供应链挖掘渠道上的存量资源，以降低整个链条上的成本，从而替代企业传统的内部成本挖潜。

（二）提高客户响应速度的需要

通过协同计划和降低订单的处理周期来提高客户响应速度。订单和销售、制造、物料采购都有关系。订单的处理协同过程的完善程度，处理周期的长短，直接影响企业内部的生产成本，更重要的是可以提高渠道广义资金的周转。

（三）降低成本的需要

降低整个渠道上的业务成本，通过电子交易和业务标准，降低整个业务成本。

（四）合理计划和优化业务流程的需要

供应链条上的价值创造靠外部行为的协同。利用网络技术建立动态的协同网络，包括建立密切的合作关系。现在企业已经把着眼点放在企业外部，充分利用社会资源。企业内部的资源挖潜，降低消耗、降低成本、提高效率这些空间已经很小了，特别是管理比较优秀的企业，内部压缩的空间越来越小了，但是整个价值链上的价值空间和效率空间却比较多。如何重新配置资源，扩大本供应链可用资源，挖掘潜在资源，优化存量资源，这是供应链管理要解决的问题。

因此，深圳市凯依克物流有限公司顺应供应链整合的要求，提供一体化的供应链解决方案，建设基于第四方物流的供应链整合服务平台，形成一个密切的合作伙伴关系，实现合作伙伴之间的共生共赢，共同降低供应链整体成本，提高供应链整体竞争力，正当其时。

四、创新成果的主要内容

公司于 2010 年在人才队伍引进与培养、网络建设及优化、IT 平台建设、方案能力建设、合作伙伴导入及资源整合等方面取得重大突破，着手搭建了高效完善的 4PL 共享平台，提出独具特色的第四方物流系统架构与模型，全面完善一体化供应链解决方案及服务产品与运营体系。平台提出集咨询服务、商务管理、订单管理、贸易执行、物流运作、信息管理、资金运筹于一体的全面解决方案，并实现对供应链上下游的全流程的业务管理。

凯依克供应链整合服务的供应链管理信息平台由知识管理、运营运作、资源整合三大平台构成，如下图所示。

（一）知识管理平台

通过系统建设将理念、知识、经验及技术加以总结提炼并显性呈现，实现知识的沉淀与共享，支持公司构筑包括提供供应链诊断、供应链模式再造、流程设计和优化、物流体系优化、供应链优化实施计划等服务在内的供应链咨询能力。

（二）运营运作平台

提供业务运作的核心支撑，支持订单管理、商务管理、物流管理、结算管理、信息管理等各项供应链管理服务。

（三）资源管理平台

通过整合并协同管理物流公司、IT 公司、金融机构、呼叫中心等资源为公司运营及服务的实现提供后援支持。

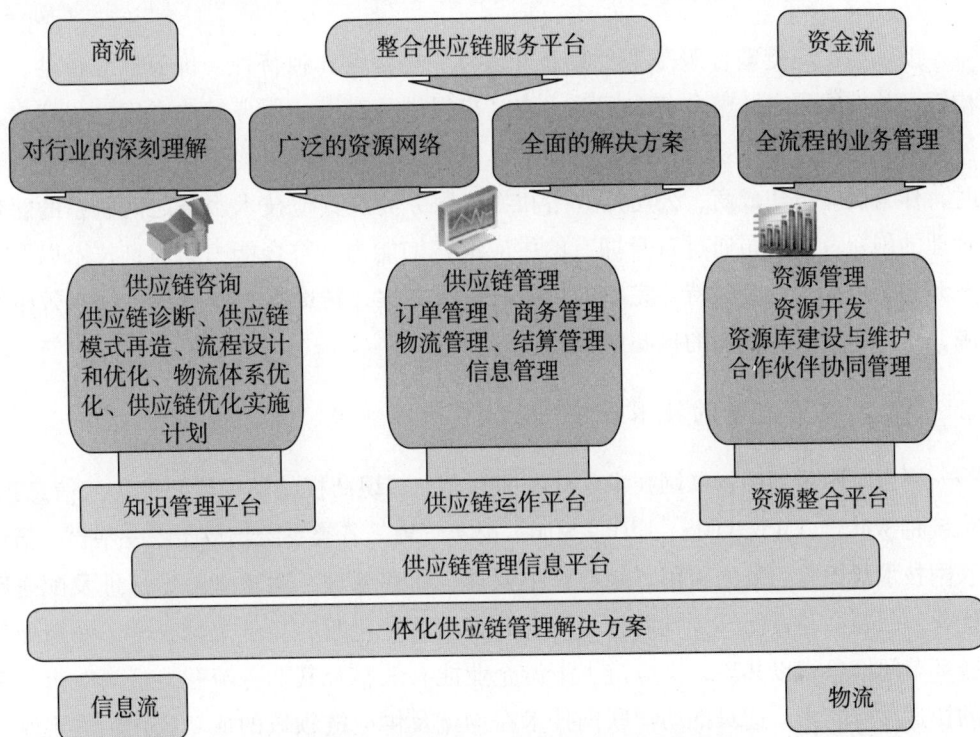

凯依克供应链整合服务平台系统架构与模型

（四）项目的运行实现方式

由于第四方物流服务商是供应链物流的一个统一的链接单位，它将供应链的资源和潜能以及所应用的技术组织起来外包给一个单位，进行统一的管理，并提供综合性的、能满足不同需要的有特色的供应链解决方案。所以，第四方物流在供应链中作为一个独立的机构代表业主（即将物流业务外包的单位）管理物流和供应链活动。

按照统一的外包合同，通过总体的安排，第四方物流服务商能控制第三方物流服务商的竞争机制、管理业务流程，为服务对象提供一个供应链解决方案。同时，由于第四方物流服务商面对的是多个客户，它改变了传统的外包行为，开创了一条能够多次降低运营成本和进行资产转移的途径，所以它能够充分提高规模经济，增加投资回报率。

五、创新成果的主要创新点

凯依克物流公司面对多个客户设计了基于第四方物流的供应链整合服务平台解决方案，该方案具有以下几个显著特点：

（一）具有很强的独特性和有效的整合性

凯依克供应链整合服务平台具有开放性、平台性、独特性、价值性等特性，通过构筑开放性的平台、整合各方资源，为客户提供一对一的服务解决方案，为客户及整体供应链创造价值。系统性的平台能力，成就了公司第四方物流卓越的表现能力。同时，作为供应链集成商，公司是业主和物流服务商及其他技术服务之间联系的纽带和管理的创新者。公司通过自身拥有的供应链咨询能力、整合能力、信息技术以及其他资源为客户提供一套独特并完整的供应链解决方案，帮助客户降低成本和有效整合资源，构建起在供应链上的核心竞争力。

（二）具有先进的技术性

平台应用最新的物联网技术，开发拥有自主知识产权的下一代智能物流信息系统。系统将 WMS、TMS、OMS、ERP、SCM、财务管理等各类系统集成于统一平台，借助物联网技术及优化引擎的应用，是集订单处理、库存管理、运输管理、选址及配送路线优化、问题产品召回（逆向物流）等得以及时优化处理，企业之间、整条制造业供应链环节间信息得以共享，供应链上下游企业能有效整合其业务流程，提高对市场变化的快速反应能力。这对推动物联网技术在物流及供应链领域的成功应用、实现制造业与物流业的产业联动、推进工业化与信息化"两化"融合具有积极的示范效应。

（三）具有独特的经营理念，真正践行绿色供应链

公司经过十多年的历练与积累，形成了独特的经营理念，坚持以国际化视野及供应链管理咨询专家的眼光洞察企业管理与运营过程的实际问题，依托公司丰富的物流及供应链管理咨询经验和一流的专家顾问团队，帮助企业运用供应链及现代物流理念、技术和经验去规划和运作物流项目或改善供应链管理。同时，公司积极响应国家节能减排政策，承担企业社会责任，推出绿色供应链咨询服务，

为制造业客户提供基于 ISO 14064 的碳盘查服务，涉及温室气体的清单设计、制定、管理和报告以及后续技术改造方案设计及能力管理服务。此服务可以为客户企业节约资源和能源的使用量，降低成本，并提升社会形象。同时，平台通过对多个制造业客户物流业务进行整合，以智慧物流的理念与技术运作，减少油耗及碳排放，真正践行绿色供应链之路。

六、创新成果的应用效果

凯依克物流公司作为一家制造业一体化物流及供应链管理的现代物流服务商，基于第四方物流的供应链整合服务平台为公司自身的利润增长和行业发展做出了许多贡献，取得了可观的经济效益和很好的社会效益。

（一）经济效益

该平台借助物联网技术对供应链各环节进行优化，促进其自动化、智能化，以行业最佳的物流方案为客户提供优质服务，使得公司仓储运输成本、人力成本、管理成本等费用得以减少，每年将为本公司直接创造经济效益超过 1000 万元。本平台使公司保持了 30% 以上的复合增长率，2012 年营业额突破 5 亿元。项目的实施也为公司巩固并增加了大批优质客户，其中包括大批国际国内颇具影响力的大集团公司，也不乏世界 500 强、国内 100 强企业，如公司已经与伊利、雀巢、格力空调、格兰仕、华润三九、海天酱油、白云化工等众多大型制造企业建立了长期稳定的合作关系，业务持续增长，现金流稳定。

由于凯依克供应链整合服务平台赢利点较广，如下表所示，凯依克物流供应链整合平台 2012 年初步建立起来后，对最可能和确定的赢利点进行相应的赢收分析，对项目 2012—2016 年的预计经济效益作如下估算：

凯依克供应链整合服务平台经济效益分析表　　　　（单位：万元）

项目		2012 年	2013 年	2014 年	2015 年	2016 年	合计
收入部分	物流金融服务	0	100	500	1200	3800	2000
	信息增值服务	0	50	500	800	2350	1000
	供应链咨询服务	100	300	500	750	2450	800
	4PL 信息平台使用费	0	50	150	500	1700	1000
	其他收入	100	200	300	400	1500	500
收入合计		200	700	1950	3650	5300	11800

续 表

	项目	2012 年	2013 年	2014 年	2015 年	2016 年	合计
支出部分	4PL 服务平台建设费	800	400	0	0	1200	0
	业务拓展费用	100	120	150	200	770	200
	广告投放费用	200	200	200	300	1400	500
	系统运行维护费	30	50	100	150	480	150
	人员工资	100	150	200	300	1050	300
	其他支出	200	200	300	300	1300	300
支出合计		1430	1120	950	1250	1450	6200
毛利总额		−1230	−420	1000	2400	3850	5600

本项目将于 2013 年完成平台的搭建，之前的收入主要为供应链咨询收入，以及参与凯依克 3PL 物流业务技术支持带来的其他收入；预计至 2016 年可实现业务收入总额 11800 万元，企业毛利总额 5600 万元，上缴利税超过 300 万元。同时可以带动相关产业及平台合作伙伴实现共赢，拉动超过 10 亿元以上的物流产值。

（二）社会效益

（1）深圳是物流发达城市及国内供应链服务的发源地，公司立足深圳，以本项目为契机，提升为全国知名制造业企业提供创新的物流及供应链服务的能力，将为深圳实现产业升级及打造亚太地区供应链管理基地贡献力量，并实际为深圳每年贡献税收超过 500 万元。

（2）公司秉持企业公民的经营理念，走绿色供应链之路，帮助客户减少油耗及碳排放，为国家节能减排及环境改善尽一份力。同时也为低碳物流供应链的构建起到了借鉴和指导作用。

七、创新成果的推广价值

基于第四方物流的供应链整合服务平台具有较大的推广价值，主要表现在三个方面：首先，供应链服务平台建设是供应链解决方案成功的关键，因此，凯依克物流公司建设供应链服务平台的经验值得借鉴。服务平台的建设使公司服务客户供应链决策更加合理科学，服务响应更及时，提高供应链的管理效率，增强市场竞争力，从而赢得客户的信赖。这为其他物流企业向供应链公司转型升级提供了有益的借鉴。其次，该项目是基于第四方物流的供应链整合服务平台，设计多个服务点，产生多个业务利润点。在订单管理、商务管理、物流管理、结算管理、信息管理等各项供应链管理服务环节为客户提供定制化的服务，对推动物流技术在物流及供应链领域的成功应用，实现制造业与物流业的产业联动、推进工业化与信息化"两化"融合具有积极的示范效应。最后，该创新成果秉持"绿色供应链"及"智慧物流"的理念，有助于物流行业的节能减排，也为其他物流企业践行绿色供应链服务模式提供了可行的模式参考。

金叶物流降低分拣设备停机率解决方案^①

【摘要】 宁德市金叶物流有限公司是一家专门经营和管理卷烟物流业务的国有企业。2011 年，公司卷烟销量大幅度上升，同时对分拣效率的要求也变得更高。而现有分拣设备由于停机现象，分拣效率不高。针对这一情况，公司成立了专门的 QC 小组来解决问题，通过调查得出分拣设备停机原因。根据原因采取四个方面的措施（调整补货值、调整通道卷烟品种、配备专用查询补货量电脑、制定巩固措施）来降低分拣设备停机率。成果应用后，有效降低了分拣设备停机率，为企业取得了良好的效益。该创新成果对于其他具有设备停机问题或类似问题的企业起到了很好的借鉴作用。

【关键词】 分拣设备停机率；QC 小组；补货

【适用领域】 烟草生产企业；卷烟物流企业运作升级

一、企业基本情况

宁德市金叶物流有限公司（以下简称"金叶物流"）成立于 2008 年，隶属于宁德市烟草公司，是一家专门经营和管理卷烟物流业务的国有企业。公司下设行政、财务、仓储、配货、送货五个部门，七个中转站，是一家集仓储、配送、加工、运输和信息服务于一体的现代化综合性物流企业。

宁德市烟草物流配送中心位于宁德市蕉城东桥开发区，占地约 45 亩，建筑面积 1.4 万平方米。其中仓储面积 1832 平方米，设有 936 个托盘货位，最大仓储量 5616 大箱，能满足年销量 12 万大箱的存储要求；分拣作业区面积 1000 平方米，设有半自动立式分拣线 2 条，承担着全市 14857 户卷烟零售户的配送工作，日均配送零售客户 3000 户、卷烟 420 箱。

二、创新成果的名称

宁德市金叶物流有限公司的创新成果名称为金叶物流降低分拣设备停机率解决方

① 本成果由宁德市金叶物流有限公司提供，成果主要创造人：刘华锦、杨静，参与创造人：张敏、程卿、蔡述炜、郑铃雄、罗熙华、林文，获 2012 年度物流行业企业管理现代化创新成果奖三等奖。

案。该创新成果针对企业设备停机率高的问题，设计了一套调查分拣设备停机原因的方案，并根据调查结果采取四项措施降低了分拣设备停机率，取得了明显的经济效益和管理效果。

三、创新成果的产生背景

2011 年，宁德市烟草公司卷烟销量大幅提升，公司对分拣效率有了更高的要求。宁德市烟草公司原来采用的是昆船半自动分拣设备，单条分拣线卷烟分拣时效平均为 180 件/小时，已经达到设备的核定值。为完成日益增加的卷烟销量任务，唯有对分拣设备停机次数进行有效控制，降低分拣停机率，进一步提升分拣效率。

为能将分拣效率更趋于均衡，减少停机发生，宁德市金叶物流有限公司成立了 QC 小组，针对如何有效降低分拣设备停机率组织攻关。

四、创新成果的主要内容

宁德市金叶物流公司在创新的过程中，通过调查得出分拣设备停机原因，根据原因采取了四个方面的措施（调整补货值、调整通道卷烟品种、配备专用查询补货量电脑、制定巩固措施）来降低分拣设备停机率。

（一）现状调查

现状调查主要是对三个方面的内容进行调查：设备停机率调查、分拣设备停机调查、分拣设备停机因素调查。重点是对分拣设备停机因素的调查。

根据对 2010 年 11 月至 2012 年 2 月的停机次数的统计，目前公司分拣设备停机率为 10.5 次/小时。

通过调查可知，金山物流公司卷烟分拣流程分为九个步骤，如图 1 所示。

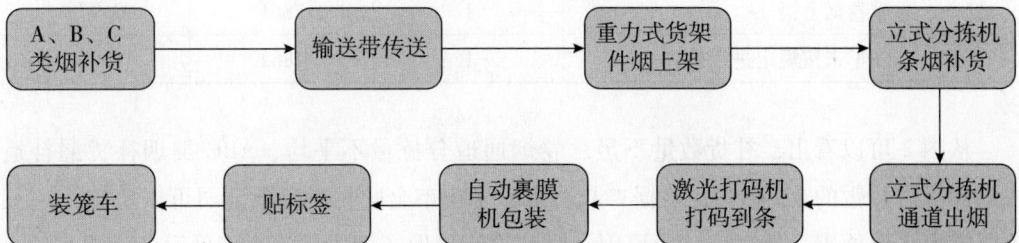

A、B、C 类烟补货 → 输送带传送 → 重力式货架件烟上架 → 立式分拣机条烟补货 → 立式分拣机通道出烟 → 激光打码机打码到条 → 自动裹膜机包装 → 贴标签 → 装笼车

图 1　分拣流程

在分拣设备停机因素调查中，小组选取 2011 年 3 月作为观察期，对分拣设备停机次数进行统计。结果显示，宁德市金叶物流有限公司所能解决的停机次数（即可控因

素引起的停机）占总停机次数的89.33%。

根据调查结果，导致停机次数高的主要是立式分拣机条烟补货和重力式货架件烟上架两个环节。沿着这一思路分析，就能找出停机的主要原因，制定有效对策，从而降低分拣设备停机率。通过进一步分析调查可知，停机的主要末端因素有以下十一个：①补货数量不足。数据显示，因为补货数量不足造成的停机次数占比平均达到24.04%。②卷烟通道分拣量不平均。由于通道分拣量安排不平均现象，5月、6月平均停机次数的占比达到了34.98%。③通道补烟过程中卷烟散落。④通道卷烟上错。⑤通道卡烟。⑥机修工未按规定进行检查。⑦设备被意外触碰。⑧人员离岗。⑨杂物阻挡通道。⑩上烟动作不规范。⑪A、B、C类烟补货漏补。

为了使整个结论更加严谨，金叶物流对这十一个因素进行了确认，确认的标准为：通过测算每个末端因素的停机占比，应用二八原则，累计占比80%以上的为要因。

将十一个末端因素的占比进行统计整理，制成列表并绘制图形，如表1和图2所示：

表1　　　　　　　　　　　　末端因素占比统计

序号	末端因素	频数（次）	累计	累计（%）
①	卷烟通道分拣量不平均	1001	1001	34.98%
②	补货数量不足	688	1689	59.01%
③	A、B、C类烟补货漏补	671	2360	82.46%
④	人员离岗	247	2607	91.09%
⑤	通道补烟过程中卷烟散落	218	2825	98.71%
⑥	设备被意外触碰	23	2848	99.51%
⑦	杂物阻挡通道	5	2853	99.67%
⑧	上烟动作不规范	5	2858	99.86%
⑨	通道卡烟	2	2860	99.93%
⑩	通道卷烟上错	1	2861	99.97%
⑪	机修工未按规定进行检查	1	2862	100%

从图2可以看出，补货数量不足、卷烟通道分拣量不平均、ABC类烟补货漏补造成的停机占总数的82.46%，根据二八法则，宁德市金叶物流有限公司可以确定，这三项因素为主要原因。针对这三项原因，金叶物流采取了四大措施来降低设备停机率。

（二）采取措施降低停机率

成果的目标值设定为将分拣设备停机率降低到5次/小时。

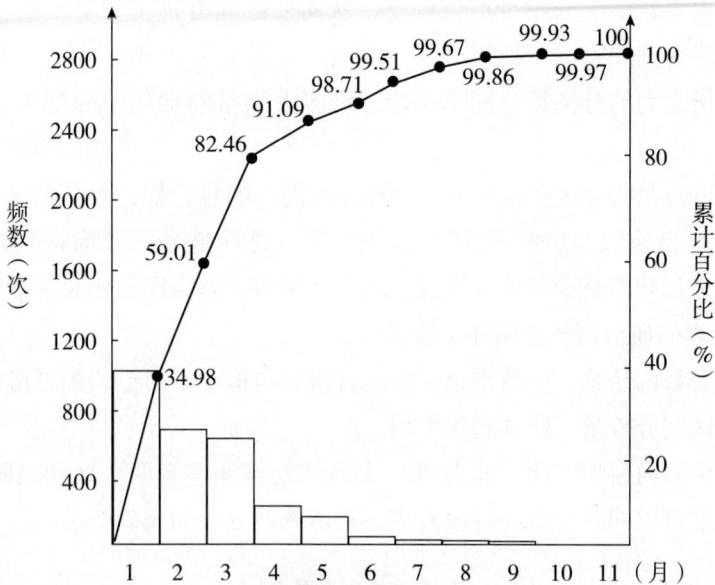

图 2　末端因素累计百分比

1. 调整补货值

调整补货值，主要有以下这些步骤：

（1）找到造成分拣设备停机的主要卷烟牌号

数据调查显示，七匹狼（白）、七匹狼（红）、牡丹（软）是造成重力式货架缺烟的主要牌号，也是宁德市金叶物流有限公司制定对策的主要针对目标。

（2）调查卷烟补货设备补货原理，了解目前影响停机的各牌号的补货设置是否合理。

通过对昆船补货系统的调查，宁德市金叶物流有限公司发现补货预警值是决定重力式货架补货量的指标，卷烟分拣补货值的设置与卷烟销量之间存在正相关关系。

更准确地说，在销售旺季（1 月、2 月、9 月、10 月），补货数量不足所导致的通道缺烟停机次数也随之增加。在补烟值保持不变的情况下，销量越大，通道缺烟情况越频繁。也就是说，卷烟补货值的变动应该按照销量的增减进行调整。

（3）建立补货值设置方案并实施

每月初向营销部门索要关键牌号卷烟的销售计划，根据计划量运用公式对当前预警值进行测算，对相关牌号补货值进行调整。

2. 对通道卷烟品种进行调整

（1）计算各分拣员所负责通道的卷烟分拣量，并分析目前分拣量设置存在的问题。

据调查，分拣通道是分拣设备厂家根据 2008 年卷烟销量值进行设置的，随着宁德市烟草公司卷烟销量的提升和卷烟规格的增加，导致了部分通道区间的分拣效率跟不上条烟分拣设备效率。宁德市金叶物流有限公司首先对 6 月各分拣员分拣的卷烟量进行品牌统计，再对其中部分牌号进行调整，从而使区间分拣量相对平均。根据统计数据分析，发现一些问题：

①各分拣员之间的分拣量分配不平均，许多大销量卷烟集中分配在某一名分拣员的分区。

②在某些分拣员的分区存在着部分分拣频次高的牌号，如：七匹狼（白）、七匹狼（红）、七匹狼（富建）、牡丹、七匹狼（灰）等。这些排号的分拣频率高，会导致该分区分拣员的分拣频率高于其他分拣员，这种高频率、高强度的作业易造成停机。

（2）制定卷烟通道调整思路并实施。

根据数据分析的结论，宁德市金叶物流有限公司拟定了通道调整思路：

①调整各区间分拣量，使其趋于平均。

②调整各区间内卷烟顺序，将分拣频次高的卷烟调整至两个区间之间，以便于两个区间的分拣员可以同时应对高频次分拣。具体调整方案如表2所示：

表2	具体调整方案
1	分拣员——负责的通道品牌牡丹（软）调至分拣员二负责区间通道
2	分拣员——负责的通道品牌红双喜（8mg）调至分拣员三负责区间通道
3	分拣员——负责的通道品牌利群（新版）、芙蓉王（硬）调至分拣员四负责区间通道
4	将分拣量大的卷烟七匹狼（蓝）、石狮（沉香）调整至区间一与区间二之间
5	将分拣量大的卷烟中华（硬）调整至区间二与区间三之间
6	将分拣量大的卷烟七匹狼（红）、七匹狼（古田）调整至区间三与区间四之间

3. 配备专用查询补货量电脑

（1）在 A、B、C 类烟补货地点配备电脑

小组成员在原有 A、B、C 类烟补货地点配置了一台电脑，在电脑上安装补货系统，供补货员随时查询补货出库的实际扫描数量，一旦发现漏补，及时将漏补件烟数量补上。

（2）对分拣补货员进行补货系统操作培训

小组成员邀请公司信息管理员对 A、B、C 类补货员开展部门系统操作培训，主要针对补货系统查询功能模块的使用进行实操培训，并在培训后进行模拟操作考试，补货员均能熟练操作，且均通过模拟操作考试。

（3）实施效果

通过调查得知，补货员通过对补货系统的查看，能够及时发现漏补件烟数量，因此没有再出现因为漏补导致的缺烟停机现象，此项因素所引起的停机次数降为4次。

4. 制定巩固措施

（1）对各项对策加以巩固

①公司制定了《分拣设备补货预警值设置作业指导书》（JYWL – 04 – PH – 02），在卷烟销量发生变化时，能够根据作业指导书的内容正确对补货预警值进行修改。

②公司将立式分拣机中所有销量较小的卷烟品牌预警值设定为 10 条，在通道相应位置上贴上红色预警线，当通道内卷烟低于 10 条时，必须对其进行补烟。防止分拣员在上烟过程中，忽视销量较小的卷烟品牌。

③公司对原有的分拣机台进行了改造，在机台上加盖了一层不锈钢板。避免了分拣员在倒烟的过程中因机台表面缝隙引起的条烟散落现象。

④公司将造成分拣设备停机的人为原因纳入个人绩效考核，根据实际情况进行相应奖惩，以此提高员工的工作积极性。

⑤开展现场管理，对分拣设备通道上物品的摆放情况进行定期检查。

⑥制定了《宁德市金叶物流有限公司配货部"三查一控"制度》（JYWL – 05 – PH – 02），要求配货部门针对现场管理、设备管理、员工在岗情况、相关指标数据进行自查（每周）、巡查（不定期）、抽查（每一季度），同时在分拣现场采取分区责任制，要求负责人对各自负责区域实施管控，并加强过程管控。

（2）巩固期

宁德市金叶物流有限公司将巩固期定为 2011 年 12 月—2012 年 4 月，巩固期内分拣设备停机率情况如图 3 所示。

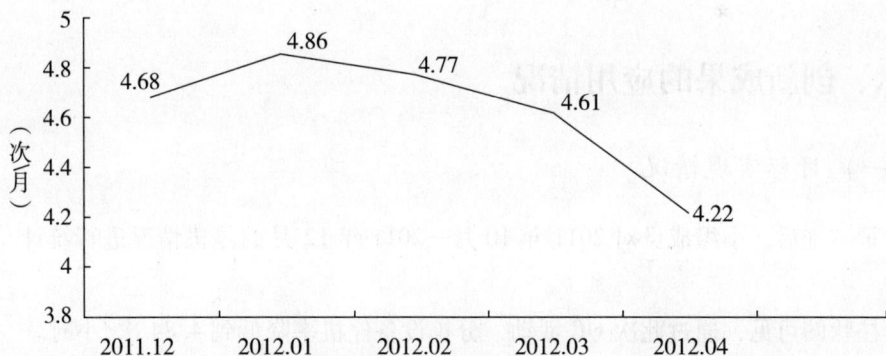

图3　2011 年 12 月—2012 年 4 月分拣设备停机率

五、创新成果的主要创新点

金叶物流通过调查，采取措施降低分拣设备停机率。该成果的主要创新点有以下三点。

（一）应用 QC 小组进行现场调查研究，具有实践性

不同于一般企业采用专家研讨或管理经验总结的方式来解决问题，金叶物流建立专门的 QC 小组来解决分拣设备停机率高的问题，实际调查所得出的数据具有针对性且非常可靠。

（二）采用二八原则对停机因素进行检验，使实践与理论相结合

QC 小组通过实际调查得出数据资料，并通过头脑风暴的方法得出十一种导致分拣设备停机的因素。但同时，金叶物流并没有全部接受这些因素，而是采用二八原则来对这十一个因素进行检验，并最终得出三个主要的因素：补货数量不足，卷烟通道分拣量不平均，A、B、C 类烟补货漏补。这种方式使得实际调查产生的结果与理论相结合，可靠性更高。

（三）针对实际，对分拣机台进行创新改造

昆船半自动立式分拣机并没有配备专门的倒烟平台。在实际的上烟过程中，分拣员只能将件烟倒在分拣机台上。分拣机台表面有凹槽，不够平整，在倒烟的过程中常常出现卷烟散落的现象。重新拾起散落卷烟再进行上烟的过程不仅增加分拣员的工作量，也影响分拣效率。宁德市烟草公司对原分拣机台进行了改造，加盖了一层不锈钢板，确保机台表面平整，分拣员在倒烟时不会再引起卷烟散落。

六、创新成果的应用情况

（一）目标实现情况

对策实施后，小组成员对 2011 年 10 月—2011 年 12 月的停机情况进行统计，如图 4 所示。

由柱状图可见，通过此次 QC 活动，分拣设备停机率降低到 4.84 次/小时。

（二）经济效益提升

通过降低分拣设备停机率，进一步提升了配货部的卷烟分拣效率，减少了连续分拣时间。在经济效益方面，就分拣电费而言：2011 年 10 月节约成本 13095.104 元；2011 年 11 月节约成本 12471.448 元；2011 年 12 月节约成本 11282.656 元。

（三）管理水平提高

此次活动开展后，宁德市金叶物流有限公司对 2011 年 10 月—2012 年 1 月的分拣

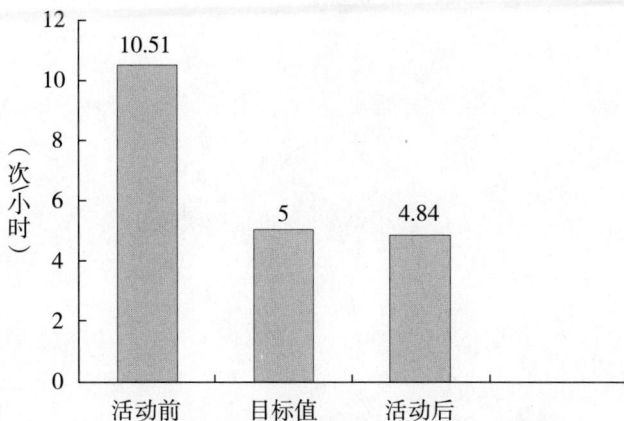

图 4　2011 年 10 月—2011 年 12 月的停机情况统计

时效进行了测算，分拣时效从课题实施前的 181 件/小时提高到 210 件/小时，分拣时效显著提高。

七、创新成果的推广价值

金叶物流成立 QC 小组，针对分拣设备停机率高的问题，采取了一系列措施，最终降低了分拣设备停机率，这一成果的推广价值主要体现在以下两个方面：

（1）金叶物流成立 QC 小组进行实际调查的方式非常具有借鉴意义。不同于一般企业采用专家研讨或管理经验总结的方式来解决问题，金叶物流建立专门的 QC 小组来解决分拣设备停机率高的问题，从而得出非常可靠的结论。成果的应用效果表明，金叶物流的这一做法收到了非常好的效果，采取的调查模式对于其他企业来说具有极高的借鉴价值。

（2）金叶物流采取一系列措施降低设备停机率的做法非常具有实用性。金叶物流调整补货值、调整通道卷烟品种、配备专用查询补货量电脑、制定巩固措施的方法对于存在停机现象的物流企业来说，具有很大的启发性，企业在面对这一问题或者相似问题时，可以借鉴金叶物流的措施。

附　录

关于授予中国铁路物资股份有限公司等单位"2012年度物流行业企业管理现代化创新成果奖"的通告

物联研字〔2012〕102号

为及时发现、总结和推广物流管理创新成果，鼓励和引导广大企业推进物流管理科学进步，进一步提升我国物流管理现代化水平，中国物流与采购联合会、中国物流学会从本年度开始开展物流企业管理现代化创新成果申报、推荐、审定与推广工作。

2012年度物流企业管理现代化创新成果自申报以来，共收到推荐成果95个。申报单位既有来自中央、地方国有企业，也有来自民营企业、外资企业；既有独立的专业物流企业，也有制造企业所属的物流公司。成果范围既有综合型物流管理模式，也有汽车、化工、钢铁、消费品等行业物流解决方案；既有公路、铁路、仓储领域转型升级的案例，也有供应链一体化物流服务创新成果。这些成果普遍具有较强的理念先进性、模式创新性、效益显著性和经验可推广性，反映了我国目前物流管理领域的创新水平。

为保证评审工作公开、公平、公正进行，我会选拔具有实践经验的专家组成评委会，根据《物流行业企业管理现代化创新成果申报和审定办法》的要求进行评审。通过评委个人、评委小组和评委会三个层次筛选把关，采取评分、排序、提出评审意见、投票和比较酝酿等多个程序，并在中国物流与采购网、中国物流学会网对拟表彰成果进行了公示。

据此，最终评出35个优秀成果授予"2012年度物流行业企业管理现代化创新成果奖"（获奖率36.8%）。其中，一等奖5个（获奖率5.3%），二等奖12个（获奖率12.6%），三等奖18个（获奖率18.9%）。现予通告。

对于以上获奖成果，我们将在第十一次中国物流学术年会上进行表彰，颁发获奖证书，选择部分成果结集成书在全行业推广。

附件："2012年度物流行业企业管理现代化创新成果奖"获奖名单

中国物流与采购联合会

中 国 物 流 协 会

二〇一二年十月二十四日

附件：

"2012 年度物流行业企业管理现代化创新成果奖"

获奖名单（共 35 个）

一等奖：（5 个）

1. 申报单位：中国铁路物资股份有限公司

   成果名称：中国铁物供应链集成服务模式

   成果主要创造人：许强、杨阳

   成果参与创造人：朱旭、徐青、邢善文、王金霞、董天胜、汤新洲、王超

2. 申报单位：鞍钢股份有限公司鲅鱼圈钢铁分公司

   成果名称：鞍钢股份沿海钢厂生态物流模式

   成果主要创造人：王义栋、徐世帅

   成果参与创造人：何玉章、刘志武、侯海云、魏继刚、马宝民

3. 申报单位：苏州物流中心有限公司

   成果名称：苏州物流中心园区管理模式

   成果主要创造人：孙扬澄

   成果参与创造人：赵建刚、梁奇宇、吴雪瑾、徐旭骋、凌黎、李春林、肖静

4. 申报单位：浙江中捷环洲供应链集团股份有限公司

   成果名称：中捷环洲制造业产业集群供应链服务解决方案

   成果主要创造人：宋国安成果参与创造人：阮云英、舒蒲良、张有轰、沈银萍、林丽、黄国平、赵健、郑小平

5. 申报单位：安徽江汽物流有限公司

   成果名称：安徽江汽物流企业 MCU 管理模式

   成果主要创造人：张雁飞、欧阳晓

   成果参与创造人：盛勇、李棠、疏文忠、余姗姗、王超、王小琳、毕剑英、孙小静

二等奖：（12 个）

1. 申报单位：中铁快运股份有限公司

   成果名称：中铁快运铁路网络化物流服务模式

   成果主要创造人：田野、陈京亮

   成果参与创造人：姚宗波、王来、李朋、郝欢、王继彪、迟骋、李光明、李莉莉、高雪莲

2. 申报单位：中储发展股份有限公司青岛分公司

成果名称：中储股份船板供应管理模式

成果主要创造人：李勇昭、黄卿

成果参与创造人：连瑞鑫、裴平、冯鹏

3. 申报单位：天津物产能源资源发展有限公司

成果名称：天津物产供应链综合服务模式

成果主要创造人：刘禄

成果参与创造人：强军、刘志军、初向青、宋长昆、许文栋、巩连伟

4. 申报单位：山东物流与交通运输协会

成果名称：山东物流协会智能化"物流一卡通"供应链整合方案

成果主要创造人：段沛佑、谭颜铭

成果参与创造人：赵婧、崔霞、李建伟、王文浩、李美燕、马晓宁、董冲、
周昕、朱栩

5. 申报单位：青岛海尔物流有限公司

成果名称：海尔物流公路甩厢运输解决方案

成果主要创造人：王正刚、冯贞远

成果参与创造人：张永祥、张元忠、辛澄、董栋、吕国伟、朱铭、张丽、杨瑾

6. 申报单位：宝供物流企业集团有限公司

成果名称：宝供物流多库区协同运作解决方案

成果主要创造人：程锡礼、许鹏

成果参与创造人：罗明、杨芬、张友军、林明浩、朱广熙、杨丽、王胜武、
邵丽秋、徐菊红、陈克超

7. 申报单位：上海华振物流有限公司

成果名称：上海华振物流"定日达"公路快运产品

成果主要创造人：杨铸

8. 申报单位：天津丰田物流有限公司

成果名称：天津丰田物流汽车零配件采购供应链集成化管理模式

成果主要创造人：张迪、袁鹏

成果参与创造人：李仰乾、李咏梅、冯维维、金基男、周治、王楠、田美光、
齐颖、岳俊鹏、田雪金

9. 申报单位：青岛远洋大亚物流有限公司

成果名称：青岛远洋大亚集装箱堆场实时管理系统

成果主要创造人：吕晓军、沈季敏

成果参与创造人：唐建伟、王世荣、李崇耀、侯建、王林广、邱萌、高鹏、

秦亮亮、匡顺家、王军

10. 申报单位：安得物流股份有限公司

　　成果名称：安得物流青岛啤酒透明化物流管理方案

　　成果主要创造人：刘春生、卢少艺

　　成果参与创造人：王鲲、郭学成、陈俊金、冯亮、熊宏祥

11. 申报单位：振石集团浙江宇石国际物流有限公司

　　成果名称：宇石国际制造业物流公共服务平台

　　成果主要创造人：寿燕军、陈正阳

12. 申报单位：浙江陆通物流有限公司

　　成果名称：浙江陆通行业组合创新模式

　　成果主要创造人：颜贻璋、陈琼燕

三等奖：（18 个）

1. 申报单位：中国外运山东有限公司

　　成果名称：中外运山东中韩陆海联运及甩挂运输方案

　　成果主要创造人：宋嵘、王理俊

　　成果参与创造人：刘勇、周国勇、张玉鹏

2. 申报单位：北京长久物流股份有限公司

　　成果名称：长久物流商品车无人装卸运输模式

　　成果主要创造人：陈钢、方乃冲

　　成果参与创造人：刘栋、于长安

3. 申报单位：中国天津外轮代理有限公司

　　成果名称：天津外代 3PTS 人力资源管理模式

　　成果主要创造人：许景宏、王长勇

　　成果参与创造人：于洪利、刘晓婷、刘柳、邢秀芬、孙晓瑜

4. 申报单位：安吉汽车物流有限公司

　　成果名称：安吉物流信息可视化管理平台

　　成果主要创造人：余德、莫金康

　　成果参与创造人：林万隆、周丕栋、徐佳毅、范峰、陶健、赵楠、樊炯、白璐

5. 申报单位：鞍钢汽车运输有限责任公司

　　成果名称：鞍钢汽运公路运输可持续发展模式

　　成果主要创造人：李鲁建、王锋

　　成果参与创造人：郭克、李淮、侯海云、李勇

6. 申报单位：上海中石化工物流股份有限公司

成果名称：上海中石化工物流 HSE 管理模式

成果主要创造人：谢林昌

成果参与创造人：赵勇、秦生、陈志平、陆平、李国庆、徐春年、张崇黎、
何金弟、陆正军

7. 申报单位：正本物流有限公司

成果名称：正本物流"保姆式"石化企业供应链服务解决方案

成果主要创造人：王洪敏、张立国

成果参与创造人：张志勇、石永昌、徐从波、常祖军

8. 申报单位：浙江省八达物流有限公司

成果名称：八达物流仓前物流基地管理模式

成果主要创造人：金艮胜、严稼余

成果参与创造人：朱建良、梅笑冬、苏 强、陈国献、王明祥、富伟尧、
吴晓儿、徐敏佳

9. 申报单位：宁德市金叶物流有限公司

成果名称：金叶物流降低分拣设备停机率解决方案

成果主要创造人：刘华锦、杨静

成果参与创造人：张敏、程卿、蔡述炜、郑铃雄、罗熙华、林文

10. 申报单位：长春一汽国际物流有限公司

成果名称：一汽—大众奥迪 CKD 中心仓储优化方案

成果主要创造人：张萌、高跃峰

成果参与创造人：李海峰、龚淑玲、郭城、郑洪涛、田原媛

11. 申报单位：盛唐集团—万和国际物流有限公司

成果名称：万和国际钢铁产业园区信息管理系统方案

成果主要创造人：吴继平

成果参与创造人：周小翠、李世东

12. 申报单位：浙江新颜物流有限公司

成果名称：新颜物流应收账款有效管控模式

成果主要创造人：吴晓剑

成果参与创造人：余志华、姚国龙

13. 申报单位：宁波港铃与物流有限公司

成果名称：宁波港铃与物流兼并重组方案

成果主要创造人：方奕、陈大慧

14. 申报单位：北京燕岭宾馆

成果名称：北京燕岭宾馆采购内控体系运营方案

成果主要创造人：郭向宇

成果参与创造人：刘京梅、程小青、孙大鹏、郭治军、刘洋、韩晓丽、
　　　　　　　　陈敏、卢鹤、伍军华

15. 申报单位：绍兴县中国轻纺城国际物流中心有限公司

　　成果名称：绍兴轻纺城国际物流中心建设方案

　　成果主要创造人：陈文祥

　　成果参与创造人：张金水、诸祥荣

16. 申报单位：深圳市凯依克物流有限公司

　　成果名称：凯依克物流供应链整合服务平台

　　成果主要创造人：叶红斌、罗润华

　　成果参与创造人：唐剑锋、陈广仁、陈少亮、曾送来、姜双伍

17. 申报单位：浙江英特物流有限公司

　　成果名称：英特物流第三方医药物流管理模式

　　成果主要创造人：吴华庆、邵越炯

　　成果参与创造人：吴俭、朱春利、王晓晨、金建凤、谢剑钢、潘国华、
　　　　　　　　　　袁晓亚、王建强

18. 申报单位：宁夏伊品生物科技股份有限公司

　　成果名称：宁夏伊品汽车运输管理改善方案

　　成果主要创造人：韩会平

　　成果参与创造人：买彦花、杨松、刘雪竹